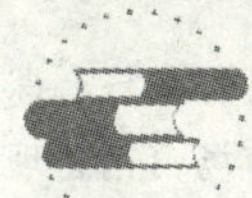

普通高校“十一五”规划教材·市场营销系列

市场营销管理

——理论与应用

赵晓燕　编

北京航空航天大学出版社

内容简介

本书是市场营销系列教材之一，是工商管理类的市场营销课程的基础教程。本书根据工商管理类核心课程——市场营销学的教学基本要求编写。主要从市场营销管理与实践相结合的角度入手，强调市场营销管理的应用性。全书共分为12章，分别介绍了市场营销及相关概念，阐述了市场营销环境与市场分析、市场营销战略研究、市场营销组合策略研究等内容。

本书结构完整，层次清晰，注意博采众长，吸收各类市场营销管理类教材的长处，坚持理论与实践相结合，并结合实际案例分析介绍了市场营销的基本理论、策略和方法，具有一定的实用性。在撰写过程中注意把当代市场营销理论与实践的最新动态做适当的融入与介绍。

本书适合作为普通高等院校工商管理类的市场营销课程的教材，也可供相关从业人员阅读参考。

图书在版编目(CIP)数据

市场营销管理：理论与应用/赵晓燕编. —北京：北京航空航天大学出版社，2008.7

ISBN 978-7-81124-349-9

Ⅰ.市… Ⅱ.赵… Ⅲ.市场营销学—高等学校—教材 Ⅳ.F713.50

中国版本图书馆CIP数据核字(2008)第060646号

市场营销管理——理论与应用

赵晓燕 编

策划编辑 蔡 喆

责任编辑 董 瑞 刘亚军

*

北京航空航天大学出版社出版发行

北京市海淀区学院路37号(100083) 发行部电话:010-82317024 传真:010-82328026

http://www.buaapress.com.cn E-mail:bhpress@263.net

涿州市新华印刷有限公司印刷 各地新华书店经销

*

开本:787×960 1/16 印张:20 字数:448千字

2008年7月第1版 2008年7月第1次印刷 印数:4 000册

ISBN 978-7-81124-349-9 定价:29.80元

总　序

今天，人类历史已经迈进了21世纪。经济的全球化加速了中国市场经济的进程。市场经济的飞速发展需要大量市场营销的专业人才。职场上的信息反馈表明，长久以来，市场营销人才的社会需求量始终排在第一位。然而，中国高等院校市场营销人才的培养远不能满足社会的迫切需要。纵观中国高等院校市场营销专业的教材，或秉承经典市场营销理论的研究成果，或沿袭国外市场营销实践的研究方法；但都相对缺乏独立创新的研究视角与风格，适用层次不明显、知识结构不系统、技术能力不实用的问题比较突出。

参与本套教材编写的是教学第一线的教师和具有市场营销实际操作经验的相关人士。在教学实践的基础上，总结教学改革经验，针对应用型人才的培养目标，不断摸索适合市场营销的教学规律，将这套教材定位于针对高等学校应用型人才培养的本科教材。

■ 教材体系

本套教材由《市场营销导论——原理与实践》、《市场营销管理——理论与应用》和《市场营销技术——策划与运作》三本书组成。其中，《市场营销导论——原理与实践》一书站在唯物史观的角度介绍了市场营销的演变进程，阐明现代市场营销的发展动态及变化趋势，并指出市场营销从业者的职业素质要求和人才需求规格；《市场营销管理——理论与应用》一书阐述市场营销的基本观点和基本定理，以理论和实践的双重视角阐明市场营销的知识界面与知识点；《市场营销技术——策划与运作》一书阐述市场营销活动的关键环节及主要内容，介绍市场营销策划与运作的能力与方法，提出市场营销的技术要求。

通过本套教材，能够使学生全面认识和了解市场营销的历史演变与发展现状，逐步成就市场营销人才的专业素质；能够在承接经典市场营销研究成果的基础上，系统掌握市场营销理论的基本知识，丰富市场营销的认知结构；能够在不断实践训练的基础上，初步掌握市场营销策划与运作的技术，提升市场营销实操能力。

■ 教材特点

(1) 目标导向明确。本套教材建立在塑造"应用型人才"的教育理念基础之上，以应用型人才的社会需求为导向，从写作指导思想到内容筛选、编纂；从体系设计到每一本书的章节构架；从撰写模式到表述方法以营销职业素质和职业能力为出发点，着力出品一套体现市场营销应用型本科特色的系列教材。

(2) 编纂内容实用。本套教材从市场营销活动的实际需要出发，注重内容编排的层次性、系统性和实用性。一方面从历史与现状、从理论与实践、从策划与运作不同侧面循序渐进地灌输市场营销理念、确立市场营销意识；另一方面完整阐述市场营销理论框架，同时考虑到本科生的层次，尽可能地减少相关理论背景、理论观点的派系差别、理论成果的比较分析等方面的陈述；最大限度地增加市场营销技术的内容，强调各种场景之下市场营销方案的要义、要领和市场营销运作的技术要求，由此突显本套丛书的实用价值。

(3) 撰写形式新颖。本套教材为了达到编写目的，在总结教学改革成果的基础上，对其他相关教材进行了比较性研究，在教材写作体例方面作出大胆的探索与创新：首先每本书的章节开头分别设置了【职业引导案例】【基本知识点】或【基本技术点】，强调从实际出发思考市场营销问题，明确学习目标；其后每本书的不同章节根据所陈述的内容分别设置了【营销典故链接】【营销案例链接】或【营销策划文案链接】，以扩大视野，拓展信息接受范围，立足于本书的学习内容，同时增加对相关营销内容的感性认识；另外在每本书的章节之后设置了【本章小结】，提炼重点与难点，系统梳理和巩固所学内容；最后每本书根据撰写内容的侧重，在章节之后分别设置了【思考题目】【讨论题目】或【训练题目】。本书力图打造集讲、读、思、练于一体的"板块教材模式"，立意鲜明、结构清晰、能力本位、训练直接，能够满足市场营销应用型本科教育的需要。

■ 教材使用

(1) 精讲细读、师生互动，营造生动活泼的教学氛围。建议使用本套教材时，围绕培养学生市场营销素质与市场营销能力这一主线，在课堂上讲授章节基本知识点和基本技术点所涉及的核心内容，而其信息链接部分则由学生阅读之后，结合【本章小结】提及的问题，与任课教师共同分析和探讨。

(2) 采用动态教学方式，调动学生学习的积极性，构建学生自主学习的机制。建议使用本套教材时，借助于信息链接和实例演示提供的线索扩大学生视野，启发学生主动地、创造性地从实践中摸索市场营销规律、积累市场营销管理经验。

(3) 勤思多练，学有所获，增强市场营销管理能力。建议使用本套教材时，借助思考题、讨论题将各章节的知识点相互衔接、融会贯通，从总体上把握市场营销原理和市场营销方法。同时组织好课后的市场营销训练，以小组形式完成训练课题、演示训练成果、交流训练体会，通过实际训练将市场营销技术落到实处。

本套教材由王瑞丰老师提出编写思路和写作体例，并负责内容的统筹规划。在编写和出版的过程中，征求了多方意见。其中《市场营销导论——原理与实践》一书由陈雄鹰老师执笔，《市场营销管理——理论与应用》一书由赵晓燕老师执笔，《市场营销技术——策划与运作》一书由王瑞丰执笔。本书在编写和出版过程中得到了北航出版社多位编辑的支持和帮助，在此表示感谢。

执行主编

王瑞丰

2007年6月20日于北京

前　言

国内外关于市场营销管理的理论体系已基本成熟，但以“市场营销管理”命名的市场营销专业的教材却不多。对于工商管理类的本科学生，在学习市场营销课程时更应强调其应用性，有必要在学习核心理论和分析方法的同时，掌握市场营销管理理论的实际应用，使其在今后的工作中能更快地适应现实社会。为此，我们编写了《市场营销管理——理论与应用》一书，并将其纳入市场营销系列教材之中。

本书共12章，第1章为市场营销管理概述，主要介绍了市场营销管理的内涵和市场营销管理哲学及其演进；第2章为企业战略规划与市场营销管理过程，阐述了企业战略的特点，分析了战略规划制定的步骤，并根据经营战略的要求说明企业如何进行市场营销管理和发展市场营销组合；第3章为市场营销环境分析，主要分析了影响企业营销活动的宏观和微观环境因素，并重点介绍了SWOT(strengths 、weaknesses、opportunities、threats)分析方法；第4章为消费者市场与组织市场的购买行为分析，分别介绍了消费者市场和组织市场消费者行为的特点及影响其购买行为的因素，并重点介绍了消费者购买决策过程；第5章为市场营销调研与预测，主要介绍了市场营销信息系统的构成，营销调研的内容和方法，如何设计调查问卷以及市场需求的测量与预测；第6章为目标市场营销战略，主要介绍了STP(segmentation，targeting，position)市场营销战略；第7章为竞争性市场营销战略，介绍了竞争者分析的框架、竞争战略的类型、竞争的行业因素和市场领导者竞争战略、市场挑战者竞争战略、市场追随者竞争战略和市场补缺者竞争战略；第8章为产品策略，系统地介绍了产品整体概念、产品组合策略和产品生命周期的特征及相应的营销策略，并对新产品开发程序进行了分析，还对品牌概念、作用和品牌策略进行了分析，对包装、包装的作用、标签、标示等概念进行了界定；第9章为定价策略，主要介绍了影响定价的因素、定价目标、定价方法和策略，并分析了企业为了适应不断变化的环境，如何根据需要主动降价或提价，还分析了企业就竞争者的变价做出的反应；第10章为分销策略，主要介绍了分销渠道及其结构，分销渠道策略的选择与管理，批发商与零售商及物流等内容；第11章为促销策略，介绍了促销组合(人员推销、广告、公共关系、营业推广、直接营销等)的内容、特点；第12章为市场营销计划、组织与控制，主要介绍了市场营销计划的主要内容，市场营销组织的类型，市场营销控制和市场营销审计的主要内容。

本书在强调市场营销管理实践应用的基础上，将市场营销管理理论分析与应用有机地结合起来。该书结构完整、内容充实，注重引导读者结合市场营销管理理论进行实际思考；在撰写过程中注意把有关市场营销管理前沿理论与实践中的最新动态介绍给读者。

本书针对工商管理类教材的基本需求而开发，对于工商管理类的本科生具有很强的适用性，也可作为营销业界人士的参考读物。

本书在撰写过程中得到了荆艳锋、曹福荣、王瑞丰、陈雄鹰等同志的鼎力相助，同时得到了北京航空航天大学出版社多位编辑的悉心指导。在撰写过程中借鉴了国内外营销学界的最新研究成果,除注明出处的部分外,限于时间和教材篇幅未能一一说明。在此谨向本书的支持和协助者以及营销实例的原创者表示诚挚的感谢,并向市场营销学界的师友及作者致谢。

由于时间仓促,加之水平有限,不足之处在所难免,恳请广大读者批评、指证,以便进一步修订完善。

编 者

2008 年 3 月

目　　录

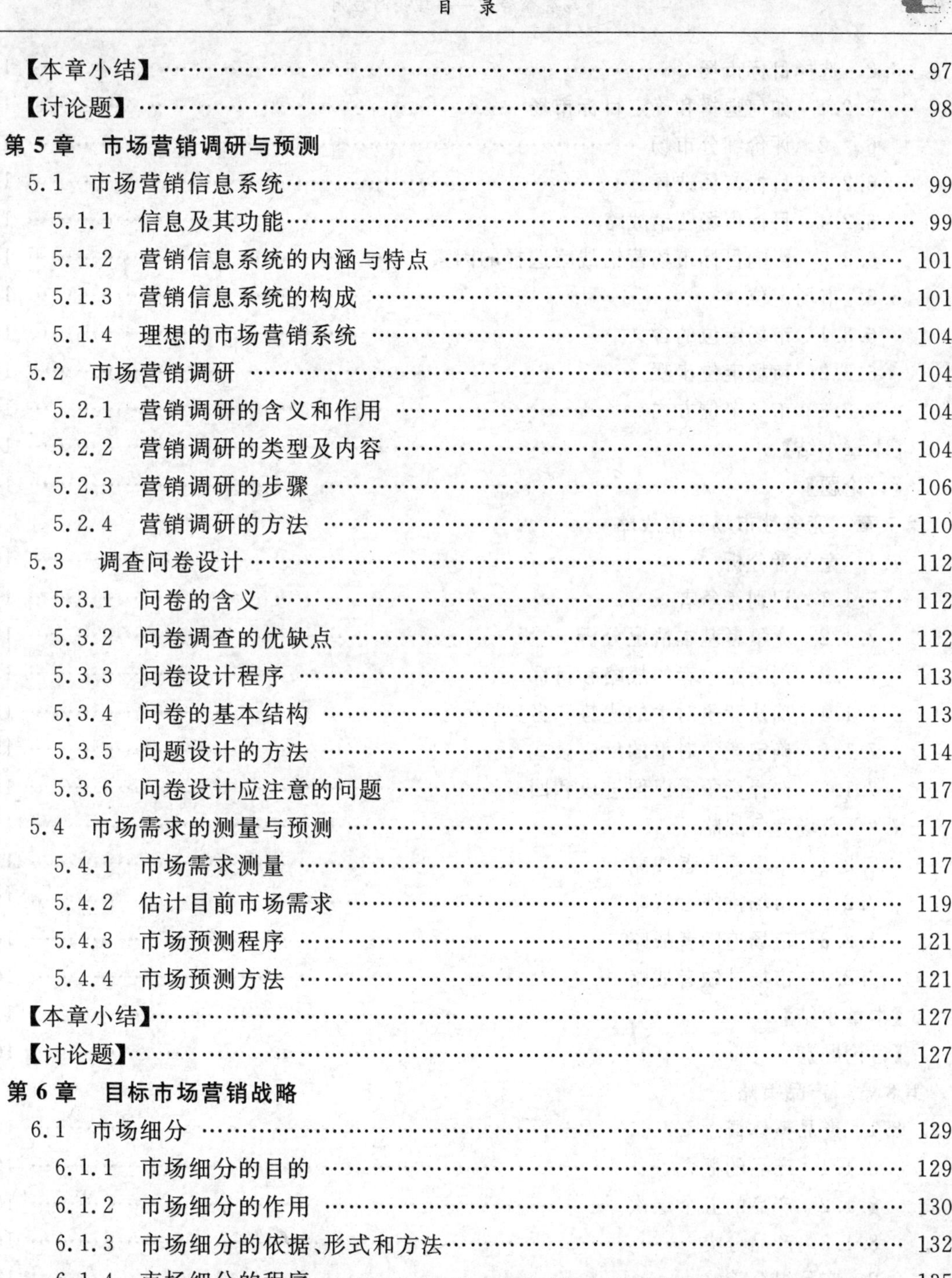

第 1 章　市场营销管理概述

【基本知识点】

(1) 市场营销和市场营销管理的核心观念；

(2) 市场营销学的产生和发展过程；

(3) 推销观念和市场营销观念的区别；

(4) 市场营销管理哲学的演变和发展；

(5) 传统经营观和新型经营观。

1.1　市场和市场营销

市场是企业行为赖以生存的外部基础，是企业实现其任务与目标的关键所在。因此，认识市场是企业适应市场、驾驭市场，使企业活动与市场需要、市场环境协调起来，有效地开展市场营销活动的前提条件。

1.1.1　市　场

1. 市场的一般含义

一个市场是由那些具有特定的需求欲望，而且愿意并能够通过交换来满足这种需要或欲望的全部潜在顾客所构成的。

市场是社会分工和商品生产的产物，是以商品供求和商品交换为基本经济内容的各市场主体经济联系的形式。这是从一般意义上讲的市场。从这一定义出发可以归纳出以下三点：

(1) 市场属于商品经济的范畴，哪里有社会分工和商品生产，哪里就有市场，社会分工与商品生产的发展程度决定着市场的发展水平。反之，市场的发育情况也制约着商品经济的发展状况，制约着企业的市场营销活动。

(2) 由于市场的基本关系是商品供求关系，基本活动是商品交换活动，因此，市场是商品经济条件下联结各市场主体的基本形式，是整个社会经济生活得以正常运行的基本条件。

(3) 由于市场的基本经济内容是商品供求与商品交换，因此，市场的形成就必须具备以下几个基本条件：

① 存在着具有购买动机与购买能力的买方。

② 存在着提供商品的卖方及可供交换的商品(有形商品和无形商品)。

③ 商品的交易条件符合买卖双方的利益要求,能够同时被双方接受,如双方能接受的价格、时间、空间、信息和服务方式等。

只有在这样的条件下,才能实现商品的让渡,形成有意义的现实市场。而这些形成市场的现实条件,就成了制约企业市场营销活动的基本因素。

2. 市场的几个具体概念

在现实生活中,人们不仅从一般意义上来理解市场,而且还从更具体的角度上来认识和把握市场。对企业的市场营销活动及市场营销学来说,以下几个市场的概念具有重要意义。

(1) 市场是买主和卖主进行商品交换的场所、地点或地区

在这里,市场是一个地理性的概念,它是同时从买、卖方双方的角度提出来的。对任何地区的每个购买者来说,都会考虑应在何处购得自己所需要的商品;对于每个商品生产者来说,也必须考虑将本企业的产品销往哪些地区,在何种场所或地点销售给买者。

(2) 市场是某类或某种商品所有具有购买动机与购买能力的现实和潜在购买者的集合

在这里,市场是一个群体性的概念,它是从商品卖主的角度提出来的。企业明确自己的产品市场是由哪些购买者组成的、有哪些特定的需要、规模有多大、发展趋势如何等,是企业制定适当的营销战略与策略,有效地开展市场营销活动的前提条件。所谓企业面向市场,通常指的就是面向自己的顾客,满足顾客的需求。

(3) 市场是由买主和卖主组成的,是商品供求双方力量相互作用的总和

这一概念是从商品供求关系的角度提出来的,是作为具有供求力相对强度的市场。买方市场和卖方市场这对概念,反映了供求关系的基本状况、供求力的相对强度及供求双方谁在交易过程中处于主导地位。切实了解市场供求的数量、结构状况,正确判断市场供求力的相对强度和变化趋势等,对企业进行营销决策,有效地开展市场营销活动也是十分重要的。

(4) 市场是指流通领域,反映的是商品流通的全局,是交换关系的总和

这一概念,是从企业赖以运行的整体市场环境的角度来看问题,是作为社会整体的市场。所谓商品流通,就是以货币为媒介的商品交换过程。在以货币为媒介的商品交换过程中,一切商品都经历着"商品—货币"和"货币—商品"这样两个互相对立、互为补充的阶段和形态的变化。而一种商品的形态变化又和其他种商品的形成变化交织在一起,社会上许许多多商品的形态变化所组成的循环不可分割地交错着连接在一起,就形成了许多并行发生和彼此联结着的商品交换过程,即商品流通的全局。因此,各种产品的市场也不可分割地联结在一起,形成了有机的整体市场。以上分析表明:任何一个商品生产经营者的买卖活动必须与其他市场主体的买卖活动发生着直接或间接的联系,因而任何一个企业都实际上而且只能在整体市场上开展营销活动,并受到整体市场环境状况的影响。为了实现自身的正常运转,企业要时刻注意整体市场的运行情况,并与整体市场保持合理的输入与输出的交换关系。

此外,市场上的商品交换关系总是体现着人与人之间的关系,这种关系的深刻根源是社会

分工和生产资料的不同所有制，由一定的社会生产方式所决定的占主导地位的交换关系则体现着市场的社会性质。为了规范人们的市场行为，确保商品交换和商品流通的正常进行，实现公平交易、平等竞争，维护各类市场主体的正当权益和一定社会性质的交换关系，确保社会经济的健康有序发展，国家有必要通过法律等形式制定有关的市场行为准则。参与商品交换和流通活动的各个市场主体应自觉遵守这些准则。

(5) 现代市场是世界性的

由于商品经济的发展，商品生产已具有普遍的世界性质，各国的相互关系和相互信赖日益加强，世界上再没有任何一个国家的经济能独立于国际经济范围之外而独自获得迅速发展，现代商品经济开拓了世界市场，可以说，现代市场国家的生产和消费都已具有世界性。因此，市场的概念还应包括市场的世界性这一层含义，应把国内市场和国际市场联系起来考虑。

市场的上述五层含义，对企业的市场营销都具有实际意义，其中的前三种含义对企业的市场营销具有微观意义，后两种含义则对企业的市场营销具有较为宏观的意义。企业不仅要研究其每一种产品的目标顾客、销售地区、供求状况，而且要面对整体市场，通观流通全局，理清本企业的营销活动与整体市场以至整个社会经济运行的内在联系。只有这样，企业才能搞好市场营销工作。

1.1.2　市场营销

1. 市场营销定义

国内外学者对市场营销的定义有不同的表述，企业界对营销的理解更是各有千秋。本书采用著名市场营销学家菲利普·科特勒教授的定义：市场营销是个人和群体通过创造，并同他人交换产品和价值，以满足需求和欲望的一种社会和管理过程。①

根据这一含义，可以将市场营销概念归纳为下列要点：

(1) 现代市场营销活动的最终目标是满足消费者的需求和欲望

现代企业市场营销是以目标市场为中心进行的，它以市场为营销全过程的起点，在于深刻、具体地了解市场的需要；它以市场为营销全过程的归宿，在于千方百计地满足市场的需要，实现企业的生存与发展。

(2) 交换是市场营销的核心，交换过程是满足双方需求和欲望的社会过程和管理过程

市场营销全过程质的规定和市场营销的核心是商品交换。企业的市场营销不仅包括产品流通过程中的有关活动，而且包括产前和售后的有关活动，即市场营销并不局限于商品交换活动。但应该看到，企业的一切市场活动或营销活动都与商品交换有关，都是为了实现商品交换和商品价值。因此，企业市场营销全过程质的规定性和市场营销的核心是商品交换。

企业的整个市场营销活动过程，包括三个相互联结的阶段，即企业在产品生产过程开始之

---

① 菲利普·科特勒. 市场营销管理：亚洲版(上). 郭国庆，译. 北京：中国人民大学出版社，1997.

前进行的产前活动、在流通领域内进行的活动以及在流通过程结束后进行的售后活动。企业市场营销活动的具体内容包括市场调查、市场分析、目标市场选择、市场定位、产品决策、产品开发、产品定价、渠道选择、产品储运、产品销售、售后服务、公关工作、信息收集和反馈等。

交换过程能否顺利进行，取决于营销者创造的产品和价值满足顾客需求的程度和交换过程管理的水平。

现代市场营销学认为，企业市场营销是一种有机的整体性的活动过程，它并不等同于推销。推销是企业市场营销活动的一个组成部分，但不是最重要的部分。推销是企业营销人员的职能之一，但不是最重要的职能。这是因为，营销首先要研究市场和目标市场的消费者，如果企业确立了正确的营销观念，努力搞好市场营销研究，真正了解购买者的需要，切实按照购买者的需要来设计和生产适销对路的产品，同时合理定价，搞好分销渠道的选择和信息沟通等促销工作，那么这些产品就能轻而易举地被销售出去；反之，如果企业不能生产符合市场需要的产品，无论怎样推销，即使能够得益于一时，也绝不可能收效长久。正是在这个意义上，美国市场营销学家彼得·杜拉克指出，“市场营销的目的在于使推销成为不必要”。

市场营销不同于销售。现代企业市场营销活动包括市场营销研究、市场需求预测、新产品开发、定价、分销、物流、广告、人员推销、销售促进、售后服务等，而销售仅仅是现代企业市场营销活动的一部分，而且不是最重要的部分。

市场营销不同于促销。促销只是市场营销的一个重要环节，它包括广告、公关、人员推销和营业推广（销售促进）等方面。海尔集团公司总裁张瑞敏指出，“促销只是一种手段，但营销是一种真正的战略”。营销意味着企业应该“先开市场，后开工厂”。

市场营销学是一门科学，市场营销是企业的一种社会经济行为，市场营销同时也是一项复杂的经营管理艺术。这是因为，企业的营销人员在营销工作中，是没有统一、固定的模式可以遵循的，而是要灵活的运用市场营销学等有关学科中阐述的基本原则、思路和方法，在纷繁复杂、不断变化的营销环境中，能动地处理各种具体问题。对企业来说，不仅要重视市场营销，而且要善于搞好市场营销。

2. 市场营销的相关概念

（1）需要、欲望和需求

需要（needs）是指人类与生俱来的基本需要，是指没有得到某些基本满足的感受状态。例如，人类为了生存必然要有对吃、穿、住、安全、归属等的需要。

欲望（wants）是指对上述需要的具体满足物的愿望，是个人受不同文化及社会环境影响而表现出来的对基本需要的特定追求。例如，为了满足解渴这一生理需要，人们可以选择喝水、茶、咖啡、可乐等。市场营销者无法创造需要，但可以影响人们的欲望，开发和销售特定的产品和服务来满足人们的欲望。

需求（demands）是指人们对有能力购买并且愿意购买的某个具体产品的欲望。需求实际上是对某一特定产品及服务的市场需求。

(2) 产　品

产品是指能够满足人的需要和欲望的任何东西，包括实体商品、服务和创意。例如，快餐店——商品(汉堡包、烤肉和软饮料)、服务(销售过程、烹调、安排座位)和创意(“节省我的时间”)。计算机制造商——商品(计算机、监视器、打印机)、服务(送货上门、安装、培训、维护和修理)以及创意(“计算能力强”)。教学——较少的实体商品(酒、水)和较多的服务(教育、劝告)和创意(社团组织、救济)。

(3) 价值、成本和满意

价值是指消费者对产品满足各种需要的能力的评价。德路斯认为，“价值是在最低的获取、拥有使用成本之下所要求的顾客满意”。

(4) 交换和交易

交换是指从他人之处取得所需之物，而以自己的某种东西作为回报的行为。人们获得产品的四种途径是：自行生产、强行取得、乞讨和交换。其中只有交换中才存在市场营销，交换发生的条件须具备以下五个条件：

① 至少要有交换双方；

② 每一方都有被对方认为有价值的东西；

③ 每一方都能沟通信息和传送货物；

④ 每一方都可以自由接受或拒绝对方的产品；

⑤ 每一方都认为与另一方进行交易是最适当的、最称心如意的。

交换是一个价值创造过程，通过交换总会使双方的所有物变得比交换前更好。交易是交换活动的基本单元。交易是由双方之间的价值交换所构成的。一旦达成协议，就说双方之间发生了交易行为。

(5) 关系和网络

关系营销是指与关键成员——顾客、供应商、分销商——建立长期满意关系的实践。其目的是保持长期的成绩和业务。关系营销的最终结果是建立起公司的最好资产，即一个营销网。营销网是指公司与公司利益相关的所有人——顾客、员工、供应商、分销商、零售商、广告代理人、科学家和其他人——建立互利的业务关系。

(6) 营销者和预期顾客

在市场的交换双方中，如果一方比另一方更主动，更积极地寻求交换，就把前者称之为营销者(marketer)，把后者称之为预期顾客(prospects)。营销者可以是卖主，也可以是买主。当买卖双方都积极寻求交换时，则交换双方都是营销者。这种情况被称为双边营销。在一般意义上，营销者是指面对竞争者，服务于市场的企业。

1.1.3　市场营销的职能与作用

市场营销具有微观与宏观的双重含义。微观市场营销和宏观市场营销是涉及面很广的企业经济活动和社会经济活动，它们在现代社会经济生活中处于重要的地位。

1. 宏观市场营销的社会职能和作用

宏观市场营销指的是由国民经济中各类企业的市场营销活动综合构成的、与市场有关的社会经济活动过程。宏观市场营销的基本任务和作用是各类社会市场营销机构（包括各类生产企业的市场营销部门和各种批发企业、零售企业、储运企业、金融企业、广告公司、市场营销研究企业等）通过执行自身的职能，创造有关的经济效益，以解决社会生产与社会消费之间的各种矛盾，使得生产者方面各种不同的供给与消费者和用户方面各种不同的需求相适应，求得社会生产与社会需求之间的统一与平衡，实现整个社会经济的正常运转。

在社会化大生产和市场经济条件下，普遍存在着种种社会生产与社会消费之间的矛盾，概括地说主要有以下几个方面：空间上分离的矛盾、时间上分离的矛盾、信息上分离的矛盾、商品估价上的矛盾、货色供需上的矛盾、数量供需上的矛盾以及商品所有权分离上的矛盾。随着社会化大生产和商品经济的发展，随着人们生活水平的提高和消费需求由低层次向高层次递进，由简单稳定向复杂多变转化，这些矛盾只能通过市场机制和国家宏观调控、通过社会上各种市场营销机构的营销活动加以解决。

社会市场营销机构的职能可以概括为以下三大类：

（1）交换职能

交换职能包括购买和销售两个方面。除了两者都要实现产品所有权转移外，购买职能还包括对购买什么、购买多少、向谁购买、何处购买、何时购买及确定可接受的交易条件等的决策和决策的实施；销售职能还包括寻找市场机会、确定营销的产品、选择分销渠道、制定价格、开展促销、售后服务等的决策及相关的具体业务。

（2）实体分销职能

实体分销职能包括货物的运输和储存等。货物的储运，是为了实现产品在空间位置上的转移，保存产品的使用价值，调节产品供需的有关矛盾。实体分销职能是实现交换职能的一个必要条件。

（3）便利交换和实体分配职能

便利交换和实体分配职能包括资金融通、风险承担、信息沟通、产品标准化和分级、货色组合等。资金融通和商业信用可以控制或改变产品的流向与流量，能够在一定程度上给买卖双方带来交易上的方便。风险承担，是指有关的市场营销机构在产品交易和产品储运中承担某些财物损失的风险。信息沟通，是指有关的市场营销机构对市场信息进行收集、加工和传递，是实现交换职能与分配职能的必要条件和企业开展营销活动的重要依据。产品标准化、分级与货色组合，是指有关的市场营销机构按照一定的质量、规格对产品加以整理和分类，根据顾客的需要将不同企业、不同种类的产品加以搭配组合，从而简化和加快交换过程，方便储运工作和顾客购买。

各类市场营销机构执行上述有关的社会职能，便可以创造出时间效用、地点效用、占有效用，并有助于创造产品的形态效用。产品的形态效用，指的是产品具有的可供满足人们某种需要的使用价值，它是由直接生产过程创造出来的。但是，直接生产过程结束时创造出来的产品形态效用，在被转移到消费者或用户一方前，还只是潜在的效用。只有消费者和用户在适当的时间、地点，以适当的价格购买到适当的产品时，产品的形态效用才能满足购买者的需要，并由潜在的效用转化为实际的效用。时间效用，指的是有关的社会市场营销机构在适当的时间把适当的产品提供给市场，满足消费者或用户在适当时间的需要。地点效用，指的是有关的社会市场营销机构把产品由产地运到销地，在适当的时间提供给市场，满足特定地区消费者或用户的需要。占有效用，指的是有关的社会市场营销机构，通过营销活动帮助转移产品的所有权，使消费者或用户能够占有和使用他们需要的产品。时间效用、地点效用和占有效用，主要是从市场营销在商品流通过程中的作用来说的。实际上，宏观市场营销不仅创造上述三个方面的效用，而且有助于创造适当的产品形态效用。这是因为，有关的社会市场营销机构调查研究广大消费者和用户的需要与要求，并把这些信息反馈给有关的产品生产企业，可以促使企业生产适销对路的产品。

2. 微观市场营销的社会职能和作用

现代市场营销学着重研究的是买方市场条件下企业的市场营销，即微观市场营销问题。微观市场营销的职能和作用在于，企业的市场营销部门通过市场营销研究，密切注意和了解市场需要的现状与变化，这样就可以发现一些未满足的需要和市场机会；然后，企业根据自身的任务、目标和资源条件等，选择本企业能够最好地为之服务的目标市场，并根据目标市场的需要，开发适销对路的产品，制定适当的价格，选择适当的分销渠道，制定适当的促销方案，千方百计地满足目标市场的需要，这样就可以扩大销售，提高市场占有率，增加盈利，实现企业的任务与目标。由此可见，微观市场营销是联结社会需要与企业反应的中间环节，是企业用来把社会需要变为有利可图的企业机会的行之有效的手段，是现代企业在整个经济活动中的一个极为重要的组成部分，它对企业的生存与发展起着决定性的作用。此外，微观市场营销作为宏观市场营销的组成部分，各类社会市场营销机构总是通过其具体的营销职能和作用，承担和发挥着宏观市场营销的某些职能与作用。

3. 市场营销职能与企业其他职能的关系

从企业经营管理的实践来看，在供给约束时代，市场营销与销售几乎是同义语，市场营销职能与生产职能、财务职能、人事职能处于同等重要的位置上；在供给约束向需求约束转变的时代，传统的市场营销概念开始向现代的市场营销概念演变，市场营销开始成为重要于生产职能、财务职能、人事职能的一种职能；在当今需求约束严重、市场竞争日趋激烈、外部环境复杂多变的时代，企业转向以市场为中心，关注对外部环境的适应性，经营战略管理和市场营销管理转变为企业的整体性职能。

在不同的时期内，市场营销职能与企业其他职能之间的关系以及市场营销在企业经营管理中的地位所发生的上述变化，不仅反映了市场营销在企业中受到重视的程度，同时也反映出人们对企业与市场、企业与外部环境之间关系认识的不断深化。

1.1.4 市场营销学的形成和发展

1. 市场营销学的概念

西方学者对市场营销学的定义很多，众说不一，常见的有以下几种：

① 美国市场学会定义委员会于1960年为市场营销学所下的定义是，"市场营销学是研究引导商品或劳务流向消费者和使用者的业务活动指南"。这一定义没有体现出满足消费者需求和欲望的观点，不能全面概括和准确表述现代企业营销活动的全过程。

② 英国市场学会的定义是，"市场营销学是指一个企业如果要生存、发展和盈利，就必须有意识地根据用户和消费者的需求以及潜在的需要来安排生产"。这一定义虽然把消费者的需求与生产联系起来，并揭示了销售学的本质，但未提及满足消费者需求这一内容。

③ 日本企业界人士认为，"在满足消费者利益的基础上，研究如何应市场需求而提供商品和服务的整个企业活动，就是市场营销学"。这一定义也是不完整的。

由以上定义可看出，现代市场营销学早已超出了美国市场学会所下的定义范围，市场营销学这一概念已被赋予了更广阔和更深远的含义：

① 在市场经营的指导思想上，现代市场营销学强调企业必须以消费者需求作为市场经营活动的中心和出发点。能否满足消费者需求是企业能否生存和发展的关键。企业要实现利润目标，最终要以消费者能否购买其产品，即产品是否适销对路为依据，企业要面向市场，要对顾客提供产品和劳务，在满足消费者过程中实现自己的目标。

② 现代市场营销学研究的范围已不是过去仅限于流通领域内的市场经营活动，也不是从前那种静态地分析市场经营因素，而是研究如何从生产到消费，又从消费反馈到生产整个经营活动的规律。也就是说，它不是单向地研究生产到消费的流通过程，而是研究市场交换活动的全体以及它们之间的能动的循环。它既研究企业内部的经营活动，也研究不断变化的外界环境，并且特别注意研究消费者（购买者）市场复杂的变动因素。事实上，为了占领市场，扩大销售，实现企业的预期目标，企业不只是要进行引导产品流向消费者或用户这一阶段的经济活动，而且还要进行产前活动和售后活动。

③ 现代市场营销学已不是单纯地作为市场经营技巧或销售方法的研究，它从企业的长远战略目标出发，通过市场经营组合策略，运用现代科学技术新成果，形成组织和指导企业整体活动的一门管理学科。

综合国内外专家定义，可把市场营销学表述为，市场营销学是一门以经济科学、行为科学和现代管理理论为基础，研究满足消费者需求为中心的企业市场营销活动及其规律性的综合

性应用学科。

2. 市场营销学的形成和发展

市场营销学最早出现在美国，后来传播到西欧、日本和其他国家。虽有 100 多年的历史，但其现在仍处于快速发展的阶段，所以它还是一门新兴的学科，并在实践中不断完善和发展。它的形成和发展经历了以下四个时期。

(1) 市场营销学的形成时期

市场营销学的形成时期是指从 19 世纪末到 20 世纪 30 年代。由于科学技术日益进步，生产效率迅速提高，产品不断增加。同时，企业与企业之间的竞争日趋激烈，国内外市场相对缩小，生产能力大于需求，于是商品销售问题就突出出来了。市场营销学就是在这种条件下形成的。

1912 年，哈佛大学赫杰特齐教授在走访了大企业主，了解了他们如何进行市场销售活动以后，写出了第一部以市场营销学命名的教科书。该书被认为是市场营销学作为一门独立学科问世的重要标志，但其内容仅限于分销和广告而已。这时，美国密执安大学、宾夕法尼亚大学、威斯康星大学、伊利诺伊大学和俄亥俄大学等都先后开设了市场营销学课程，并且形成了若干研究中心。但这一时期，市场营销学还没有形成明确的理论和原则，没有形成系统的体系和结构，只是注重研究商业销售实务和推销方法等方面的问题，而且只限于大学里的研究活动。因此，还未引起社会的足够重视。

(2) 市场营销学的应用时期

市场营销学的应用时期是指从 20 世纪 30 年代到第二次世界大战结束。美国 1929—1933 年的经济危机，造成供大于求，人们失业，消费萎缩，使销售变得更为重要。这一时期工商企业界把市场营销学应用于流通领域。20 世纪 20 年代，已有若干市场营销学的教科书问世，各种流派的不同观点及不同研究方法相继出现，并逐步形成市场营销学体系。此外，美国还建立和发展了各种形式的市场研究组织。如 1926 年成立的全国市场学与广告学教员学会，随后又组成现在的美国市场学会，这些组织的建立说明市场营销的理论研究已从个别的分散的状况，走向有组织、有系统的探索阶段。但是企业所重视的只是如何在更大规模上推销已经生产出来的产品。因此，这一时期市场的研究对象仍局限于商品销售技巧、方法、渠道以及推销商品的组织机构、广告术等，基本上没有超出商品流通的范围。

(3) 市场营销学的革命时期

市场营销学的革命时期是指从第二次世界大战以后到 20 世纪 50 年代。第二次世界大战以后，世界各主要资本主义国家开始进入经济复兴阶段，而新的科学技术革命的发展，如原子能、计算机进入实用领域，使资本主义国家劳动生产率大幅度提高，社会产品数量剧增，花色品种日新月异，市场上的商品进一步供过于求，同时消费者的需求和欲望不断发生变化，市场竞争也更加激烈了。这种局面更加迫切地需要系统的市场营销学理论作指导。因此，如何使市场营销理论体系化已成为市场学专家研究的课题。美国对市场营销学的研究不仅在深度和广度方面都比以前大大前进了一步，而且有关市场营销学的专著、论著和经营实务方面的大量书籍不断出版，理论观点也有了新的发展。这时出现了两位特别引人注目的市场学家，他们就是美国人J.A.哈瓦德和E.J.麦卡锡。他们从综合的市场营销管理的观点出发，把过去的产品、价格、销售渠道等个别的市场营销策略的研究加以体系化，统一称为市场营销组合。这样，研究市场营销学的理论视角就从企业经营的策略思想提高到市场营销的战略思想高度，哈瓦德称之为市场营销管理论，其内容包括企业所处的社会、政治、经济环境因素(他称为市场营销的不可控因素)及与这些因素相适应的企业内部的市场营销手段。企业要想创造最大利润，就必须十分关心各种营销手段的有机结合，并运用它去适应外界环境，哈瓦德把这种结合称之为市场营销组合。与此同时，麦卡锡又进一步发展了哈瓦德的市场营销管理论，他综合了哈瓦德等前人关于营销因素组合理论，加以高度概括，归纳为市场营销组合四要素，即市场营销学广为应用的4P(产品(product)、价格(price)、渠道(place)和促销(promotion))组合。这个时期，市场营销学已基本发展成了具有完整体系的一门学科。

(4) 市场营销学的现代化时期

20世纪80年代是资本主义经济高速发展的年代。现代化的科学技术已从理论研究进入到应用领域。实现生产技术的现代化，还必须有一套用先进科学技术武装起来的、效率极高的管理体系。企业家们和政府都在设法寻求资本主义经济永远繁荣的妙计，从长远的战略目标和极其广阔的范围探讨市场营销问题。于是市场营销学理论也随之进入了现代化时期。这一时期市场营销理论有以下几方面的发展。

① 引进现代科学技术理论的新成果

美国市场学家菲利普·科特勒1967年出版了《市场营销管理论》，他以消费者的需求为出发点，进行市场和市场营销活动研究，提出了市场营销模型及整个市场营销体系新论点。把信息论、控制论、运筹学以及计算机、数学模型等运用到市场营销学中。

② 消费者观点和消费行为的研究已作为市场营销理论的重要内容之一。市场营销学认为销售的职能不只是停留在把商品或劳务推销出去这一点上，而必须进一步调查、研究消费者的需求和欲望，并提供与之相适应的商品或劳务去满足买方的需要。这样市场就应为生产过程的终点了。这样一来，市场营销学便突破了商品流通领域，并参与了企业的生产经营管理，为企业的全部管理活动提供指导思想。

③ 从战略观点上考虑市场营销的整体规划，提出了市场营销战略的理论

1970年以后，为适应企业环境的急剧变化，美国对市场营销学的研究又提出了新的方向。1972年，科特勒在其所著的《战略市场学》中提出了战略的市场营销学必须从整体的战略规划出发，制定与之相适应的市场营销计划与策略。

④ 市场营销学的理论已为大多数国家广为运用

由于世界市场的形成与发展，市场营销学的理论研究也从美国扩展到全世界，它已成为一门得到广泛应用的管理科学，并且推动了企业的经营思想、经营方法及管理体制的变革。日本通用公司的一位经理说，“目前在日本，如果企业没有市场营销学的思想，就很难存在下去”。20 世纪 70 年代可以说是市场营销学的成熟阶段，它已发展到世界各地。目前，世界对市场营销学的研究进入了一个新阶段，市场营销学已与经济学、社会学、心理学、行为学、管理学、政治学、经济数学等学科密切配合，形成了一门边缘学科，一门很接近实务的应用学科。它已不是简单的销售方法和技巧的研究，也不是仅限于企业营销策略的探讨，而是范围广泛，涉及现代科学技术新成就的一门新兴的、具有完整系统的管理学科。

1.2　市场营销管理哲学及其演进

1.2.1　市场营销管理

市场营销管理是指为了创造满足个人和组织目标的交换，对创意以及对产品和服务的设计、定价、促销和分销进行计划和实施的过程。可从以下几方面对市场营销管理加以理解：

① 市场营销管理是一个过程，包括分析、计划、执行和控制；

② 市场营销管理覆盖商品、服务和创意；

③ 市场营销管理建立在交换的基础上，其目的是满足有关各方的需求；

④ 市场营销管理存在于任何一个市场；

⑤ 市场营销管理的实质是需求管理。

企业市场营销的管理任务会随着目标市场的不同需求状况而有所不同，营销者应该善于根据各种不同需求状况调整相应的营销管理任务。目标市场典型需求状况及相应的营销任务包括以下几点：

① 负需求

如果绝大多数人都对某种产品感到厌恶，甚至愿意出钱回避它，那么这个产品的市场便处于一种负需求的状态。营销者的任务是分析市场为什么不喜欢这种产品，以及是否可以通过产品重新设计、降低价格和更积极推销的营销方案来改变市场的信念和态度。

② 无需求

目标消费者可能对某种产品毫无兴趣或者漠不关心。营销者的任务就是设法把产品的好处与人的自然需要和兴趣联系起来。

③ 潜在需求

有相当一部分消费者可能对某物有一种强烈的渴求，而现在的产品或服务却又无法满足这种需求。营销任务便是衡量潜在市场的范围，开发有效的商品和服务来满足这些需求。

④ 下降需求

每个组织或迟或早都会面临市场对一个或几个产品的需求下降的情况。营销者必须分析需求衰退的原因,决定能否通过开展新的目标市场、改变产品特色或者采用更有效的沟通手段来重新刺激需求。营销任务便是通过创造性的产品再营销来扭转需求下降的趋势。

⑤ 不规则需求

许多组织面临着每季、每天甚至每小时都在变化的需求。这种情况将导致生产能力不足或过剩的问题。营销任务则可以通过灵活定价、推销和其他刺激手段来改变需求的时间模式。

⑥ 充分需求

当组织对其业务量感到满意时,就达到充分需求。营销任务是在面临消费偏好发生变化和竞争日益激烈时,努力维持现有的需求水平。各组织必须保证产品质量,不断地衡量消费者的满意程度,以确保企业的工作效率。

⑦ 超饱和需求

有些组织面临的需求水平会高于其能够或者想要达到的水平。营销的任务就是设法暂时地或者永久地降低需求水平,就是低营销。一般的低营销就是不鼓励需求,它包括下列步骤:提高价格、减少推销活动。有选择的低营销则采用尽量降低来自盈利较少和服务需要不大的市场的需求量。低营销并不是杜绝需求,而是降低需求水平。

⑧ 不健康的需求

不健康的产品将引起有组织的抵制消费的活动。营销的任务是劝说喜欢这些产品的消费者放弃这种爱好,采用的手段有传递其危害的信息,大幅度提价,以及减少供应。

1.2.2 市场营销管理哲学

市场营销管理哲学指企业决策者在组织和谋划企业的营销管理实践活动时所依据的指导思想和行为准则,即市场营销工作的指导思想或者说企业的经营思想。在现实生活中,它集中表现在企业如何看待和处理企业与市场(顾客)、企业与其他企业、企业与国家以及企业与社会其他方面的关系问题上。市场营销工作的指导思想是企业市场营销实践活动和现代市场营销学理论中的一个重要问题。

企业市场营销工作的指导思想经历了一个演变和发展的过程。在产业革命之前,由于商品生产和商品交换的发展水平较低,商品生产经营者的营销活动简单而且不重要,所以在这一时期还没有形成系统的经营思想。产业革命之后,社会化大生产逐渐取代了手工业生产,随着市场经济的不断发展,企业的市场营销实践活动才取得了实质性的进步。这时较为系统的经营思想才逐渐形成,并随着社会、政治、经济、市场等环境的变化和企业营销活动实践的发展,得到了不断的调整和深化,并对企业的营销活动产生了重大的影响。

一个多世纪以来，西方国家工商企业的经营思想经历了一个漫长的演变过程。企业的市场营销工作起初以“生产观念”和“产品观念”为指导思想，继而以“推销观念”为指导思想，第二次世界大战后又逐渐演变为“市场营销观念”，20 世纪 70 年代后又依次出现了“社会营销观念”、“大市场营销观念”、“全球营销观念”等指导思想。下面对一些有代表性的经营思想加以介绍。

1. 生产观念

生产观念也称为生产中心论，它是一种最古老的经营思想。这种经营思想认为，消费者和用户欢迎的是那些用得上、买得到，而且买得起的产品。因此，企业在考虑到人们最基本、最一般的需要的基础上，实行“我能干什么就生产什么、销售什么”，企业的整个经济活动以改进和增加生产为中心，组织所有资源，集中一切力量增加产品产量，降低成本，提高分销效率。生产观念是一种重生产、轻市场营销的企业经营思想。

生产观念是在卖方市场这种市场形态下产生的。它的存在以产品供不应求，生产的产品只要具有一定的使用价值就不愁没有销路及大批量、少品种、低成本生产更能适应消费需求为前提条件。西方国家在工业化初期以及第二次世界大战末期和战后的一段时间里，由于社会生产力水平低下和生产能力不足，物资短缺，产品供不应求，消费者或用户并不计较产品的具体特色，生产观念在企业界颇为盛行。在这种情况下，企业实际上也没有必要考虑深入开展市场调研和推销等营销工作问题。企业市场营销部门的职责主要是将产品运到销售地，通过销售实现企业的利润。

2. 产品观念

产品观念也称为产品中心论，也是一种古老的经营思想。这种经营思想认为，人们总是欢迎那些质量好、有特色、价格合理的产品，企业只要注意提高产品质量，做到物美价廉，顾客就会自己找上门来，而不需要大力推销。

产品观念盛行的时期与生产观念盛行的时期大体相同，也是卖方市场条件下的产物。生产观念与产品观念的不同，主要表现在前者强调的是“以量取胜”，后者强调的则是“以产品特色取胜”。产品观念这种以产品为中心的经营思想，本质上坚持的仍是“我能够生产什么就卖什么”，但它比生产观念多了一层竞争的色彩，注意用产品质量、性能、价格等方面的特色和优势来赢得顾客。在市场供求矛盾稍有缓解，竞争有所增强的情况下，这种观念常常成为一些企业营销工作的指导思想。

企业市场营销的实践经验表明，一种产品是否能够赢得顾客，从根本上说并不在于它与竞争者的产品相比具有什么特色，而在于它是否真正符合顾客的需要。在不断变化、竞争日趋激烈的市场上，如果企业奉行产品观念，依恋于自己的产品，忽视市场调研、产品开发和促销等市场营销工作，必然会导致“市场营销近视”，并将使自己陷入困境。

3. 推销观念

推销观念也称为推销中心论。这种经营思想认为，消费者通常表现出一种购买惰性或者抗衡心理，如果顺消费者自然的话，他们不会足量购买某一组织的产品。因而营销管理的中心是致力于主动推销和积极促销。推销观念首先使用各种推销技巧来寻找潜在顾客，并用高压式的方法说服他们接受其产品。在产品过剩时，往往奉行推销观念。

推销观念认为，消费者的购买行为不仅受需要等自身因素的制约，同时也受外界因素的影响，如果企业采取适当的措施，加强推销努力，消费者就有可能购买更多的产品。因此，必须将推销放在企业整个经济活动的中心位置上，大力加强推销工作，千方百计地使广大消费者对本企业的产品发生兴趣，以扩大销售，提高市场占有率，取得竞争优势和更多的利润。

推销观念是在卖方市场向买方市场的过渡时期产生的。在西方国家，从20世纪20年代到20世纪40年代，随着科学技术的进步、科学管理和大规模生产的推广，产品产量迅速增加，于是逐渐出现了供过于求的现象，某些产品的局部买方市场已经形成，购买者的选择余地扩大，企业间竞争加剧，产品销售难的问题日益突出。这种情况促使许多企业认识到，企业不能只抓生产，要想在激烈的竞争中求得生存与发展，就必须重视市场营销，加强推销工作。

在推销观念的指导下，虽然企业的注意力开始从生产领域转到了流通领域，由"以产定销"转向"以销促产"，但从现有的产品出发点来开展市场营销活动的做法表明，企业本质上依然是"我能够生产什么就卖什么"，与前两种观念相同，仍是以生产者为中心的。但经过这一阶段，企业更多地了解了市场需要，从而为引入市场营销观念创造了条件。

在现实生活中，凡是企业不顾市场需求的变化盲目地生产市场上已经大量过剩或已不受欢迎的产品，并运用强行推销的手段来加以兜售的，事实上就是在奉行推销观念。这与企业在将新产品推向市场、将现有产品推向新市场或在目标市场上实施渗透策略等情况下加强促销工作，以使顾客对本企业的产品有所了解、发生兴趣、打开销路的情况不同。推销观念与推销活动不是同义语，不应混为一谈。

4. 市场营销观念

市场营销观念也称为需求中心论，它与推销观念及其他传统的经营思想存在着根本的不同。营销观念认为，实现组织诸目标的关键在于正确确定目标市场的需要和欲望，并且比竞争对手更有效、更有利地传送目标市场所期望满足的东西。

市场营销观念与推销观念有着本质区别，如表1-1所列。推销观念是以生产者为中心，以现有产品为出发点，以推销和销售促进为手段，通过刺激消费，达到扩大销售、取得利润的目的。市场营销观念则是以市场为中心，以目标顾客的需要为出发点，以整体性营销活动为基础，集中企业的一切资源和力量，千方百计地比竞争者更好地适应和满足目标顾客的需要，以便长久地占领市场，提高企业的长期盈利能力和经营效益，实现企业的目标。即考虑如何通过产品以及与创造、传送产品和最终消费产品有关的所有事情，来满足顾客的需要。由此可见，

市场营销观念把推销观念的思维逻辑顺序颠倒了过来。

表 1-1　推销观念和市场营销观念的区别

观　念	出发点	重　点	方　法	目　的
推销观念	企业	产品	推销和促销	通过销售来获得利润
营销观念	市场	顾客需求	整合营销	通过顾客的满意获得利润

由推销观念向市场营销观念的转变，主要与以下条件有关。第二次世界大战后，尤其是20世纪50年代以来，随着科学技术的发展，社会生产力得到了迅速的提高，产品产量剧增，花色品种日新月异。这样一来，西方主要经济发达国家的市场，特别是消费品市场已经变成了供过于求、卖主之间竞争激烈、买方处于主导地位的买方市场了。另外，人们的收入水平和物质文化生活水平也在不断提高，消费需求日趋多样化，变化也明显加快，企业依市场的选择或胜或衰。市场营销的实践经验一再表明，在新的环境条件下，传统的经营思想已经难以引导企业走向成功。与此同时，西方国家企业经济管理的实践经验也得到了进一步的积累和总结。正是在这种形势之下，市场营销观念这一新的企业经营思想便应运而生了。

从推销观念到市场营销观念的转变，是企业经营思想发展上的一次质的飞跃。这一飞跃具有如下重大意义：

① 促使企业的市场营销工作由以生产者为中心转向了以消费者或用户为中心，促进了“顾客至上”思想的实现。

② 改变了企业的组织结构，提高了市场营销部门在企业中的地位，建立了以市场营销为中心的新的企业管理体制。

③ 改变了企业的经营程序和方法；企业对营销环境的调查研究，由流通领域扩展到了生产、流通、分配、消费的全过程及其他有关方面；企业的市场营销转化为整体性的营销活动过程，营销管理工作占据了重要地位。

④ 销售工作由过去的高压式“硬卖”转变为诱导式的“软卖”。

由于市场营销观念符合生产是为了消费的基本原理既有利于较好地满足市场需要，同时又提高了企业的环境适应能力和生存发展能力，因而自其被提出后便引起了广泛的注意，为众多的企业所接受，并成为当代市场营销学研究的一条主线。

5. 社会营销观念

社会营销观念也称为社会中心论。这种经营思想认为，企业组织的任务是确定诸客源市场的需要、欲望和利益，并以保护或者提高消费者和社会福利的方式，比竞争者更有效、更有利地向目标市场提供所期待的满足。社会营销观念要求营销者在营销活动中考虑社会与道德问题。他们必须平衡与评判公司利润、消费者需要满足和公共利益三者的关系，即企业的生产经营活动不仅要满足消费者的需要与欲望，而且要符合消费者和社会的长远利益，求得企业利益、消费者需求的满足与消费者利益、社会利益这三个方面的统一与平衡，企业应确立包括社会利益、尊重人类等在内的多元化目标，而不能一元化地单纯追求利润。这种经营思想，可以说是对市场营销观念的重要补充和完善。

社会营销观念产生于20世纪70年代中后期。在西方国家，社会营销观念的提出，一方面是基于对广泛兴起的以保护消费者权益为宗旨的消费者运动的反思。有人指出，许多企业实际上并未真正奉行市场营销观念。“顾客至上”的口号对他们来说不过是骗人的漂亮话。为了牟取暴利，他们在为消费者谋利益的幌子下干着诸如以次充好、以假充真、虚假广告宣传等种种欺骗顾客、损害消费者权益的勾当。社会营销观念的提出，另一方面是基于对“在一个环境恶化、资源短缺、人口爆炸性增长、世界性饥荒和贫困、全球性通货膨胀和忽视社会服务的时代，单纯的市场营销观念是否是一个适当的组织目标呢?”问题的认识。同时也提出：一个在了解、服务和满足个体消费者需要方面干得十分出色的企业，是否必定也能满足广大消费者和社会的长期利益?

有人认为，单纯的市场营销观念的实施提高了人们对需求被满足的期望值和敏感性，回避和加剧了消费者欲望的满足与消费者的根本利益及长远的社会利益之间的潜在矛盾，导致了诸如健康损害、物质消费、环境污染、资源消费和破坏等弊端的产生。此外，社会营销观念的提出，与一些国家为了保障社会经济生活的正常运转，维护消费者利益和社会公共利益，巩固自身的政治统治，从各方面不断加强了对企业活动的法律限制和行政干预有关。

社会营销观念的提出，是企业经营思想的一种进步，其正确性是不可置疑的。但是，在市场经济条件下，如果缺少外部监督和各种机制的制约，这种经营思想是企业难以完全自觉地加以贯彻实施的。

为了满足社会和人们的长远利益，社会营销观念强调绿色营销，要求企业在对产品开发、生产、定价、分销进行策划和实施的整个过程中，在满足顾客需求和维护生态环境的前提下取得利润，实现经济与社会的可持续发展。绿色营销的中心思想是实现企业利益、消费者利益、社会效益、生态环境效益的统一与协调发展。

营销案例链接：金娃果冻的社会营销观念

金娃果冻以极富远见的社会营销观念及超低成本成为果冻行业的第二品牌，其广告费率不到百分之二。金娃公司意识到，像一般的企业那样依靠美味的口感、花花绿绿的包装、极具诱惑力的广告吸引孩子是对消费者长远身心健康的不尊重，把果冻当作“愉悦产品”来经营虽然能获得一时暴利，但终究会遭到消费者的反感。金娃公司决定，不走猛打广告诱惑孩子的营销路线，改走扎实的社会营销之路。金娃完全遵循“营养”的原则，强调每一颗果冻都应该为孩子增添营养，而不仅仅是美味，使产品不仅让孩子吃的时候获得口感的享受，同时还有利于孩子长远的身心健康，让父母也乐得为孩子购买。为了贯彻社会营销的理念，金娃加大科研投入，果冻里的防腐剂与色素的使用量远远低于国家标准；在全国范围内，第一家开发了健脑果冻、果浆布丁、芦荟美容果冻；金娃营养果冻添加的营养素全部由国内乃至全球最好的供给商供货，如维生素A、D、E从瑞士罗氏药厂采购。在产品推广时走家长路线，通过向家长介绍果冻的营养价值与其他儿

童营养知识获得消费者的高度认同,连促销活动也贯彻责任感。与一些通过集卡赠物以吸引儿童乱消费、乱攀比的做法不同,金娃的"恐龙兵团争霸棋"集卡活动没有奖品,但所集之卡可以组建一种益智游戏,能有效锻炼少儿的判断力、意志力、推断力和提高思维灵敏度。金娃的以上努力已获得明显成功,因为它是符合现代父母的价值观和社会规范的。

社会营销的观念并非高不可攀,亦无需循着"销售观念"到"营销观念"再到"社会营销"的台阶按部就班。谁最早熟悉社会营销的价值,谁就真正占领营销战略的制高点,就像新经济浪潮使中国抓住后来居上的机会一样,社会营销也应该成为每一个有责任感的企业的营销锐器。

资料来源:http://www.paper800.com,2007-12-23,有删改

绿色营销是1992年联合国召开的环境与发展大会明确提出的。当时通过的《21世纪议程》指出,世界将进入一个既重视社会经济发展,又注重生态环境保护的绿色营销时代。绿色营销,指的是企业以生态环境保护观念为营销的哲学思想,以绿色文化为价值观念,以消费者的绿色消费为中心和出发点,力求满足消费者的绿色需求。绿色营销涉及企业营销过程的各个方面,包括绿色战略管理、绿色营销管理、绿色信息、绿色资源、绿色投资、绿色技术、绿色设计、绿色产品、绿色生产、绿色包装、绿色品牌、绿色形象、绿色定价、绿色分销、绿色促销、绿色服务、绿色认证等内容。绿色营销的提出并不是偶然的。近年来,在现代物质文明的创造与发展过程中,生态环境恶化、资源危机、环境污染、人口膨胀等问题越来越困扰着人类的生存,阻碍着经济发展与社会进步。现实促使人们认识到,人类必须将经济活动与生态环境、社会环境统一起来,实现经济活动、生态环境、资源、人口之间的同步、协调、健康发展,建立一种绿色文明。绿色营销观念可以说是社会营销观念的具体化。

目前,以绿色经济、绿色消费、绿色营销为内容的绿色运动已经在全球展开。许多国家的政府在更为关注生态环境、自然资源和消费者利益的情况下,加强了政策引导和宏观调控相结合的绿色管理,更加重视制定并严格实施主要着眼于规范企业行为的绿色立法和绿色标准,绿色认证、绿色标志、绿色保护、绿色壁垒正在兴起。消费者以权益意识和环境意识为核心的绿色消费观念明显增强,并更为注重顾客让渡价值的绿色内涵,且迫切需要高质量的生活环境和高质量的有益于健康的消费品。

随着绿色经济、绿色消费的兴起,企业将面临日益复杂和严峻的国内与国际环境,只有顺应这一潮流,树立绿色营销观念,实施绿色营销,不断增强营销的绿色内涵,才能提高自身的应变力与竞争力,才能生存和发展。

6. 大市场营销观念

大市场营销观念也称为政治中心论,其主要内容是:企业不应消极被动地顺从和适应外部营销环境,而必须采取适当和有效的措施,积极主动地影响外部环境,促使其向着有利于企业的方面转化,并在一定程度上对其加以控制,以确保营销的成功。大市场营销观念,是20世纪80年代以来企业营销战略思想的重大发展。

大市场营销观念与传统的市场营销观念和市场营销理论有较大的不同。众所周知，市场营销观念是在买方市场条件下产生的，与这种经营思想相对应的企业市场营销策略包括两个不同但又互相关联的部分：其一是目标市场策略，即企业在市场营销研究的基础上选定拟投其所好而为之服务的顾客群；其二是市场营销组合策略，即企业为了满足目标市场的需要而对企业可控制的营销组合因素加以最佳的组合运用。但是，这些营销组合因素的运用不仅受企业任务、目标及自身资源条件等方面的制约和影响，而且受企业不可控制的各种外部环境因素的制约和影响。西方学者过去坚持认为，企业营销管理工作的任务是密切监视营销环境的发展变化，善于安排市场营销组合，使企业的市场营销管理决策与外部不可控制的环境因素相适应，这是企业营销活动能否成功的关键。然而，随着时间的推移和环境的变化，这种传统的营销观念和营销理论日益显露出它的不足。

自20世纪70年代末期以来，西方经济发达国家生产过剩，由于市场有限，国内国际市场上的竞争日趋激烈；另外，资本主义各国持续的滞胀和经济不景气，促使许多国家的政府不断加强了对经济生活的干预，贸易保护主义回潮，贸易摩擦越来尖锐。在这种情况下，即使企业的产品适销对路，市场营销组合中的其他因素安排适当，这种产品也未必能够销得出去，企业可能因此而失败。为了保证营销的成功，企业就不能消极被动地依从和适应外部营销环境，而必须采取适当而且有效的措施，积极主动地影响外部营销环境，使之朝着有利于企业的方面转化，并在一定程度上对其加以控制，为我所用。再有，随着科学技术的迅速发展，消费者和用户不了解或不知道的新技术、新产品必然会日益增多。因此，企业不能只是消极被动地适应消费者和用户的需要，而必须积极主动地采取适当的措施，引导、改变或者创造顾客的需要。只有这样，才能实现潜在交换，扩大销售，更好地满足目标顾客日益发展的需要。

正是在上述背景之下，美国著名的市场营销学家菲利普·科特勒在20世纪80年代中期提出了大市场营销这一新的营销观念和营销战略思想。大市场营销观念对传统的市场营销观念和营销理论的发展主要表现在以下三个方面：

① 企业与外部环境的关系突破了被动适应的观点，认为企业不仅可以影响甚至可能而且有必要控制和改变某些外部环境因素，以使企业的市场营销具有更大的主动性和灵活性。

② 企业与市场和目标顾客需要的关系突破了常规进入，简单发现、适应与满足的看法，认为企业应采取打开产品的通道，满足目标顾客的需要，以至改变和创造目标顾客的需要，积极引导市场和消费，实现企业的目标。

③ 市场营销的手段和策略与大市场营销的任务、目标和战略相衔接，在原有市场营销组合四个基本因素的基础上又提出了政治力量（power）和公共关系（public relations）这两个重要的手段，从而形成了市场营销组合6P，以确保企业市场营销活动的有效性。

7. 全球营销观念

全球营销观念指按最优化原则，把不同国家中的不同企业组织起来，以最低的成本，最优

化的营销去满足市场需求。

在七种营销观中，生产观念、产品观念和推销观念可归为传统营销观念。市场营销观念、社会营销观念、大市场营销观念和全球营销观念可归为新型营销观念。这两大类营销观念的区别如表 1－2 所列。

表 1－2　传统营销观念与新型营销观念的区别

区　别	营销观念类别	
	传统营销观念	新型营销观念
出发点	产品	消费需求
工作重心	企业以卖方（企业）的要求为中心	企业以买方（顾客群）的需求为中心
目的	将产品销售出去以获得利润	从顾客满足之中获得利润
方法	主要依靠增加生产或加强推销，企业重点考虑的是其擅长于生产什么	组织以产品适销对路为中心的整体市场营销活动，企业首先考虑的是消费者
导向	是一种以生产者为导向的经营观	是一种以消费者为导向或称市场导向的经营观

【本章小结】

市场营销是个人和群体通过创造并同他人交换产品和价值，以满足需求和欲望的一种社会和管理过程。市场营销学作为一门学科经历了市场营销学的形成时期、应用时期、革命时期和现代化时期四个阶段。市场营销具有微观与宏观的双重含义。宏观市场营销，指的是由国民经济中各类企业的市场营销活动综合构成的与市场有关的社会经济活动过程。现代市场营销学，着重研究的是买方市场条件下企业的市场营销，即微观市场营销问题。市场营销管理是指为了创造满足个人和组织目标的交换对创意、产品和服务的设计、定价、促销和分销进行计划和实施的过程。营销管理哲学经历了生产观念、产品观念、推销观念、市场营销观念、社会营销观念、大市场营销观念和全球营销观念。其中前三种观念称为传统营销观念，后四种观念称为新型营销观念。

【讨论题】

1. 什么是市场营销？
2. 试述市场营销学的产生和发展过程。
3. 什么是市场营销管理？
4. 简述市场营销管理哲学的演变过程及其背景依据。
5. 在七种企业营销观念中，哪几种可归为传统营销观念？哪几种可归为新型营销观念？二者有什么区别？

第2章　企业战略规划与市场营销管理过程

【基本知识点】

(1) 高绩效业务的特点；
(2) 在公司和部门层面如何开展战略计划工作；
(3) 在业务单位层面如何开展计划工作；
(4) 营销过程的主要步骤；
(5) 市场营销组合的特点，4P、4C 和 4R 营销组合的区别。

2.1　企业战略与战略规划

制定市场营销战略与计划，是摆在企业经理面前的严峻课题。就企业来说，必须对市场营销活动做出全局性、长远性、关键性的全盘谋划。要在复杂多变的市场上寻找机会，战胜对手，扩大销路，企业就必须制定出既有远见又切实可行的市场营销战略，这是事关企业大局的科学规划和市场营销管理的指导思想。

2.1.1　企业战略

战略一词源于军事领域，是与战术一词相对而言的。战略一词来源于希腊文“strategos”，其含义是“将军指挥军队的艺术”。战略一词与企业经营联系在一起并得到广泛应用的时间并不长，最初出现在西方经营学名著《经理的职能》一书中。该书作者巴纳德(C. I. Bernad)为说明企业组织决策机制，从有关企业的各种要素中产生了“战略”因素的构想，但该词语当时并未得到广泛应用。企业战略一词得到广泛应用是自 1965 年美国经济学家安索夫(H. I. Ansoff)所著的《企业战略论》一书问世后，企业经营学中才开始应用“企业战略”一词，而且从那时起，战略一词还广泛应用于社会、经济、文化、教育和科技等领域。在现代社会和经济生活中，这一术语被应用于描述一个组织打算如何实现其目标和使命。

对企业战略一词至今尚无统一的定义。前人对企业经营战略的认识主要有以下三种：第一种观点认为，企业经营战略就是企业经营战略决策，其内容包括企业长远发展的目标，为达到目标所制定的经营方针及对企业资源的分配等战略决策，这种看法指出了企业经营战略的基本性质。第二种观点认为，企业经营战略就是企业的战略规划，它包括规划企业经营目标以

及达到目标所必需的资源的取得、使用及处理方针。美国哥伦比亚大学商业研究生院的威廉·纽曼(Willian. H. Newman)认为,“企业经营战略是把确定长远目标作为自己的主要任务,以及为完成这一任务而采取的主要行动,战略在任何时候总是为本企业指明最优的前进方向,真正的战略是较长远的规划,它确定企业的发展方向与趋势,也规定着各项较短期计划的基调”。这种看法指出了企业经营战略的基本内容。第三种观点认为,企业经营战略就是企业的产品。这方面的代表人物就是安索夫,他在发表了《企业战略论》以后,于 1979 年又发表了《战略经营论》。他认为,战略一词要限定在“产品—市场战略”的意义上使用,应在一定的经营领域内开发新的产品与市场,撤出不适宜的产品与市场,有计划地提高本企业现有的产品与市场的地位,这是现代企业取得成就的关键。他认为,应把环境、战略模式及组织这三个要素分成稳定型、反应型、先导型、探索型、创造型等五种类型。例如,企业的外部环境是创造型的(企业处于剧烈变动的环境中),则要求企业战略模式及组织形式也必须是创造型的,即环境、战略模式及组织这三个要素只有协调一致、相互适应时,企业的效益才能提高,反之则会降低效益。这种看法指出了企业经营战略的基本要素。

菲利普·科特勒认为,当一个组织清楚其目的和目标时,它就知道今后要往何处去,问题是如何通过最好的路线到达那里。公司需要有一个达到其目标的全盘的、总的计划,这叫做战略。迈克尔·波特认为,战略是公司为之奋斗的一些终点与公司为达到它们而寻求的途径的结合物。加拿大的明茨博格借鉴市场营销组合 4P 的提法,提出了战略是由五种规范的定义阐明的,即计划(plan)、计策(ploy)、模式(pattern)、定位(position)和观念(perspective),由它们构成了企业战略的 5P。这里认为,企业经营战略是企业根据内外环境及可取得资源的情况,为求得企业生存和长期稳定地发展,对企业发展目标、达到目标的途径和手段的总体谋划,即企业面对激烈变化的环境,严峻挑战的竞争,为谋求生存和不断发展而做出的总体性、长远性的谋划和方略。它是企业经营思想的集中体现,是一系列战略决策的结果,同时又是制订企业规划和计划的基础。战略就是确定目标并根据目标决定行动方向。有效的企业战略是目标与手段的有机结合。没有营销目标,就无从制定营销战略;没有营销手段,目标就无法实现,也就无所谓营销战略。因此,企业的营销战略既要规定企业的任务和目标,又要围绕这些任务和目标的实现确定营销计划和营销手段。

需要指出的是,市场营销战略应能适应不断变化的市场环境,并对变化的环境做出正确的反映,充分利用环境变化所带来的新的市场机会,以保证企业的有效经营和发展。因此,市场营销战略应当具有很强的应变能力。企业的营销战略,实质上就是企业的外部环境、内部条件以及营销目标三者的动态协调过程。

关于战略有一个寓言。老鼠问猫:“请问我该从哪条路走?”群猫回答:“这要看您想到哪里去。”老鼠再问:“我该怎么走?”属规划学派的猫甲说:“你应先订好计划再走。”属适应学派的猫乙说:“你摸索着走吧,有错就换一条路。”属产业组织学派的猫丙说:“你为什么要去那?为什么不换一个目的地?”属资源基础学派的猫丁说:“你应先培养走路的能力,然后再去。”通过这个寓言可以看出，当战略规划思想占主流时，战略就是规划未来；当环境适应学派占主流时，战略就是讨论企业如何适应环境；当产业组织论占主流时，战略就是讨论如何定位于有吸引力的行业并通过成本领先和差异化来赢得竞争优势；当资源基础论流行时，战略就变成挖掘和培养公司有价值的、无法仿制的、又难以替代的资源了。由此可见，战略的范式在不断演进，因为新的理论与经济环境还在不断涌现和变化，企业盈利模式的实践每天都在不间断地进行着，总有一天，一个新的战略范式又将展现在面前。

2.1.2 企业战略的特点

1. 全局性

任何企业战略都是研究全局的谋划方案。所以，确定企业战略应从整个企业的生存和发展去考虑。企业战略的全局性要求企业的决策者一切从大局出发，如果某项企业战略只对企业的某个部门有利，而不利于企业的整体发展，就不能采用。当然，重视企业战略全局，并不是排斥或忽视市场营销过程出现的局部问题。聪明的企业决策者应从局部与全局、部分与整体之间的相互关系中，对营销系统加以全面把握，使各个局部的营销战略与企业的整体战略得到协调发展。

2. 长远性

企业战略是着眼于企业未来发展的战略。因此，它首先要解决的就是对企业发展和长远利益具有重大影响的问题。企业战略的长远性要求企业决策者必须能够放眼未来，对企业的经济运行环境及其发展规律具有清醒的认识，在把握全局的基础上，对企业进行长远谋划。实践证明，片面或盲目地追求企业短期利益，往往会造成企业发展战略上的失误。

3. 适应性

企业战略必须能适应市场环境的变化。当市场环境发生变化时，企业的战略也需要做出相应调整，只有那些能根据市场营销环境不断调整企业战略的企业，才能在激烈竞争的市场环境中处于较有利的地位。

4. 关键性

企业战略的关键性决定了它在市场营销中的地位。企业战略关系到企业的生存和发展。如果一个企业在战略上犯了错误，方向搞错了，战术上再高明也会于事无补。因此，在环境多变和竞争激烈的市场中，企业决策者要想使企业获得长期发展，就必须对企业战略给予足够重视，通过制定企业战略来统一营销活动的步骤，指明企业的发展方向，以获得最大的战略效益。

2.1.3 企业战略的层次

1. 总体战略

总体战略又称为公司战略，是企业最高层次的战略。总体战略的任务主要是回答企业应

在哪些领域活动，经营范围的选择和资源如何合理配置是其中的重要内容。总体战略一般由企业决策层负责制定和落实。

2. 经营战略

经营战略又称为经营单位战略或竞争战略。大企业往往把一些具有共同战略因素的二级单位，如事业部、子公司等组成一个战略经营单位(strategic business units，SBU)。在一般的企业，如果各个二级单位的产品和市场具有特殊性，也可将其视为独立的战略经营单位。因此，经营战略是各个战略经营单位或有关事业部、子公司的战略。

3. 职能战略

职能战略又称职能部门战略，是企业各职能部门的短期性战略。通常，职能战略涉及对市场营销、研究与开发、生产、财务、人力资源等部门的管理。每一职能战略都要服从于所在战略经营单位的经营战略和整个企业制定的总体战略。

2.2　战略规划制定的步骤

公司总部高层管理在推行整个公司战略计划工作过程中，首先要规划总体战略。战略规划制定的步骤主要包括：确立公司使命、建立战略业务单位、为每个战略业务单位安排资源和计划新业务工作。

2.2.1　确定企业使命

1. 企业使命含义

企业使命(mission)反映企业的目的、特征和性质，是指在较长的时期内企业的经营范围，在社会分工中的地位以及区别于其他企业的重要特征等。企业使命的设定要坚持以市场为导向。确定企业使命，首先需要明确本企业的业务性质是什么；其次要确定企业生产什么产品和提供何种服务？企业的主要市场在哪里？谁是企业的主要顾客？顾客的需要是什么？企业应如何满足这些要求？通过准确回答这些基础性问题，企业就能够明确地判断出其使命。明确了企业使命，也就明确了企业的活动领域和发展的总方向。

任何一家企业都有特定的具体使命。例如，一家饭店的具体使命就是要确定饭店的发展方向，经营范围和服务对象。具体可以包括以下几个方面：

① 确定饭店未来的接待任务及对象。这主要包括：在一定时期内，饭店主要的服务对象，饭店在国内和省市内同行中的地位，饭店应达到的服务水准等。

② 确定饭店未来的方向。这主要是指饭店在较长的时期中应开发哪些新的服务项目和经营范围是什么？

③ 确定饭店未来市场的主攻方向。通过市场细分、科学的客源市场分析和详实的客源统计数据，找到饭店的市场定位和主攻方向。

2. 确定企业使命的关键要素

一个组织的使命由以下五个关键性要素形成。

(1) 历史和文化

每个企业都有自己的历史,除非它是一个新建企业。确定企业使命,必须注意企业历史上的突出特征。例如,某饭店过去是一家豪华型饭店,并拥有相当数量的老顾客,那就不宜改变为大众旅馆,即使这种改变在短期内是有利可图的。

(2) 所有者和管理当局的当前偏好

企业的上级主管单位或董事会对企业的发展和未来会有一定的规划;企业的高层管理人员也会对企业有自己的设想和追求。这些都会影响企业的目标和性质。主管当局有时会从全局的需要出发,合理地调整某些企业的业务范围。

(3) 市场环境的变化

企业周围市场环境是在不断变化的。环境变化可以给企业带来威胁,也可以给企业带来机会。为此,企业决策者一方面要抓住市场机会,以使其在变化的环境中,圆满地完成企业的营销目标;另一方面还要避免或减少威胁给企业造成的损失,即企业使命要顺应时代和潮流的变化。

(4) 资源条件

不同的企业有不同的资源条件。资源条件的约束决定了一个企业能够进入哪些领域,可以经营哪些业务。

(5) 企业的优势及其核心营销能力

每个企业都有自己的核心竞争优势。确定企业使命必须结合企业独特的能力,使之能扬长避短,发挥优势。

3. 使命说明书

为了引导企业朝着一个方向前进,在上述工作的基础上,企业决策层应以书面报告形式提出本企业的使命。企业使命说明书(mission statement)就是根据思考企业使命的结果,最后形成的文字文件。好的使命说明书具有如下三个明显特点:

(1) 集中在有限的目标上

清楚说明企业拟在哪些方面发挥作用、参与竞争,即明确公司要参与的主要竞争范围。一般可从行业范围、产品与应用范围、能力范围、市场细分范围、垂直范围、地理范围等方面加以说明。

(2) 强调公司要遵守的主要政策和价值观

指导员工如何对待顾客、供应商、经销商、竞争者和公众,使整个企业在重大问题上能步调一致,行动上有共同的参考标准。

(3) 远景和发展方向清晰

企业使命说明书指明了企业今后若干年的发展远景和发展方向。

4. 企业使命书应体现的原则

(1) 以市场为导向

以市场为导向(market orientation),按照目标顾客的需要来规定和阐述企业的使命。表 2-1反映了产品导向和市场导向不同的业务定义区别。

表 2-1　对产品导向和市场导向不同的业务定义比较①

公　司	产品导向	市场导向
资生堂	生产化妆品	出售希望
佳能	生产复印机	帮助改进办公效率
富士公司	生产胶卷	保存记忆
先锋	生产卡拉 OK 机	帮你唱歌

(2) 切实可行

规定企业使命,应立足于企业本身现有的能力和潜力,结合市场变化,并充分估计到外部环境的发展来规定和阐述企业的业务范围,做到切实可行(achievable)。

(3) 鼓励性

鼓励性(encouraging)即应使全体职工从使命中感受到本企业任务对社会的贡献、企业和员工的前途,从而受到鼓舞,激励干劲。

(4) 明确具体

为顺利执行使命而提出的方针、措施必须明确具体(specific)。要提出一系列有关的准则和界限,以尽量限制个人任意解释的范围和随意处理问题的权限,使企业内部各个方面的活动有章可循,责权明确,保证各环节的有机衔接。

(5) 体现竞争性

竞争(competitive)是商品经济的必然,也是企业发展的内在动力和外在压力。规定企业使命时,必须对本单位和主要竞争者的优势和劣势进行对比分析,扬长避短,提出发展自身优势的竞争策略。

营销案例链接:美国石油公司和摩托罗拉公司的企业使命说明书。

美国石油公司:"美国石油公司是一个在全世界使炼油到化工一体化的公司。我们寻找和开发石油资源,并向我们的顾客提供优质的产品与服务。我们的业务责任是获得优秀的财

① 菲利普·科特勒. 市场营销管理:亚洲版(上). 郭国庆,译. 北京:中国人民大学出版社,1997.

务收益，平衡我们的长期成长计划，保障股东利益和履行对社会与环境的义务。”

摩托罗拉公司：“摩托罗拉公司的目标是为社会的需要提供好的服务，我们用公平合理的价格为顾客供应优质的产品和服务；为了企业的整体发展，我们必须做到这一点和赢得适当的利润。我们也为我们的员工和股东提供机会以达到他们个人的合理的目标。”

2.2.2 建立战略业务单位

1. 战略业务单位的含义

战略业务单位(strategic business unit，SBU)是指企业值得为其专门制定一种经营战略的最小经营单位。

大多数公司都经营几项业务，每项业务都会有自己的特点，面对的市场环境也不完全一样。界定企业的活动领域只是在大范围上说明了企业经营的总体范围。企业为了便于从战略上进行管理，有必要将组成其活动领域的各项业务从性质上区别开来，并将其划分为若干战略业务单位。

2. 战略业务单位的特征

战略业务单位有如下特征：

① 有自己的业务。可能是一项业务或相关业务的集合体，但在计划工作上能与公司其他业务分开而单独作业。

② 有共同的性质和要求。不论是一项业务还是一组业务，都有它们共同的经营性质和要求，否则无法为它们专门制定经营战略。

③ 掌握一定的资源。这使战略业务单位能够相对独立或有区别地开展业务活动。

④ 有竞争对手。战略业务单位应有自己的竞争对手，这样其才有存在的意义。

⑤ 有相应的管理班子从事经营战略管理工作。如果没有相应的管理班子从事经营管理工作，这样的战略业务单位便形同虚设，没有实际作用。例如，有一位专职经理负责战略计划和利润业绩，并且他有能力控制影响利润的大多数因素。

3. 区分战略业务单位的依据

区分战略业务单位的依据是各项业务单位之间是否存在共同的经营主线。共同的经营主线是指目前的产品、市场与未来的产品、市场之间的一种内在联系。区分战略业务单位要注意两点：

① 市场导向而不是产品导向。因为根据产品特性或技术区分的战略业务单位，难以具有长久的生命力。只有顾客需求才是永恒的。企业的市场定义比企业的产品定义更为重要。必须把企业经营看成一个顾客的满足过程，而不是一个产品的生产过程。

② 范围不能包罗万象。一个企业的经营业务范围可以从三个方面加以确定，即顾客群、顾客需要和技术。例如，一个小公司专为电视演潘室设计白炽照明系统。它的顾客群就是电视演播室，顾客需要的就是照明，技术就是白炽照明。公司也可以扩大它的业务范围，即它可

以决定为其他顾客群生产照明灯，如为家庭、工厂和办公室；或者提供电视演播室所需要的其他服务，如暖气、通风或空调等；或者为电视演播室设计其他照明技术，如荧光照明或紫外线照明。一个企业不要为它的业务（即经营范围）定义过宽，因为相对于过宽的经营范围，其顾客范围也相当广泛，进而产品范围也相当广泛，从而产生出无数条经营主线，使企业难以制定经营战略。

2.2.3　规划投资组合

规划投资组合，即为每个战略业务单位安排资源。一个企业的人财物资源是有限的，如何分配给现状和前景不同的各个战略业务单位，是企业高层和总体战略必须考虑的问题。企业必须对各个战略业务单位及其经营状况进行评估，分析它们的前景和发展潜力，从而决定如何为每个战略业务单位安排资源。在规划投资组合方面，有两种模式广为应用，它们是波士顿咨询公司（BCG）模式和通用电气公司（GE）模式。

1. 波士顿模型

根据市场增长率和相对市场占有率对产品进行评价的方法，是美国波士顿咨询公司提出的一种评价方法，也称为波士顿矩阵法。市场增长率（market growth rate）指企业一定时期销售业绩增长的百分比，相对市场占有率（relative market share）是将企业的市场占有率和最大的竞争对手市场占有率相比。

图 2-1 所示矩阵的纵坐标代表市场增长率，横坐标代表相对市场占有率。市场增长率高低用百分比测量。以 10％作为临界线，超过 10％属高增长率，低于 10％为低增长率；相对市场占有率以 1 为界限，可分为高低两类相对市场占有率。矩阵中，圆圈代表企业所有的战略业务单位，圆圈的位置表示各单位在市场增长率及相对市场占有率方面的现状，圆圈的面积表示

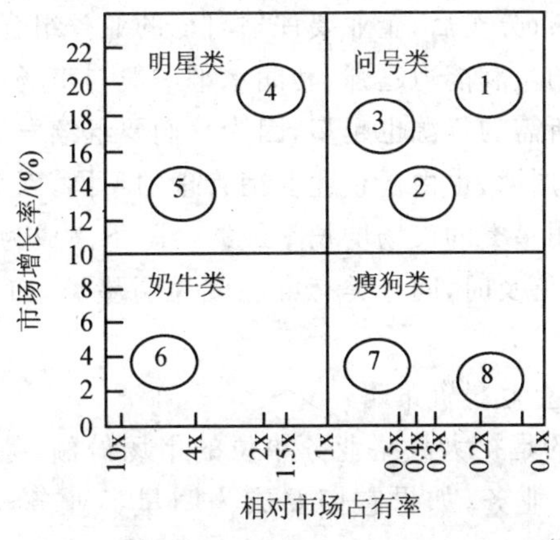

图 2-1　市场增长率 /市场占有率矩阵

各单位销售额的大小。

该矩阵有四个象限，分别代表一个企业所有的战略业务单位的四种类型。

① 问号类

问号类，即高市场增长率、低相对市场占有率的经营单位或业务。多数产品最初都属于这类产品。为了提高这类产品的市场占有率，企业需要扩大生产，加强推销，因而需要较多的资金投入，要靠现金产品或货款来支持，使它赶上最大竞争对手，然而它们又往往前途未卜，为此企业应慎重考虑是继续增加投入还是维持现状，或减少投入，甚至精简、淘汰。企业无疑要支持这类产品中确有发展前途的产品，但不宜过多，以免资金分散，效益不明显。

② 明星类

明星类，即高市场增长率、高相对市场占有率的经营单位或业务。这类产品处于迅速增长阶段，属于成长发育期，仍然需要大量投资，投资的目的是为了使它击败对手。因此，这类经营单位短期内未必能给企业带来可观的效益；但当其市场增长率降低时，这类业务就由现金使用者变为现金提供者，即奶牛，它们是未来的财源。因此对这类产品应给予支持，保证其现有的地位和将来的发展。

③ 奶牛类

奶牛类，即低市场增长率、高相对市场占有率的经营单位或业务。这类产品由于市场增长率降低，不再需要大量资金投入，只需较小投资来保持市场份额即可。又由于相对市场占有率高，利润高，成本低，是企业的奶牛或厚利产品，可用于支持其他经营单位。因此，企业都十分重视这类当家产品。

④ 瘦狗类

瘦狗类，即低市场增长率、低相对市场占有率的经营单位或业务。它们利润少，市场发展缓慢，市场份额小，甚至亏损，需要大量的管理时间和活动，因此需考虑是否放弃。

对各个战略经营单位进行分类后，企业要评估自己的业务组合是否恰当。一般来说，市场相对占有率越高，经营单位的盈利能力越强，利润水平一般与市场占有率同向增长；另一方面，市场增长率越高，经营单位所需的资源也越多，因为它们要继续发展和巩固市场。同时由于绝大多数产品存在着市场生命周期，也由于企业营销管理的不同，以上四类经营单位在矩阵图中的位置会不断变化。例如，明星类的市场增长率最终会降下来成为奶牛类，奶牛类有可能最终消耗现金，成为瘦狗类，如支持及时，问号类有可能成为明星类，如经营成功，消耗现金的业务也有可能转化为明星类。

以下是几种可供选择的企业投资策略：

① 发展(build)。其目的是扩大战略业务单位的市场份额，甚至不惜放弃近期收入来达到这一目标。适用于问号类业务，如果它们要成为明星类业务，其市场份额必须有较大的增长。

② 维持(hold)。其目的是保持战略业务单位的市场份额，适用于强大的奶牛类业务。

③ 收获(harvest)。其目的在于增加战略业务单位短期现金收入,而不是考虑长期影响。这适用于处境不佳的奶牛类业务、问号类业务和瘦狗类业务。

④ 放弃(divest)。其目的在于出售或清算业务,以便把资源转移到更有利的领域。适用于瘦狗类业务和问号类业务,以免这类业务拖公司盈利的后腿。

2. 多因素投资组合矩阵

多因素投资组合矩阵,是美国通用电器公司(General Electric)的 GE 法应用。多因素投资组合矩阵较市场增长率/市场相对占有率矩阵有所发展。依据这种方法,企业对每个战略经营单位的现状和前景,都从市场吸引力和竞争能力两个方面进行评估。企业只有进入既有吸引力,又拥有相对优势的市场,业务才可能成功。市场吸引力取决于市场大小、市场增长率、行业利润率等因素;竞争能力取决于市场占有率、品牌形象、技术水平、盈利率等因素。对每个因素分等级打分(最低为 1 分,最高为 5 分),并依据权数计算加权值,加权值累计得出该单位市场吸引力和竞争能力的总分,如表 2 - 2 和表 2 - 3 所列。

表 2 - 2　市场吸引

	构成要素	批分数	权　数	加权值
市场吸引力	市场大小	4	0.20	0.80
	市场增长率	3	0.15	0.45
	行业利润率	3	0.15	0.45
	市场的分散程度	3	0.20	0.60
	社会、环境因素	3	0.10	0.30
	能源要求	2	0.05	0.10
	竞争强度	2	0.15	0.30
			1.00	3.00

批分数选用具有五个等级的里克特(Likert)等级度量法,给每一个等级赋予一个分值,最低为 1 分,最高为 5 分,如表 2 - 4 所列。

然而,由于对不同经营单位而言,各因素的地位和重要性会有所不同,因此要赋予每一个因素一个相应的权重,其总和为 1。

每个战略经营单位都以两个分数提供的坐标为圆心,画出与其行业市场成正比的圆圈,圆的大小表示行业市场规模,■部分的大小表示其业务在行业市场中的市场占有率,如图 2 - 2 所示。

表 2-3 竞争能力

		批分数	权 数	加权值
竞争能力	生产规模	4	0.20	0.80
	市场占有率	3	0.15	0.45
	品牌形象	2	0.15	0.30
	产品线宽度	3	0.20	0.60
	企业形象	3	0.10	0.30
	盈利率	5	0.10	0.50
	技术水平	3	0.05	0.15
	企业文化	4	0.05	0.20
			1.00	3.30

表 2-4 里克特等级度量法

等 级	很不吸引人	有些不吸引人	一 般	有些吸引人	很吸引人
赋 值	1	2	3	4	5

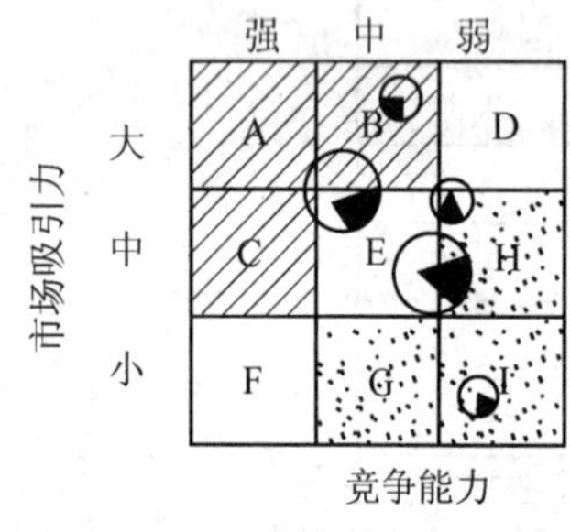

图 2-2 多因素投资组合矩阵

多因素投资组合矩阵依据市场吸引力大、中、小,竞争能力强、中、弱分为九个区域,它们组成了三种战略地带。

地带▨:由左上角 A(大强)、B(大中)、C(中强)三个区域组成。这个地带的市场吸引力和经营单位竞争能力最为有利,所以一般要开绿灯,采取增加资源投入和发展、扩大的战略。

地带□:由左下角至右上角的 F(小强)、E(中中)、D(大弱)三个区域组成。这个地带的市场吸引力和经营单位的竞争能力基本属于中等水平。一般来说,对这个地带的经营单位开黄灯,即采取维持原投入水平和市场占有率的战略。

地带⛆:由右下角 I(小弱)、G(小中)、H(中弱)三个区域组成。这个地带的市场吸引力偏小,经营单位的竞争能力偏弱,因此多是考虑开红灯,采用收割或放弃战略。

需要引起注意的是,企业要对各个经营单位今后的发展趋势进行预测,为现在和未来各个不同的经营单位做出恰当的投资决策。

依据多因素投资组合矩阵为每个战略业务单位安排资源 ,如图 2-3 所示。

市场吸引力	保持优势	投资建设	有选择发展
高	• 以最快、可行的速度投资发展 • 集中努力保持力量	• 向市场领先者挑战 • 有选择加强力量 • 加强薄弱地区	• 集中有限力量 • 努力克服缺点 • 如无明显增长就放弃
中	• 选择发展 • 在最有吸引力的部分重点投资 • 加强竞争力 • 提高生产力,加强获利能力	• 选择或设法保持现有收入 • 保护现有计划 • 在获利能力强、风险相对低的部门集中投资	• 有限发展或缩减 • 寻找风险小的发展办法;否则,尽量减少投资，合理经营
低	• 固守和调整 • 设法保持现有收入 • 集中力量于有吸引力的部门 • 保存防御力量	• 设法保持现有收入 • 在大部分获利部门优势 • 给产品线升级 • 尽量降低投资	• 放弃 • 在赚钱机会最大时售出 • 降低固定成本,同时避免投资
竞争能力	强	中	弱

图 2－3　GE 模型战略业务优势

2.2.4　规划成长战略

投资组合战略决定哪些经营单位需要扩大发展,哪些应当淘汰放弃。因此,企业经常需要根据情况变化发展一些新业务,以代替被淘汰的业务。企业可以通过三个途径规划新增业务计划。

① 在公司现有的业务领域里寻找未来发展机会(密集型成长战略)。

② 建立或收买与目前公司业务有关的业务(一体化成长战略)。

③ 增加与公司目前业务无关的富有吸引力的业务(多样化成长战略)。

规划成长战略如图 2－4 所示。

密集式成长战略	一体化成长战略	多样化成长战略
• 市场渗透	• 后向一体化	• 同心多元化
• 市场开发	• 前向一体化	• 水平多元化
• 产品开发	水平一体化	• 跨行业多元化

图 2－4　规划成长战略

1. 密集式成长战略

密集式成长战略(intensive growth)是指在现有市场上投资发展现有业务,以达到扩大化经营目的的战略,即一个特定市场的全部潜力尚未达到极限时存在的市场机会。这就意味着,企业仍可以在现有的生产、经营范围内求得发展。企业这样决策时,就是在采用密集式增长战略,如图 2-5 所示。利用密集式成长战略获得业务增长有三种情况。

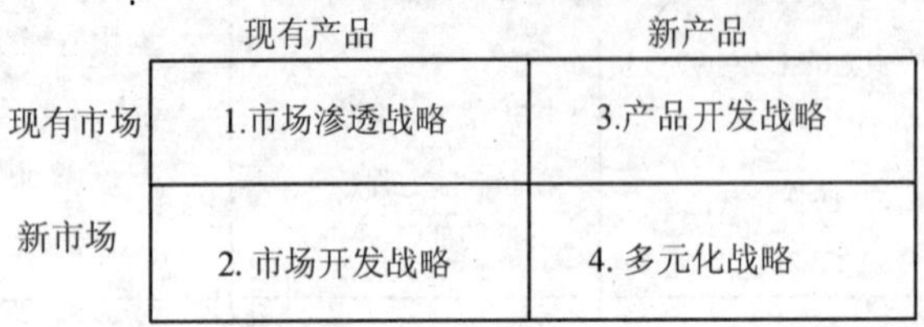

图 2-5　密集式成长战略

(1) 市场渗透

市场渗透(market penetration)即企业通过采取更加积极有效的富有进取精神的市场营销措施,努力在现有市场上扩大现有产品的销售量,从而全面实现企业业务增长。可以采取的措施包括:

① 刺激现有顾客更多地购买本企业产品;

② 吸引竞争对手的顾客,使他们购买本企业产品,从而提高现有产品的市场占有率;

③ 激发潜在顾客的购买动机,使其购买本企业产品;

④ 增加企业销售网点,短期内调低价格、加强广告宣传等促销活动。

(2) 市场开发

市场开发(market development)即通过努力开拓新市场来扩大现有产品的销售量,从而实现企业业务增长。实施这种策略的关键是开辟新的销售渠道,并应大力开展广告宣传等促销活动。例如,度假饭店一般季节性因素较强,淡旺季明显,饭店可以通过加强网络销售等形式扩大现有产品销售地区,或在淡季采取诸如开办音乐会等活动,吸引非住店客人,以开拓新的市场。

(3) 产品开发

产品开发(product development)即企业通过向现有市场提供新产品或改进的产品,以满足现有市场上不同顾客的需要,从而扩大销售,实现企业业务增长。例如,可以采用增加产品花色品种、增加规格档次、改进产品包装、增加服务等措施。实施这种策略的重点是改进产品设计,同时也要大力开展以产品特色为主要内容的宣传促销活动。

2. 一体化成长战略

一体化成长战略(integrative growth)是在现有业务基础上,通过收购、兼并、联合、参股、控股等方式向现有业务的上游或下游方向发展,形成产、供、销一体化,以扩大现有业务的营销

战略，即企业把自己的营销活动伸展到产、供、销不同环节而使自身得到发展的市场机会，如图 2－6所示。一体化成长战略有三种情况：

(1) 后向一体化

后向一体化(backward integrative growth)即按销—产—供为序实现一体化经营而获得增长的战略。具体表现为企业通过自办、契约、联营、收购或兼并等形式，对它的上游供给来源取得了控制权或拥有所有权。例如，一家冶炼厂向原材料生产方面发展，实行产供一体化；一家服装店过去一直从服装厂进货，现在决定兼并一个濒临破产的服装加工厂，自己生产服装。这些都是利用后向一体化的市场机会，实现了后向一体化增长。

(2) 前向一体化

前向一体化(forward integrative growth)即按供—产—销为序实现一体化经营使企业得到发展的战略。具体表现为：企业通过一定形式取得了其产品的加工或销售单位的控制权或拥有所有权，即收购、兼并企业下游的批发商、零售商，自办销售渠道业务，或将产品线向前延伸，从事原有用户经营的业务。例如，一个过去只生产原油的企业，决定开办炼油厂；一家度假村集团，以前靠旅行社输送客源，现在自己成立旅行社，负责组织客源，扩大销售。这些都是在实施前向一体化增长战略。

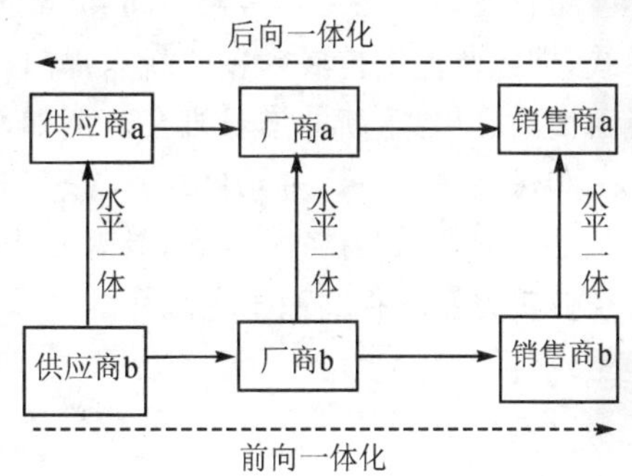

图 2－6　一体化成长战略

(3) 水平一体化

水平一体化(horizontal integrative growth)即企业通过收购、兼并与其竞争的同类企业或在国内外与同类企业实行各种形式的联合经营来寻求增长机会。

3. 多元化成长战略

多元化成长战略(diversification growth)是指企业利用经营范围之外的市场机会，新增与现有产品业务有一定联系或毫无联系的产品业务，实行跨行业多样化经营，以实现企业业务增长。

实施多元化经营的内部条件包括：企业资源未能充分利用、企业本身具有拓展该业务的能力、企业决策者具有开拓精神；外部条件包括：社会需求的发展变化给企业带来了新的发展机会、新技术革命提供了新的技术基础、竞争局势的不断变化，要求企业以变应变，拓展新的业务。

(1) 同心多元化增长战略

同心多元化增长战略(concentric diversification strategy)即企业利用原有技术、特长和经验来开发新产品，增加产品的门类和品种，从同一圆心向外扩大业务范围，以寻求新的业务增长。例如，一家生产收音机的无线电厂，决定利用现有的设备和技术增加摄像机和电视机的生产。

(2) 水平多元化增长战略

水平多元化增长战略(horizontal diversification strategy)即企业针对现有市场的其他需要,采用不同的技术来开发新产品,以扩大业务经营范围,寻求新的增长。例如,一家农机制造企业,是为农民的农业生产服务的,现在决定增设一个化肥厂,实行跨行业经营,但仍然是为农民的农业生产服务。实行这种多元化经营,意味着向其他行业投资,有一定风险,企业应具有相当实力。

(3) 跨行业多元化增长战略

跨行业多元化增长战略(conglomerate diversification strategy)即企业通过投资、兼并等形式,把经营范围扩展到多个新兴部门,开展与现有技术、现有产品、现有市场无联系的多样化经营活动,以寻求新的增长机会。例如,柯达公司,除主要经营摄影器材外,还经营食品、石油、化工和保险等业务。多元化经营像多脚餐桌,比独脚桌稳得多,但实行多元化经营的企业一般都是财力雄厚,拥有各种专家,具有相当声望的大公司。对中小企业来说,因为该战略风险大,对企业实力要求很高而不宜采用。

2.3 业务战略规划

2.3.1 分析业务任务

搞好经营战略规划,首先必须明确企业的任务。每个业务单位都要确定一个在公司总任务下的自己特定的任务书,每个经营单位还要确定自己的经营业务范围。同时应明确本单位需要满足哪些消费者的需求、主要的目标市场是什么、为消费者提供哪些产品、采取哪些技术以及最终达到什么目的等。例如,一个企业的任务是提供电视演播室的灯光照明系统。因此公司业务可以描述为:“公司的目标定位在大的电视演播室,公司将选择代表最先进的灯光技术,对灯光的安排可使用户绝对信赖。”这种业务描述反映出该公司的任务并非是争夺小的电视演播室,也不是要开展最低价竞争,并且它对非灯光设备生产计划不感兴趣。

2.3.2 外部环境分析

企业内外部营销环境各种因素的变化都会对企业营销产生直接或间接影响,因此企业必须适应营销环境的要求,对营销环境进行分析。对企业的营销活动发生影响的因素,不仅有国内环境因素,而且还有国际环境因素。对于一个企业和经营单位来说,没有必要对所有环境做详尽分析,而是要根据其任务的性质和要求集中精力对影响较大的因素进行分析研究,特别要预测有关环境因素在未来的变化。

营销环境变化的结果,或对企业及业务形成有利的条件,或对企业产生某些不利的影响。

前者称为环境机会，后者称为环境威胁。企业在进行环境分析时，要分别对企业的环境机会和环境威胁进行分析，要采取果断营销行动，抓住营销机会，避免不利因素侵蚀公司的销售或利润。企业只有把握住外部环境的现状及未来发展变化的趋势，掌握足够的信息，才能正确确定企业的经营方向和思想，提出经营目标，为确定经营战略打下良好的基础。

2.3.3 内部环境分析

企业内部环境分析就是对企业的资源、能力的评价，并根据环境机会的要求，分析企业的优势和劣势。企业要能客观评估自身的经营能力，可以对其营销、财务、制造、人力资源、研究与开发和组织协调能力等进行检查，预测现有的能力与机会和将来环境的相互适应的程度。波士顿咨询公司的负责人乔治·斯托克提出，能获胜的公司是取得公司内部优势的企业，而不只是仅仅抓住公司的核心能力的企业。

2.3.4 目标制定

通过分析企业内外部环境，了解企业外部机会和威胁以及内部优劣势，企业应当制定具体的营销目标。营销目标是企业任务的具体化，是企业未来一定时期内所要达到的一系列具体目标的总称。大多数业务单位都是几个目标的组合，若干目标组成了一个目标体系。

1. 制定营销目标的要求

(1) 层次化

要按照轻重缓急和主次从属关系区分各个目标的各自地位，而不是把它们并列在一起。这样做，既有利于理清各项目标之间的关系，又有利于在营销活动中抓住重点、兼顾一般。

(2) 定性与定量相结合

在可能的条件下，目标应该用数量表示，这样的目标才易于把握和核查。对于那些难以量化的营销目标，如企业形象，可以在用定性的条件来表达的同时，结合市场调查进行定量分析。

(3) 切实可行

营销目标既要先进，又要可行。营销目标应使企业经过努力才能达到，具有挑战性，有一定难度。它应在原有基础上有所前进。所以营销目标必须具有先进性。但是在强调先进性的同时，该目标还必须从实际出发，与企业的资源条件、市场环境相适应；否则，就是脱离实际的空想。

(4) 协调性

众多的营销目标不是孤立的，而是相互联系、相互制约地形成一个目标体系。各项具体目标之间应是协调一致的，而不是互相矛盾、互相抵触的。

2. 企业营销目标的内容

企业营销目标包括利润率、销售增长额、市场份额、创新和声誉等。

(1) 利润率

利润是企业从事经营活动所取得的报偿或净收入。如果企业不能获得必要利润,就不能开展正常的营销活动。因此,一定的利润和投资收益率是企业最重要的核心目标。

评价企业盈利好坏的指标,除了利润额,还可采取投资利润率、资金利润率、成本利润率和收入利润率等指标。

① 投资利润率(投资收益率)等于利润总额除以投资总额再乘以100%。它是指一定时期内企业所实现的纯利润与该企业全部投资的百分比。这是衡量和比较企业利润水平的一项主要指标,投资利润率越高意味着运用单位投资获取的利润越多。努力提高投资利润率,对于企业以同等的投资实现更多的企业利润具有重要意义。因此,较高的投资利润率成为企业追求的核心目标之一。

② 资金利润率等于产品销售利润总额除以固定资金和流动资金总额再乘以100%。它是反映企业的利润额与企业资金占用关系的主要指标。企业要在生产过程中取得利润,必须合理、有效地使用资金。在企业资金占用总量不变的情况下,产品的销售利润越大,资金利润率越高。

③ 成本利润率等于产品销售利润总额除以产品销售成本总额再乘以100%。它反映了企业的产品成本与利润之间的关系。产品的成本越低,经营利润就越高,成本利润率也越高。成本利润率是企业在一定时期内获得的利润总额与所消耗的总成本的比值。

④ 收入利润率等于产品销售利润总额除以产品销售收入总额再乘以100%。收入利润率又称为销售利润率,是反映一定时期内企业所获得的销售收入和利润的关系,是评价企业销售额和利润额增长比例的指标。

(2) 市场占有率(市场份额)

市场占有率是在一定时期内,一定市场范围内企业某种商品的销售量或销售额占该市场同类产品销售总量或总额的百分比。市场占有率与企业获利水平密切相关,在其他条件不变的情况下,市场占有率越高,销售额就越大,单位产品成本费用会越低,实现的利润就会越多,投资收益率也会随之提高。此外,市场占有率的高低关系到企业的知名度,影响着企业的形象。因此,努力提高市场占有率,是企业的重要战略目标之一。一家企业市场占有率的提高,意味着同行业中其他企业市场占有率的降低,实际上意味着从竞争对手那里夺取销售额。所以,提高市场占有率的努力乃是市场竞争的一种体现。

企业在市场占有率问题上应反对两种倾向,一种是只重视开发新的产品,对市场占有率高低漠不关心;另一种是只重视推销术,过于看重市场份额。这两种倾向都是有害的,尤以第二种为甚。对有些企业来说,市场占有率的提高往往伴随着成本的大幅度增加(广告费、销售人员差旅费等的增加)和单位产品利润的大幅度降低(价格战),假如增加销售量的获利额低于增加的费用支出,企业的产品销售利润总额就会降低。因此,单纯片面地追求较高的市场占有率反而有可能伤及自身,最终损害企业的竞争力。

(3) 销售增长率(销售成长率)

销售增长率是指计划期商品销售增加额与基期商品销售额的百分比,在其他条件不变的情况下,商品销售额的增长意味着企业能实现较多的利润。因此,追求一定的销售增长率也是企业的重要目标之一,在新产品进入市场以后的一段时期内,尤其如此。不过,在许多情况下,销售增长率的提高并不必然会导致投资收益率的提高。所以,企业应有选择地努力实现有利可图的产品销售额的增长。

(4) 产品创新、塑造品牌和树立企业形象

产品创新、塑造品牌和树立企业形象也是企业的重要营销目标。实现这类目标,对于提高企业竞争能力、扩展市场、延长产品生命周期和扩大销售,会发挥长远的作用。

2.3.5　竞争战略制定

美国学者波特提出三种可供选择的一般性竞争战略,如图 2－7 所示。

图 2－7　一般性竞争战略

1. 全面成本领先

成本领先(cost leader)战略是指一个企业以力争使其总成本降到行业最低水平作为战胜竞争者的基本前提,即公司致力于达到生产成本和销售成本最低化。这样,它就能以低于竞争对手的价格赢得较大的市场份额。采用这种战略成功的关键是:寻求整个价值链上的成本节约,形成成本控制的制度和文化;在提倡节约的同时,注意投资建立能够降低总体运作成本的关键资源和能力。实现成本领先的目标,要求企业具有良好畅通的融资渠道,能保证资本持续不断投入;产品工艺过程精简,产品便于制造;拥有低成本的分销渠道;实施高效管理,更严格的成本控制,更先进的技术,更熟练的员工,更高的生产效率和更完善的激励机制。通过以上这些措施可保障这一战略的成功实施。总之,成本领先战略就是企业依靠低成本为其战略特色,并在此基础上争取低价格,从而在与竞争对手抗争中处于有利地位。

2. 差别化

差别化(differentiation)的核心是与竞争对手相比能取得某种独特性,并对购买者有较高价值。容易被复制的差别化不能产生持久的竞争优势。差别化的来源主要包括:企业在原材料采购方面有很大的独特性;在市场营销、技术开发方面有强大的实力;在新产品开发、新性

能、新设计和新工艺方面享有良好的声誉;在产品质量、寿命、经济性、外观等方面享有领先的地位;在品牌、广告与促销,以及提升用户的感知价值方面拥有较强的可信度;有独特的销售渠道和满意的售后服务等。奉行此战略的企业通过对整个市场的评估要找出某些重要的顾客利益区域,为顾客提供差别利益。

3. 集中化

集中化(focus)即企业将其力量集中在为几个细分市场服务上,而不是追求全部市场。实施这种战略的前提,一是服务小市场的成本比竞争对手的成本低;二是能够为小市场的购买者提供更具差别化的产品与服务,从而建立竞争优势。这种战略的目的是比竞争对手更好地服务于目标细分市场的购买者。一般中小企业多采用这种战略,因为它们在整体市场上没有低成本和差别化的优势,但在一个较狭小的市场上却能通过采用集中化或市场聚焦战略取得相对优势。这种战略的风险在于,由于市场较狭小,一旦局部市场的需求发生重大变化,或有强大的竞争者进入这一市场,现有的企业就可能面临大的危险。

在同一市场采用同一战略的企业之间,事实上形成了一个战略群落。由于采取相同战略,只有运用战略最佳的企业才能够在竞争中取得较有利的竞争优势。那些采用模糊战略的企业,试图把所有战略的优点集于一身,结果是哪一方面都没有突出的成就,往往经营较差,如图 2-8所示。

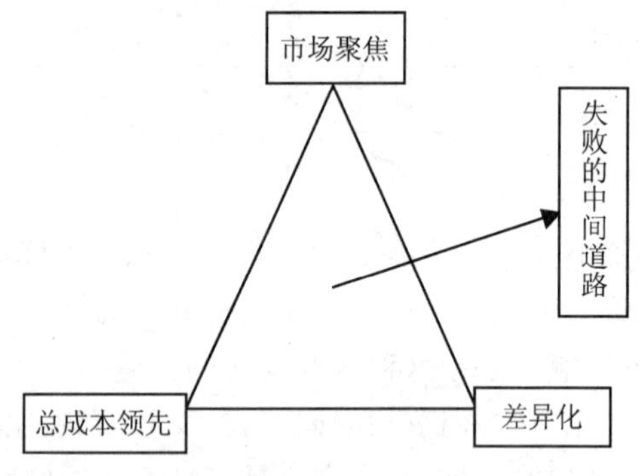

图 2-8 战略群内

营销案例链接:格兰仕微波炉的战略

经过激烈竞争,格兰仕微波炉攻占国内市场60%以上的份额,成为中国微波炉市场的代名词。在国家质量检测部门历次全国质量抽查中,格兰仕几乎是唯一全部合格的品牌,与众多洋品牌频频在抽检中不合格、被曝光形成鲜明对比。1998 年,格兰仕投入上亿元技术开发费用,获得几十项国家专利和专有技术;1999 年它们继续加大投入,使技术水平始终位于世界前列。

由于格兰仕的价格挤压,近几年微波炉的利润空间降到了最低谷。1999 年春节前夕甚至出现个别韩国品牌售价低于 300 元的情况,堪称世界最低价格。国内品牌的主要竞争对手一

直是韩国产品，由于它们起步早，曾经一度占据先机。在近几年的竞争中，韩国品牌落在了下风。在我国，韩国公司生产的微波炉的一些重要指标屡次被查出不合乎标准，并屡遭投诉，这在注重质量管理的韩国公司中是不多见的。业内人士认为，200 多元的价格水平不正常，是一种明显的抛售行为。有两种可能导致这种情况：一种是韩国受金融危机影响，急需扩大出口，向外转嫁经济危机；另一种是抛库套现，做退出前的准备。

面对洋品牌可能的大退却，格兰仕不是进攻而是选择了暂时退却。1999 年，格兰仕总部发出指令，有秩序地减少东北地区的市场宣传，巩固和发展其他市场。这一决策直接导致了春节前后一批中小企业进军东北，争夺沈阳及天津市场。这些地区已经平息的微波炉大战，有重新开始的趋势。

格兰仕经理层在解释这种战略性退让时指出，公司目的在于让出部分市场以培养民族品牌，使它们能够利用目前韩国个别品牌由于质量问题引起信誉危机的有利时机，在某一区域获得能与洋品牌直接对抗的实力，形成相对的针对洋品牌的统一战线，消除那些搞不正当竞争的进口品牌。

从长远看，格兰仕保持一些竞争对手，也是对自己今后的鼓励和鞭策。格兰仕的目标是打出国门。1998 年，格兰仕微波炉出口额为 5 000 万美元，比上年增长两倍，在国内家电行业名列前茅，其国际市场价格平均高于韩国同类产品 25%。1999 年，在世界最高水平的德国科隆家电展中，第二次参展的格兰仕不仅获得大批订单，而且赢得了世界微波炉经销商的广泛关注。今年格兰仕的出口目标是再翻一番。

为继续扩大规模，格兰仕将有选择地在国内微波炉企业中展开收购，1998 年收购安宝路未果，公司总结了经验教训，今年将重点联合政府部门实现新的目标。鉴于亚洲金融危机的影响短期内可能不会消除，格兰仕表示并购工作对海外品牌企业一视同仁。

资料来源：《市场报》，1999 年 3 月 24 日，第 5 版

2.3.6　制订计划

业务单位一旦形成了主要战略思想，它就必须制订执行这些战略的支持计划。市场营销计划是市场营销战略的延伸和具体化，是实施市场营销战略的重要一环。有效的市场营销计划能达到企业内部资源和外部环境的平衡，指明企业的营销目标步骤，因而在企业营销活动中起着重要作用。

2.3.7　执行计划

执行计划就是对营销计划进行实施。战略的实施是指企业通过一系列行政的和经济的手段，组织职工为达到战略目标所采取的一切行动。应当说战略制定的关键在于其正确性，而战略实施的关键在于其有效性。战略实施的成败取决于能否把实施战略所必需的工作任务、组织结构、人员、技术等资源及各项管理功能有效地调动起来并加以合理配置。

麦肯锡公司提出了执行计划过程中的7S构架，如图 2-9 所示。它是指企业在发展过程中必须全面考虑结构(structure)、战略(strategy)、制度(system)、风格(style)、员工(staff)、技能(skill)和共同的价值观(shared value)七个要素。这些要素互相依赖，缺少对任何一个要素的关注都会对其他要素产生不利影响。

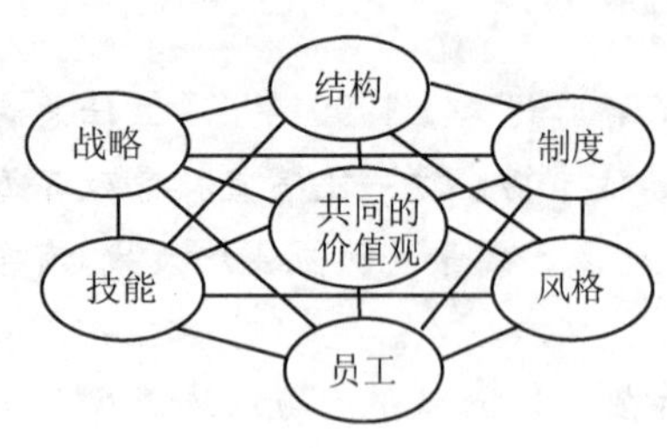

图 2-9 麦肯锡公司的7S构架

(1) 战　略

企业的经营已经进入了“战略制胜”的时代，对战略最基本的规划应该是，根据企业的内外环境，对可得资源进行分配，以适应企业不同发展阶段的需求。

(2) 结　构

战略需要健全的组织结构来保证实施，组织结构必须与战略相协调，结构的组织要素包括企业的目标、协同、人员、职位、相互关系、信息等，将这些要素进行有效的组合就是企业结构。

(3) 制　度

企业的发展和战略实施需要完善的制度作为保证，而实际上各项制度又是企业精神和战略思想的具体体现。所以，在战略实施过程中，应制定与战略思想相一致的制度体系，要防止制度的不配套、不协调，更要避免背离战略的制度出现。

(4) 风　格

风格包括组织结构的文化风格和领导者的管理风格。通常情况下，杰出企业都呈现出既中央集权又地方分权的宽严并济的管理风格。

(5) 人　员

员工是产生效能的源泉，也是企业战略实施的关键，因此，企业要做好充分的人力资源准备，并了解他们的类型。

(6) 技　能

员工的个人能力是企业作为整体反映出来的独特竞争力，员工技能的提升，需要依靠严格、系统的培训。

(7) 共同的价值观

共同的价值观是企业发展的动力，也是7S模型的核心，它包括组织对战略的理解和掌握、组织的信仰和态度等。

把前三个S(战略、结构和制度)称为企业的硬件要素，把后四个S(风格、员工、技能和共同的价值观)称为企业的软件要素。由于七个单词都是以英文字母 s 开头，故称为7S模型，它们决定了企业经营的成败。

2.3.8　反馈和控制

在贯彻企业战略的过程中，需要追踪结果和监测内外环境中的新变化，并做好环境变化的准备。当环境变化时，企业将回顾和修订它的计划，对计划执行过程进行监督、控制、反馈和调整。战略实施的评价与控制是要确定战略在实施过程中在其达成目标上取得了多大的成效。战略和策略的制定过程属于主观认识范畴，其真正的价值只有经过实践才能得到验证，战略只有达成了目标才是成功的。在战略实施过程中进行评价将进一步辨认企业对外界环境的分析是否正确，所确定的经营领域、企业经营思想和经营目标是否恰当，所提出的战略途径和手段是否有效等，并从中发现战略差距，分析产生偏差的原因，提出纠正偏差的措施，使企业的战略行动更好地与企业所处环境及企业要达到的目标相协调，使企业经营目标得以实现。

2.4　市场营销过程与市场营销组合

2.4.1　市场营销管理程序

1. 分析市场机会

市场机会是指市场上尚未满足的需求，哪里有未满足的需求，哪里就有赚钱的机会。市场机会又分为环境机会和企业机会。营销人员不但要善于发现市场机会，还要善于分析、评估市场机会，看它是否适合本企业，是否有利可图。分析市场机会既要对宏观环境，即影响企业销售与利润的人文统计、经济、物质、技术、政治、法律和社会文化等因素进行分析，又要对微观环境，即供应商、销售中间商、顾客，竞争者、各类公众等进行分析。这部分内容将在第 3 章中详细介绍。

2. 设计营销战略

设计营销战略包括：选择目标市场和目标市场定位战略；对新产品进行开发、测试和投入市场；研究产品生命周期及在不同时期所应采取的营销战略；确定企业的市场地位和所选择的战略，如市场领先者战略、市场挑战者战略、市场追随者与市场补缺者战略；研究企业面临的市场营销机会和挑战，并采取相应营销战略。

3. 计划营销方案

计划营销方案是对市场营销的组合，即对市场可控因素进行设计。常用 4P 营销组合，即产品（product）、价格（price）、渠道（place）、促销（promotion）组合。

4. 管理营销努力

在企业战略计划和营销职能计划制订后，更重要的在于市场营销的实施与控制，即将市场营销计划转变为市场营销行动，并对市场营销活动的进程和各个方面进行控制和市场营销审计，以达到预期的市场营销目标。市场营销控制包括年度计划控制、盈利能力控制和战略控制。

2.4.2 市场营销组合

1. 市场营销组合的含义

企业经营的成败，在很大程度上取决于营销组合的选择和运用。市场营销组合是指企业为了进占目标市场、满足顾客需求，加以整合、协调使用的可控制因素。

2. 4P营销组合

市场营销组合这一概念是美国哈佛大学尼尔·恩·鲍敦教授最先提出的。鲍敦认为，一个企业运用系统方法进行营销管理，必须针对内外环境的变化，把各种市场营销手段，包括商品设计、定价、销售渠道、人员推销、广告宣传等进行最佳组合，使它们互相协调，综合地发挥作用，以期达到企业的预定目标。美国密执安州立大学市场学教授杰罗姆·麦克塞教授首先概括简化出易于记忆的4P，即产品、价格、渠道和促销。此后，4P在西方市场营销中广为应用。市场营销组合是企业为取得最佳经济效益，针对产品、价格、渠道以及促销四个因素进行组合，使之互相配合，综合性地发挥作用的整体营销策略，是市场营销工作顺利进行的重要保证。

(1) 产　品

产品是为目标市场而开发的有形物质产品和各种相关服务的统一体，产品的关键是要符合顾客的需要，企业必须设计和生产适应目标市场需要的产品，供消费者购买使用，这就需要研究产品品种、质量、特性、品牌、包装和产品的市场生命周期，积极不断地从事新产品开发。

(2) 价　格

产品的定价必须考虑到目标市场上的竞争状况、法律或政策、顾客的承受能力，同时也要考虑折扣、让价、支付的期限、信用条件等相关问题。价格应对目标市场有吸引力，价格得不到顾客的认可，市场营销组合的各种努力势必是徒劳的。

(3) 渠　道

渠道指产品从进入目标市场到达消费者手中所经过的途径。大量的市场销售职能是在市场营销渠道中完成的。在销售渠道领域中，需要考虑产品在什么地点、什么时候和由谁提供销售。有些产品的分销渠道相当复杂，也有些产品的分销渠道却很简单。企业营销人员要研究批发与零售方面的问题，善于拓展销售渠道。

(4) 促　销

促销是指企业在市场和社会上广泛宣传自己产品的优点，促进销售活动，包括广告、人员推销、营业推广和公共关系等。企业要把合适的产品在适当地点按适当的价格出售的信息，通过促销活动，传递给消费者。

4P市场营销组合的具体内容如图2-10所示。

3. 4C营销组合

4C理论是由美国营销专家劳特朋教授在1990年提出的，它以消费者的需求为导向，重新设定了市场营销组合的四个基本要素，即顾客需要与欲望(customer)、成本(cost)、便利(con-

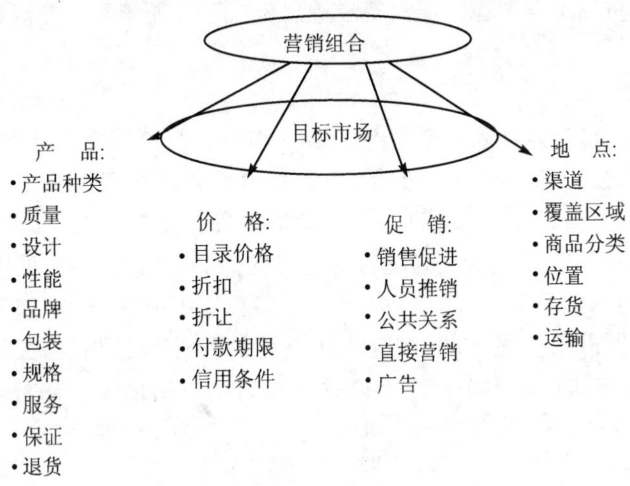

图 2－10　4P 市场营销组合具体内容

venience)和沟通(communication)。它强调企业首先应该把追求顾客满意放在第一位,其次是努力降低顾客的购买成本,然后要充分注意顾客购买过程中的便利性,而不是从企业的角度来决定销售渠道策略,最后还应以消费者为中心实施有效的营销沟通。

(1) 顾客需要与欲望

企业直接面向顾客,因而更应该考虑顾客的需要和欲望,建立以顾客为中心的观念,将"以顾客为中心"作为一条红线,贯穿于市场营销活动的整个过程。企业应站在顾客的立场上,帮助顾客组织挑选商品货源;按照顾客的需要及购买行为的要求,组织商品销售;研究顾客的购买行为,更好地满足顾客的需要;更注重为顾客提供优质的服务。

(2) 成　本

顾客在购买某一商品时,除耗费一定的资金外,还要耗费一定的时间、精力和体力,这些构成了顾客总成本,它包括了顾客的货币成本、时间成本、精神成本和体力成本等。由于顾客在购买商品时,总希望把有关成本降到最低限度,以使自己得到最大限度的满足,因此,企业必须考虑顾客为满足需求而愿意支付的"顾客总成本"。企业应努力降低顾客购买的总成本,如降低商品进价成本和市场营销费用,从而降低商品价格,以减少顾客的货币成本;努力提高工作效率,尽可能减少顾客的时间支出,以减少顾客的时间成本;通过多种渠道向顾客提供详尽的信息,为顾客提供良好的售后服务,以减少顾客的精神和体力的耗费。

(3) 便　利

最大限度地便利消费者,是目前处于过度竞争状况的企业应该认真思考的问题。例如,企业在选择地理位置时,应考虑地区抉择、区域抉择、地点抉择等因素,尤其应考虑"消费者的易接近性"这一因素,使消费者容易达到。即使是远程的消费者,也能通过便利的交通接近。同时，在商店的设计和布局上要考虑方便消费者进出、上下，方便消费者参观、浏览、挑选，方便消费者付款结算等。

(4) 沟　通

企业为了创立竞争优势，必须不断地与消费者沟通。与消费者沟通包括：向消费者提供有关商店地点、商品、服务、价格等方面的信息；影响消费者的态度与偏好，说服消费者光顾商店、购买商品；在消费者的心目中树立良好的企业形象等。在当今竞争激烈的市场环境中，企业的管理者应该认识到：与消费者沟通比选择适当的商品、价格、地点、促销更为重要，更有利于企业的长期发展。

总之，企业在组织市场营销活动时，应该从企业的行业特征出发，关注 4P 的组合运用。同时，更应该了解、掌握当前许多企业全面调整市场营销战略的发展趋势，注重 4C 在企业营销管理中的运用。

4. 4R 营销组合

21 世纪伊始，《4R 营销》的作者艾略特·艾登伯格提出 4R 营销理论。4R 理论以关系营销为核心，重在建立顾客忠诚。它阐述了四个全新的营销组合要素，即关联（relativity）、反应（reaction）、关系（relation）和回报（retribution）。4R 理论强调企业与顾客在市场变化的动态中应建立长久互动的关系，以防止顾客流失，赢得长期而稳定的市场；其次，面对迅速变化的顾客需求，企业应学会倾听顾客的意见，及时寻找、发现和挖掘顾客的渴望与不满及其可能发生的演变，同时建立快速反应机制以对市场变化快速作出反应；企业与顾客之间应建立长期而稳定的朋友关系，从实现销售转变为实现对顾客的责任与承诺，以维持顾客再次购买和顾客忠诚；企业应追求市场回报，并将市场回报当作企业进一步发展和保持与市场建立关系的动力与源泉。

(1) 关　联

① 与顾客建立关联

在竞争性市场中，顾客具有动态性。顾客忠诚度是变化的，他们会转移到其他企业。要提高顾客的忠诚度，赢得长期而稳定的市场，重要的营销策略是通过某些有效的方式在业务、需求等方面与顾客建立关联，形成一种互助、互求、互需的关系，把顾客与企业联系在一起，这样就大大减少了顾客流失的可能性。特别是企业对企业的营销与消费市场营销完全不同，更需要靠关联、关系来维系。建立关联的方式很多，各类企业不尽相同。例如，利用系统集成的模式为用户服务，为用户提供一体化、系统化的解决方案，建立有机联系，形成互相需求、利益共享的关系，共同发展。

企业本身可以为顾客提供全方位的服务。但这个服务不一定是完善的，很难保证每项服务都是最优秀的。其解决办法是为客户提供一揽子解决方案，然后在更大范围内系统集成和优化组合，这样可以保证方案和各个集成部分都是最好的，从而形成整体最优。如上海贝尔，作为制造业来说，虽然经营越来越难，但它们改变思路，采用集成方式，着重提供最好的方案，

通过采购其他厂家的产品，为客户提供一揽子服务，因而业务发展很快。海尔的星级服务实际上也是一种系统集成服务。这样，通过提供一揽子方案，帮顾客做到最好，企业与顾客就建立起了互需、互求的长期、牢靠的关联纽带。

② 与产品需求关联

与产品需求关联是指提高产品与需求的对应程度，提供符合客户特点和个性的具有特色或独特性的优质产品或服务。

产品分为核心产品、外在产品和附加产品三个层次。需求分为使用需求、心理需求和潜在需求三个层次。与产品需求建立关联必须把产品和需求的层次对应起来，对应越准，关联性越强；其次是采用“大规模量身订制”式生产方式，网络经济的发展彻底改变了传统经济下无法大规模集结市场特殊需求、只能小批量生产特殊款式产品的局面，“量身订制”意味着特权价格、高费用和超额利润的局面，使得“大规模量身订制”式生产方式成为可能。任何过去无法开通流水线生产的特殊款式的产品，通过网络进行全球范围的市场集结都可以形成“批量”，可以由“特殊”转化为“常规”，从而可以按照相应的规模经济要求进行流水线生产。更重要的是集结这一全球市场所需要的费用正因网络经济扩展速度的加快而迅速下降。所以，企业必须抢占网络先机，在充分了解顾客需求的基础上，为其量身定做合其所用的物品与服务，如针对企业特殊需求的各种电子商务服务和软件服务等，这样可更有效地巩固和吸引客户。

(2) 反　应

在今天的相互影响的市场中，对经营者来说最现实的问题不在于如何控制、制订和实施计划，而在于如何站在顾客的角度及时地倾听顾客的希望、渴望和需求，并及时答复和迅速作出反应，满足顾客的需求。目前，多数公司倾向于说给顾客听，而不是听顾客说，这极大地影响了企业的市场反应速度，不利于市场发展。

当代先进企业已从过去推测性商业模式转移为高度回应需求的商业模式。面对迅速变化的市场，要满足顾客的需求，建立关联关系，企业必须建立快速反应机制，提高反应速度和回应力，这样才可以最大限度地减少抱怨，稳定客户群，减少客户转移的概率。网络的神奇在于迅速，企业必须把网络作为快速反应的重要工具和手段。在及时反应方面，日本公司的做法值得借鉴。日本企业在质量上并不一味单纯追求至善至美，而是追求面向客户的质量，追求质量价格比。它们并不保证产品不出问题，因为那样成本太高，而是在协调质量与服务关系的基础上建立快速反应机制，提高服务水平，能够对问题快速反应并迅速解决。这是一种企业、顾客双赢的做法。

(3) 关　系

在企业与客户的关系发生了本质性变化的市场环境中，抢占市场的关键已转变为与顾客建立长期而稳固的关系，从交易变成责任，从顾客变成拥趸，从管理营销组合变成管理和顾客的互动关系。关系营销越来越重要了。

与此相适应，现代企业营销产生了五个转向：

① 现代市场营销的一个重要思想和发展趋势是从交易营销转向关系营销，即不仅强调赢得用户，而且强调长期地拥有用户。

② 从着眼于短期利益转向重视长期利益。

③ 从单一销售转向建立友好合作关系。

④ 从以产品性能为核心转向以产品或服务给客户带来的利益为核心。

⑤ 从不重视客户服务转向高度承诺。

所有这一切其核心就是处理好与顾客的关系，把服务、质量和营销有机地结合起来，通过与顾客建立长期稳定的关系实现长期拥有客户的目标。那种认为对顾客需求作出反应、为顾客解答问题、平息顾客的不满，就尽到了责任的意识已经落后了。

关系营销应有所侧重，必须优先与创造企业75%～80%利润的20%～30%的那部分重要顾客建立牢固关系。把大部分的营销预算花在那些只创造公司20%利润的80%的顾客身上，会导致营销资源的浪费和低效。

沟通是建立关系的重要手段。从经典的AIDA模型——“注意—兴趣—欲望—行动”来看，营销沟通基本上可完成前三个步骤，而且平均每次和顾客接触的花费很低。

(4) 回　报

回报是营销的源泉。对企业来说，市场营销的真正价值在于其为企业带来短期或长期的收入和利润的能力。一方面，追求回报是营销发展的动力；另一方面，回报是维持市场关系的必要条件。企业要满足客户需求，为客户提供价值，但不能做“仆人”。因此，营销目标必须注重产出，注重企业在营销活动中的回报。一切营销活动都必须以为顾客和股东创造价值为目的。

综上所述，4R理论有四大优势：

① 4R营销理论的最大特点是以竞争为导向，在新的层次上概括了营销的新框架。4R营销理论根据市场不断成熟和竞争日趋激烈的形势，着眼于企业与顾客的互动与双赢，不仅积极地适应顾客的需求，而且主动地创造需求，运用优化和系统的思想去整合营销，通过关联、关系、反应等形式与客户形成独特的关系，把企业与客户联系在一起，形成竞争优势。可以说，4R营销理论是新世纪营销理论的创新与发展，必将对营销实践产生积极而重要的影响。

② 4R营销理论体现并落实了关系营销的思想。通过关联、关系和反应，提出了如何建立关系、长期拥有客户、保证长期利益的具体的操作方式，这是一个很大的进步。

③ 同时这种反应机制也延伸和升华了经营者快速了解消费者需求并迅速做出反应，从而最大限度满足消费者需求的便利性。

④ “回报”兼容了成本和双赢两方面的内容。追求回报，企业必然实施低成本战略，充分考虑顾客愿意付出的成本，实现成本的最小化，并在此基础上获得更多的顾客份额，形成规模效益。这样，企业为顾客提供价值和追求回报相辅相成，相互促进，客观上达到的是一种双赢的效果。

4R 营销理论同任何理论一样，也有其不足和缺陷。如与顾客建立关联、关系，需要实力基础或某些特殊条件，并不是任何企业都可以轻易做到的。但不管怎样，4R 营销理论提供了很好的思路，是经营者和营销人员应该了解和掌握的。4P、4C 和 4R 营销组合比较如表 2.5 所列。

表 2－5　4P、4C 和 4R 营销组合比较

4P营销	4C营销	4R营销
4P代表了销售者的观点，即4P是卖方用于影响买方的有效的营销工具	4C代表了从顾客出发的观点，即每一个营销工具是用来为顾客提供利益的	4R代表了以竞争为导向，即着眼于企业与顾客的互动和双赢，形成竞争优势
产品(product) 价格(price) 渠道(place) 促销(promotion)	顾客(customer) 成本(cost) 便利(convenience) 沟通(communication)	关联 (relativity) 反应 (reaction) 关系 (relation) 回报 (retribution)

5. 市场营销组合的特点

(1) 市场营销组合的可控性

市场营销组合的因素是企业可以控制的因素。企业可以根据市场细分，根据消费者的需求和欲望，确定自己的产品结构；企业可以自己决定和选择销售渠道；企业可以根据市场竞争状况，自己决定产品销售价格；企业还可以根据自己产品的特点，适当选用各种促销手段。就企业的营销工作来说，市场营销组合就是利用企业的可控因素加以组合，选择多种营销方式、方法，以适应客观环境的变化，实现企业的营销目标。

虽然人们把营销组合看做是可以控制的因素，但企业经理人员的控制力总有一定限度，这就意味着这些因素又不是经理人员能完全控制的。例如，经理人员必须考虑当前的经济形势以及国家有关的法律方面的因素。因此，他们不能随心所欲地对价格进行调整，销售方式、分销手段也不大可能在很短的时间内就改变。

除了可控因素之外，企业的营销活动还会受到社会、人力、政治、经济、法律、文化、竞争条件等外部环境不可控制的因素的影响。

(2) 市场营销组合的动态性

市场营销组合是变化多端的动态组合，而不是固定不变的静态组合。营销组合中的每一个因素中又包含着许多因素。每个因素都是变数，只要其中某一因素发生变化，就会出现一个新的组合。另外，市场营销组合还要受到内部条件和外部环境的变化的影响，企业必须能对此作出相应的反应。

(3) 市场营销组合的复杂性

市场营销组合的四大类因素或手段，各自又由许多因素形成其次组合。企业进行整体营销活动，必须针对目标市场的需求，既要协调内部的人、财、物，又要考虑外部环境因素，从中选

择最佳组合。同时每个具体因素所包含的方方面面，也有一个组合问题，能适应市场环境和消费需求的次组合，是企业最佳营销组合的基础。企业在运用整体营销手段时，不但要综合运用四个因素，而且要注意运用各个因素的自身组合力量。例如，促销是企业市场营销组合的一个因素，但促销因素本身又可形成组合力量，促销包括广告、人员推销、营业推广、公共关系等次组合因素，而且这种次组合因素还可以再细分组合，如广告这个组合因素中仅手段就包括了报纸、杂志、广播、电视、互联网的媒体。市场营销组合不仅要求四种手段协调配合，而且每种手段的组合因素之间、每个因素的次组合之间都必须协调配合。所有这些因素的灵活运用与组合，是企业市场营销组合成功的基本要素。

【本章小结】

企业战略是描述一个企业打算怎样实现其目标，具有全局性、长远性、适应性和关键性的特征。战略规划制定的步骤包括：确定企业使命、区分战略经营单位、规划投资组合和规划成长战略。业务战略规划包括以下内容：业务任务分析、外部环境分析、内部环境分析、目标制定、竞争战略制定、计划指定、执行计划、反馈和控制。市场营销管理程序包括：分析市场机会、设计营销战略、计划营销方案、管理营销努力。市场营销组合是指企业为了进占目标市场、满足顾客需求，加以整合、协调使用的可控制因素。

市场营销组合 4P 理论是从产品(product)、价格(price)、渠道(place)、促销(promotion)出发，从卖方的观点，对销售进行的分析。

4C 理论是由美国营销专家劳特朋教授在 1990 年提出的，它以消费者需求为导向，重新设定了市场营销组合的四个基本要素，即消费者(consumer)、成本(cost)、便利(convenience)和沟通(communication)。它强调企业首先应该把追求顾客满意放在第一位，其次是努力降低顾客的购买成本，然后要充分注意到顾客购买过程中的便利性，而不是从企业的角度来决定销售渠道策略，最后还应以消费者为中心实施有效地营销沟通。

《4R 营销》的作者艾略特·艾登伯格提出了 4R 营销理论。4R 理论以关系营销为核心，重在建立顾客忠诚。它阐述了四个全新的营销组合要素，即关联(relativity)、反应(reaction)、关系(relation)和回报(retribution)。4R 理论强调企业与顾客在市场变化的动态中应建立长久互动的关系，以防止顾客流失，赢得长期而稳定的市场；其次，面对迅速变化的顾客需求，企业应学会倾听顾客的意见，及时寻找、发现和挖掘顾客的渴望与不满及其可能发生的演变，同时建立快速反应机制以对市场变化快速作出反应；企业与顾客之间应建立长期而稳定的朋友关系，从实现销售转变为实现对顾客的责任与承诺，以维持顾客再次购买和顾客忠诚；企业应追求市场回报，并将市场回报当作企业进一步发展和保持与市场建立关系的动力与源泉。

4R 营销理论的最大特点是以竞争为导向，在新的层次上概括了营销的新框架。该理论根据市场不断成熟和竞争日趋激烈的形势，着眼于企业与顾客的互动与双赢，不仅积极地适应顾

客的需求，而且主动地创造需求，通过关联、关系、反应等形式与客户形成独特的关系，把企业与客户联系在一起，形成竞争优势。

市场营销组合具有可控性、动态性和复杂性。

【讨论题】

1. 什么是战略？它有什么特点？
2. 如何界定企业使命？
3. 比较三种一般竞争战略的特点和适用范围。
4. 简述规划成长战略的内容。
5. 什么是市场营销组合？4P、4C 和 4R 营销组合有什么区别？

第3章　市场营销环境分析

【基本知识点】

(1) 企业微观环境的重要性；
(2) 企业微观环境的构成要素；
(3) 企业宏观环境的重要性；
(4) 企业宏观环境的构成要素；
(5) 市场环境分析方法。

任何企业都是在一定的营销环境中运行的。营销环境的变化，可以为企业带来新的市场机会，也会给企业造成环境威胁。因此，了解企业营销环境的基本构成，明确营销环境与企业营销的关系，监测和把握各种营销环境因素的发展变化，是企业适应环境，驾驭环境，审时度势、趋利避害的开展营销活动的基础。

3.1　市场营销环境及其与企业营销的关系

3.1.1　市场营销环境的概念与构成

市场营销环境(marketing environment)指存在于企业营销部门外部的不可控制的因素和力量。这些因素和力量是影响企业营销活动及其目标实现的外部条件。对于企业来说，市场营销环境是不可控因素。

企业的市场营销环境指的是对企业的市场营销活动发生影响的各种因素的总和。企业的市场营销环境是错综复杂的，为了把握营销环境及其与企业营销之间的关系，可以从以下几个角度对营销环境的构成进行考察分析。

1. 内部环境与外部环境

(1) 内部环境

内部环境是指对企业的营销活动乃至整个企业的应变能力、竞争能力产生影响的企业可以控制的各种内部环境因素。

(2) 外部环境

外部环境是指对企业的营销活动产生影响的企业难以控制和改变的各种外部环境因素。

2. 直接环境与间接环境

（1）直接环境

直接环境是指与企业的营销活动有着直接联系并对其产生直接影响的各种企业内外部环境因素。

（2）间接环境

间接环境是指对直接环境产生影响并进而影响企业营销活动的某些企业外部环境因素。

3. 微观环境与宏观环境

（1）微观环境

微观环境是指对企业或营销活动产生影响的直接环境，主要由企业内部环境、营销渠道中间商、顾客、竞争者、社会公众等方面的基本因素构成。

（2）宏观环境

宏观环境是指对企业的营销活动构成影响的间接环境，但是，并不能排除宏观环境中的某些因素会对企业的营销活动产生直接的影响。宏观环境主要由人口环境、经济环境、政治法律环境、自然环境、科学技术环境、社会文化环境等方面的基本因素构成。

4. 国内环境与国际环境

对企业的营销活动发生影响的因素，不仅有国内环境因素，而且有国际环境因素。一国的开放程度越高，其国民经济与国际经济联系得越密切，企业进入国际市场的范围越广、程度越深，国际环境因素对企业营销的影响就越大。国际环境常常是企业营销活动中不能忽视的一个重要的环境因素。

3.1.2　市场营销环境与企业营销的关系

企业的市场营销环境，其实就是企业的生存环境。对市场营销环境与企业营销的关系，需要注意以下几个具体方面的问题。

1. 对企业营销发生影响的因素是多方面、多层次、连锁的

在一般情况下，环境因素对企业营销产生的影响是由外部到内部、由间接到直接、由宏观到微观逐步发生的。鉴于以上情况，企业要特别注意各种环境因素对企业营销活动发生影响时传导的途径、作用的方面、作用的性质、力度的大小以及可能导致的结果等问题。

2. 企业面对的各种环境因素并不是固定不变的，而是经常处于变动之中

营销环境的发展变化，或者可以给企业带来可利用的市场机会，或者会给企业造成一定的环境威胁。因此，企业不仅要了解静态的环境，而且要监测和把握环境因素的发展变化。弄清营销环境的现状及发展变化趋势与特点（如会发生什么性质的变化、变化的程度如何、发生在什么时间与发生几率的大小等），善于从中发现并抓住有利于企业发展的机会，避开或减轻不利于企业发展的威胁，这是企业营销管理的首要问题。

3. 企业的市场营销活动，就是对变化着的环境作出积极反应的动态过程

虽然从一般意义上说，企业不能从根本上去控制其外部环境的发展变化，但企业的营销活动除了适应和利用的一面外也在影响着各种外部环境(尤其是微观环境)的形成与发展。在现代社会经济条件下，企业的营销活动如果仅是被动地适应和利用环境，而忽视凭借有效的手段和措施去主动地影响并在一定程度上改善环境，是难于取得营销成功的。

4. 不同阶段，环境条件对企业营销活动的影响程度不同

尽管所有的环境条件都对企业的营销活动产生影响，但在企业发展的不同阶段上，内外环境对企业影响的程度很不一样。

当企业处于成长期时，较多地受内部环境因素(如企业的领导机构、管理组织、基础工作、生产秩序等)的影响。这时企业只有首先着重抓好内部管理工作，营销活动才有可能获得发展。当企业进入高成长期之后，产品性能和质量达到了一定的水平，各项规章制度基本健全，内部管理已经建立起良好的秩序，这时企业主要应考虑的是如何去适应外部环境的变化，因此外部环境因素就成了影响企业营销活动的主要方面。

3.2 宏观市场营销环境分析

企业营销的宏观环境，涉及人口、经济、政治法律、自然、科学技术和社会文化环境等多个方面，如图 3-1 所示。它对于企业来说是不可控制的，但它对企业营销的成功与否起着主要作用。宏观环境的发展变化，既会给企业造成有利条件或带来发展机会，同时也会给企业的生存发展带来不利因素或造成环境威胁。企业必须密切注视宏观环境的发展变化，并注意从战略的角度与之保持适应性。成功的公司是那些能认识在宏观环境中尚未被满足的需要和趋势并能作出盈利反应的公司。

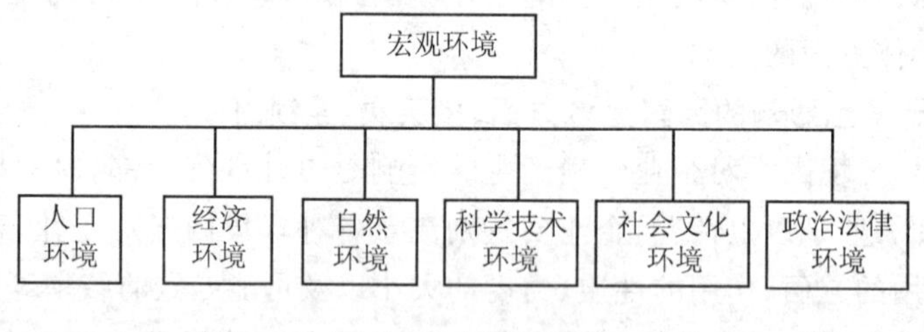

图 3-1 宏观环境

3.2.1 人口环境

一个企业要监视的第一个因素是人口，因为市场是由人组成的。营销人员深感兴趣的是：在不同城市、地区和国家的人口规模和增长速度、年龄分布和种族组合、教育水平、家庭类型、地区特征和运动等。

1. 人口规模与增长速度

一般地说，人口规模越大，市场规模(指现实商品需求与潜在商品需求的总和)也就越大，需求结构也就越复杂。但是，在考察人口规模对市场规模及市场需求结构的具体影响时，通常都要考虑到社会经济的发展状况。从需求数量的角度看，社会经济的发展水平越高，人口规模越大则社会购买力也就越大；反之，社会购买力就比较小。这即是说，人口规模与社会购买力水平之间并不呈现为简单的正比关系。从需求结构的角度看，在社会经济发展水平较低的情况下，社会购买力主要集中在维持人们生存所必需的生存资料方面，而且人口规模越大这方面的市场压力就越强；在社会经济发展水平较高的情况下，人们对发展资料和享受资料的购买需求就会大大提高，而且表现为对包括生存资料在内的生活资料的品质要求与品种要求会明显增强和拓宽。

世界人口尤其是发展中国家人口持续高速增长，这是人口环境变化中的一个重要情况。我国人口的迅速增长将对企业乃至整个社会带来深刻的影响。

① 新增人口将引致社会基本生活需求的扩大，不仅是吃、穿、用、住、行等方面的基本需求，在现代社会经济条件下还必然要产生培养、教育等多方面的需求，因而我国的市场潜力是很大的。

② 人均国民收入将因人口增长加快而减缓提高的速度，从而使我国人民生活水平的提高呈现出渐进的趋势，这也会对企业的生产经营活动产生影响。

③ 人口的大量增加将导致人均资源占有量的减少，资源人均相对占有量较低及资源供应紧张将引起物价上涨、成本上升、利润率下降。

④ 就业作为一种社会问题会越来越突出，企业优化劳动组合的进程会遇到阻碍，从而制约企业从密集型劳动向集约型劳动转化的速度。

2. 人口的自然构成

人口的自然构成包括人口的性别构成和年龄构成等方面的内容。随着人们生活水平的提高，卫生保健条件的改善，残疾率的下降，人均寿命的增加以及人口的较快增长，在人口年龄结构方面一个值得注意的动向是，包括我国在内的不少国家和地区出现了人口的老龄化问题。另一个值得注意的现象是，由于我国正处于生育高峰期，因此婴幼儿及少年儿童的绝对数很高。由于男性与女性、老年人与儿童等在消费需求、消费方式及购买行为等方面往往存在着较大的差异，因此上述情况将给企业的营销活动带来很大的影响。

3. 人口的社会构成

人口的社会构成包括人口的职业构成、文化构成、家庭构成、民族构成、宗教构成等内容。在上述这些方面，目前我国的基本特点是：随着工业化和城市化的发展，城镇人口增加，农村人口减少；随着产业结构的调整，第一、第二产业的就业人口相对减少，第三产业的就业人口相对增加；随着文化教育事业的发展，我国公民的文化素质正在不断提高；随着一般生育率的降低以及人们观念的变化等原因，我国家庭规模小型化的趋势明显；我国有 56 个民族，各自具有明显的文化特征，等等。所有这些都影响着市场需求的发展变化，这是值得企业注意的问题。

4. 人口的地区分布与地区间流动

人口的地区分布是指人口在地理空间上的分布状态。一个地区的人口规模状况会对该地区的市场规模产生直接的影响。此外，人们往往会因其所处地区的地理条件、气候条件、文化习俗、社会经济发展水平等的不同，而在生活方式、消费需求、购买习惯、购买力等方面呈现出明显的差异性。

随着社会经济的发展，近年来我国人口的地区间流动增强，人口迁移的规模有逐年上升的趋势。我国人口的地区间流动呈现出三个特点：

① 农村人口流入城镇；

② 内地人口迁入沿海地区和工矿企业集中地区；

③ 旅游、异地学习、因公出差等人口逐年增多。

人口的地区间流动，在一定程度上改变着我国人口的地区分布状况以及不同地区的人口结构，进而影响着企业的营销环境。例如，人口流入较多的地区，基本生活需求明显增加，需求结构出现了某种程度的改变，由于相当部分的流动人口务工经商，因而又加剧了某些行业地区市场竞争；人口流出较多的地区，基本生活需求减少，市场的人口压力在一定程度上得到缓解，但人口流出又往往伴随着人才的流失。人口流动导致的这些变化，既会给一些企业带来新的市场机会，同时也会给一些企业造成环境威胁。

3.2.2 经济环境

经济环境包括的具体内容较多，一般指影响企业市场营销方式与规模的经济因素。本书主要对与消费者市场规模及需求结构关系密切的社会购买力、消费者收入、消费者支出模式问题以及对这些方面发生影响的有关因素进行一些分析。

1. 社会购买力

市场不仅需要人口，而且还需要购买力。从企业营销的角度看，经济方面最主要的环境因素是社会购买力。社会购买力是指一定时期内社会各方面用于购买商品的货币支付能力。社会购买力是构成市场的重要因素之一，决定着市场规模，影响着市场需求结构，制约着企业的营销活动。企业应当密切注意由于社会购买力及市场规模、市场需求结构的变化而带来的市场机会和环境威胁。

社会购买力是国民经济发展水平、消费者收入、价格水平、储蓄状况、信贷规模等一系列经济因素的函数。虽然一定时期的社会购买力的大小受多种因素的制约，但其主要取决于国民经济的发展水平。经济发展快，人均收入高，社会购买力就大，企业的营销机会就会随之增加；反之，就会给企业的营销带来不利影响。

社会购买力的大小还受到价格水平和通货膨胀的影响。物价上涨、货币贬值、货币的购买能力降低，就会导致社会购买力下降或者减缓其提高的速度。通货膨胀的出现，会从多个方面

恶化企业的营销环境。首先,会引发恐慌心理,导致市场上出现以保值为目的的抢购风潮,因而市场需求在一定时期内往往超出正常水平,这会给企业输入大量混乱、虚假的需求信息,从而增加企业未来发展的风险度。其次,各种生产要素涨价,不仅会提高产品生产成本,而且会对企业的资金周转、投资组合、营销组合等方面形成冲击,从而增大企业营销活动的难度。最后,持续的通货膨胀还会引起价格体系、市场机制和经济秩序的混乱,破坏整个国民经济的正常运行,从而在整体的经济环境上给企业运行带来严重困难。基于以上原因,企业必须注意监视通货膨胀及其可能带来的影响。

社会购买力的大小与储蓄的增减变动也有着密切的关系。这里所说的储蓄是指货币收入中没有被用于消费的部分,包括银行存款、购买金融债券、投资股票等。这里有两个方面的情况需要注意。

首先,居民的消费支出与储蓄均来源于消费者的货币收入。因此,在一定时期内储蓄增加,消费支出和社会购买力就会减少;储蓄减少,消费支出和社会购买力就会增加。储蓄的增减变化,会使一定时期内的市场规模和市场需求结构发生变化,从而对企业的营销活动产生或近或远的影响。其次,消费者收入的增加会直接促进购买力的提高,但收入的增加额并不一定等于购买力的增加额。这里涉及经济学中的两个重要概念:一个是消费倾向,它等于消费支出额与消费者收入额的比值;另一个是边际消费倾向,它等于新增加的消费支出额与新增加的消费者收入额的比值。从不同的角度分析和了解消费倾向的现状、特点及发展趋向,对于企业营销人员正确估计市场需求的增长趋势是有帮助的。

此外,消费者信用的规模变化也会影响社会购买力的增减变动。消费者信用就是消费者在购买商品时,凭借信用先取得商品的使用权,然后按期归还贷款。消费者信用在刺激消费者需求,促进商品流通与商品生产,指导和调节消费方向等方面具有一定的积极作用。目前,我国的消费者信用正处于快速发展时期,对社会购买力等方面的影响正在不断增强。企业的营销部门既应注意消费者信用的发展对自身的影响,同时也应考虑如何利用消费者信用这一手段来提高营销工作的适应性。

2. 消费者收入

消费者收入是指消费者从各种来源所得到的货币收入,通常包括人们的工资、奖金、退休金、红利、租金、赠予等。消费者收入是影响消费者市场购买力水平及消费者支出模式的一个重要因素。消费者收入的变化,不仅对生产经营消费资料和服务的企业的营销活动有直接影响,而且会间接地对生产经营生产资料和服务的企业的营销活动产生重大影响。

在实际生活中,消费者并不是也不可能将其全部收入都用于购买产品或劳务,消费者的购买力仅是其收入中的一部分。对企业营销来说,有必要将消费者个人收入区分为可支配的个人收入和可随意支配的个人收入。可支配的个人收入是指从消费者个人收入中扣除消费者直接负担的各项税款以及上缴给政府或组织的非税性负担之后的余额。这部分收入,或被用于消费支出或被用于储蓄,是影响消费者购买力和消费者支出模式的决定性因素。可随意支配

的个人收入是指从可支配的个人收入中减去消费者用于维持基本生活所必需的支出和其他固定支出后的余额。这部分收入是消费者可以任意决定其投向的，是影响消费需求构成的最活跃的经济因素。这部分收入的数额越大，人们的消费水平就越高，企业的营销机会也就越多。

由于消费者收入会受到价格变化的影响，因而还有必要将消费者收入区别为货币收入和实际收入。在消费者的货币收入不变时，物价上涨则实际收入下降，物价下跌则实际收入上升。在消费者的货币收入增加时，如果通货膨胀率超过了货币收入增长率，实际收入也是下降的。实际收入的变动，直接影响着实际购买力及消费者的支出行为。

企业的营销人员不仅要分析研究消费者的平均收入，而且要注意到由于经济发展的阶段性、各地区经济发展的不平衡性以及国家政策等主客观因素的影响，不同时期、不同地区、不同阶层的消费者收入是有差异的。了解这些方面的现状、发展趋向及其影响，对于企业确定生产经营方向，选择目标市场，有针对性地开展营销活动是非常必要的。

3. 消费者支出模式与消费结构

消费者支出模式是指消费者个人或家庭的总消费支出中各类消费支出的比例关系。消费者收入的变化不仅影响购买力，而且对消费者支出模式有着直接影响，并使其发生具有一定规律性的变化。1958 年，德国统计学家恩斯特·恩格尔(Ernst Engel)在深入调查研究的基础上对此进行了概括性的描述，人们将其称之为恩格尔定律。此后，一些经济学家又根据实际情况对恩格尔定律的表述进行了修正和完善。

恩格尔定律的主要内容是：一个家庭收入越少，其总支出中用于购买食物的支出比重越大；随着家庭收入的增加，用于购买食物的支出占家庭总支出的比例就会下降，用于改善居住条件及用于家务经营的支出占家庭总支出的比例大体不变，而用于其他方面(如服装、交流、娱乐、卫生保健、教育等)的支出和储蓄占家庭总支出的比例就会上升。其中，用于食物的支出与家庭总支出的比值被称为恩格尔系数。一般认为，恩格尔系数越大，生活水平越低；反之，恩格尔系数越小，生活水平越高。

对许多国家有关情况的调查分析表明，恩格尔定律的基本方面是符合客观实际的，是对家庭各类消费支出随收入增长而发展变化的一般性的概括。恩格尔系数，常被作为判断一个国家经济发展水平以及一个家庭生活水平的重要参数之一。需要指出的是，消费者支出模式除受消费者收入的影响外，还受家庭生命周期、家庭所在地点以及消费者的职业、文化水平、价值观念、生活方式等消费者特性以及有关环境因素的影响。

消费结构是指人们在消费生活中所消费的不同类型的消费资料、消费劳务的比例关系。一个国家的消费结构称之为宏观消费结构，一个家庭或个人的消费结构称之为微观消费结构，它们之间有着密切的关系。上述的消费者支出模式问题，主要是对微观消费结构的考察。调查研究微、宏观消费结构的现状与发展趋势，有利于企业根据消费需求的变化趋向有针对性地搞好营销工作。

3.2.3　政治法律环境

任何企业的营销活动都会受到政治、法律环境的制约和影响。它主要涉及制度环境、体制环境、方针政策环境、法律环境等方面。

制度环境主要是指一个国家的基本社会制度,包括政治制度和经济制度。我国的制度环境决定了企业的营销活动必须符合社会主义的基本方向,这是一个根本性问题。体制环境,主要涉及包括一系列具体内容的政治体制和经济体制。在体制环境方面,对企业来说最基本的是企业与国家的关系问题。随着经济体制和政治体制改革的逐步深入,企业将真正成为自主经营、自负盈亏、自我激励、自我约束的独立法人实体和市场竞争的主体,并将在一个更为开放、民主、法制化的政治和经济环境下运行。

国家的方针政策是一个时期中政府工作的方向和目标,以及为实现这一目标而由国家行政机关制定的对有关方面加以约束的行为准则。同法律、法规相比,政策具有较强的灵活适应性和较大的可变性,除部分基本政策外,它们会随着政治经济形势的变化不断地进行必要的调整。政策具有普遍的号召性、指导性和规定性,主要依靠说服教育及组织、引导、鼓励等方式,并运用适当的经济手段和必要的行政手段去贯彻实施,但有些政策也带有一定的强制性,依靠对违反者采取经济措施、行政措施乃至必要的组织措施来加以落实。国家的方针政策,尤其是经济方面的政策的变化,对企业的营销活动存在着直接或间接的重要影响。

法律是由国家制定或认可,并由国家运用强制力去保证实施的行为规范的总和。企业在营销活动中会遇到大量的法律、法规,尤其是经济方面的法律和法规。我国的经济法体系主要包括以下内容:调整经济关系的基本法律,对社会经济活动进行综合调节和监督的法律,保护国土资源和生态环境的法律,保护消费者权益的法律,调整所有制关系的法律,调节和控制社会物质生活活动的法律,调节和控制流通过程的法律,调节国民收入分配、再分配的法律,保护知识产权的法律,处理涉外经济事务的法律,等等。其中每一项新的法律、法规的颁布实施或原有法律、法规的修改,都会直接或间接地影响到企业的营销活动。社会主义的市场经济属于法制型经济,企业一方面可以凭借这些法律、法规维护自己的正当权益,另一方面也必须依据有关的法律、法规进行生产经营活动。目前,我国的法律体系正在逐渐地完善。我国颁布的有关经济领域的法律有:《产品质量法》(1993)、《商标法》(1993 修订)、《反不正当竞争法》(1993)、《消费者权益保护法》(1993)、《广告法》(1994)、《价格法》(1997)等。国外关于营销方面的法律有:挨户推销非法,优惠促销非法(法国);禁止含酒精饮料、淫秽文学作品、政治刊物、宗教预言和减肥药物做广告(芬兰);禁止以现金折扣的方式给不同的顾客群体提供优惠(奥地利);禁止做比较广告(德国)。

以上分析表明,企业了为取得营销的成功,必须重视政治、法律环境的约束和影响,并应根据政治环境中有关因素的变化及时地调整自己的营销目标和营销措施。

3.2.4 自然环境

社会生产不仅需要有一定的社会经济条件，而且需要有一定的自然条件，这种自然条件就是企业所面临的自然环境。自然环境，可以按照要素划分为大气环境、水体环境、土壤环境、地质环境等。自然环境与自然资源有着密切的关系。从本质上看，社会生产活动赖以进行的自然环境本身就是自然资源。具体来讲，自然环境诸因素中，凡是人类已经或可能依一定的有用性将其投入生产过程的就是自然资源。自然资源的范畴十分广泛，依照再生产性可以将其划分为可再生资源、不可再生资源和无限资源。可再生资源，如森林、食物，需精打细算地充分利用。不可再生资源，如石油、煤炭、白金、锡、银等，其中石油这一不可再生的有限资源，已经成为未来经济增长所遇到的最严重的问题。无限资源，如空气等。在人类活动的参与下，当代自然环境变化的主要动向是，自然资源日益短缺，环境污染日趋严重。随着上述问题的普遍化和严重化，促使各国政府都不同程度地加强了对自然环境和自然资源的管理工作。

我国是一个幅员辽阔的国家，从总体看，资源比较丰富，然而由于人口众多，因此从人均水平来说，不论是不可再生资源还是可再生资源又都是短缺的，绝大多数资源的人均占有量很低。但是，由于法制不健全、人们的环保意识差、缺乏全面效益观念等原因，对资源的破坏现象较为严重；同时，由于各种原因资源浪费问题又非常突出，高投入低产出、好原料次产品等现象较为普遍。这种情况要求政府部门必须进一步加强对资源的管理工作，运用法律、经济、行政等手段对破坏资源、浪费资源的现象进行干预和控制。资源短缺，尤其不可再生资源越开采储量越少，资源成本趋于提高，政府对资源的管理不断加强，这对许多企业的发展来说无疑是一种威胁，然而反过来又迫使人们研究如何合理开发资源、有效利用资源以及寻找代用品等问题，这又给许多企业带来了发展机会。

在工业化和城市化的发展进程中，我国的环境污染也日趋严重，在许多地区已经严重影响到人民的身体健康、生态平衡和社会经济的长远发展，环境保护已成为我国最重要的社会经济问题之一。随着治理环境污染呼声的高涨和政府干预的加强，企业必须采取措施控制污染，治理污染，这对许多企业来说当然是一种压力和约束，但其中也蕴含着许多新的市场机会。

3.2.5 科学技术环境

科学技术环境是指影响企业生产经营活动的外部科学技术因素。改变人类命运最戏剧化的因素之一就是技术。技术创造了许多奇迹，如青霉素、心脏手术；技术也造出了恐怖的魔鬼，如氢弹、神经性毒气、冲锋枪；技术还造出了诸如汽车、电子游戏机等产品。对科学技术环境的考察，主要涉及科学技术的发展现状、新的科学技术成果、科学技术发展的动向、科技环境的变化对社会经济生活的影响等方面的问题。当前，在世界范围内科学技术迅猛发展，其主要特点是以微电子为标志的尖端技术发展迅速，应用技术的发展速度加快，最新科技成果在民用产品上的应用受到重视，未来科技的研究受到了人们的普遍关注，人们已经在能源、原材料、制造、

交通、通信、生物工程等方面的研究上做出了巨大的努力。科学技术的进步，对社会经济生活及企业的市场营销带来了一系列的影响：

① 改变着人们的消费习惯，创造了新的需求；

② 大部分产品的生命周期有明显缩短的趋势；

③ 新兴产业相继出现，传统产业面临着改造的巨大压力，落后产业被淘汰的威胁加重；

④ 市场竞争日益激烈，技术因素的竞争更加突出；

⑤ 技术贸易的比例不断提高；

⑥ 发展中国家劳动力费用低廉的优势在国际经济联系中将受到进一步削弱；

⑦ 传统的流通结构、流通方式和手段面临着巨大的冲击；

⑧ 对企业的综合素质、经营管理工作甚至观念提出了更高的要求。

由此可以看到，随着科学技术的发展，企业将受到全面挑战，不能适应和引导这一过程的企业将面临被淘汰的威胁。每一种新技术也是一种“创造性破坏”因素。晶体管危害了真空管行业，复印机伤害了复写纸行业，汽车使铁路的经营日趋清淡，电视拉走了电影的观众。如果老行业不采用新技术，而是压制、轻视新技术，那么那些老行业的生意必定衰落下去。营销人员应该看到技术的下述趋势：技术变革步伐加快，无限的革新机会，变化着的研究与开发预算，增长着的技术革新规定和法律。

3.2.6　社会文化环境

在企业所面临的诸方面环境中，社会文化环境是较为复杂的，它不像其他环境那样显而易见且易于理解，但它又时刻影响着企业的市场营销活动。有的国家，尽管人口、经济收入相近，但市场情况可能有很大的差别，这种差别在很大程度上反映在社会文化方面。社会文化环境通常是由语言、价值观、宗教信仰、商业习惯和兴趣行为方式、社会群体及相互关系等内容所构成的。

1. 语　言

语言是人类思想交流的工具。语言文字是交易双方沟通信息、洽谈生意、签订合同等必不可少的工具，在市场营销中其重要性更为突出。成功的市场营销人员必须熟练地运用一种或几种语言进行交流，并能透彻地加以理解。对国际通用的语言文字或对象国的语言文字缺乏准确地了解，不能准确地应用，就有可能导致营销机会的丧失。以品牌为例，我国出口的紫罗兰牌男衬衫，译成英文成了无丈夫气的男子，白象牌电池译成英文却是累赘之意，这些听而生厌的品牌译名使这些高质量商品长期在国外打不开销路。可见，语言文字对营销成败的影响是无法回避的。

2. 价值观

价值观是指影响个人和集团选择的心理观念，是人们选择行为目的、行为方式的精神标准。因此，对市场营销者来说，价值观是应该考虑的重要因素。对于不同的价值观，营销管理者应采取不同的营销策略。

3. 宗教信仰

宗教信仰覆盖了整个世界，有时甚至达到了狂热的地步。世界上有许多宗教和宗教团体，各有自己的文化倾向和清规戒律，它们深刻地影响人们认识事物的方式、行为准则和价值观念等，从而也影响了人们的消费行为。

4. 商业习惯

市场营销，表面看是经济问题，从深层次看，也是一个文化问题，是营销中文化环境的组成部分。在市场营销中，由于商业习惯的抵触而使贸易双方同陷窘境，致使贸易失败的实例并不少见。由于地方文化的支配作用使得国际商业习俗对社会等级、交谈、语言、礼仪礼节以及几乎所有的经营行为都带上各自不同的文化特征。例如在日本，一个经营者在拜访或接待别人时，如没有名片是绝对不行的；又如，意大利人具有严肃认真的商业作风。可见，掌握各国商业习惯，是市场营销人员的必备素质。

3.3 微观市场营销环境分析

企业营销的微观环境涉及企业内部环境因素、市场营销渠道企业、顾客、竞争者、社会公众等多个方面，如图 3－2 所示。这些方面或构成企业营销的内部基础，或与企业形成协作、服务、竞争、监督等关系，直接影响着企业的竞争能力、应变能力以及为目标市场服务能力的形成与具体状况。因此，一个企业营销活动的成败，不仅取决于能否适应宏观环境的变化，而且取决于能否适应和影响微观环境的变化，能否与微观环境的各方面保持协调关系。

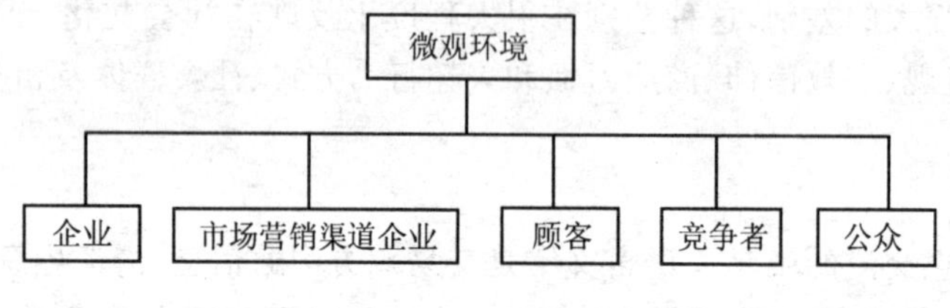

图 3－2 微观环境

3.3.1 企业内部环境条件

企业进行营销决策，制订营销计划，开展营销活动，无一不以企业的内部环境条件为基础，无一不与企业内部各方面的工作保持着直接的联系。企业的内部环境条件，涉及人员条件、技术条件、生产条件、资源条件、管理条件、企业文化等。这些内部环境条件共同决定着企业综合素质的状况，形成了企业的自下而上的发展能力。由此可以看到，市场营销工作主要是企业市场营销部门的职责，但市场营销工作的成败，从根本上来说，最终将取决于企业的综合素质和

整体工作状况。企业营销部门不是孤立存在的，而是要和其他职能部门相互配合，即企业营销部门与高层管理部门、财务、研发、采购、制造和会计等部门需协调合作，如图 3－3 所示。

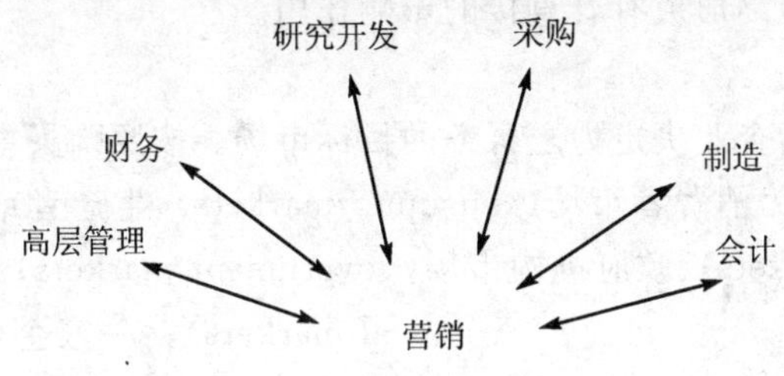

图 3－3　企业内部环境

3.3.2　市场营销渠道企业

一个企业的市场营销渠道企业是指处于该企业的市场营销系统中，与该企业的供、产、销等经济活动存在着业务往来或为其提供某种形式服务的其他企业、组织或个人。他们主要包括各类资源供应者、营销中间人以及承担实体分配、便利交换之类的社会市场营销职能者。

1. 资源供应者

资源供应者，即供应商，涉及诸多类型的市场主体，他们向企业提供其为目标市场服务时所必要的资金、能源、原材料、零部件和劳动力等生产要素。供应商对企业的营销活动有重要影响。供应商所供应的原材料数量和质量将直接影响产品的数量和质量，所提供的资源价格会直接影响到产品成本、价格和利润。企业要对供应商的影响力有足够的认识，并与其保持良好关系。

2. 营销中间商

营销中间商主要指帮助公司促销、销售和分销产品到最终用户的公司，包括中间商、实体分配公司、营销服务机构和金融中间机构。

(1) 中间商

中间商主要指商人中间商、批发零售企业、代理中间商（如经纪人、制造商代理商、销售代理商）等。

(2) 营销服务代理机构

营销服务代理机构主要指为厂商提供营销服务的各种机构，如广告公司、市场营销研究企业、市场营销咨询企业等。

(3) 金融中间机构

金融中间机构主要指协助厂商融资或分担货物购销储运风险的机构，如银行、信贷机构、保险机构等。

(4) 实体分配公司

实体分配公司主要指协助厂商储存并把货物运送至目的地的仓储公司。实体分配包括包

装、运输、仓储、装卸、搬运、库存控制和订单处理等方面。

一个企业能否在营销活动中与自己的营销渠道企业建立起稳定、有效的协作关系，对其服务于目标市场的能力的最终形成有着直接的影响作用。

3. 顾　客

这里所说的顾客是指企业决定为之服务的目标市场。按照购买主体的性质与购买的目的划分，通常可以将市场分为消费者市场(consumer markets)、生产者市场(business markets)、转卖者市场(reseller markets)、政府机构市场(government markets)和国际市场(international markets)。一家企业往往将自己的产品销往几种类型的主体市场，这些市场有着不同的需求和购买行为，因此要求企业以不同的服务方式提供不同的产品，从而制约着企业营销对策的制定，影响着企业的整个营销活动。企业必须深刻地了解其所服务的目标市场的特点、需求与购买行为，并设法满足市场的需要。能否紧紧地抓住市场是企业营销成败的关键。我国企业面对的市场类型如图 3－4 所示，上述各类市场都有其独特的顾客。

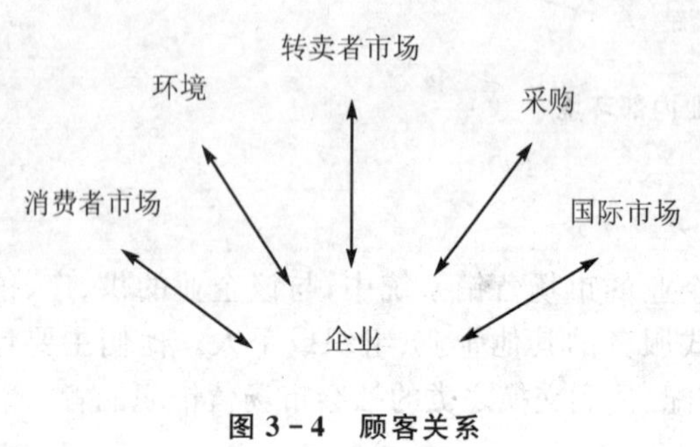

图 3－4　顾客关系

4. 竞争者

从广义来说，竞争者是指向一企业所服务的目标市场提供产品的其他企业或个人。竞争者的范围是非常广泛的，包括现实竞争者与潜在竞争者、直接竞争者与间接竞争者、国内竞争者与国际竞争者等。从满足消费需求或产品替代的角度看，每个企业在试图为自己的目标市场服务时通常面临着四种类型的竞争者。

(1) 愿望竞争者

愿望竞争者是指向一企业的目标市场提供种类不同的产品以满足不同需要的其他企业。一个消费者在一定时期往往有许多想要满足的愿望，如既想买一台电视机，又想买一台家用电脑或一辆摩托车，那么提供电视机、家用电脑、摩托车的各个企业之间就在这一部分市场上形成了竞争关系，互为愿望竞争者。

愿望竞争主要是从行业乃至产业之间的竞争关系来看的，它既不属于生产经营相关产品的企业之间的竞争，也不属于生产经营相同产品的企业之间的竞争。愿望竞争将使购买力的投向在不同行业或不同产业之间发生转移，从而使不同行业或产业的市场规模发生或大或小的变化。

(2) 一般竞争者

一般竞争者是指向一企业的目标市场提供种类不同的产品但可以满足同一种需要的其他企业。例如，一个消费者打算通过某种形式来解决上下班的交通问题，而购买一辆自行车，或

是购买一辆摩托车，或是乘公共汽车或自己开车都可以满足他的这一要求，那么提供自行车、摩托车、公共交通服务、销售私家车的各个企业之间就在这一部分市场上形成了竞争关系，互为一般竞争者。

实际上，这些种类很不相同的产品却有着相同或类似的功用，它们在满足某种需要上是可以相互替代的，这些产品就是所谓的相关产品。一般竞争考察的主要是不同行业间生产经营相关产品的企业之间的竞争问题。一般竞争将使购买力的投向在不同行业的生产经营相关产品的企业之间发生转移。一般竞争的强度，主要取决于科技进步所带来的相关产品的多少以及相关替代的程度。在科技进步较快的情况下，企业应对一般竞争问题予以较多的关注。

(3) 产品形式竞争者

产品形式竞争者是指向一企业的目标市场提供种类相同，但质量、规格、型号、款式、包装等有所不同的产品的其他企业。由于这些同种但形式不同的产品在对同一种需要的具体满足上存在着差异，购买者有所偏好和选择，因此这些产品的生产经营者之间便形成了竞争关系，互为产品形式竞争者。例如，一个旅游者到了旅游目的地后，他可以住高、中、低等不同档次的宾馆，这种不同档次宾馆的经营者之间就是一种产品形式竞争者。

(4) 品牌竞争者

品牌竞争者是指向一企业的目标市场提供种类相同，产品形式也基本相同，但品牌不同的产品的其他企业。由于主客观原因，购买者往往对同种、同形、不同品牌的产品形成不同的认识，具有不同的信念和态度，从而有所偏好和选择，因而这些产品的生产经营者之间便形成了竞争关系，互为品牌竞争者。例如，消费者选定了宾馆的档次后，还要考虑购买哪种品牌的酒店，是假日酒店还是喜来登酒店或是希尔顿饭店，这是满足旅游者的不同品牌的酒店产品。

上述产品形式竞争和品牌竞争是在相同产品之间进行的，属于同行企业间的竞争。这两种竞争将使同行业内不同企业的市场占有率和市场地位发生变化。市场营销学中所讲的竞争，较多地是指品牌竞争、产品形式竞争以及一般竞争。

上述这些不同且不断变化着的竞争关系，是每一个企业在开展营销活动时都必须密切注意和认真对待的。一般地说，竞争对手的力量越强，其产品及市场营销组合的有关方面越有竞争力，其威胁也就越大。企业要制定正确的营销策略，除了要了解市场的需要与购买者的购买决策过程外，还要全面了解现实竞争对手的数目、分布状况、综合能力、竞争目标、竞争策略、营销组合状况、市场占有率及其发展动向等方面的情况，还要对潜在竞争对手进行全面分析。下面简要说明企业在同行业竞争以及拟进入其他行业时应注意的几个问题。

① 卖方密度

卖方密度是指同一行业或同类商品经营中卖主的数目。在市场需求量相对稳定时，卖方密度的状况直接影响到竞争的激烈程度及各个企业市场份额的大小，进而影响到企业的生产经营成本和利润率。

② 产品差异

产品差异是指是同一行业中不同企业的同类产品可以使人觉察到的差异的程度。差异使同类产品因其特色而相互区别并形成竞争关系。在现实生活中,卖方密度越大,各个企业为了取得竞争的优势就越注意实行产品差异化策略。

③ 竞争手段

市场竞争是指商品生产经营者为了谋取有利的产销条件,取得更高的市场占有率和更多的利润而进行的角逐。企业参与市场竞争的基本形式主要有以价格为手段的价格竞争、以市场营销组合中价格以外的企业可控制的因素为手段的非价格竞争及以企业兼并为手段的竞争。企业应该根据自身条件、现实需要、环境约束等方面的情况决定主要应用何种竞争手段。

④ 进入难度

进入某一行业是指一企业拟生产经营该行业的产品或生产经营它的替代用品。进入其他行业的形式,主要有创立新企业、企业转产、企业兼并等。进入难度是指一企业试图进入其他行业时所遇困难的程度。进入难度与进入障碍的多少和大小有关。进入障碍是指有利于一行业中原有企业而不利于新进入者或潜在进入者的各种因素,如由规模经济造成的进入障碍,由资源条件和技术要求造成的进入障碍,由市场容量、卖方密度和市场饱和状况造成的进入障碍,由竞争对手的实力与反进入政策造成的进入障碍以及由法律、行政制度造成的进入障碍等。上述因素,不仅影响一企业进入某一行业,而且影响其进入后的经营状况。

⑤ 退出难度

对一个企业来说,不仅有进入某一行业的问题,在企业内外部环境条件不断变化的情况下,还存在着主动或被迫退出某一行业的问题。因此,诸如退出难度、退出障碍以及退出形式等也是企业必须从战略高度加以认真对待的问题。

5. 公　众

这里所说的公众,是指所有实际或潜在的、关注企业的生产经营活动、并对其实现目标的能力具有一定影响的组织或个人。由于企业的生产经营活动影响着公众的利益,因此政府机构、金融组织、媒介组织、群众团体、地方居民乃至国际上的各种公众必然会关注、监督、影响和制约企业的生产经营活动。这些制约力量的存在,决定了企业必须遵纪守法,善于预见并采取有效措施满足各方面公众的合理要求,处理好与周围各种公众的关系,以便在公众中树立起良好的企业形象,这是企业适应和改善微观环境的一个重要的工作。企业所面临的公众主要有以下几种:

① 金融公众(financial publics),指银行、投资公司、股东等,他们影响企业获得资金的能力。

② 媒体公众(media publics),指电视、报纸、杂志、广播等传递信息的大众媒体。

③ 政府公众(government publics),指对企业的经营活动有相当影响的有关政府机构。这些机构就产品的安全性和广告的真实性等方面进行监督。

④ 市民行动公众(citizen - action publics),包括保护消费者权益组织、环境保护组织和少

数民族团体等市民团体。

⑤ 地方公众(local publics)，指企业当地的居民、社区团体和地方政府。

⑥ 一般公众(general publics)，指上述各种关系公众之外的社会公众。企业需要知道一般公众对其产品和活动的态度，企业在一般公众中的形象直接影响到他们是否购买本企业的产品。

⑦ 内部公众(internal publics)，包括企业内部的所有员工。因为在许多情况下，企业的形象是靠企业的员工传达给外部顾客的，特别是在服务性企业。

企业必须采取适当措施与周围的各种公众搞好关系。因为这些不同的公众都能促进或阻碍企业目标的实现。以大众媒介这种公众为例，报纸、广播、电视对某旅游企业一篇优质服务的报道，就能使这一企业提高信誉，扩大销售；反之，对其坑害旅客的行为进行曝光，就能使这一企业的形象受损，信誉降低，销售减少。为搞好与周围公众的关系，树立企业的良好信誉和形象，大多数企业都设立了公关部，主要业务是处理好内部、外部以及社会公众的关系。遵纪守法，善于预见并采取有效措施，满足各方面公众的合理要求，开展一些力所能及的公益活动，努力塑造并保持企业良好的信誉和公众形象，是企业适应和改善微观环境的一个重要方面，如赞助、捐助等。公众类型如图 3－5 所示。

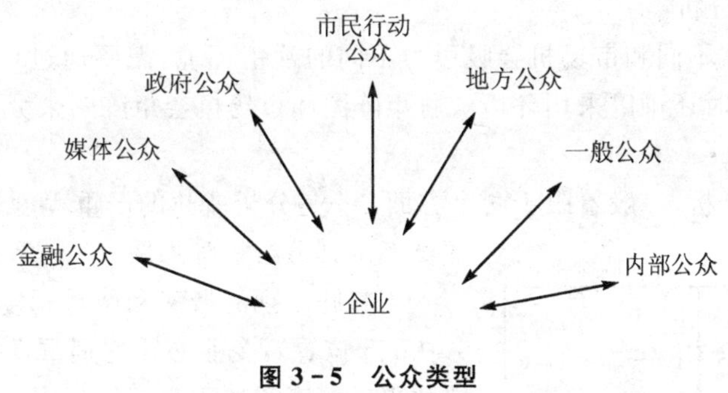

图 3－5　公众类型

3.4　市场营销环境分析与对策

3.4.1　环境威胁与市场机会分析

市场营销环境通过对企业构成威胁或提供机会而影响营销活动。环境威胁是指给营销带来不利影响或难题的环境变化、发展趋势，对企业形成挑战，对企业的市场地位形成挑战。市场机会是指市场上存在的未被满足的市场需求。企业家们说，“哪里有消费者的需求，哪里就有我们的机会”。也就是说，市场机会是企业能施展具有竞争优势的市场营销活动的竞技场所。对市场机会进行分析，就是要考虑一下市场营销机会是否适合本企业的经营目标和内部的人力、物力、财力资源。科学地分析、寻找、选择市场机会，将为企业制定市场营销战略，拓展市场营销活动奠定坚实的基础。

分析市场机会必须把“环境机会”和“企业机会”区分开来。环境机会是指市场环境条件所创造的各种未被满足的需求。任何企业的生存和发展必须以外部环境为基本条件，没有外部环境，企业的营销活动就无法进行。对某一企业来说，市场环境的变化，一方面为它创造了新的市场机会，另一方面也会给它带来威胁。只有当企业具备了必要的成功条件时，某一环境机会才能成为该企业的市场机会。换言之，市场机会成为企业机会是需要条件的。这些条件包括：利用这个市场机会要与本企业的任务和目标相一致；利用这个市场机会，本企业应比其他潜在竞争者具有优势，能获得最大的差别利益，从而利用该机会足以实现企业的目标要求。企业无力利用的市场机会固然不能成为企业的市场机会；有能力利用，而不足以实现企业目标的市场机会也不是合适的企业机会。在竞争激烈的市场中，只有比竞争对手更能适应环境机会的需要时，企业才能利用这个环境机会获得比竞争者更多的利益，并在竞争中立于不败之地。市场机会对不同企业有不同的影响，企业在每一特定的市场机会中成功的概率取决于公司的资源是否与利用该机会的条件相匹配，以及企业是否能比竞争者具有相对竞争优势，把市场机会转化为企业机会。

1. 威胁与机会分析

企业对威胁程度不同和市场机会吸引力不同的营销环境，需要通过环境分析来评估环境威胁和环境机会，同时还可以采用环境威胁矩阵图和市场机会矩阵图来分析评价营销环境。

(1) 威胁分析

对环境威胁的分析，一般着眼于两个方面：一是分析威胁的严重程度；二是分析威胁出现的概率。其分析矩阵如图 3－6 所示。

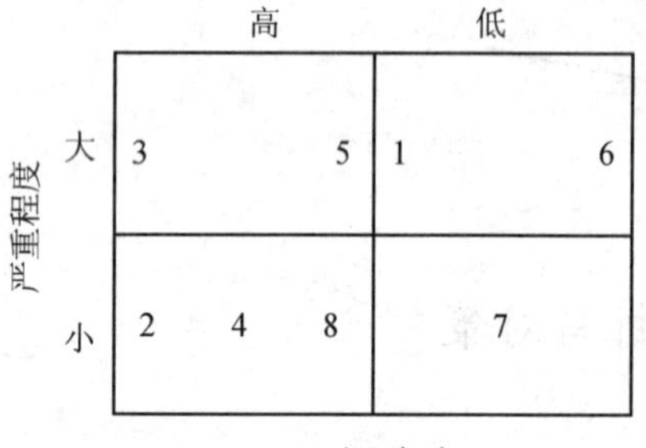

图 3－6　环境威胁矩阵图

当威胁出现的概率和严重程度都大时(处于图 3－6 中 3、5 位置)，企业必须特别重视并制定相应对策；当威胁出现概率和严重程度均低时(处于图 3－6 中 7 位置)，企业则不必过于担心，但要注意其发展变化；当威胁出现概率虽小，但严重程度较大时(处于图 3－6 中 1、6 位置)，企业必须密切监视其出现与发展；当威胁严重程度较小，但出现的概率较大时(处于图 3－6 中 2、4、8 位置)，企业也必须充分重视。

(2) 机会分析

机会分析主要考虑市场机会的潜在吸引力和成功的概率。其分析矩阵如图 3－7 所示。

在图 3－7 中，当潜在吸引力和成功概率都大时(处于图 3－7 中 3、7 位置)，企业有非常大的可能性获得巨大的利润，企业一定要把握机会；当吸引力和成功概率均小时(处于图 3－7 中 1、5、8 位置)，企业应注意改善自身条件，密切注意机会的发展变化，谨慎地开展营销活动。用

上述矩阵法分析营销环境，可能出现四种不同的结果，如图3-8所示。

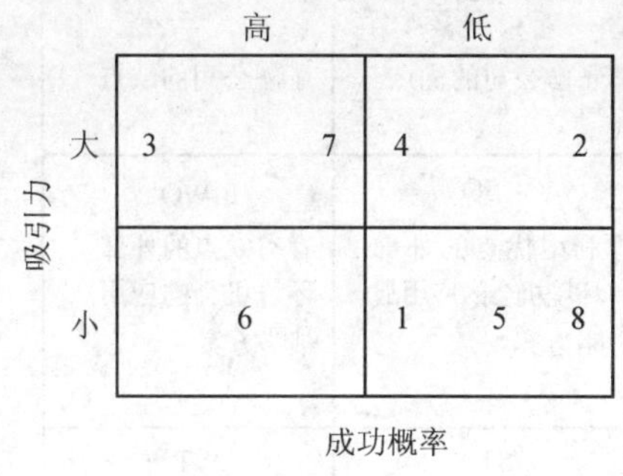

图3-7 市场机会矩阵图

机会水平 \ 威胁水平	低	高
高	理想业务	冒险业务
低	成熟业务	困难业务

图3-8 环境评价图

① 理想业务：机会多、严重威胁很少的业务。

② 冒险业务：机会与威胁都多的业务。

③ 成熟业务：机会与威胁都少的业务。

④ 困难业务：机会少、威胁多的业务。

2. 企业营销对策

在环境分析和评价的基础上，企业针对威胁水平和机会水平不等的各种营销业务，要采取不同的营销对策。

对理想业务，企业必须抓住市场机会，迅速采取行动。

对冒险业务，面对高风险和高利润，企业应全面分析自身优劣势，扬长避短，创造条件，争取有突破性发展。

对成熟业务，机会和威胁均处于较低水平，可作为企业的常规业务，但企业要为开展理想业务做好准备。

对困难业务，企业有两个选择：一是努力改变环境，尽快走出困境或减轻威胁；二是调整战略，摆脱无法扭转的困境。

3. SWOT分析

SWOT分析是企业制定营销战略的前提，是对企业内部的优劣势和外部环境的机会与威胁进行的综合分析。SW指企业内部的优势与劣势(strengths & weaknesses)，OT是指企业外部的机会与威胁(opportunities & threats)。通过SWOT分析，企业可以发现市场中存在的机会，并结合企业的自身优势去抓住机遇；也可以发现市场中的威胁，并尽量去规避市场中的风险。图3-9所示为SWOT分析图。

当把企业内部优劣势和企业外部面临的机会和威胁综合考虑时，企业会处在不同的区域中，其所采用的营销战略是不同的。企业营销战略选择如图3-10所示。当企业外部机会较多，又具有强大内部优势，宜采用迅速扩张性战略。当企业外部机会较多，而企业内部条件不

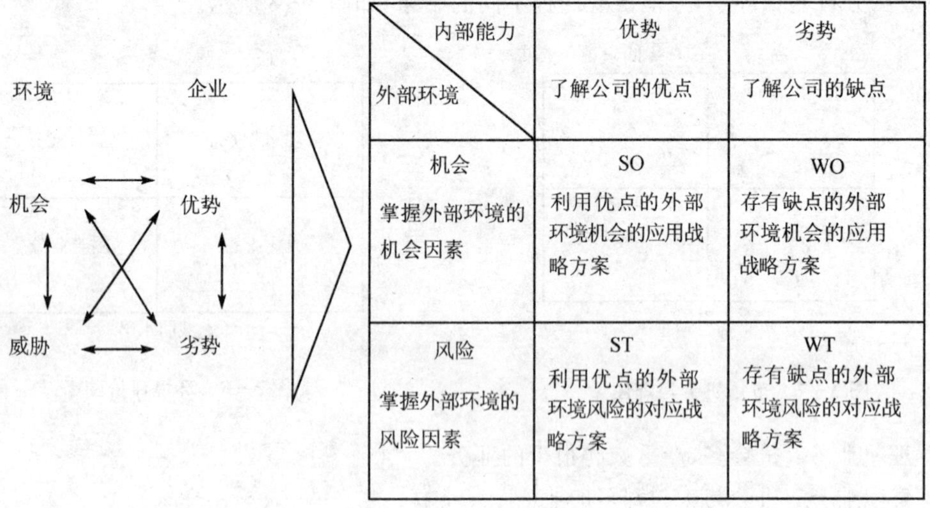

内部能力 / 外部环境	优势 了解公司的优点	劣势 了解公司的缺点
机会 掌握外部环境的机会因素	SO 利用优点的外部环境机会的应用战略方案	WO 存有缺点的外部环境机会的应用战略方案
风险 掌握外部环境的风险因素	ST 利用优点的外部环境风险的对应战略方案	WT 存有缺点的外部环境风险的对应战略方案

图 3－9　SWOT 分析图示

佳，宜采取调整战略，争取采用各种措施将企业内部劣势转化为优势。当企业外部面临威胁，内部劣势又较多时，企业应设法避开威胁，消除劣势，可采用收缩战略。当企业拥有较多内部优势，而外部存在威胁时，可采用多元化战略，分散风险，寻求新的市场机会。

一般来说，成功企业可以增加市场机会，减少威胁；冒险企业既增加市场机会又增加威胁；问题企业是减少市场机会，而增加威胁。

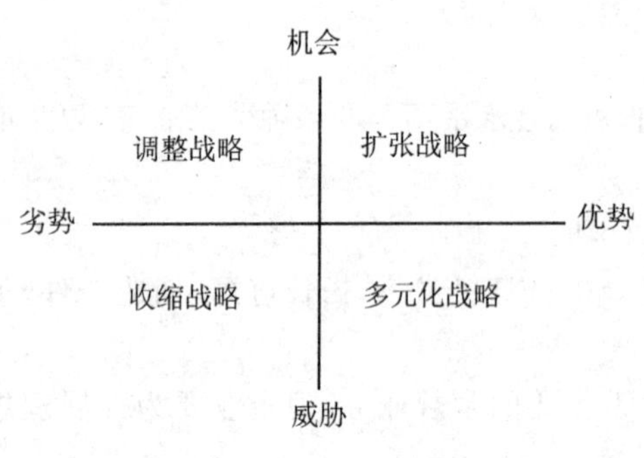

图 3－10　企业战略选择

营销案例链接：康佳集团的低成本扩张战略

康佳集团股份有限公司前身为广东光明华侨电子有限公司，成立于 1980 年 5 月 21 日，是中国首家中外合资电子企业。1991 年 8 月改组为中外公众股份制公司，1992 年 3 月，康佳 A、B 股股票同时在深圳证券交易所上市。现有总股本 5.47 亿股，华侨城集团直接和间接控股 51.06％，是国有控股企业。

康佳早期以来料加工方式为合资方生产电子表、收录机等产品，1984 年开始生产彩电，但以外销为主。1987 年，康佳拿到国内最后一张——第 57 张“内销电视生产许可证”。20 世纪 90 年代后，康佳实施低成本扩张战略，相继组建牡丹江康佳、陕西康佳、安徽康佳、重庆康佳等生产基地（以下简称“分康”），成为中国第二大彩电制造商，“中国电子百强企业”排名第四。

彩电行业分析

康佳从事的领域是竞争性极强的彩电行业。自 1980 年四川长虹从日本引进第一条彩电生产线开始,各地彩电项目纷纷上马。后来虽然实行了彩电定点生产制度,但没有遏制住“遍地开花”的势头。1988 年,政府征收彩电消费税,长虹彩电每台降价 350 元。第一次彩电价格战打响。进入 20 世纪 90 年代,彩电市场竞争日趋激烈,部分彩电品牌被淘汰出局。这一时期,彩电行业内开始出现联合并购现象。上海三大彩电品牌金星、飞跃、凯歌组成上广电,牡丹江康佳、南通长虹、深圳 TCL、云南海信等跨地域企业横空出世。彩电市场由昔日的卖方市场演变为现今的买方市场。我国彩电生产厂家超过 100 家,但 50%以上的市场被长虹、康佳、TCL 等主要彩电企业控制。1998 年全国彩电生产量为 3 300 万台,而国内市场容量仅为 2 300 万台。业内人士估计,全国彩电的企业库存和商业库存超过 1 000 万台,积压资金惊人。于是价格竞争成为彩电市场的主旋律,价格战的结果促使彩电行业由垄断竞争走向寡头垄断。

康佳的 SWOT 分析

SWOT 分析法是企业战略管理中比较流行的一种系统分析工具,通过对企业的优势、劣势、机会、威胁进行客观分析,企业领导层可掌握企业的竞争态势,并作出合理决策。

● 优　势

品牌优势。康佳品牌具有极高的知名度和美誉度,据有关机构评估,康佳品牌价值为 7 887亿元,居国内品牌第 6 位,并被国家工商行政总局认定为“中国驰名商标”。

融资渠道。康佳 A、B 股同时上市,资信优良,是各大银行的黄金客户。1997 年、1998 年和 1999 年中国银行分别向康佳提供 38 亿、42 亿和 50 亿元人民币的融资额度。1999 年,康佳新增发行 8 000 万 A 股,筹资 12 亿元人民币。

营销网络。康佳在全国各大中心城市设立了 60 多家销售分公司,与全国 95%以上的地市级大商场开展工商合作,终端销售商达到乡镇一级,建立了 300 多个特约维修站、3 000 多个外联维修点,形成了覆盖全国的市场销售网络和售后服务体系。

成熟管理。康佳作为中国首家中外合资电子企业和第一批公众股份制公司,形成了规范、高效的管理体系和运行机制。康佳是我国彩电行业首家通过 ISO9001 质量管理体系、ISO14001 环境管理体系国际国内双重认证的企业。

● 劣　势

彩电属于一个劳动密集型的行业。康佳地处深圳特区,生产成本、管理成本、运输费用相对较高。另一方面,如果仅立足深圳,康佳的市场辐射半径难以覆盖全国,特别是一些地方彩电品牌所在的区域市场,康佳难以打进。

● 机　会

内地一些国有彩电生产企业,拥有优良的厂房、设备和素质较高的干部、工人以及低廉的生产成本、一定区位的市场。但是由于机制、市场等方面的原因,债务积压,工人下岗,设备闲置,人心思变,急于寻找出路。当地政府欢迎康佳这样的优势企业来收购、兼并,搞活困难企业。国家也鼓励东部沿海企业到中西部投资、交流。

● 威　胁

竞争对手长虹等凭借其规模和成本优势，不断挑起价格战；高路华、彩星等“新面孔”以超低价挤进彩电市场；东芝、索尼、飞利浦等跨国公司一改单纯进口的方式，纷纷以合资的形式进入中国彩电市场，实现本土生产、本土销售；欧盟对中国彩电的反倾销诉讼。

扩张的实施

以最近成立的重庆康佳（简称“重康”）为例，重康注册资金 4 500 万元，从股权结构方面看，深圳康佳以 2 700 万元现金投入，占 60%股份；重庆无线电三厂以实物作价 1 800 万元投入，占 40%股份。重康作为新成立的有限责任公司，既是深圳康佳的控股子公司，又是重庆无线电三厂的参股子公司。深圳康佳、重庆无线电三厂作为重康的股东，双方照股权比例推选董事组成董事会，依法享有投资收益、参与重大决策等权益。其他三家“分康”亦是这种模式。牡康、陕康、安康分别是深圳康佳与牡丹江电视机厂、陕西如意电气总公司、安徽滁州电视机厂的合资企业。四家企业均由深圳康佳控股，但并不存在谁兼并谁的问题。

在组织结构上，四个分康的总经理、财务负责人等均由深圳康佳派出。董事长由当地合作方担任，以便于协调新公司与老厂、当地政府之间的关系。在企业冠名上，均是“地名＋康佳＋电子（或实业）＋有限公司”。深圳康佳在各分康推行自己的 CIS、管理模式和价值观念，分康在计划、生产、销售等方面接受深圳康佳的指导和服务。

事实上，如果康佳选择整体兼并的方式，不仅救活不了当地电视机厂，反容易被其巨额的债务和沉重的社会负担拖垮。选择合资方式，“新厂不理旧债”，产权清晰、责权明确，有利于轻装上阵，从而带活老厂。

扩张的意义

对康佳而言，扩大了生产规模，提高了集约化程度，提高了市场占有率。生产规模方面，康佳本部有 7 条彩电生产线、牡康 3 条、陕康 3 条、安康 6 条、重康 3 条。生产能力方面，下属各分康的彩电生产能力已超过集团总产量的 60%。1993 年，康佳彩电产量 109 万台，销售收入 22 亿元，到 1999 年，康佳彩电产量 650 万台，销售收入 130 亿元，6 年内上升了近 5 倍，速度惊人。如果在深圳本部进行传统的扩大再生产，而不是运用资本经营实行超常规发展，是达不到如此速度的。康佳投入一定的增量资产盘活了数倍的存量资产。几大分康的组建使生产规模的壮大，为康佳驾驭彩电降价狂潮、实现销售收入超百亿元奠定了坚实的物质基础。

对内地国有企业而言，康佳的“入主”带来了特区的企业机制，带来了资金和技术，使得停转的生产线重新开动，下岗工人重新上岗，当地配套企业也应运而生，增加了当地税收，改善了当地的产业结构。据统计，几大分康的组建，为内地提供了 5 500 个工作岗位，累计创造利税 42 亿元。

资料来源：李品媛. 市场营销学精选案例评析. 安徽人民出版社，2002.

【本章小结】

市场营销环境是存在于企业营销部门外部不可控制的因素和力量。

企业营销环境分为宏观营销环境和微观营销环境。宏观环境指的是对企业的营销活动构成影响的间接环境，但是并不能排除宏观环境中的某些因素会对企业的营销活动产生直接的影响。宏观环境主要由人口环境、经济环境、政治法律环境、自然环境、科学技术环境、社会文化环境等方面的基本因素构成。

微观环境是指对企业或营销活动发生影响的直接环境，主要由企业内部环境、营销渠道企业、顾客、竞争者、社会公众等方面的基本因素构成。

按环境对企业营销活动的影响，可分为环境威胁和市场机会。环境威胁是指给营销带来不利影响或难题的环境变化、发展趋势。市场机会是指市场上存在的未被满足的市场需求。

SWOT 分析是企业制定营销战略的前提，是对企业内部的优劣势和外部环境的机会与威胁进行综合分析。SW 指企业内部的优势与劣势，OT 是指企业外部的机会与威胁。通过 SWOT 分析，企业可以发现市场中存在的机会，并结合企业的自身优势去抓住机遇；也可以发现市场中的威胁，并尽量去规避市场中的风险。

由本章内容可以看到，企业与其营销的微观、宏观环境共同构成了一个企业的市场营销系统，不断地疏通、理顺企业与各个系统中各个方面的关系，是企业重要而又紧迫的经常性任务。

【讨论题】

1. 分析市场营销环境有何意义？
2. 宏观营销环境包括哪些因素？各有何特点？
3. 微观营销环境由哪些方面构成？竞争者、顾客对企业营销活动有什么影响？
4. 结合我国实际分析法律环境对营销活动的影响。
5. 市场环境分析的方法有哪些？试用 SWOT 分析法分析一个企业的营销案例。

第4章 消费者市场与组织市场的购买行为分析

【基本知识点】

(1) 消费者市场和组织市场的特点；
(2) 影响生产者用户购买行为的因素；
(3) 生产者用户完整的购买过程；
(4) 影响政府购买的因素和购买方式；
(5) 非营利组织的购买特点；
(6) 中间商的购买类型对购买决策的影响；
(7) 消费者购买行为模式；
(8) 影响消费者购买行为的因素；
(9) 消费者购买决策过程的参与者；
(10) 消费者购买行为类型；
(11) 消费者购买决策过程的主要步骤；
(12) 生产者用户类型和生产者用户购买过程。

从生产经营者的角度看，市场就是经常掌握着交换主动权的商品购买者。企业的市场营销活动总是面向某个或某些种类的具体市场，企业生产经营的产品或劳务如果不受市场欢迎，人们不愿意购买，企业就无法生存与发展。因此，在对市场的一般性问题和市场营销环境进行分析之后，将讨论各类市场及购买行为问题，这是企业市场营销活动的更为具体、更为直接的出发点。消费者市场是整个社会经济活动为之服务的最终市场，对消费者市场的研究是对整个市场进行研究的基础。本章主要讨论消费者市场和组织市场问题，涉及的内容主要有消费者市场、生产者市场、中间商市场、非营利组织市场、政府市场的购买行为的概念、特点、主要的影响因素及消费者和组织市场的购买决策过程等。

4.1　消费者市场购买行为

4.1.1　消费者市场购买行为概述

1. 消费者市场与购买行为的含义

消费者市场，是由那些为满足生活需要而购买商品的所有个人和家庭所组成的。消费者的购买行为是指消费者在整个购买过程中所进行的一系列有意识的活动。这一购买过程从引起需要开始，经过形成购买动机、评价选择、决定购买到购买后的评价行为等。

2. 消费者市场与购买行为的特点

同其他种类的市场及购买行为相比较，消费者市场与购买行为具有以下几个主要特点。

(1) 消费者市场不是中间市场而是最终市场

消费者购买的商品通常直接进入消费过程，一般不会再回流到流通领域，这些商品会对消费者个人及其家庭的基本生活、身心健康等方面产生直接的影响，因而各国政府一般都制定较为严格的法律对消费者权益进行保护。

(2) 消费者的购买多属于少量多次购买

消费者市场以个人或家庭为购买和消费的基本单位。由于受到每个单位人数、需要量、购买能力、存储条件、商品有效期等因素的制约和影响，消费者购买的批量一般较小、批次较多，特别是对日常生活消费品的购买比较频繁，随机性较大。

(3) 消费需求与购买行为具有多样性和多变性

消费者的人数众多。由于受消费者特性等因素的影响，不同的消费者往往有着不同的需要、欲望、兴趣、爱好和习惯，因而会对不同的商品或同种商品产生多种多样的要求，购买的行为方式也有所不同。此外，随着社会经济的发展、消费水平的提高、消费观念的更新以及消费生活的交互影响，消费需求不仅在总量上不断扩大，结构上也在不断地发生着变化。

(4) 消费需求与购买行为具有较大程度的可诱导性

消费者在购买什么商品以及何时、何地、如何购买等方面具有较大的选择性和灵活性，容易受企业营销活动及其他外部环境因素的影响。造成这种状况的原因有：

① 消费品花色、品种、品牌繁多，质量、性能各异，消费者一般很难掌握各种商品知识和充分的市场信息，属于非专家购买，因而他们在购买商品时常常需要卖方的宣传、介绍和帮助。

② 不少消费品替代性强，需求弹性大，消费者对商品的规格、品质等方面的要求也不如其他种类市场的购买者那样严格。

③ 消费者一般是自发、分散地作出购买决策的，因而不像其他种类市场的购买者那样，购买决策与购买行为受组织等方面因素的制约和影响较大，刚性较强。

3. 消费者购买行为模式

市场营销学研究消费者市场，核心内容是研究消费者的购买行为。消费者的购买行为，是在消费者特性因素（包括心理特性、个人特性、社会文化特性因素等）的直接作用下发展的，同时也受到一系列外部环境因素，特别是企业市场营销活动的影响。消费者的购买行为，实际上就是这些错综复杂的内外部因素相互制约和相互作用的结果。因此，研究消费者的购买行为，就要注意了解支配和影响消费者购买行为的各种因素，并将这些因素与消费者在购买过程中的各种活动结合起来进行分析，以便弄清买什么（需求对象）、为什么买（购买目的）、谁来买（购买组织）、如何买（购买方式与购买要求）、何时买（购买时机）、何处买（购买地点）这样一些基本问题，如表 4－1 所列。这是企业有的放矢地开展营销活动，在满足市场需要的竞争中取得优势的基础。

由于 7 个英文单词的开头字母都是 O，所以称为 7O 研究法。了解市场和消费者的关键问题就是搞清 7O。营销人员在制定针对消费者市场的营销组合之前，必须研究消费者购买行为。

表 4－1 7O 研究法

市 场	消费者
市场由谁构成（who）	购买者（occupants）
消费者在该市场购买什么（what）	购买对象（objects）
消费者为何购买（why）	购买目的（objectives）
谁参与消费者的购买活动（who）	购买组织（organizations）
消费者怎样购买（how）	购买行为（operations）
消费者何时购买（when）	购买时间（occasions）
消费者何地购买（where）	购买地点（outlets）

消费者购买行为的模式，实际上就是用来描述消费者的外界刺激与消费者反应之间关系的模型，如表 4－2 所列。

表 4－2 消费者购买行为模式

营销刺激因素	营销环境因素	购买者黑盒		购买者反应
		购买者特征	购买者决策过程	
产品	政治	文化	确认问题	选择产品
价格	经济	社会	收集信息	选择品牌
地点（渠道）	文化	个人	评估	选择交易者
促销	科技	心理	决策	购买时间
			购后行为	购买数量

从表 4-2 可以看到，所有外界刺激经过购买者的黑盒便产生了一系列可以观察到的购买者反应。购买者的外界刺激可以看做一种输入，它涉及两个基本方面：一个是市场营销刺激因素，另一个是其他环境因素的刺激。购买者反应可以看做是一种输出。购买者黑盒是连接输入与输出的中间环节，为信息处理中心，它包括两个部分：一是购买者特性，它决定着购买者如何理解他所面对的需求问题、购买问题以及外界刺激，影响着购买者如何对外界刺激作出反应；二是购买者的购买决策过程，它直接导致购买者的最终选择。这一模式进一步表明，对企业来说须着重要研究的是消费者特性因素和消费者的购买决策过程。

需要指出的是，支配和影响消费者购买行为的消费者特性因素（如消费者的年龄、性别、职业、个性、经济状况、生活方式、民族等）中有些是企业难以控制和施加影响的，但了解这些因素可以为企业进行市场细分、选择目标市场提供必要的线索，有助于企业采取适应性的营销措施；有些消费者特性因素是易于受到企业营销活动影响的，如消费者的购买动机、认识、学习信念等，在了解这些因素的基础上，企业可以制定相应的营销对策，以便在一定程度上诱导消费者的购买行为。

4.1.2　影响消费者购买行为的因素

1. 消费者心理与购买行为

消费者心理是消费者在满足需要的活动中的思想意识。支配和影响消费者购买行为的心理因素主要有需要与动机、认识、学习、信念和态度这样几个方面。

(1) 需要与动机

人类的一切活动，包括购买行为都是为了满足自身的某些需要。

需要是人感觉到缺少什么从而想获得它的一种心理状态。一种尚未满足的需要会使人产生内心的紧张和不安，当它达到迫切的程度时便会发展成为一种驱使人采取行动的强烈的内在刺激（也称为驱动力）。当这种驱动力被外在刺激引向一种可以减弱或消除它的刺激物时便发展成为一种动机。

动机是一种推动和维护人们为达到特定的目的而采取行动的思想意识，是行为的直接原因。当需要被满足时，人的紧张和不安状态就会消除，心理也就重新恢复到平衡状态。

人的需要和动机是多种多样的，但人的需要总是反映着有机体内部环境和外部生活条件的某种要求，动机总是与需要及实现需要的行为相联系。

① 需要与动机的分类考察

根据需要与动机的起源性可以将其分为两类：一类是生理性需要及其引发的动机，即直接由饥渴等生理的紧张状态引起，与维持和延续生命、保持人体的生理平衡相联系的需要与动机；另一类是心理性需要及其引发的动机，即直接由想得到他人承认、尊重等心理的紧张状态所引起，与表现人的社会性存在相联系的需要与动机。

根据需要与动机的起源性还可以将其分为两类：一类是物质性需要及其引发的动机，即

与人的物质性满足相联系的需要和动机；另一类是精神性需要及其引发的动机，即与人的精神性满足相联系的需要和动机。在实际生活中，人们的物质性需要与精神性需要、物质性满足与精神性满足往往是交织在一起的，消费越是向前发展这种现象越突出。

根据需要与动机指向的消费资料的特点和用途，可以对其作如下划分：指向生存资料的可以称之为生存需要及相关的动机；指向发展资料的可以叫做发展需要及相关的动机，指向享受资料的可以称为享受需要及相关的动机。此外，需要和动机还可以根据其重要性程度及满足的先后顺序来加以分类。

美国心理学家马斯洛的需要层次理论认为，人类的需要依重要性的不同可以划分为五个层次：第一，生理的需要，即饮食、睡眠、取暖等基本的生存需要；第二，安全的需要，即保护人身安全、财产安全及防备年老、失业等的需要；第三，社会的需要，即希望被群体接受，从而有所归属和获得友谊、爱情等的需要；第四，尊重的需要，即实现自尊，赢得好评、赏识，获得承认、地位等的需要；第五，自我实现的需要，即充分发挥个人能力，实现理想抱负，取得成就等的需要。马斯洛认为，这些需要的层次越低越不可缺少，因而越重要；人们一般是按照重要性的顺序，分别轻重缓急，在低层次的需要满足后才设法去满足高一层次的需要。马斯洛的需要层次理论指出了各种需要之间关系的一种基本模式，对了解人的需要、动机和行为是有帮助的。马斯洛需求层次如图 4-1 所示。

需要与动机是一个较为复杂的问题，只有对其进行多角度的细致考察和具体分析才能便于企业在营销工作中加以把握。

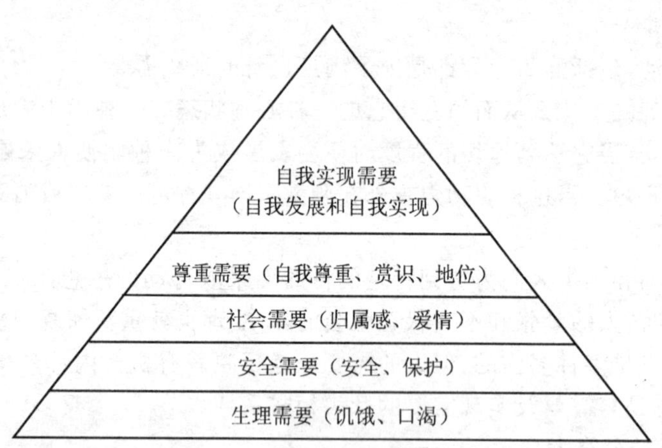

图 4-1　马斯洛需求层次

② 消费需要、购买动机与企业营销的关系

人们的购买动机总是和满足一定的需要相联系的，但在一定时期内，人们的诸多需要中只有那些被明确意识，迫切地想要实现，并且达到激发和推动人们朝着一定方向行动的程度时才发展成为购买动机。因此，需要不等于动机，购买动机的形成是一个心理过程，企业的市场营

销人员不仅要善于了解人们的需要，而且要善于设计和运用适当的市场营销组合，刺激和促使人们认识并将某种或某些需要转变为足以引起购买行动的动机，以促进本企业产品的销售。

在现实生活中，人们的各种需要和动机往往交织在一起，同一购买可能与多种需要和动机相联系。这里有两种基本情况需要注意：一种是在各种需要和动机的强度大致相同时，这些需要和动机综合地决定着人们对某一事物的态度，企业应注意运用市场营销组合从，多个角度予以满足，以赢得顾客；另一种是在各种需要和动机的强度有所不同时，其中的主导需要和动机决定着人们对某一事物的态度，企业要善于认识这种主导需要和动机，开展有针对性的营销活动，以提高营销工作的效率。

人的某种需要和动机往往可以通过不同的商品来满足，由于许多商品之间具有相互替代性，这必然会导致相关产品和相同产品之间的竞争，企业对此应有清醒的认识。

人的任何需要和动机都不会脱离一定的条件而产生，同时，其满足与实现也不会脱离一定的条件而达到。因此，企业不仅要了解需要和动机本身，而且应对需要和动机的产生以及满足、实现的条件作出具体分析，否则也难以有效地开展营销工作。

(2) 认　识

消费者经过一定的心理过程形成了购买动机之后，便确定了购买行为的基本方向，并准备采取购买行动。但是，消费者是否采取行动以及怎样采取行动，还会受到认识过程的影响。

① 认识过程

感觉、知觉、表象、思维等都是人脑对客观事物的认识活动，统称为认识过程。认识过程由感性认识和理性认识两个阶段组成。认识由感觉开始，外部的客观事物刺激人的感官后就使人们感觉到了它的个别属性，这就是感觉。随着感觉的深入，各种感觉到的信息在大脑中被联系起来并进行初步的分析综合，使人形成了对刺激物表面现象和外部联系的综合反映，这就是知觉。在感知的基础上对外部客观事物形成的感性形象为表象。表象分为记忆表象和想象表象、个别表象和一般表象。表象是从直接感知到抽象思维的一个中间环节。在感性认识的基础上，人们经过分析和综合、抽象和具体，形成概念，进而通过比较、判断和推理获得对客观事物本质的理性认识过程就是思维。在一般情况下，消费者总是在对购买动机指向的商品产生一定的认识之后才作出购买决定，采取购买行动的。

② 在考察消费者的认识过程中应注意的问题

● 感性购买与理性购买

消费者有时不是在对自己的需要与购买动机指向的商品及有关方面进行深入认识之后采取购买行动，而主要是凭着自己的感觉和感性认识作出购买决定，这种购买行为称为感性购买；消费者有时则是在对自己的需要与购买动机指向的商品及有关方面获得深入的认识之后，凭着自己的理性判断或理性认识作出购买决定，采取购买行动的，这种购买行为称为理性购买。上述情况，往往因消费者或商品的不同而出现较大的差异，有时也受到环境因素的影响。对企业来说，了解目标市场上各类消费者感性购买与理性购买的情况，以及自己经营的商品的感性度或理性度，对于适当地安排市场营销组合是十分必要的。

● 认识过程与认知世界

人们的基本认识过程都是一致的，然而人们的认知世界是有所不同的。认知世界，是客观事物反映到人的头脑中而形成的主观映象，是个体对客观规律所持的看法或评价。对企业来说，不仅要了解人们的基本认识过程，而且要了解人们认知世界的差异性及其原因。认知世界的差异性，包括个体的认知世界与客观事物本身存在着的差距以及对同一事物不同个体的认知世界存在着的差别。

造成认知世界上述两种差异性的原因很多，主要有以下几个方面。首先是个体所处的外部环境，如企业安排的市场营销刺激以及其他微观、宏观环境因素的影响等。由于不同的外部刺激和不同的外部环境传达的信息不同，反映着人们观察、认识问题的背景不同，因而不同的外部环境不仅会使人们对不同的事物形成不同的看法，而且会导致人们对同一事物形成不同的看法。其次是个体自身的某些特点，如个人特性方面的年龄、性别、教育程度、职业、经济状况、家庭生命周期、生活方式等；个性心理方面的需要、动机、兴趣、爱好、信念、态度、理想以及气质、能力、性格等；个体思维方面，如注意、整理、解释感觉到的信息的独特方式等。以上这些因素也会使人们的认知世界出现差异性。

人们在感知上的三个特点：首先是选择性注意，即每个人每时每刻都面对着许多刺激物，但往往只是有选择地注意其中的某些刺激物或刺激物的某些方面。这是由于人们通常只关心那些与自己的需要有关或期望见到的事物，总是注意自己爱听、爱看、想听、想看的东西，易于为一些与众不同的刺激物所吸引。其次是选择性扭曲，指消费者虽然注意到了某种刺激，但往往是按照先入为主的见解曲解它，因而不能如实地认识该事物的客观情况。在消费品购买中，人们受选择性扭曲影响，往往会忽视其所喜爱品牌的缺点和其他品牌的优点。最后是选择性保留，即指隔了一段时间后，人们往往把获得的大部分信息都忘掉了，只记得那些与自己的需要有关、与自己的看法和信念相同、当时曾给自己留下深刻印象或人们常常说起的信息。人们在感知上的三个特点，也是影响人们认知世界的重要因素。

针对消费者认识过程的特点及影响认知世界的有关因素，企业的市场营销部门必须适当地安排市场营销刺激因素，以便将有关的信息及时传递给目标顾客，引起他们的注意，努力使他们对本企业的产品及有关方面产生深刻的而且符合客观实际的印象和认识，并最终影响他们的购买决策。此外，鉴于感觉在认识过程中的重要性，企业在安排市场营销刺激时要特别注意致力于影响消费者的感觉。

(3) 学　习

学习指的是消费者在购买和使用商品的实践活动中逐步获得认识，积累经验，并据以调整购买行为的过程。

消费者的学习，是在驱动力、刺激物、提示刺激、反应、强化等方面相互作用及相互影响下展开和进行的，是由于后天经验而引起的知识结构和行为的改变。例如，一个消费者产生了某

种需要，这就是一种驱动力，是驱使其行动的内在刺激。当这种驱动力较为强烈，并被某种外在提示刺激引向某种可以减弱或消除它的刺激物时，这种驱动力就会转变为一种动机。在这一动机的支配下，他将作出购买该物的反应。但他将在何时、何地以及怎样作出反应，还常常受到一些其他的或大或小的外在提示刺激的影响。消费者在购买和使用了某个品牌的产品之后，如果感到满意，就会加以肯定并正向地强化对它的反应，从而在同一刺激物上重复或在类似的刺激物上扩大自己的行为；如果感到不满意，就会加以否定并反向地强化对它的反应，从而停止或不再重复自己的行为。

鉴于上述情况，企业为了引起或扩大消费者对自己某种商品的需求，可以反复提供诱发其购买该商品的提示刺激，并应尽量使消费者购买后感到满意，促使其今后再次购买。

(4) 信念和态度

信念和态度作为个性心理倾向对人的行为具有很大的影响。

① 信　念

信念是人们确信的对某种事物的看法和评价，它对人们的行为具有总体导向和很强的驱动与支持作用。人们的信念是多方面的，同时从多个侧面直接或间接地影响着人们的购买行为。例如，某些人以俭朴为信念，这就不能不影响到他们的需要、动机及有关的购买行为；再如，某些人在购买和使用商品的实践活动中，通过认识与学习，对某个品牌的产品形成了良好的信念，这就会使他们成为这一品牌产品的坚定购买者。仅从后一种情况看，由于信念关系着企业及其产品的社会形象，影响着消费者的购买选择，所以企业的营销部门必须注意对这方面情况的了解，并通过有效的营销措施帮助人们确立起对本企业及产品的良好信念。

② 态　度

态度指的是个体对某一事物所持有的评价和行为倾向，是认知、情感和意向的统一体。认知是人们对事物带有评价意义的认识，是态度的基础。情感是人们对事物持有的感情，如好与恶、肯定与否定等，它是伴随着认识过程而产生的，具有性质和程度的区别，是态度的核心。意向是人们对事物的行为倾向，是态度的外观。一般地说，在对某一事物的态度上，这三种基本因素是一致的。态度具有稳定性，一旦形成往往很难改变；态度对人的行为有重要影响，会使人的行为呈现出一定的规律性。消费者对某一品牌产品的态度一经形成，以后就倾向于根据态度作出相同的购买决策，不愿再费心去比较、分析和判断。因此，对某种商品的肯定态度可以使它长期畅销，而否定态度则可以使它一蹶不振。从产品方面来看，企业通常是通过改进产品及有关的市场营销组合因素去迎合人们现存的态度；从企业形象方面看，企业一般要通过有关的营销措施来改变人们对企业不利的态度。

2. 个人特性与购买行为

消费者的个人特性也是影响其购买行为的重要因素。个人特性主要包括性别、年龄、家庭生命周期、教育程度、职业、经济状况、生活方式、个性和自我形象等方面的内容。

(1) 性别、年龄和家庭生命周期

不同性别的消费者，因生理和心理上的差异而在消费需求方面存在着明显的不同，在接触的媒体、信息来源、购买方式等方面也存在着一定的差别。

不同年龄的消费者对商品有着不同的需要，他们消费或购买的许多商品在种类上存在着明显的区别，如儿童是儿童食品和玩具的主要消费者；青少年是文教体育用品和时装的主要消费者；中年人是家务用品的主要购买者和使用者；老年人则是保健品的主要购买者和消费者。不同年龄的消费者对商品的式样、风格等也有所偏好，如青少年喜欢新奇有趣，中老年注重端庄朴素。此外，不同年龄的消费者在购买方式上也各有特点，如青少年易于接受新事物，容易在各种信息的影响下凭着感觉冲动性地购买，购买行为的理性度较低；中老年人则较为保守，往往不大看重于广告等商业性信息，主要依据习惯和经验来购买，购买行为的理性度较高。

家庭生命周期是指一个人从年轻时离开父母独立生活，到年老后并入其子女家庭或独居至去世为止的家庭生活全过程。根据消费者的年龄、婚姻、子女等方面的状况，可以把家庭生命周期分为九个阶段。在不同的阶段，他们的消费需求和购买行为存在着一定的差别。

① 单身阶段。这一阶段的特点是：年轻、不住在家里，几乎没有经济负担，是新观念的带头人，消费观念偏重于娱乐导向，穿着比较时髦，娱乐活动较多；喜欢购买一般厨房用品和家具、汽车、模型游戏设备、度假等。

② 新婚阶段。这一阶段的特点是：年轻、无子女，经济上比单身阶段富裕，购买力很强，对家具等耐用消费品的需求较大；是汽车、冰箱、电炉、家用家具、娱乐和旅游类产品的主要消费对象。

③ 满巢阶段Ⅰ。这一阶段的特点是：最年幼的子女不到6岁，处于家庭用品采购的高峰期，家庭流动资产少，不满足现有经济状态，开始储蓄部分钱，喜欢新产品；是洗衣机、烘干机、电视机的主要购买者，家庭日常消费支出主要围绕着婴幼儿的哺育进行，如婴儿食品、胸部按摩器和咳嗽药、维生素、玩具娃娃、手推车、雪橇和冰鞋等。

④ 满巢阶段Ⅱ。这一阶段的特点是：最年幼的子女6岁或超过6岁，经济状况较好，对广告不敏感，购买大包装商品，配套购买；是各式食品、清洁用品、自行车、音乐课本、钢琴等产品的主要消费对象；家庭消费支出主要围绕儿童的培育进行，娱乐、旅游活动的开支有所增多。

⑤ 满巢阶段Ⅲ。这一阶段的特点是：年长的夫妇和尚未独立的子女同住，经济状况仍然较好，一些家庭夫妇和子女都有工作，对广告不敏感，耐用品购买力强；购买倾向偏重于新颖别致的家具、汽车、游泳用品、非必需品、牙齿保健服务、杂志等，在子女的衣着、教育等方面的支出很大，耐用消费品进入更新期。

⑥ 空巢阶段Ⅰ。这一阶段的特点是：年长的夫妇无子女同住，户主仍在工作，拥有自己宽敞的住宅，经济富裕，有储蓄，对旅游、娱乐、自我教育感兴趣，愿意施舍和捐献，对新产品无兴趣；购买度假用品、娱乐、奢侈品、家用装修用品的开支有所增加，对非生活必需品、礼品、保健用品的支出较多。

⑦ 空巢阶段Ⅱ。这一阶段的特点是：年老的夫妇无子女同住，户主已退休赋闲在家，收入锐减，购买倾向偏重于有助于健康、睡眠和消化的医用护理保健产品。

⑧ 鳏寡阶段Ⅰ。这一阶段的特点是：尚在业余工作，健康条件尚可，仍会参加少量的社会活动，经济条件仍然较好；对特殊食品、医疗保健用品的关注日益增加，需求与开支也进一步增大。

⑨ 鳏寡阶段Ⅱ。这一阶段的特点是：完全退休，需要与其他退休群体相仿的医疗用品，收入锐减，特别需要得到关注、情感和安全保健。

(2) 教育程度、职业

教育程度对消费者的需求、购买行为的影响，表现在教育程度较高的消费者对书刊等文化用品的需求量较大，购买行为的理性度较高，审美能力较强，购买决策过程较全面，更善于利用非商业性来源的信息；教育程度较低的消费者则经常表现出与此相反的一些情况。以服装为例，教育程度较高的人一般较为讲究得体、典雅，教育程度较低的人在穿着方面往往更富有流行性和时代感。职业不同的消费者，如工人、农民、军人、教师、文艺工作者等，由于生活、工作条件的不同，消费构成和购买习惯也存在着较大区别。

(3) 经济状况、生活方式

① 经济状况

一个人的经济状况，是指他的收入状况（收入的水平、稳定性和时间分布）、储蓄和财产状况、借贷能力等方面的综合情况。经济状况决定着个人的购买能力，并在很大程度上制约着个人的需求结构和购买行为。消费者的经济状况较好，就易于作出购买决定，新产品也容易推广，非生活必需品的消费量也会比较大；经济状况较差，在支出方面就较为慎重，偏重于满足生活必需品的需要，选择商品时更注意经济性和实用性。此外，对开支和储蓄的态度也影响着个人的实际购买力和购买行为。消费者对开支和储蓄的态度，不仅受收入水平、消费习惯和传统风尚的影响，而且受利率高低、物价稳定程度和商品供求状况等因素的影响。由于商品的销售很容易受到消费者经济状况的影响，因此生产经营这类商品的企业需要密切注意消费者个人收入、储蓄、利率等的动向，以便根据实际情况及时调整营销策略，保持商品对目标顾客的吸引力。

② 生活方式

生活方式是指人们在自己的中心目标、价值观念、个性心理及经济条件等的制约下，在一系列外部环境因素的影响下形成的物质生活和精神生活的模式，它通过人们的活动、兴趣和意见表现出来。生活方式也是影响消费者购买行为的一个重要因素。企业的市场营销人员可以根据人们的中心目标、价值观念、个性心理、经济状况或活动、兴趣、意见等划分生活方式的类型。例如，有些人属于把大量时间与精力投入工作和学习，期望在事业上做出成绩的事业型；有些人属于希望生活丰富多彩，增加生活情趣，注重生活方面的满足，并乐于在这些方面开支，花费时间和精力的享乐型；有些人属于重视家庭生活，依惯例行事的归属型。具有不同生活方

式的人，在个人偏好、需求特征、购买行为等方面具有许多不同的特点，企业调查消费者的生活方式可以制定出针对性比较强的营销方案和策略。

(4) 个性、自我形象

① 个　性

这里所说的个性是指一个人经常表现出来的，既比较稳定又带有一定倾向性的各种心理特征(如兴趣、爱好、能力、气质、性格等)的总和。它是在个人生理素质的基础上，在一定社会历史条件下，通过社会实践活动形成和发展起来的。个性所表现的是个人的独特风格和基本精神面貌，如自信或自卑、冒险或谨慎、倔强或顺从、独立或依赖、合群或孤独、主动或被动、急躁或冷静、勇敢或胆小等。个性使人对环境产生比较一致和持续的反应，可以直接或间接地影响购买行为。直接与消费者的个性相联系的购买风格，有几乎不变换产品种类和品牌的习惯型，经冷静、慎重思考后购买的理智型，易受外来刺激影响而购买的冲动型，感情和联想丰富的想象型，缺乏主见或没有固定偏好的不固定型等。

② 自我形象

自我形象一般是指人的实际自我认识或理想自我认识，即一个人怎样看待自己或希望怎样看待自己；有时也指人的社会自我形象，即一个人认为别人和希望别人如何看待自己。由于人们总是希望保持、增强和改善自我形象，并把消费和购买行为作为表现和塑造自我形象的一种重要手段，因此消费者一般总是选择符合或能够改善自我形象的商品。企业研究目标市场上消费者的自我形象，有助于更好地满足消费者上述方面的特定需要。

3. 社会文化环境与购买行为

社会文化环境主要包括文化和亚文化群、相关群体、家庭、社会阶层等方面。消费者的购买行为，除了心理和个人特性之外，还受到个人所处的社会文化环境的影响。

(1) 文化和亚文化群

文化，一般是指人类在社会发展过程中所创造的物质财富和精神财富的总和，表明了人类所创造的社会历史的发展水平、程度和质量的状态。这里的文化，主要是指观念形态的文化(精神文化)，包括思想、道德、科学、哲学、艺术、宗教、价值观、审美观、信仰、风俗习惯等方面的内容。文化是一种社会现象，是在一定的物质基础上形成的，是一定的政治和经济的反映。由于不同社会或国家的文化通常是围绕着不同的因素在不同的物质基础上建立起来并与之相适应的。因此，不同社会或国家的文化往往存在着较大的差异。社会文化通过各种方式和途径向社会成员传输着社会规范和价值准则，影响着社会成员的行为模式。大部分人尊重他们的文化，接受他们文化中共同的价值准则，遵循其中的道德规范和风俗习惯。所以，文化对消费者的需求与购买行为具有强烈而广泛的影响。这种影响表现为，处于同一社会文化环境中的人们在消费需求与购买行为等方面具有许多相似之处，处在不同社会文化环境中的人们则在消费需求与购买行为等方面具有很大的差异。

此外，在每一种社会文化环境的背景下，又往往存在着许多在一定范围内具有文化同一性

的群体，即亚文化群。在我国，亚文化群主要有民族群、宗教群和地理区域群。这些不同的亚文化群，在风俗习惯、审美情趣、价值观念、行为准则、消费偏好、生活方式等方面又存在着一定的甚至很大的差别，从而影响着他们的消费需求与购买行为。这是企业开展营销活动时所不能忽视的。

(2) 相关群体

群体是指具有共同目标或兴趣的两个或两个以上的人连结而成的人群。个人的相关群体是指对一个人的态度和行为等具有直接或间接影响的一群人。相关群体可分为直接相关群体和间接相关群体。

直接相关群体也称为成员群体，即一个人从属的并受其直接影响的群体。成员群体又分为首要群体和次要群体两种。首要群体是一个人经常受其影响的群体，如家庭、朋友、邻居和同事等。首要群体往往是非正式组织。次要群体是一个人不经常受其影响的群体，如工会、职业协会、学生会等。次要群体多为正式组织。

间接相关群体也称为非成员群体，即一个人不是其中的成员，仅受其间接影响的群体。非成员群体又分为向往群体和厌恶群体两种。向往群体是指一个人推崇效仿的，期望成为其中的一员或与之交往并受其影响的群体。例如，电影明星、体育明星、歌星等常有一些崇拜者、追随者仿效他们的穿着打扮，这些明星就是其崇拜者、追随者的向往群体。厌恶群体是指一个人讨厌或反对的一群人。一个人总是不愿与其厌恶群体发生任何联系，在各方面都希望与之保持一定的距离，甚至经常反其道而行之。

除了厌恶群体外，消费者通常都与其相关群体具有某些相似的态度和购买行为。群体结合得越紧密，交往过程越有效，个人对群体越尊重，它对个人的购买行为影响就越大。相关群体对消费者购买行为的影响，可以概括为以下几个方面。

① 为个人提供可供选择的行为模式或生活方式。

② 影响人们的价值观、审美观、消费偏好、消费需求，引起人们的仿效欲望。

③ 影响人们对产品品种、花色以至品牌的看法和选择，促使人们的行为趋向于某种一致性。

需要指出的是，相关群体对个人的影响因商品不同而有所区别，如对使用时不易为他人觉察到的商品的影响较小，对使用时十分显眼的商品的影响较大；相关群体对个人的影响因产品所处生命周期阶段的不同也有很大差别，如在介绍期只对产品选择影响较大，在成长期对产品选择和品牌选择都有较强的影响，在成熟期只对品牌选择有较强的影响，在衰退期对产品选择和品牌选择的影响都很小。

在利用相关群体影响人们的购买行为这一点上，企业应着重于设法影响有关的相关群体的意见领导者，即相关群体中有影响力的人。意见领导者可能是首要群体中在某方面具有专长的人、次要群体的领导人或向往群体中人们的仿效对象。由于意见领导者的建议或行为影响力较大，因而他们一旦夸奖了或使用了什么产品，就会对其起到有力的宣传和推广作用。企业应注意研究和影响相关群体中意见领导者的消费倾向，以便借助他们对本企业及产品进行有效的宣传和推广。

(3) 家　庭

随着传统的三代同堂的主干家庭向一对夫妻一个子女的核心家庭的转化，核心家庭已成为我国消费者市场上非常重要的购买单位。此外，家庭是一种最重要的相关群体，它对其成员的购买行为具有强烈和持续的影响。企业要注意研究目标市场上各类家庭的特点、需求情况、家庭购买决策的类型、家庭成员在购买商品时各自所起的作用以及他们之间的相互影响等问题，从而有针对性地开展营销活动。

(4) 社会阶层

这里所说的社会阶层是指根据职业、收入、财产、教育程度等可变因素对人们进行的群体划分。处于同一社会阶层的人，通常在社会经济地位、利益、价值取向、思维方式、生活方式、生活目标、兴趣、消费欲望、消费偏好、购买行为等方面存在着许多相似之处；处于不同社会阶层的人，往往在上述方面存在着较大的差别。企业依据社会阶层进行市场细分，进而选择自己的目标市场，安排市场营销组合，可以大大地增强市场营销活动的有效性。

4.1.3　消费者的购买决策过程

这里所说的消费者购买决策过程指的是消费者的整个购买活动过程。本节涉及的内容主要有购买决策单位、消费者购买行为的类型及消费者购买决策过程的主要阶段等几个方面的问题。

1. 购买决策参与者

购买决策参与者是由参与和影响购买决策的有关人员构成的群体。有些消费品的购买决策通常只有一个人，如购买简单、价格较低的日常生活用品往往就是如此；而有些消费品，特别是价格昂贵的耐用消费品的购买决策参与者就比较多，往往包括一个家庭的所有成员，甚至还有家庭以外的人员参与进来。

在购买决策过程中，购买决策单位中的各个成员可能充当着以下某个或某些不同的角色，发挥着特定的作用：

① 发起者，即首先提出购买某种商品的人。

② 影响者，即对最后购买决定具有某种影响的人。

③ 决定者，即最后作出部分或全部购买决策(包括买什么、是否买、如何买、何时买、何处买等)的人。

④ 购买者，即实施购买决策、从事实际购买的人。

⑤ 使用者，即消费或使用将要购买的商品的人。

企业的市场营销人员应注意了解这方面的情况，以便对购买决策参与中的有关人员施加有效的影响。

2. 消费者购买行为的主要类型

消费者的购买行为，实际上是一种解决问题的活动过程。消费者在购买活动中所遇到及所要解决的问题的复杂程度和重要性不同，其购买行为的复杂程度和类型也就不一样。

消费者在购买活动中所遇到及所要解决的问题的重要和复杂程度，主要与以下几个方面的因素有关：

① 风险性。这取决于所购商品技术上的复杂性、价值的高低及其对个人或家庭生活的影响范围和程度。风险性越大，消费者就越会加以慎重对待。

② 选择性。这主要取决于相同性替代产品和相关性替代产品的多少和差别程度。相同性替代产品有两种情况：品牌差别小的同种产品为同质产品，即产品并不因生产经营者不同而在质量、花色、式样、价格、服务等方面存在较大的差别；品牌差别大的同种产品为异质产品，即产品因生产经营者不同而在质量、花色、式样、价格、服务等方面存在较大的差别。在相同性替代产品和相关性替代产品较多且差别较大时，就会增加消费者选择的难度和工作量。

③ 信息或知识的充实性。消费者在作购买决策时通常都需要一定的与欲购商品有关的信息或知识，当需要的信息或知识比较多而消费者又知之甚少时，就会迫使消费者在这方面投入较多的精力来加以掌握。

消费者购买行为的复杂程度，可以用消费者卷入购买的程度来表示。消费者卷入购买的程度，是由消费者在购买过程中谨慎的程度、花费时间和精力的多少以及参与购买决策的人数多少等方面的情况综合决定的。

消费者购买决策随其购买决策类型的不同而变化。阿萨尔根据买者在购买过程中参与者的介入程度和品牌间差异程度，区分了消费者购买行为的四种类型（如表 4－3 所列）：复杂的购买行为、减少失调的购买行为、习惯性的购买行为和寻求多样化的购买行为 。

表 4－3　购买行为的四种类型

购买参与程度 / 品牌差异程度	高	低
大	复杂的购买行为	寻求多样化的购买行为
小	减少失调感的购买行为	习惯性的购买行为

(1) 复杂的购买行为

如果消费者属于高度参与，并且现有各品牌、品种和规格之间差异较大，则会产生复杂购买行为。在这种情况下，消费者首先要广泛地收集与欲购商品有关的各种信息以至学习一些必要知识，然后对可供选择的各种品牌商品的重要特性等方面进行评价，最后再慎重作出购买决策。也就是说，当消费者专门仔细地购买，并注意现有各品牌间的重要差别时，他们也就在进行复杂的购买行为。

针对上述情况，生产经营这类产品的企业营销部门，应通过调查研究了解那些可能成为自已顾客的消费者的有关情况及其信息收集和评价活动，然后再酌情采取适当的措施，以使他们逐渐熟悉和相信本企业的产品并决定购买。

(2) 减少失调感的购买行为

此类产品价值较高，偶尔购买，消费者属于高度参与，但消费者看不出或不认为某一价格范围内的不同品牌有显著差异。此时，消费者往往不会去广泛收集产品信息，也不会精心挑选和比较品牌，购买过程较迅速而简单。消费者可能会受到与产品质量和功能无关的其他因素的影响，如因价格便宜而决定购买，但购买后经常会因使用过程中发现产品的缺陷或听到其他同类产品的优点而产生失调感。于是，他开始学习更多东西，为的是避免再次产生失调感。在这种情况下，企业的市场营销部门应不断改进营销工作，改善企业及产品在市场上的形象，同时要制定适当的信息沟通方案，以增加消费者对品牌的了解和信任，即营销沟通的主要作用在于增强信念，提供完善的售后服务和产品信息，使购买者对自己所购品牌有一种满意的感觉。

(3) 习惯性的购买行为

如果消费者属于低度参与并认为各品牌之间没有什么显著差异，就会产生习惯性购买行为。当消费者面对的是一些风险性低、频繁购买的日常生活用品，而且对其种类、质量、特性、品牌等方面已经很了解并有所偏好时，再次购买已呈现为一种常规性的惯例化反应行为，通常消费者不须花费较多的时间与精力去评价和选择，卷入购买的程度很低。

对品牌差别小的相同商品和相关替代性强的商品，人们通常根据经验、偏好和习惯重复购买某一品牌的商品，不愿将其与其他品牌的商品比较；但当这一品牌的商品脱销或其他品牌的商品特价时，他们又往往转而购买其他品牌的商品。针对这种情况，企业应注意保持一定的产品服务质量和库存水平，并经常做一些提醒性广告以鼓励消费者重复购买，也可以采用种种诱因吸引新的顾客。

(4) 寻求多样化的购买行为

消费者如果低度参与并了解现有各品牌和品种之间具有的显著差异，则会产生寻求多样化的购买行为。某些购买情况是以消费者低度介入但品牌差异很大为特征的。在这种情况下，消费者被看成是会经常改变品牌选择的。以在购买小甜饼中遇到的情况为例，消费者会有某些信念，不先作充分评价，就挑选某一品牌的小甜饼，待到入口时，再对它进行评价。但在下一次购买时，消费者也许想尝新，或想体验一下口味而转向买另外一种品牌。品牌的选择变化常起因于产品的多品种，而不是起因于对产品不满意。针对这一情况，企业可以通过增加花色品种、改善购买现场陈列、适当降价、利用效果好的广告等营销措施，引导顾客使用新的品种或品牌的产品，促使消费者为寻求消费种类的多样化而购买。

3. 消费者购买决策过程的主要阶段

消费者的购买行为是一个过程，这个过程在实际购买之前就已经开始，并且一直延续到实际购买之后。对企业来说，在这一过程中始终伴随着愿望竞争、一般竞争、产品形式竞争和品牌竞争问题。企业的市场营销人员分阶段地研究和了解消费者的整个购买过程，为的是针对

消费者这一过程中各个阶段上的思想和行为酌情采取适当的营销措施，以便系统地施加影响，使消费者的购买决策和购买行为朝着有利于扩大本企业产品销售的方向发展。

西方学者曾经提出过不少消费者购买决策的模式，但现代市场营销学中一般采用的是五个阶段的模式，如图 4－2 所示。

图 4－2　消费者购买决策过程五阶段

这是一个"提出问题—解决问题"的模式，主要是针对较为复杂的购买行为而言的。在实际的购买活动过程中，人们并不是严格地按照上述模式进行的，有时会省略其中的某些阶段或颠倒它们的次序，在各个阶段上花费的时间和精力也有所不同。

(1) 确认需求

消费者的购买过程是从引起需要开始的。需要的产生有时很简单，有时却较为复杂。一般地说，人的需要是由两种刺激引起的：一种是来自身心的内在刺激，这是引起需要的驱动力；另一种是来自外部环境的刺激，这是引起需要的触发诱因。在这两种刺激的影响下，当消费者意识到一种需要并准备通过购买某种商品去满足他时就形成了购买动机。因此，营销者的任务是识别引起消费者某种需求的环境。注意通过对上述两个方面的分析，了解那些在消费者中已经存在(或可能产生)的与本企业产品实际(或潜在)有关联的驱动力及其强度，分析与这些驱动力有关的各种触发诱因的状况，进而适当地安排市场营销对策，以便引起对本企业产品的现实需要，诱发购买动机。

(2) 收集信息

消费者形成了购买某种商品的动机后，就要从事与购买它有关的活动。在多数情况下，尤其是不熟悉这种商品的种类、特性、品牌、价格、出售地点等情况时，消费者总是在收集一定的信息并对其进行分析判断后才作出购买决定，实施购买行动。这时，消费者增强了对有关信息的注意。消费者收集信息的积极性，主要与需要的强度有关；收集信息的数量和内容，主要与所遇到或所要解决的问题的类型和性质有关，并因购买行为类型的不同而有很大的差别。

为了有效地向目标市场传递信息，影响消费者的购买行为，企业要了解消费者获得信息的主要来源以及不同来源的信息对消费者的影响程度。消费者的信息来源有：

① 商业来源，即消费者从广告、销售人员的介绍、商品陈列或展示会、商品包装、产品说明书等方面得到的信息，即营销企业提供的信息。

② 个人来源，即消费者从家庭成员、朋友、邻居、同事及其他熟人等方面得到的信息。

③ 公众来源，即消费者从大众传播媒介的报道、消费者组织的评论等方面得到的信息。

④ 经验来源，即消费者通过接触、试验或直接使用商品得到的信息。

从消费者的角度看，从企业控制的商业性来源得到的信息主要起着通知性的作用，从其他非商业性来源得到的信息主要起着建议、评价和验评的作用。

(3) 评价选择

在这一阶段中,消费者将根据所掌握的信息在选择品牌组内众多可供选择的品牌中进行评价和比较,从中选择和确定他所偏好的品牌的商品,形成购买意向。对企业来说,这里的主要问题是消费者如何评价选择各个品牌的商品,以及如何让消费者选择本企业生产经营的商品。

消费者评价和选择商品的方法很多,其中主要有理想品牌法、最高期望值法等。理想品牌法,就是消费者首先根据自己的购买目的等构想出一种"理想产品",并大致确定出该产品几种主要特性的理想水平或可以接受的水平值;然后将进入选择中的几种品牌的实际产品作为购买对象。在实际运用理想品牌法时,消费者有时会根据情况调整要考察的产品主要特性的种类及其水平值的标准。理想品牌法是消费者评价和选择商品的方法中最基本、最常用的一种方法。最高期望值法就是消费者首先对选择各品牌产品的若干主要特性分别进行评分,得出各自的特性值;然后分别确定每一特性的权数,再用权数与对应的特性值相乘后加总,分别求出每一品牌产品的期望值;最后将期望值最高的某一品牌的产品作为购买对象。实际上,消费者在评价和选择商品时很少进行这样复杂的数量分析。

在消费者对进入选择中的各品牌的产品进行评价比较后,每个品牌的产品的生产经营者大体会遇到下述两种情况:一种是所有的产品都与消费者的理想产品相同或相接近,这时每个企业都面临着如何开展工作来影响消费者以使其选择自己产品的问题;另一种是部分产品与消费者的理想产品相同或相近,这时与消费者的理想产品不同或不相接近的产品的生产经营者也面临着如何开展工作来影响消费者以使其选择自己产品的问题。对此,企业可以采取以下策略来影响消费者的购买选择。

① 现实重新定位策略,即企业通过改变现有产品的某些属性的特征,以使其符合消费者理想产品的标准或要求。一些消费者感兴趣的产品属性分类如下:

- 照相机:照片清晰度、摄影速度、相机大小、价格等。
- 旅馆:位置、清洁度、气氛、费用等。
- 漱口剂:颜色、效力、杀菌能力、价格、味道等。
- 轮胎:安全、耐磨寿命、行驶质量、价格等。

② 心理换位策略,即在消费者低估了本企业产品的特性水平或产品某些较好的特性尚未被注意到的情况下,企业通过实事求是的宣传和积极的引导,以改变他们对本企业现有产品的信念。

③ 竞争换位策略,即在消费者高估本企业竞争者产品特性水平的情况下,企业通过广告等形式,设法改变他们对竞争者产品的信念。

④ 心理重新定位策略,即企业设法改变消费者对理想产品的构想,或使其调整对现实产品的评价角度以及对产品某些特性的水平标准要求,从而接受本企业的现有产品。

(4) 购买决策

消费者经过对进入选择的各品牌产品的评价比较后就会形成购买意向，在正常情况下便会购买他最喜欢的某个品牌的产品。但是，在购买意向与决定购买这两者之间往往会介入某些因素的影响和干扰，从而使消费者不一定实现或不马上实现其购买意向。这些影响因素有：

① 其他人的态度，如关系密切的某个人坚决反对购买这种产品、在购买现场听到对这种产品的不利议论等，这些都可能使消费者重新考虑、放弃或改变原先的购买意向。

② 意外事件，包括消费者个人、家庭、企业、市场及其他外部环境等方面突然出现的一些新情况，如家庭中出现了其他方面的紧迫开支、产品生产企业出现了重大的质量问题、市场上出现了新产品、经济形势出现了较大的变化、原定的商品价格突然提高、购买时销售人员的态度恶劣等，这些也都可能造成消费者重新考虑、放弃或改变原先的购买意向。

③ 预期风险的大小，在对欲购商品预期风险较大的情况下，消费者可能采取一些防范或减少风险的习惯性做法，如暂不实现购买意向、改变购买意向等。

因此，企业完全依据消费者对品牌的偏好和购买意向来判断其购买决定与实际购买不是十分可靠的。

对于决定实际购买意向的消费者来说，在实施购买某一品牌产品的行动之前，一般还要做出一系列相关的购买决策，包括购买种类、品牌决策、何时买、在何处买、如何买等。需要注意的是，企业对于决定实施购买自己品牌产品的消费者，应尽可能提供良好的销售服务，以避免顾客在这一阶段的流失。

(5) 购后行为

消费者购买和使用了某种产品后，必然会产生某种程度的满意或不满意感。消费者购买后的满意程度，是消费者预期与产品的实际觉察性能的函数。产品的实际觉察性能若符合预期，消费者就会满意；若超过预期消费者就会感到很满意；若达不到预期消费者就会感到失望和不满。

消费者是否满意会直接影响其购买后的行为。如果消费者感到满意，以后就可能重复购买，并向他人称赞和推荐这种产品，而这种称赞和建议往往比企业为促进产品销售而进行的广告宣传更有效；如果消费者感到不满意，以后就不会再购买这种产品，而且会采取公开或私下的行动来发泄不满，这势必会抵消企业为赢得顾客而开展的许多工作。

消费者购买后的感觉和行为与企业关系极大。企业的营销部门必须注意采取各种有效措施千方百计地增加顾客购买后的满意感，如切实保证产品质量、同购买者保持各种可能的联系、经常征求顾客的意见、加强售后服务工作等。此外，企业在产品宣传中如实地反映产品的性能或适当留有余地，也有助于增加顾客购买后的满足感。

营销案例链接：盯紧消费者永无穷尽的需求——看海尔空调如何创造“卖方市场”

1997 年 5 月下旬以来，记者几次到青岛海尔空调器总公司采访，每次都见到前来采购的

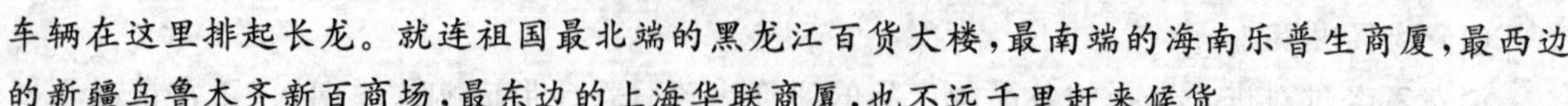

车辆在这里排起长龙。就连祖国最北端的黑龙江百货大楼，最南端的海南乐普生商厦，最西边的新疆乌鲁木齐新百商场，最东边的上海华联商厦，也不远千里赶来候货。

自1997年2月份开始，公司就加班加点，由两班生产改为三班生产，千方百计地扩大生产。1—5月份，产量已比上年同期增长了496%，但产品仍供不应求。截至4月底，公司销售收入已突破1亿元大关，相当于去年全年的总和。品牌市场占有率也越来越高，据国家统计局全国百家大商场的最新统计显示，目前海尔空调市场占有率已高达41%，遥遥领先于其他空调品牌。

早在几年前，我国的空调产品就已经由“卖方市场”转向了“买方市场”。有关资料显示，1996年我国空调器的实际产量为680万台，但实际生产能力已超过2 000万台，也就是近2/3的生产能力没能利用起来。1996年以来，已有30%的空调企业因销售困难出现效益下滑或亏损，许多企业因此加大了限产力度。

市场“饱和”了，但“海尔”为什么没有饱和？

“只有饱和的思想，没有饱和的市场”，面对记者的提问，公司总经理梁海山开门见山，“道理很简单，空调器短缺时，人们能买到就行；产品丰富了，人们先选物美价廉的；质量、价格都差不多了，人们开始挑选牌子响的；牌子都叫响了，人们又瞄准了服务最好的……总之，要盯住消费者这些永无穷尽的需求，他们决定了市场总是有张力的”。

海尔正是着眼于把消费者潜在的需求转化为现实的市场需求，从而创造出一个个“海尔市场”。

重庆市一位客户来信说，他家老母年迈，女儿尚小，每天他上班，老人、孩子开启空调和设置温度都不方便，能不能设计一种远距离的遥控器？据此，他们很快开发出中国第一台“电话指挥”智能变频空调，一投放市场就到处脱销。山东昌邑市的一位消费者在来信中问：“有没有送风距离较远的空调？”于是，海尔“帅英才”应运而生，全国各地纷纷预约订货……去年以来，海尔根据用户的建议、要求，先后开发出200多个适销对路的新产品，其中有23个产品一度脱销。

“从用户中来”的新产品开发思路，使得海尔最终达到了“到用户中去”的目的，也使得海尔完成了由“销售我生产的产品”到“生产我要销售的产品”的历史性转变。

同样，在服务上，他们坚持用户有什么样的潜在需求，他们就开发什么样的服务项目，即使开发这样的服务项目暂时有困难，他们也千方百计地去解决，给用户一个“意想不到的惊喜和满足”。比如，他们推出的“您只需打一个电话，其余事由我来做”的“星级服务”，做到不管白天黑夜，不管逢年过节，只要用户打来电话，遍布全国各地就近的海尔营销中心，随时登门服务，并实行“四免”（免收设计费、免收送货费、免收安装费、免收材料费），这在全国消费者中引起了强烈共鸣。1996年除夕凌晨4时，福州市竹林新村的陈光平先生，抱着试试看的心理，拨通了海尔福州营销中心的电话，要求马上安装一台海尔空调，几十分钟后“海尔人”就如约而至，满足了他的要求。他感慨不已，“选海尔选对了”。推出“星级服务”的当月，海尔空调销量就增长

了 40%。

这里需要特别强调的是,海尔之所以能够尽快地创造出“卖方市场”,得益于“三大软件”的建议:

庞大的市场信息处理系统。目前,海尔已在国外发展了数百个专营商,700 多个营销点,在国内各个省市建立了营销中心,这个巨大的营销网络,每时每刻都在向总部反馈着各种各样的市场信息,总部通过计算机检测和信息通信系统,可以在 30 秒内迅速查询销售产品的信息,对市场走势了如指掌。

快速的市场应变机制。海尔根据用户要求做出的一些重大市场决策,常常是当日论证,次日拍板。对新产品开发,全部实行“一会定板”,当日定,当日着手办,责任目标到人,实行“日日清”管理,由高效保证快速。

攻关激励机制。对作出决策后难以攻克的一些问题,公司面向全体员工张榜,“谁有本事谁揭榜,谁攻克了难关重奖谁”。1997 年以来,公司公布了 140 多道难题,结果全被员工揭榜攻克。

资料来源:《经济日报》,1997 年 7 月 30 日,胡考绪

4.2 组织市场购买行为

4.2.1 组织市场购买行为概述

组织市场是指以组织为单位的购买者所构成的市场,是相对于消费者市场而言的。组织市场包括生产者市场、中间商市场、非营利组织市场和政府市场。

1. 组织市场的特点

(1) 购买者少

组织市场营销人员要比消费者市场营销人员接触的顾客少得多。

(2) 购买数量大

组织市场的顾客每次购买数量较大,比消费者市场要涉及更多的销售金额和类目。

(3) 供需双方买卖关系的长期性

组织市场的购买者需要有源源不断的货源,供应商需要有长期稳定的销路,买卖双方之间业务联系紧密,每一方都对另一方有重要的意义,因此供需双方能够建立和保持长期的密切合作关系。

(4) 购买者的地理位置相对集中

组织市场的购买者往往集中在某些区域,以至于这些区域的购买量占全国市场的很大比重。

(5) 派生性需求

组织市场的顾客购买商品或服务是为了给自己的服务对象提供所需的商品和服务,业务

用品需求由消费品需求派生出来，即组织市场购买者的需求衍生于最终消费者需求，并随着消费品需求的变化而变化。例如，消费者的矿泉水需求引起饮料厂对优质矿泉、饮料瓶和生产矿泉水设备的需求，引起有关企业对玻璃、塑料等产品的需求。

(6) 需求缺乏弹性

组织市场对产品和服务的需求总量受价格变动的影响较小。一般情况是：在需求链条上距离消费者越远的产品，价格的波动越大，需求弹性却越小。比如，在酒类需求总量不变的情况下，粮食价格下降，酒厂未必会大量购买，除非粮食是酒成本中主要部分并且酒厂有大量的存放场所。组织市场的需求在短期内特别无弹性，因为企业不可能临时改变产品的原材料和生产方式。

(7) 需求波动大且快

组织市场需求的波动幅度大于消费者市场的波动幅度，如果消费品需求增加仅上升10%，为了生产满足这一追加需求的产品，下一阶段工业需求就会上升 200%；消费品需求下跌 10%，就可能导致工业需求全面暴跌。组织市场需求的这种波动性使得许多企业向经营多元化发展，以避免风险。

(8) 专业人员采购

组织市场的采购人员基本都经过专业训练，有丰富的专业知识，清楚地了解产品的性能、质量和有关技术要求及价格等。供应商应能够详细介绍产品的技术性能和售后服务。

(9) 影响购买的人较多

影响组织市场购买的人较多。大多数企业有专门的采购部，重要决策须由各方面专家共同作出决策。供应商应当安排有专业知识和人际交往能力较强的销售代表与买方的采购人员打交道。

(10) 销售访问多

由于参与购买过程的人较多，市场竞争又很激烈，因此需要销售人员有更多次的销售拜访来获得订单。

(11) 直接采购

组织市场的购买者往往向供应商直接采购，不经过中间商。

(12) 互惠购买

组织市场的购买者经常互换角色，互为买方和卖方。

4.2.2 生产者市场和购买行为分析

1. 生产者市场含义

生产者市场是指购买产品和服务用于制造其他产品和服务，然后销售或租赁给他人以获得利润的单位和个人。包括工业、农业、林业、渔业、牧业、交通业、通信业、公共事业、金融保险业和服务业等。

2. 生产者购买行为的主要类型

(1) 直接重购

直接重购是指生产者按常规重新购买过去购买的同类生产用品,这是最简单的购买类型。

(2) 修正重购

修正重购是指生产者的采购部门为了更好地完成采购任务,适当改变其采购的某些产业用品的规格、价格或其他交易条件后再行购买或更换供应商。

(3) 新　购

新购是指生产者第一次采购某种产业用品或服务。这是最复杂的购买类型。

3. 生产者购买决策的参与者

一个购买组织的决策制定单位被称为组织的采购中心,采购中心的成员在购买决策中扮演着五种角色中的一种或多种,如图 4 - 3 所示。

(1) 使用者

使用者是指生产者用户内部使用这种产品或服务的成员。在多数情况下,使用者往往首先提出购买建议并确定产品规格。

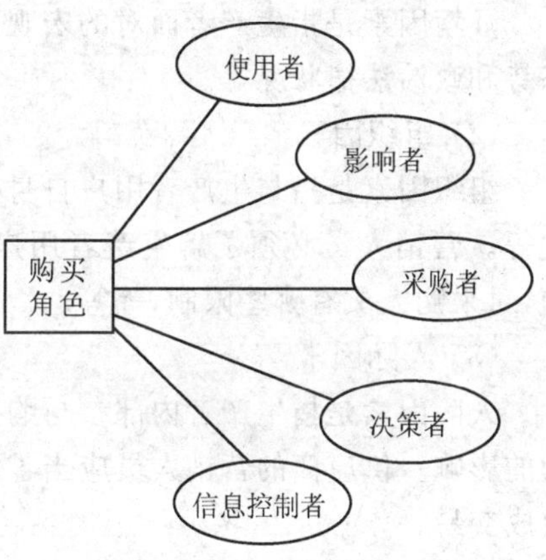

图 4 - 3　生产者购买决策的参与者

(2) 影响者

影响者是指生产者用户内部和外部能够直接或间接地影响采购决策的人员,他们协助确定购买方案,影响者大部分是技术人员。

(3) 决策者

决策者是指有权决定买与不买,决定产品规格、购买数量和供应商的人员。

(4) 采购者

采购者是指被授予权利按照采购方案选择供应商和商谈采购条款的人员。

(5) 信息控制者

信息控制者是指生产者用户的内外部能够控制信息流向采购中心成员的人。例如,采购代理人或技术人员可以拒绝某些供应商和产品的信息。

为了实现成功销售,企业营销人员必须明确:谁是购买决策人?他们影响哪些决策?影响程度如何?

4. 影响生产者购买决策的因素

影响生产者用户购买决策的主要因素有四大类:环境因素、组织因素、人际因素和个人因素,如图 4 - 4 所示。

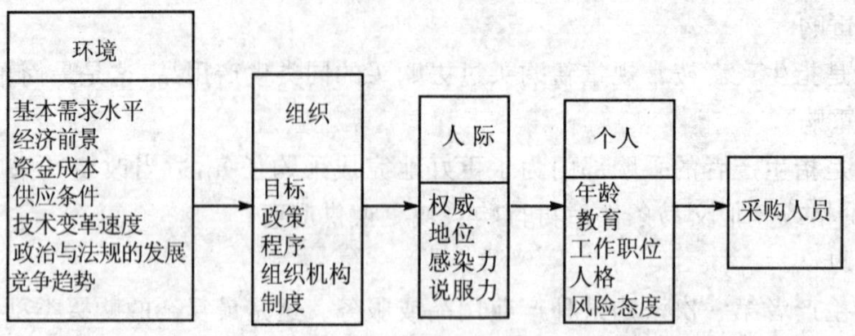

图 4-4 影响生产者购买决策的主要因素

(1) 环境因素

环境因素是指生产者面对的宏观环境因素,包括国家经济前景、需求水平、技术条件、竞争态势和政治法律状况等。

(2) 组织因素

组织因素是指与生产者用户自身有关的因素,如经营目标战略、政策、程序、组织结构和制度等。营销人员必须了解生产者用户的经营目标和战略是什么,他们需要什么产品,如何采购,对采购人员有哪些限制,等等。

(3) 人际因素

人际因素是指生产者内部参与购买过程的各种角色的职位、地位、态度、说服力对购买行为的影响。供应商的营销人员应当了解每个人在购买决策中扮演的角色,以便利用这些因素促成交易。

(4) 个人因素

个人因素是指参与购买过程的生产者用户的有关人员年龄、受教育程度、个性、偏好等因素对购买行为的影响。

5. 生产者的购买决策过程

一般说这一过程包括八个阶段,如表 4-4 所示。

① 确认问题:生产者用户认识自己的需要,明确所要解决的问题。

② 说明一般需要:通过价值分析确定所需项目的特征和数量。

③ 确定产品规格:说明所购产品的品种、性能、特征、数量和服务以及技术特征供采购人员作为购买依据。

④ 物色供应商:生产者用户的采购人员根据需要挑选最佳供应商。

⑤ 征求供应建议书:要求合格的供应商提交供应建议书。

⑥ 选择供应商:生产者用户对供应建议书进行分析和评价,从中确定供应商。评价内容包括供应商提供产品的质量、性能、价格、技术、信誉、服务、交货能力等。

⑦ 正式订购：生产者用户根据所购产品的技术说明书、需要量、交货时间、售后服务等内容与供应商签订订货合同。

⑧ 评估使用结果：生产者用户对所购产品使用结果进行评估，以便决定今后是否继续从该供应商处购买。

表 4-4　生产者的购买决策过程

购买阶段＼购买类型	直接重构	修正新购	新　购
1. 确认问题	不必要	可能需要	需要
2. 说明一般需要	不必要	可能需要	需要
3. 确定产品规格	需要	需要	需要
4. 物色供应商	不必要	可能需要	需要
5. 征求供应建议书	不必要	可能需要	需要
6. 选择供应商	不必要	可能需要	需要
7. 正式订购	不必要	可能需要	需要
8. 评估使用结果	需要	需要	需要

4.2.3　中间商市场和购买行为分析

中间商市场也称为转卖者市场，指购买产品用于转售或租赁以获取利润的单位和个人，包括批发商和零售商。

1. 中间商的购买类型

(1) 新产品采购

新产品采购是指中间商购买以前未经营过的某一新产品。在这类购买中，中间商首先考虑买与不买，然后再考虑向谁购买。中间商会通过对该产品的进价、售价、市场需求和市场风险等因素进行分析，然后作出决定。

(2) 最佳供应商选择

最佳供应商选择是指中间商已经确定需要购进的产品，正在寻找最合适的供应商。

(3) 改善交易条件的采购

改善交易条件的采购是指中间商希望现有供应商在原有交易条件上再做出相应让步，以便使自己得到更多的利益。实际上，中间商并不一定想换供应商，他们只是希望供应商给他们更大的折扣、增加售后服务和给予信贷优惠等。

(4) 直接重购

直接重购是指中间商的采购部门根据对供应商的评估，对感到满意的供应商在原交易条件下，继续订购其供应的产品。

2. 中间商购买过程的参与者

中间商购买过程的参与者的多少与商店的规模和类型有关。小型商店通常店主人亲自进行商品选择和采购工作，大型公司有专人和专门组织从事采购工作。以连锁超市为例，参与购买过程的主要有以下人员和组织：

① 商品经理，即连锁超市公司总部的专职采购人员，分别负责各类商品的采购工作，收集不同品牌的信息，选择不同的品牌。

② 采购委员会，通常由公司总部的各部门经理和商品经理组成，负责审查商品经理提出的各项新产品采购建议，以便做出是否购买的决定。

③ 分店经理，指连锁超市下属各分店的负责人，掌握着分店一级的采购权。[①]

3. 中间商购买决策过程

中间商购买决策过程如下：

① 选择购买商品的编配组合，即中间商根据产品组合策略确定购进产品的品牌、规格和数量。

② 选择供应商，即采购部门根据供应商的供应建议书，确定所购产品的供应商。

③ 选择购买的时间和数量，即中间商在和供应商签订合同时，确定购买商品的时间和数量。

④ 选择购买条件，即选择各种交易条件。

4. 影响中间商购买行为的主要因素

狄克森把采购者风格分为以下七类：

① 忠实的采购者，指长期忠实地从某一供应商处进货的采购者。

② 随机型采购者，即采购者事先选择若干符合采购要求，可满足自己长期利益的供应商，然后随机地确定交易对象并经常更换。

③ 最佳交易采购者，指力图在一定时间和场合中实现最佳交易条件的采购者。

④ 创造型的采购者，指经常对交易条件提出创造性想法并要求供应商照办的采购者。

⑤ 追求广告支持的采购者，即采购者重视产品购进后的销售状况，希望供应商给予广告支持，以扩大影响，刺激需求。

⑥ 斤斤计较的采购者，指每笔交易都反复讨价还价，力图得到最大折扣的采购者。

⑦ 琐碎的采购者，指每次购买的产品总量不大，但品种繁多，非常重视不同品种之间的搭配，以期实现最佳产品组合的采购者。

4.2.4 非营利组织、政府市场购买行为分析

1. 非营利组织市场、政府市场的含义

非营利组织市场指为了维持正常运作和履行职能而购买产品和服务的各类非营利组织所构成的市场。政府市场是指为了执行职能而购买或租用产品的各级政府部门。

---

① 吴健安. 市场营销学. 北京：高等教育出版社，2000：132.

2. 非营利组织的购买特点

① 预算低、限定总额。通常采购经费总额是既定的，不能随意突破。

② 受控制。为了使有限的资金发挥更大作用，非营利组织采购人员受到许多控制，只能按照规定的条件购买。

3. 政府市场购买行为分析

(1) 政府市场购买行为的特点

政府市场购买行为有如下几个特点：

① 需求受到较强的政策制约；

② 需求计划性较强；

③ 购买方式多样；

④ 购买需求受到公众社会的监督；

⑤ 购买目标的多重性。

(2) 政府市场主要的购买方式

政府市场主要的购买方式如下：

① 公开招标竞购：政府部门以向社会公开招标的方式择优购买商品和服务。

② 议价合约选购：政府采购机构和一个或几个供应商接触，经过谈判协商，最后只和其中一个符合条件的供应商签订合同，进行交易。

③ 例行选购：政府部门对维持日常政务运转所需的办公用品、易耗物品和福利性用品等，向熟悉的和有固定业务联系的供应商采购。

【本章小结】

消费者市场是由那些为满足生活消费需要而购买商品的所有个人和家庭所组成的。消费者购买行为受到消费者心理、个人特性、社会文化环境的影响。

阿萨尔根据买者在购买过程中参与介入程度和品牌间差异程度，区分了消费者购买行为的四种类型：复杂的购买行为、减少失调的购买行为、习惯性的购买行为和寻找多样化的购买行为。

消费者整个购买决策过程从引起需要开始，经过收集信息、评价选择、决定购买到购买后的评价行为共有五个阶段。营销人员要深入研究不同阶段消费者的行为特点，制定有针对性的措施，满足消费者的需求。

组织市场指以组织为单位的购买者所构成的市场，是相对于消费者市场而言的。组织市场包括生产者市场、中间商市场、非营利组织市场和政府市场。生产者购买行为的主要类型包括直接重购、修正重购和新购，新购的购买过程最为复杂。供应商应当充分了解不同购买类型的购买决策的需求特点、参与者和影响购买的因素，采取相应的营销措施促进购买。中间商的

购买类型分为新产品采购、最佳供应商选择、改善交易条件的采购和直接重购四种类型。中间商类别不同，购买决策的参与者也不同。营销人员要根据影响中间商购买决策过程的因素搞好营销。非营利组织的主要特点是预算低、有限定总额和购买受到控制。政府市场购买行为的特点有：需求受到较强的政策制约、需求计划性较强、购买方式多样、购买需求受到公众社会的监督和购买目标的多重性。政府市场主要的购买方式有公开招标竞购、议价合约选购、例行选购三种。

【讨论题】

1. 影响消费者购买行为的因素有哪些？
2. 消费者在购买过程中扮演哪些角色？
3. 消费者购买决策过程包括哪几个阶段？
4. 消费者有哪几种购买类型？针对不同购买类型应采取哪些营销策略？
5. 表 4 - 3 阐述了不同消费者参与度和品牌差异四种情况下的消费者购买行为类型。考虑如下购买行为各属于哪种，并解释原因。

A. 购买一辆凌志汽车；

B. 走进一家超市买了一袋新出的糖果；

C. 去轮胎经销商那里买轮胎；

D. 课间休息时从自动售货机处买一盒软饮料。

6. 组织市场有哪些特点？
7. 生产者用户类型有哪几种？
8. 生产者用户购买过程包括哪几个阶段？
9. 如何根据生产者用户购买特点开展有效的营销活动？
10. 中间商的购买类型对购买决策会产生哪些影响？
11. 非营利组织有哪些购买特点？
12. 影响政府购买的因素和购买方式有哪些？

第5章　市场营销调研与预测

【基本知识点】

(1) 市场营销信息系统、内部报告系统、营销情报系统、营销分析系统、市场营销调研和市场预测的定义；

(2) 营销调研的内容、类型和步骤；

(3) 良好的营销调研与质差营销调研的区别；

(4) 市场营销调研的作用、市场需求预测对企业生存和发展的意义；

(5) 在预测与需求衡量中的主要概念；

(6) 需求预测方法。

市场营销调研是指运用科学的分析方法和手段，有目的、有系统地收集、处理、分析、储存和传发有关市场营销方面的各种信息，并提出与本企业面临的特定营销状况或问题相关的调研结果的过程。营销调研的主要目的是为企业营销管理者制定有效的市场营销决策提供重要的依据。

5.1　市场营销信息系统

5.1.1　信息及其功能

市场信息是一种特定信息，是企业所处的宏观环境和微观环境的各种要素发展变化和特征的真实反应，是反映它们的实际状况、特性、相关关系的各种消息、资料、数据、情报等的统称。市场信息是社会信息的重要组成部分，它反映市场动态，表现市场供求、消费心理、竞争及市场营销活动，并不断扩散。它是企业了解市场、掌握市场供求发展趋势，了解用户、为用户提供产品和服务的重要资源。

1. 市场信息的主要特征

市场信息的主要特征如下：

① 时效性。任何信息所表明的都是一定时间内所发生的事情，企业只有在某一时间内获得了所需要量的某种信息，这一信息才有所值。因此，信息的利用必须要讲究时间效应，谁能

最先掌握某种信息，谁就最有可能取得经营上的成功。

② 分散性和大量性。市场信息的产生没有固定的时间和地点，而是随时随地的发生和传播。市场信息这种分散性和大量性的特点，要求企业必须广泛开辟信息渠道，建立市场营销信息系统，借助科学的手段收集和处理信息，为营销决策提供科学依据。

③ 可压缩性。信息可以被人们依据各种特定的需要，进行收集、筛选、整理、概括和加工，并可建立相应的信息系统对大量的信息进行多次加工，增强信息自身的信息量。

④ 可存储性。信息可以通过人的记忆、各种文字性的、音像性的、编码性的载体存储起来。

⑤ 系统性。企业必须连续、大量、多方面地收集、加工有关信息，分析它们之间的内在联系，提高它们的有序化程度。只有这样的信息，才是可以运用的。

⑥ 可扩充性。随着社会的不断发展和时间的延续，信息可以得到不断扩充。

⑦ 可转换性。信息可由一种形态转换成另一种形态。

从认识论的角度说，信息是事物运动状态以及运动方式的表象。广义的信息由数据、文本、声音和图像四种形态组成，主要与视觉和听觉相关。

2. 信息内容分类

① 消息：变化中的新近出现的事实记录传报，包括人类活动与自然现象的变异，在社会中是最为普遍的。

② 资料：事物的静态描述和事物变化过程与社会现象的原始记录，消息的积累就是资料。

③ 知识：人们对客观世界及其自身的理性认识，人们对资料去伪存真、去粗取精，获得一定知识，即知识是信息升华的成果。

3. 信息对人类社会的功能

① 信息是事物的存在方式、运动状态及其对接收者效用的综合反映。

② 信息与消息、资料、知识有区别。

③ 信息量的大小取决于该信息所反映事物的不确定程度的大小，不确定程度越大，信息量也越大。

④ 市场营销信息是指一定时间和条件下，与企业的市场营销有关的各种事物的存在方式、运动状态及其对接收者效用的综合反映。

4. 营销信息的重要性

目前的发展趋势使对营销信息的需要比过去任何时都更为强烈：

① 从地方营销发展到全国营销和国际营销：当公司扩大它们地理上的市场覆盖面时，经理们就需要比从前更多的市场信息。

② 从满足购买者的需要发展到满足购买者的欲望：由于购买者的收入增加，他们在选购商品时会变得更加挑剔。卖主们发现在预料购买者对不同特点、式样和其他属性的反应方面

更难了。因此，他们转向建立正式的市场调研系统。

③ 从价格竞争发展到非价格竞争：当卖主们加强对品牌、产品差异化、广告和促销等竞争工具的应用时，为了有效地应用这些工具就需要信息。

5.1.2　营销信息系统的内涵与特点

菲利普·科特勒在《市场营销管理》(第 8 版)一书中，为市场营销信息系统(marketing information system，MIS)所下的定义是：由人、设备和程序组成，它为营销决策者收集、挑选、分析、评估和分配所需要的、适时的和准确的信息[①]。

5.1.3　营销信息系统的构成

营销信息系统一般来源于企业内部报告系统、营销情报系统、营销调研系统和营销分析系统四个子系统，如图 5-1 所示。

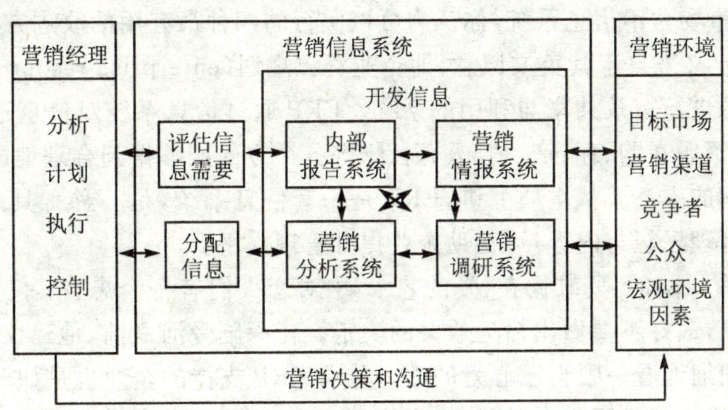

图 5-1　市场营销信息系统

1. 内部报告系统

营销经理使用的最基本的信息系统是内部报告系统。内部报告系统提供企业内部信息，以内部会计系统为主，同时辅以销售报告系统，集中反映订货、销售、存货、现金流量、应收及应付账款等数据资料，营销管理人员通过分析这些信息，可以发现一些新的问题或新的机会，及时比较实际与预测目标的差异，进而采取切实可行的改进措施。

内部报告系统的核心，一是“订单—发货—账单”循环。销售代表、经销商和顾客将订单送交公司；订货部门准备数份发票副本，分送各有关部门。存货不足的项目留待以后交付；需装运的项目则附上运单和账单，同时还要复印多份分送各有关部门。许多公司为了更快、更准确和更有效地处理“订单—账单”循环，已经采用了电子数据处理(EDI)软件。二是销售报告系

① 菲利普·科特勒. 营销管理：新千年版. 梅汝和，译. 北京：中国人民大学出版社，2001.

统。营销经理需要当前销售的最新报告。由于使用笔记本电脑，销售代表现在能立即得到关于潜在和现行顾客的资料，计算机迅速反馈和送出销售报告。营销信息系统工作委员会通常会向营销人员提问的一组调查问题如下：

① 哪些类型的决定是你经常做出的？

② 做出这些决定时，你需要哪些类型的信息？

③ 哪些类型的信息是你可以经常得到的？

④ 哪些类型的专门研究是你定期所要求的？

⑤ 哪些类型的信息是你现在想得到而未得到的？

⑥ 哪些依靠是你想要在每天、每周、每月、每年得到的？

⑦ 哪些杂志和贸易报道是你希望能定期阅读的？

⑧ 哪些特定的问题是你希望经常了解的？

⑨ 哪些类型的数据分析方案是你希望得到的？

⑩ 对目前的市场营销信息系统，你认为可以实行的四种最有用的改进方法是什么？

ERP 标准的定义来自于其英文原意，即企业资源规划(enterprise resource planning)。它是一个对企业资源进行有效共享与利用的系统。ERP 通过信息系统对信息进行充分整理、有效传递，使企业的资源在购、存、产、销、人、财、物等各个方面能够得到合理地配置与利用，从而实现企业经营效率的提高。从本质上讲，ERP 是一套信息系统，是一种工具。ERP 在系统设计中可集成某些管理思想与内容，可帮助企业提升管理水平。

ERP 实施是有风险的，奥维德在《爱的艺术》中对恋人们有一个忠告：仅凭在夜晚昏暗的烛光下形成的印象，最好不要做出命运攸关的决定。在深陷爱河之前，他建议恋人们要在白天明亮的阳光下再细细地看一眼自己心爱的人。寻求 ERP 支持的企业也是如此，一些关于规避失败风险的经验，或许就是阳光。“不能全指望 ERP 来引进最好的管理模式和业务流程”，刘祖新认为，“企业上 ERP 最合适的步骤是，应该首先将企业管理体系和业务流程规范好，然后做出一个符合企业长远发展目标的 ERP 系统需求分析，在这个基础上选择一个好的供应商，再甄选合适软件”。这是类似狐狸和鸡棚的命题——你不会让一只狐狸来设计鸡棚的开关控制装置。同理，企业也不应听从供应商制定的游戏规则。

营销案例链接：北京市三露厂的 ERP 诉讼

1998 年 3 月，北京市三露厂引进国外某 ERP 软件，并和其代理——国内一家著名 IT 厂商签约购买软硬件和实施服务，合同要求项目 1998 年 10 月完成，开始试运行，1999 年 1 月起正式运行。

随后的 ERP 实施阶段，出现了一些无法解决的问题，项目一再被拖延。首先是系统汉化不彻底，系统操作界面和使用手册翻译晦涩；其次，系统提供的后台报表和采集数据的方式不符合国内的财务制度和需求习惯，系统提供的数据不是业务所需要的，以至具体业务人员拒绝

使用这套系统。当时，三露厂的计算机管理中心一度要将厂内的业务数据录进这套 ERP 系统中运行。在销售部门，原来的信息管理系统和这套 ERP 系统一直并行。直到 2000 年 1 月，三露厂计算机管理中心改造了一些相关功能，才相对改善了这套 ERP 系统比较尴尬的运行状态。

在延迟了两年的实施中，实施商一直无法给实施中出现的技术问题提出满意的解决方案。北京市三露厂发现，软件实施商对软件不熟悉，没有按照标准流程实施，也无力对系统进行满意的二次开发。在项目一再延期后，该实施商甚至从国外找来了软件原厂商来进行实施，解决一部分问题。

2000 年 12 月 11 日，面对一直被拖延的项目和实施商无法克服的技术缺陷，北京市三露厂向北京市崇文区法院经济庭对其软件实施商提出诉讼。该案共计开庭 7 次，历时 15 个月。2002 年春节前，北京市三露厂和其实施厂商达成庭内调解，对方向北京市三露厂赔偿了 200 万元人民币的经济损失。

资料来源：http://www.sina.com.cn. 王玮冰. IT 经理世界：EPR 的六大风险

2. 营销情报系统

内部报告系统为管理人员提供结果数据，营销情报系统则为管理人员提供正在发生的数据。营销经理大多自行收集情报，他们常通过阅读书籍、报刊和同业工会的出版物，与顾客、供应商、分销商或其他外界人员交谈，同公司内部的其他经理和人员谈话来收集资料。但这种方法带有相当的偶然性，一些有价值的信息可能没有抓住或抓得太迟。经营灵活的公司会采取进一步的步骤改进其营销情报的质量和数量：第一，他们训练和鼓励销售人员去发现和报告新发展的情况；第二，公司鼓励分销商、零售商和其他中间商把重要的情报报告公司；第三，公司积极从外界的情报供应商和信息研究公司购买信息，这些调研公司收集信息比公司自己收集信息的成本要小得多；第四，利用多渠道、多形式了解竞争对手的营销活动情况，包括参加有关展销会、协会、学会，阅读竞争者的宣传品和广告，购买竞争品，雇用竞争者的前职工等；第五，一些公司已建立了内部营销信息中心，以收集和传送营销情报。

3. 营销调研系统

市场营销调研指系统地设计、搜集、分析和报告与特定营销环境有关的资料和研究结果。菲利普·科特勒曾将营销调研定义为“通过信息而把消费者、顾客、大众及营销人员联结起来的职能”[①]。这些信息是指营销机会与问题，被用以开展、修正和评估营销活动，监视营销绩效，增进对营销过程的了解。

4. 营销分析系统

营销分析系统指企业以一些先进技术分析市场营销数据和问题的营销信息子系统。完善

---

① 菲利普·科特勒，加里·阿姆斯特朗. 营销学原理. 5 版. 陈正男，译. 上海：上海译文出版社，1996.

的营销分析系统，通常由资料库、统计库和模型库三部分组成，即营销分析系统是一个组织，它通过软件与硬件支持，协调数据收集、系统、工具和技术，解释企业内部和外部环境的有关信息，并把它转化为管理活动的基础。

5.1.4 理想的市场营销系统

一个理想的市场营销信息系统一般应具备如下特征：

① 能向各级管理人员提供从事其工作所必需的一切信息。

② 能够对信息进行选择，以便使各级管理人员获得与他采取的行为有关的信息。

③ 提供信息的时间限于管理人员能够且应当采取行动的时间。

④ 提供所要求的任何形式的分析、数据与信息。

⑤ 所提供的信息，一定是最新的并且其形式都是有关管理人员最易了解和消化的。①

5.2 市场营销调研

5.2.1 营销调研的含义和作用

市场营销调研（marketing research），就是运用科学的方法，有目的、有计划、有系统地收集、整理和分析研究有关市场营销方面的信息，提出解决问题的建议，供营销管理人员了解营销环境，发现机会与问题，作为市场预测和营销决策的依据。

市场营销调研有利于制定科学的营销规划，有利于优化营销组合，有利于开拓新的市场。营销调研要遵守客观原则、科学原则、及时原则、相关原则和经济原则。

5.2.2 营销调研的类型及内容

1. 营销调研的类型

市场营销调研可根据不同的标准，划分为不同的类型。如按调研时间可分为一次性调研、定期性调研、经常性调研、临时性调研；按调研目的可分为探索性调研、描述性调研、因果关系调研。

按调研目的分类可分为以下类型：

（1）探索性调研

这种调研主要用来搜集初步资料。通常在两种情况下采用：一是市场现象复杂，难以确认实质性的问题，为了确定调研的方向和重点，首先采用探索性调研去寻找和发现实质性问题。例如，某市场产品销售量出现下降，到底是什么原因所致不清楚，这时可运用探索性调研，

① 吴健安. 市场营销学. 2版. 北京：高等教育出版社，2004：146.

找出主要原因，才能做进一步的深入调查。二是当企业提出新的设想和构思时，可借助于探索性调研帮助企业进一步确认这些设想和构思是否可行。

(2) 描述性调研

这种调研是对市场的客观情况(包括历史情况和现状)进行如实的记录和反映。描述性调研首先需要大量收集有关市场营销信息，其中包括各种有关数据，然后对调查资料进行分类、分析、整理，形成调研报告。描述性调研的目的是对客观状况进行描述，因此一定要客观公正，并且要有定量分析。

(3) 因果性调研

这种调研主要是为了寻找出有关市场现象之间的因果关系，它既可用于了解已经发生的市场现象之间的因果关系，也可用于进行某项市场试验。因果性调研可分为定性调查和定量调查两种，定性调查的目的是寻找出引起某一变量产生的原因变量，而定量调查的目的则是确定两个或多个变量间的数量关系。在使用因果性调研时，应注意防止片面性。

2. 营销调研的内容

市场调研的内容非常广泛，由于调研目的不同，内容也不完全一样。可以对市场特性的确认、市场潜量的衡量、市场份额分析、销售分析、企业趋势研究、竞争产品研究、新产品接受潜量、价格研究、市场预测等方面进行调查。一般而言，市场调研的基本内容可以概括为以下几方面：

(1) 市场营销环境调研

市场营销环境的变化直接影响到企业的营销活动和消费者的需求变化。营销宏观环境调研应主要集中于政治、经济、法律、科技、社会文化以及自然环境等方面，如政策法令的变化、经济和科技的发展、人口状况调查和社会时尚的变化等。微观环境调研应主要集中于企业的竞争者状况、营销中介等方面。

(2) 市场需求调研

市场需求调研主要是对市场需求的总量、构成、特征及其变化趋势进行调查研究，包括对市场现实需求和潜在需求的调研，各细分市场及目标市场的需求调研，市场份额及其变化情况调研以及客观环境、企业的营销活动及竞争者的营销活动对市场需求的影响等内容。

(3) 消费者调研

消费者调研主要包括对消费者规模及构成、动机、消费行为等方面的调查。

(4) 企业营销组合调研

企业营销组合调研主要包括对产品、价格、销售渠道以及促销等问题的调查分析。

(5) 企业营销活动评估性调研

企业营销活动评估性调研主要包括对企业营销活动中计划、组织、实施以及控制过程中出现的问题进行调查，以便于企业营销决策人员更好地管理营销活动的全过程。

(6) 产品状况调研

产品状况调研主要包括产品实体调研、产品形体调研和产品服务调研。

(7) 产品价格调研

产品价格调研主要包括产品成本及比价的调研、价格与供求关系调研和定价效果调研。

(8) 销售渠道调研

销售渠道调研主要包括现有销售渠道的调研、经销单位调研和渠道调整的可行性分析。

(9) 广告及促销状况调研

广告及促销状况调研主要包括广告及促销客体的调研、广告及促销主体的调研、广告及促销媒体的调研、广告及促销受众的调研、广告及促销效果的调研。

(10) 企业形象调研

企业形象调研主要包括企业理念形象的调研、企业行为形象的调研、企业视觉传递形象的调研。

5.2.3 营销调研的步骤

营销调研的过程通常包括五个步骤：确定问题与调研目标、拟定调研计划、收集信息、分析信息、提出结论。

1. 确定问题与调研目标

调研的第一步要求营销研究人员认真地确定问题和商定研究的目标。营销研究人员应认真仔细地确定本次调研应该弄清的问题，并据此确立调研的目标。因为对一个问题做出恰当定义等于问题的一半已被解决。

2. 制订调研计划

营销调研的第二阶段是要求制订一个收集所需信息的最有效的计划，以保证调研方案的实施。调研计划应包括：选择资料来源，选择资料收集的方法，选择调研工具，决定抽样计划，建立调研组织和选择调查人员，选择接触方法，编制本次调研的预算并确定时间进度。

在市场调研工作中，人们根据信息资料的来源将其划分为两类，即原始资料和第二手资料。原始资料也称第一手资料，指专门为本次调查目的而直接从调查对象处搜集的信息资料；第二手资料是指各种可以利用的现成资料。调研资料的收集首先应从第二手资料入手，只有当第二手资料不能满足本次调研目的的需要时才需着手搜集原始资料。

(1) 第二手资料的收集

第二手资料的来源包括内部来源和外部来源。内部来源是指来自本企业或本组织内部的各种可利用的资料来源。例如，各种统计、财务报表，企业内部的有关记录、凭证，各种经营指标以及过去的调研报告等。外部来源是指来自于本企业或本组织以外的资料来源，其中包括：

① 政府部门来源。例如，由政府部门颁布的有关报告、文件、统计公报等信息。

② 报刊书籍。如各种有关的报纸、杂志、年鉴、书籍以及有关机构公布的统计资料、调研

资料等。

③ 商业资料。如由其他企业发布的信息资料，调查咨询公司对外出售的各种调研资料。

④ 网络信息。如各有关机构、新闻单位和企业在网上发布的有关信息。

尽管第二手资料的收集有省时省力等优点，但第二手资料也存在明显的不足。例如，调查研究人员往往会发现第二手资料时效性较差，精确性常常有所不足，甚至有可能包含错误信息与数据，以致收集的资料经常难以满足调查目标的要求，不能完全适用。因此，在利用第二手资料时，应谨慎地分析和评价其可用性。在对第二手资料进行评估时，应掌握三条标准：

① 公正性。资料应客观公正，一般来说，发布资料的机构越具权威性，其资料的客观公正性越高。

② 时效性。应注意考察资料是否过时，统计口径是否可比。

③ 可靠性。大多数统计资料是采用抽样调查的方法得到的，因此，抽取的样本是否具有典型性、代表性，是否有足够大的规模，都会影响资料的可靠性。

(2) 原始资料的收集

当第二手资料不能满足专门的调查时，调查人员就必须花费较多的时间和经费，去收集第一手资料，即原始资料，以满足市场调查的专门要求。原始资料的收集方法主要有以下几种：

① 观察法。由调查人员在调查现场或借助仪器设备观察有关调查对象和事物的研究方法。例如，旅游酒店的营销调研人员可以在餐厅、前台及其他消费场所观察住店客人的消费行为，从而间接了解顾客对该酒店服务设施及服务质量的评价和意见。

观察法的最大特点是研究人员以旁观的形式代替对调查对象的询问，被调查者并不感到正在被调查，心理干扰较少，因此能客观地反映被调查对象的实际行为，所获调查资料比较真实可靠。其主要缺点是成本较高。另外，观察法也受到其适用范围的限制。例如，对顾客的职业、文化水平、购买动机等方面的调查就不可能采用观察法。

② 会议法。通过召集调查会的形式收集有关的信息资料。采用会议法应注意以下几点：

- 会议主持人应事先做好充分准备，其人选应具备与议题有关的业务知识。
- 主持人的主要任务是鼓励与会者围绕议题各抒己见。主持人言谈不能带有倾向性，更不可将自己的意见强加于人。
- 对会议内容要认真记录，以便会后整理和研究。
- 每次调查会的规模不宜过大，一般以 6～10 人为宜，以利于充分发表意见。

会议法适宜用于定性调查。

③ 询问调查法。由调查人员采用访谈询问的方式向被调查者了解市场情况的一种方法。这类方法通常可分为以下几种：

- 人员访谈法。这种方法是指调查人员直接访问被调查者，以递送问卷或面对面交谈的方式获得有关信息的调查方式。这种方法的优点是访问人员能够提出较多的问题，以补充个人观察的不足，交谈时较灵活，可以察言观色，随时调整访问内容。因此，所取

得的资料往往比较真实可靠。但此方法成本较高，调查过程难以控制，而且调查结果的准确性在很大程度上受调查人员访问技术水平的影响。

- 电话调查法。这种方法是指调查人员用电话向被调查者征询意见的方法。这种方法的优点是获得信息迅速、及时，而且调查成本较低，可以及时解决疑难问题。但此法也有局限性，一是调查人员不容易获得对方的合作；二是由于受时间限制，很难询问比较复杂的问题；三是调查人员往往难以判定被调查者回答问题的真实程度；四是对没有电话的人不能使用此方法调查。
- 邮寄调查法。这种方法是指将调查问卷邮寄给被调查者，由被调查者根据调查表的要求填好后寄回，从而获取信息的调查方法。这种方法的优点是调查成本低，被调查者可以完全依据随机抽样法抽取样本，抽样误差小。被调查者可以完全不受调查者的影响，回答时间比较充裕。其缺点是被调查者容易对问卷中的问题发生误解，而且问卷回收率低、周期长。
- 实验法。这种方法是指把调查对象置于特定的控制环境下，通过控制外来变量和检查结果差异来发现变量间的因果关系的调查方法。实验法最适于因果性调查。实验法的应用范围较广，凡是某一产品在改变其质量、价格、广告及推销手段等因素，或其他营销变量发生变化时，为测定需求变化的情况，都可以先作小规模的实验性改变，以收集和测量调查对象的反应，然后决定是否值得大规模推广。实验法的优点是，方法科学而客观，通过控制外来变量的变化可以比较准确地获得变量间的相关关系，从而较好地验证实验前对营销问题所做的不同假设。但是，实验法费时较长，实验费用较高，而且有时调查人员往往难以控制各种变量，很难在纯粹的实验条件下进行。
- 网络调查法。这种方法是指利用 Internet 以电子邮件、BBS、网站会员以及聊天室等形式进行的调查。在某种意义上，它可以替代会议法、人员访谈法、电话调查法、邮寄调查法，即将这些调查方法以网络的形式进行。网络调查法的优点是时效性强、成本极低、形式方法多样、调查对象的数量大而且不受时空限制。最大缺点是，调查者难以掌握被调查者的真实情况和真实意愿，调查过程难以控制，准确性有所折扣。另外，它还受到 Internet 普及程度的限制。

随着 Internet 技术的迅速发展和普及使用，网络调查法已被越来越广泛地应用于各种领域。

营销案例链接：企业跟着女人走——另类市场研究方法

与美国和西欧公司不同，大部分日本企业不太重视大规模的市场调查和其他定量的市场研究方法，而更重视直接的调查方法。

请顾客帮助改进产品设计

顾客既是产品的使用者，又是产品的鉴定者，他们对产品的优劣最有发言权。日本松下电

器公司为了改进洗衣机的性能，为家庭主妇开设免费洗衣店，并派服务人员听取她们在操作时无意中说出的意见和建议，然后根据这些意见对洗衣机的设计和生产进行改进。这种做法收到了较好的效果。日本川琦有一家集生产和经营于一体的百货公司，为了销售本公司的新产品，特意举办了“向太太们购买构想”的活动。此举吸引了 5 万名妇女的踊跃参加。后来因为采纳了这些有用的构想，这家公司收到了良好的经济效益。

现场收集信息

日本公司管理人员非常重视产地调查。他们认为，亲自深入现场取得第一手材料能使自己对市场有更加透彻的认识。这种认识不能从大规模的消费者调查和定量研究方法中取得。比如，为了获得准确适用的产品信息，他们会直接到批发和零售企业进行调查。20 世纪 70 年代中期，日本佳能公司的照相机在美国市面上销售受阻，公司高层领导没有组织大规模的消费者调查，而是派几位管理人员前往美国了解情况。他们用六周时间探访了美国各家照相机专业商店和其他零售商店。通过与店员、顾客交谈，观察照相机陈列及顾客购买行为，找到佳能相机销路不畅的原因。据此重新制定了销售策略，使佳能相机很快打开市场。

了解顾客的生活环境

消费者消费习惯、消费心理固然受诸多因素的影响，但是，其生存环境的制约也非常重要。日本公司除了通过召开小规模有针对性的座谈会调查消费者偏好、对产品的态度、产品的使用方式等内容外，还非常重视观察和分析顾客的生活环节等影响消费者购买的因素。日本最大的汽车公司之一的日本汽车公司，为了对美国市场进行调查研究，派出一名雇员在美国加利福尼亚租了房间，对美国住户的家庭生活方式进行详细调查。他对几个典型家庭的房子拍了照片，收集了许多数据，借以研究美国家庭究竟需要什么样的汽车。日本公司根据这一项调查结果，研制出适合美国人需要的汽车，产品销量得到大幅提高。

注意搜集竞争对手情报

日本公司经理制定销售策略时，常常搜集竞争者产品的库存、销售以及其他一些标志着该产品实际流通状况的信息。然后询问批发商和零售商，分析产品销售和分配总体情况及产品运送的有关数据和其他周转方面的统计资料。在国际市场竞争对手情报的搜集方面，除本企业的努力之外，日本政府也经常帮忙，或是由政府搜集市场和技术信息进行研究，并协调一些私人部门的研究工作，帮助公司分享这种商业和技术知识，或是通过政府机构的政策意图向日本公司传递重要的商业信息。

统一销售渠道和信息网络

日本公司对销售渠道的控制能力比西方公司要严格。日本一些较大的公司在本国常有庞大的销售网。它由许多独立的零售商店组成，这些商店雇用公司培训的销售人员。生产企业可以把某些市场研究工作交给这些人员，他们通过与顾客交谈，甚至进行家访，及时把信息反馈给生产企业。当公司需要有关消费者的信息时，也可由这些人员作专题调查。某些大公司的高层管理人员为了搜集主要目标市场的情况和推销产品甚至举家迁居国外，以便实际了解市场情况。

资料来源：市场营销案例分析，http://www.sdfi.edu.cn

(3) 调研工具的选择

营销调研人员在收集第一手资料时，可以选择两种主要的工具：

① 调查表：它是迄今用于收集第一手资料的最普遍的工具。

② 仪器：机械工具在营销调研使用得较少。仪器包括电流计：用于测量一个对象在看到一个特定广告或图像后所表现出的兴趣或感情的强度；速示器：能从少于百分之一秒到几秒的闪现中将一个广告展露在一个对象面前的设备；眼相机：用于研究被调查人眼睛活动情况；收视器：一种安装在接受调查的家庭上的电子设备，用于记录电视机收看的时间和频道。

(4) 抽样计划

营销研究者在决定了调研方法与工具后，必须设计一个抽样计划，要求做出三个决定：

① 抽样单位：向什么人调查？营销研究人员必须在抽样对象中确定目标调查者。

② 样本大小：向多少人进行调查？大样本比小样本更能产生可靠的结果。

③ 抽样程序：怎样选择被调查者的问题？为了获得一个有代表性的样本，应该采用概率抽样的方法。

(5) 接触方法

这是回答如何接触被调查对象的问题。有三种方法可供选择：邮寄、电话、面谈。

3. 收集信息

在确定调研计划后，可由本企业调研人员承担收集信息的任务，也可委托调研公司收集。营销调研的数据收集阶段是一个花费最昂贵，也是最容易出错的阶段。

4. 分析信息

分析信息即从数据中提炼出恰当的调查结果。

5. 提出结论

在营销调研的最后一步，调查人员需要解释自己的发现，得出结论并向管理部门报告。调查报告文体结构包括：

① 序言：扉页、目录、简介。

② 调查结论摘要。

③ 正文：调查方法说明、市场背景介绍、市场情况介绍、结论与建议。

④ 附录。

5.2.4 营销调研的方法

营销调研除了包括确定资料种类及资料收集的方法外，还应包括营销调研对象的选择、调查工具的确定和设计以及抽样设计。营销研究人员应根据营销问题的性质、调研目标以及调查对象的特点与分布来选择调研对象。调研对象的选择可采取以下方法。

1. 全面调查

全面调查是指对与营销调研目标有关的所有调研对象进行普遍的调查，其目的是搜集全面而精确的第一手资料，如全国人口普查、全国旅游资源普查等。通过全面调查取得的资料比较精确，但由于全面调查的工作量浩大，费用、时间及人力方面耗费巨大，而且需要严格而周密的组织协调工作。因此，在企业营销调研中很少使用。

2. 典型调查

典型调查是以现象总体中的某些典型单位为对象进行调查的方法。这种方法是通过了解典型单位的情况而推测现象总体的状况。典型调查的关键在于正确地选择典型单位，选择出的典型单位应具有充分的代表性，一般应选择中等发展水平的单位为调查对象。在大多数情况下，如果总体的发展水平比较一致，选取一个或几个单位作为典型就可以了。而在总体数量庞大，且个体发展水平差异很大时，应把总体按发展水平划分为几个类型组，然后在每个类型组中再选取典型单位。选取典型进行调查相对省时并节约经费，对典型单位可以进行深入细致地研究，适用于总体庞大，而研究人员对其又比较了解的情况。从性质上讲，典型调查是抽样调查的一种特殊的形式。

3. 抽样调查

(1) 抽样调查的含义

抽样调查是从应调查对象总体中抽取出一部分具有代表性的个体进行调查的方法。营销人员通过对部分个体的调查结果推测总体的性质或发展水平。

抽样调查对经费要求相对较少，节省时间和人力，而且调查结果与普查非常接近。虽然抽样调查会产生误差，但抽样误差可以用统计方法加以计算和控制。因此，抽样调查法在营销调研中应用非常广泛。绝大多数调研均采用抽样调查法收集资料。

(2) 抽样调查法的基本程序

① 确定调查总体。调查总体应包括总体单位、抽样单位、抽样范围和时间。

② 给调查个体编号。正确确定调查总体范围后，为使挑选出来的样本更具客观性和代表性，需要按随机抽样原则抽取样本时，就要求必须对总体内每一个个体进行编号。

③ 抽样样本的确定。样本是指从统计总体中选择出来的小群体，即被抽取的单位。确定抽样样本就是选择样本的过程，解决向什么样的对象进行调查的问题。调研人员应对总体进行仔细研究才能确立适当的抽样样本。不同的企业都有自己特殊类型的顾客，对于一家酒店而言，抽样样本是度假旅游者还是商务旅游者，是哪一国籍的游客，这一切都应依据调研目标进行选择。

④ 样本大小的确定。应依据调查对象的特征、营销问题的性质以及要求误差的大小来确定样本大小。一般情况下，样本越多，调查结果的准确程度也就越高，但同时营销调研的花费也就越多。在保证调查结果的准确性和调研经费不超支的情况下，调研人员应将样本数量控制在合理的范围内。

⑤ 进行样本调查。对抽选出来的样本进行逐个调查。在调查中,随机抽样方式不允许轻易改变样本或减少样本数,以保证所得资料的准确性和代表性;而非随机抽样方式,只要达到样本数量,若调查人员变更调查样本,对调查结果影响不太大。

⑥ 推算调查总体结果。对收回的调查样本进行统计分析,用适当的方法推算调查结果。

(3) 抽样方法

抽样调查按照调查对象总体中每一个样本单位被抽取的机会是否相等的原则,分为非随机抽样法和随机抽样法。

① 非随机抽样方法,即根据调查人员的需要和经验,凭借个人主观设定的某个标准,进行抽样的方法。在非随机抽样调查中,通过调查人员有意识的选择具有代表性的个体作为样本,以样本调查达到推测总体状况为目的。常用的非随机抽样方法有任意抽样、判断抽样和配额抽样三种。

② 随机抽样方法,即从调查对象总体中完全按照随机原则抽取样本的方法。运用随机抽样方法时,调查对象总体中每一个样本单位都会有平等的抽取机会,排除了人为主观因素的影响。常用的随机抽样方法有简单随机抽样、分层随机抽样和分群随机抽样。

5.3 调查问卷设计

5.3.1 问卷的含义

问卷(questionnaire)又称调查表,是为了营销调研的目的而专门设计印制的有一组问题或指标体系的表格。问卷是营销调研工作最常用的工具。

5.3.2 问卷调查的优缺点

1. 问卷调查的优点

① 费用较少,节省时间和人力。

② 实施灵活方便,既可以由调研人员收发,也可以通过邮寄或委托他人收发。

③ 调查的样本可大可小,几乎不受人数的限制。

④ 使用问卷调查有利于调查对象充分表达自己的想法,很适用于调查对象不愿面谈或有顾虑的情况。

⑤ 能比较有效地控制研究变量,较为容易地寻求变量间的相互关系。

⑥ 调查获取的资料便于整理分析。

2. 问卷调查的缺点

① 只能在一定范围内取得资料,不适于进行深度研究。

② 不太适于询问文化程度较低的调查对象。

③ 问卷中的问题选择与语言表达上容易出现错误，易使调查对象产生误解。

④ 在调查过程中，营销调研人员发现的问卷设计问题往往难以补救。

5.3.3　问卷设计程序

1. 明确调查目的，把握调查主题

在这一过程中，调研人员应确立调查主题，界定调查的范围、对象。此外，研究人员还应进行走访研究，通过走访有关专家或其他人员了解本次调查主题的性质，并对其进行理论上的解释。

2. 确定调查内容

在充分分析调查主题的前提下，拟定所要调查的项目，全面考虑，把各种与调查主题有关的内容一一列出，并针对调查对象的特征，进一步分解成更详细的题目。例如，可以搜集有关消费者对企业产品说明书的看法，对产品包装的看法，对产品售后服务的看法等。

3. 了解样本

由于问卷调查的对象是人，因此，调研人员应初步走访部分调查对象，了解被调查者的参考框架(frame of reference)和信息水平(information level)，使问卷能被调查者接受。了解被调查者的参考框架是指调查人员应充分了解各类调查者所属的社会阶层、居住地区、社会环境以及其行为规范、观念习俗和心理状况。信息水平是指被调查者的文化程度及理解能力。只有了解了被调查者的这两项内容，问卷设计者才能够使问卷中问题的内容、问话的语气、用词的方式等适合被调查者。

4. 建立假设和研究框架

这是问卷设计的核心环节。理论假设是研究人员在对问题了解的基础上，假定出的现象或变量与现象之间的相互关系；而确立研究架构则是确立理论假设中所有变量的结构。

5. 问题设计

设计问卷中的问题时，应根据理论假设和变量的结构关系进行。因此，与本次调查主题有关的各个变量都应设计在相应的问题之中。

6. 用小样本来检查初步完成的调查表

在小范围内进行试验性调查，以弄清问卷还存在的问题，以便及时纠正。

7. 修正问卷并形成一份正式的问卷

通过预先测试问卷，针对问题做进一步的修改、定稿，按调查工作的需要打印复制，最后制成正式问卷。

5.3.4　问卷的基本结构

问卷的基本结构包括以下几个方面：

① 问卷标题。确定标题应简明扼要，易于引起被调查者的兴趣。例如“旅游者消费状况调查”。

② 问卷说明。问卷说明是指问卷卷面上对本次调查目的及要求的说明。问卷说明应言简意赅，文笔亲切，以期能够消除被调查者可能的紧张和顾虑，建立与之相互信任和合作的关系。

③ 填表说明。告知被调查者如何填写问卷的简要说明。填表说明一般应对回答问题时所用的符号予以明确规定，对自填或邮寄等方式进行说明，并要对特别问题的回答方式予以说明。

④ 问题表。问题表是问卷最主要的部分，所有问题最好以数字或代码排列。对问题排序时，一般是难度小的问题放在前面，难以回答的问题放在后面，开放性或敏感性强的问题通常放在问卷的最后。

⑤ 致辞及其他补充内容。在问卷的结尾处，调查人员一般应以致谢的话对回答问题者表示感谢，或有一封企业总经理或营销主管写给客人的信，信中说明企业要求客人填写调查表的目的和企业对客人的谢意；也可以请被调查者自由发表对本次调查的意见和建议；结尾处还可附有调查者的通信地址，以供被调查者与研究人员联系；最后还应附有调查员姓名及调查时间、地点的填充处。

5.3.5 问题设计的方法

1. 开放式提问法

(1) 自由回答法

这种提问方法不规定答案的范围，让客人根据自己的想法自由回答。

例如：请就如何改善我们的产品提供你的建议和意见。

答：

自由回答法的优点是设计问题时较为容易，可获得的信息多种多样。由于没有提示，因此，自由回答法的结果受被调查者的素质影响很大，不愿明确表达意见的可能会回答“不知道”或回答其他内容。自由回答法要求统计答案的时间较长，而且不易使用统计方法进一步分析。

(2) 回忆法

回忆法指通过测定被调查者记忆的强度来推测印象强度。在营销调研中，回忆法一般用于测量服务项目、企业名称以及广告等的印象强度。例如，请您写出五个中国衬衫企业的品牌，请您举出三个报刊上常见的中国旅游景点的名称，请说出您所知道的口香糖品牌等。

拟定问题时，调研人员应明确划定回忆的范围，避免使被询问者产生误解。对回忆法测定的结果进行分析时，应以第一个回忆对象的记忆强度和印象为最深，以下次之。

(3) 再确认法

在营销调研中，再确认法大多用于调查服务项目名称、公司名称以及广告词等知名度和认识程度。在进行询问时，调研人员应提示相应的线索，请被调查者回忆确认。

例如：

以下列有 5 个酒店集团的名称，请您划出您所知道的。

A. 假日酒店公司(　　)　B. 喜来登酒店公司　(　　)　C. 希尔顿酒店公司(　　)
D. 凯悦酒店公司(　　)　E. 马里奥特酒店公司(　　)

调研人员还可以针对每个答案列出“见过”、“似乎见过”以及“没有见过”等回答方式供被调查者选择。再确认法所列的名称一般不宜超过 10 个。再确认法常常同回忆法结合使用。

(4) 词汇联想法

词汇联想法指列出一些词汇，每次提出一个，由被调查者写出其想到的第一个词汇。本方法在营销调研中常用来测量产品特性、公司特点及消费者对某种事物的观察和认知等。

例如：

当您见到下列词汇时，脑海中出现的第一个词是什么？

汽车____________________；

酒店____________________；

手机____________________。

(5) 语句完成法

运用语句完成法时，调研人员写出一些不完整的语句，每次一个，请被调查者完成该语句的内容。

例如：

当我去中国旅游时，我首先想去____________________。

2. 封闭式提问法

采用这种方法，营销人员在提出问题后，向客人提供选择性答案，要求客人从中选出合适的答案。

(1) 二项选择法

二项选择法又称是非回答法、是否法、真伪法。回答问题的答案分为“是”与“否”两种，由被调查者选择其一。

例 1：您是否觉得您在本饭店所花费用很值得(物有所值)？

A. 是　　B. 否

例 2：您是否购买过空调？

A. 是　　B. 否

二项选择法的优点是调研人员可以在短时间内得到明确的判断，或者使中立者的意见偏向一方，但这个方法并不能表示意见程度的差别。

(2) 多项选择法

① 单选：在多项答案中只有一个正确答案。

例 1：您觉得哪种类型的广告宣传的效果最好？(选一项)

A. 电视　　B. 广播　　C. 杂志　　D. 路牌　　E. 报纸

② 多选：一个问题可提出 3 个或 3 个以上可能的答案，由被调查者从中选出一个或几个答案。使用多项选择法时，一般应将选择答案予以编号。选择答案必须包括所有可能的情况，要求被调查者选择的答案不宜过多。

例 2：请问您购买轿车时，主要考虑哪些因素？

A. 价格　B. 款式　C. 品牌　D. 油耗

(3) 顺位法

顺位法是要求被调查者从所列问题的答案中，按照一定标准进行先后选择或排序的方法。

例如：请问您购买轿车时，主要考虑哪些因素？(按重要程度排列)

A. 价格　B. 款式　C. 品牌　D. 油耗　E. 服务

(4) 数值尺度法

数值尺度法要求被调查者对某一现象的发展水平或被调查者与某现象或事物的关系进行程度上的判断。研究人员对每个答案分配分值，以便于统计测算。此方法简单易行，应用非常广泛。

例 1：您是否喜欢本餐厅的内部装饰？

A. 极为喜欢　B. 很喜欢　C. 喜欢　D. 不喜欢

例 2：请问您是否想买一台空调机？

A. 很想买　B. 想买　C. 不一定　D. 不想买　E. 很不想买

例 3：请问您觉得空调器的价格如何？

A. 很贵　B. 贵　C. 适中　D. 便宜

在计算数值尺度法的分值时，越趋于肯定意见的答案分值越高(反之亦然)，并把多个问题分值相加的总分进行比较。

(5) 项目核对法

项目核对法是指营销人员列出某一服务或其他现象的各种特性，针对每项特性测量被调查者的意见。

例如：您对餐厅的各个方面的重要性如何看待？请在您赞同的项目上打“√”

	很重要	重　要	不重要	无意见
特征				
气氛				
卫生				
营养				
价格				
服务				
菜品种类				

5.3.6　问卷设计应注意的问题

在设计调查表时，营销研究人员必须精心地挑选要问的问题、问题的形式、问题的用词和问题的次序。

(1) 注意写好卷首的说明信

(2) 提问项目的设计

错误常发生在所提的问题上，也就是有时提问包含了不能回答、不愿回答或不需回答的问题，而同时却遗漏了应该回答的问题。问卷中可以采用二项选择、多项选择等封闭式问题，也可以采用自由回答的开放式问题，可根据调查内容进行选用。提问时要注意以下几点：

① 提问的内容尽可能短。

② 问题的用词设计应十分审慎。研究人员应该使用简单、直接、无偏见的词汇。用词要确切、通俗。

③ 一项提问只包含一项内容，例如，“您觉得这种新轿车的加速性能和制动性能怎么样”，应把该问题分成两个问题提问。

④ 避免诱导性提问，例如，人们认为康佳彩电质量不错，您觉得怎么样？

⑤ 避免否定形式的提问，例如，您觉得这种产品的新包装不美观吗？

⑥ 避免敏感性问题。

⑦ 避免对人们收入、生活、政治等方面问题的提问。

(3) 问题顺序设计

① 问题的安排应有逻辑性；

② 先易后难；

③ 能引起被调查者兴趣的问题放前面，核心问题放在中间，涉及个人资料的敏感性问题放在后面，开放性问题放最后面；

④ 注意问卷的规范性。

5.4　市场需求的测量与预测

5.4.1　市场需求测量

1. 不同层次的市场

一个市场就是某一产品的全体实际和潜在购买者的集合。从这个定义出发，市场的规模是随着一个特定市场供应品的购买者人数而定的。可把市场分为以下几个层次：

① 潜在市场：那些表明对某个市场上出售的商品有某种程度兴趣的顾客群体。

② 有效市场：一群对某一产品有兴趣、有收入的潜在市场顾客。

③ 合格有效市场：对在某个市场上出售的商品有兴趣、有收入和可取得该商品的合格的顾客群体。

④ 目标市场(又称为服务市场)：是公司决定要在合格有效市场上追求的那部分。

⑤ 渗透市场：那些已经买了这种公司产品的顾客群体。

2. 市场需求

市场需求不是固定的数，而是给定条件下的函数，因此也称为市场需求函数。市场总需求对基本条件的依赖关系如图 5.2(a)所示。横坐标表示特定时期内行业市场营销费用的可能水平，纵坐标表示由此产生的需求水平。

某一产品的市场总需求是指一个产品在一定的地理区域和一定的时期内，一定的营销环境和一定的营销方案下，特定的顾客群体愿意购买的总数量。与市场需求相关的几个概念如下：

市场预测：与预期的努力相对应的市场需求称为市场预测。在许多可能有的行业营销努力水平中，实际上只有一个水平会发生。

市场潜量：在一个既定的环境下，当行业营销努力达到无穷大时，市场需求所趋向的极限。

图 5 - 2(a)表明，基本销售量也称市场最低量，它指在不发生任何营销费用的情况下也能达到的市场销售量。随着行业营销费用的增加，刺激消费的力度加大，市场需求一般会随之增大。当营销费用超过一定水平后，增加营销费用就不能进一步促进需求。市场环境变化深刻地影响着市场需求规模、结构和时间，也深刻地影响着市场潜量。图 5 - 2(b)说明经济繁荣期的市场潜量比经济衰退期要高。

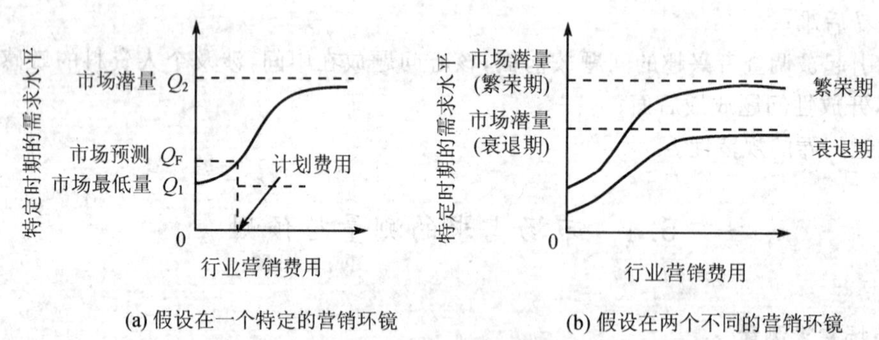

图 5 - 2 市场需求函数

3. 公司需求

公司需求是指在市场需求总量中企业所占的份额，其公式为

$$Q_i = S_i Q \tag{5-1}$$

式中，Q_i——i 公司的需求；

S_i——i 公司的市场占有率；

Q——市场需求，即市场总需求。

在市场竞争中，企业的市场占有率与其营销努力呈正比。假定营销努力与营销费用支出呈正比，则

$$S_i = \frac{M_i}{\sum M_i} \tag{5-2}$$

式中，M_i——i 公司的营销费用；

$\sum M_i$—— 全行业的营销费用。

由于不同企业的营销费用支出所取得的效果不同，以 a_i 代表公司营销费用的奏效率，则 i 公司的市场占有率计算公式为

$$S_i = \frac{a_i M_i}{\sum a_i M_i} \tag{5-3}$$

如果营销费用分配于广告、促销、分销等方面，它们有不同的奏效率及弹性，以及考虑到营销费用的地区分配，以往营销努力的递延效果和营销组合的协同效果等因素，则上述表达式还可以进一步完善。

4. 公司销售预测与公司销售潜量

公司销售预测是指公司以其选定的营销计划和假设的营销环境为基础所预期的公司销售水平。与销售预测相关的几个概念如下：

① 销售定额：公司针对某一产品线、公司事业部或销售代表而设定的销售目标。

② 销售预算：对预期销售量的一种保守估计，它主要为当前的采购、生产和现金流量决策服务。

③ 公司销售潜量：当公司相对于竞争者的营销努力增大时公司需求所能达到的极限。

5.4.2　估计目前市场需求

1. 总市场潜量

总市场潜量指一定时期内、一定环境条件和一定行业营销努力水平下，一个行业中所有企业可能达到的最大销售量。估算公式为

$$Q = nqp \tag{5-4}$$ [①]

式中，Q——总市场潜量；

n——既定条件下特定产品的购买者人数；

q——每一位购买者的平均购买数量；

---

① 吴健安. 市场营销学. 2 版. 北京：高等教育出版社，2004：154－155.

p——单位产品平均价格。

由式(5-4)可推导出另一种估算市场潜量的方法，即连比法。该方法是由一个基数乘上几个修正率组成。

假设一个啤酒厂要估计一种新营养啤酒的市场潜量，可以从下面的计算中获得：

对新淡啤酒的需求＝人口×每人可支配的个人收入×可支配收入用于食品的平均百分比×食品的支出中用于饮料的平均百分比×饮料支出中用于含酒精饮料的平均百分比×含酒精饮料的支出中用于啤酒的平均百分比×啤酒饮料支出中用于淡啤酒的预计百分比

2. 地区市场潜量

公司在测量市场潜量后，为选择计划进入的最佳区域，合理分配各种营销资源，还需要估计各个不同城市、地区和国家的市场潜量。较为普遍的有两种方法：市场组合法和多因素指数法。市场组合法是一种主要由为企业服务的厂商所采用的方法，它要求辨别在每个市场(业务市场)上的所有潜在购买者，并且对他们潜在的购买量进行估计，然后计算得出地区市场潜量。例如：一家车床制造厂想判断在波士顿地区木制家具生产用车床的市场潜量。这个厂家首先需要确认在波士顿地区木制家具生产车床的所有潜在购买者，这些消费者主要是在其生产中需要加工木料的企业。其次，这个车床制造厂需要搜集波士顿地区木制家具制造企业名录，然后根据木制家具行业中每百万美元销售额所需车床数量来判断木制家具行业可能购买的车床数量。表5-1所列即利用标准产业分类体系代码的市场组合法。

表5-1 利用标准产业分类体系代码的市场组合法

标准产业分类体系	年销售额/百万美元	厂家数	百万美元销售额可能需要的车床	市场潜量
	(1)	(2)	(3)	(1)×(2)×(3)
2511	1	6	10	60
木制家用家具	5	2	10	100
2521	1	3	5	15
木制办公家具	5	1	5	25
				200

多因素指数法是一种主要由为消费者服务的厂商所采用的方法。即借助与区域市场购买力有关的各种指数以估算其市场潜量。

一个著名的多因素指数是《销售和营销管理》杂志公布的“购买力度调查”，其方程式如下：

$$B_i = 0.5 \times y_i + 0.3 \times r_i + 0.2 \times p_i$$

式中，B_i——地区的购买力占全国总购买力的百分比；

y_i——地区的个人可支配收入占全国的百分比；

r_i——地区的零售销货额占全国的百分比；

p_i——地区的居住人口占全国的百分比。

0.5、0.1、0.2 为三个因素的权数，表明该因素对购买力影响的程度。

3. 行业销售额和市场占有率

除了估计总的潜量和地区潜量外，公司还需要知道发生在市场上的实际行业的销售额。也就是说，公司还必须辨认它的竞争对手和估计出竞争者的销售额。

公司通常采用三个阶段的程序获得销售额的预测，即宏观经济预测，行业预测，公司销售预测。

预测要求对通货膨胀、失业、利率、消费者开支和储蓄、企业宏观经济投资、政府支出、净输出以及与本公司有关的其他重要因素和事件进行预测。其结果产生一个全国总产出的预测，应用这种预测数据和结合其他环境指标，便可预测行业销售额。然后，公司把假设在行业销售中能达到的一定数量的份额作为它的销售预测的基础。

5.4.3　市场预测程序

(1) 确定预测目标，即明确预测的目的、对象、范围、时间、指标及其精确度等。

(2) 收集与整理预测资料。根据预测目标，收集各种有关的历史资料和现实资料，在整理和分析统计资料时，应注意分辨哪些是可控制因素导致的变化，哪些是不可控制因素导致的变化，并尽可能排除因偶然因素造成的不正常数据，以保证预测的质量。

(3) 选择预测方法。预测方法很多，每一种方法都有不同的特点、用途和适用范围。因此，选择实用而有效的预测方法是预测过程中的主要环节。

(4) 提出预测结果。运用预测方法后便应提出预测结果。

(5) 修正预测误差。预测得出的结果，必然存在一定误差，对预测误差的分析就是综合判断误差产生的原因，及时修改模型或改用其他预测方法，直至达到许可的误差范围为止。

(6) 提出预测报告。对预测结果进行文字说明，可以采用图表与文字结合的形式来表达。

5.4.4　市场预测方法

从确定市场预测量的角度，可将市场预测方法划分为定性预测方法和定量预测方法两大类。

1. 市场定性预测方法

定性预测是指市场预测人员凭借个人的经验、知识和综合分析能力，通过对有关资料的分析推断，对预测对象的未来发展趋势做出性质和程度上的估计、判断和推测的一种预测方法。

定性预测相对而言简单易行，对数据资料的精确度要求较低，而且大多数定性预测对时间和经费要求不高。但定性预测并不能提供精确的预测结果，而且受预测者个人水平的影响较大，容易缺乏可信度。常用的定性预测方法有以下几种：

(1) 购买者意向调查法

购买者意向调查法是指向潜在购买者了解预测期内的购买意图的方法。使用这种调查法时，营销人员一般应通过抽样的方法列出一份潜在购买者的名单，然后依据名单分别与每个被调查者接触，用调查表或当面询问其购买计划和购买意图。对购买者意向的调查，经常采用"购买概率调查表"进行，例如：

您打算在半年内购买笔记本电脑吗？

不买	不太可能买	有点可能买	可能买	很有可能买	肯定买
0.0	0.2	0.4	0.6	0.8	1.0

对于每项答案，营销人员可以设定特定的概率。如"肯定"意味着概率为1，"不可能"意味着概率为零。

(2) 销售人员意见综合法

销售人员意见综合法是指预测人员召集有关推销人员进行预测，然后对其预测结果进行综合的方法。此方法尤其适用于对市场需求的测量和对竞争对手情况的预测。

由于推销人员经常与顾客打交道，因此对市场需求以及竞争情况十分了解，对未来发展趋势可能有更清楚的预测。用这种方法进行预测十分简便易行，既节省时间又节省经费，但推销人员预测市场需求也容易受到个人对市场的了解及各种偏见的影响。

营销管理人员可以对推销人员过高过低的估计进行适当调整。吸收推销人员参加预测过程，可使推销人员更加有意识地去分析市场发展趋势。而且，通过参与预测并制定定额，推销人员还会从中受到激励，更利于销售目标的完成。

(3) 经理人员评判预测法

经理人员评判预测法是指高级营销管理人员召集下级有关管理人员举行会议，广泛交换意见，听取下级管理人员对相关事情的看法，在此基础上，由高级管理人员根据个人判断进行预测。

这种方法的优点是简便易行，对时间和费用要求较低，日常性预测可采用此方法。这种方法的缺点是过分依赖管理人员，特别是上层管理人员的判断，而管理人员的经验、工作能力以及营销环境的形势往往对其判断产生很大影响。因此，这种方法有时带有主观性，仅用这种方法有一定风险，如结合数学、统计方法综合预测，则效果会更好。

(4) 专家意见法

专家意见法是指营销人员通过专家分析判断而进行营销预测的方法。专家意见法主要有专家个人预测法、专家会议法和德尔菲法。

① 专家会议法：预测人员邀请有关专家开会，对预测问题进行研讨，并得出结果的预测方法。此方法的优点是，通过召开会议，专家们往往会提出较多的预测方案以供选择；而且多名专家预测时可消除仅仅一名专家预测时产生的独自承担责任的顾虑。专家会议法有利于意

见交流和相互启发，不同领域的专家协作时效果更突出。此方法的缺点是，权威者的意见往往会影响到其他专家发表意见。由于受人际关系影响，有些专家难以充分表达与他人不同的意见。

② 德尔菲法：此方法在 20 世纪 40 年代由美国兰德公司首创，它是一种流行的预测方法，具体步骤是，事先对所要预测的问题拟定调查提纲并提供有关背景材料，问题要提得明确，只要被调查人回答“是”或“非”即可，或在几种可能性中任选一种；在有关领域物色各类专家，请他们在调查提纲上回答所要预测的问题；将各专家回答的意见综合整理归纳，并匿名反馈给各个专家，再次征求意见；专家们的意见经几次反馈以后，通常对所要预测的问题逐渐趋于一致，这个意见或判断即可作为预测的基础；汇总专家意见，量化预测结果。经过几轮的征询，专家意见渐趋一致，但仍然存在一种以上的不同预测结果，需要经过汇总、整理、分析、处理，以及用中位数等方法，最后得出数量化的预测结果。

德尔菲法一般应用于预测营销环境变化大的情况，以及新产品或新市场的开发等项目。

采用德尔菲法调查可以避免专家会议法的缺点，如崇拜权威、碍于情面的情况。由于不同领域的专家各有专长，考虑问题出发点不同，因此，该种方法会产生很多极有价值的意见。

假如要开辟一个旅游点或一条包价旅游路线，那么企业就要召集有关建筑专家、地理专家、园林专家、交通运输专家等对旅游点的布局、可进入性等进行研究讨论，对所要兴建的旅游点进行可行性研究，预测一下这个旅游点兴建起来后，能招徕多少游客，获得多大经济效益等，从而决定是否要开辟这个旅游点以及一系列与兴建这个旅游点有关的问题。

2. 市场定量预测方法

定量预测是指在掌握大量数据资料的基础上，运用统计方法和数学模型近似地揭示预测对象的数量关系，并对市场的未来变化趋势做出数量测算的一种预测方法。这种方法可避免定性预测中的主观片面性，预测结果往往能确切地表明未来的发展水平，为决策提供较为精确的数据。但这种方法对现有信息的数量和质量要求较高，对无法量化的社会政治、经济、文化等因素无法控制。

(1) 时间序列预测法

时间序列预测法是指利用预测目标的历史统计数据，按时间先后顺序排成数列，运用统计方法研究其发展变化规律性，建立数学模型，据此进行外推预测对象的一种方法。

① 移动平均法

该方法是指利用过去若干期的实际值来求其平均值，作为预测期的预测值的方法。其基本方法是，把过去几年、几个月或几个季度的数据相加，然后除以观察值的数目，从而得到一个算术平均值。这一算术平均值就是下一年、下一个月或下一个季度的预测数字。当新的观察值产生时，则去掉最前面的那一观察值，并将新产生的观察值纳入观察数列之中，从而计算出新的平均值。其基本计算公式为

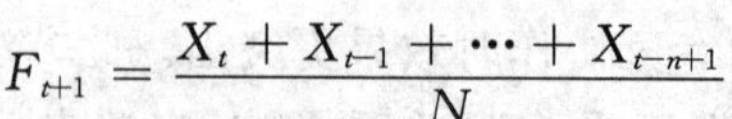

$$F_{t+1} = \frac{X_t + X_{t-1} + \cdots + X_{t-n+1}}{N}$$

式中：F_{t+1}——预测值，即以 t 时期为基准，下一个时期的预测值；

X_t——t 时期内实现的实际数值；

X_{t-1}——以 t 时期为基准的上一个时期内实现的实际数值，以此类推；

N——观察值的数目。

例如，某轿车生产企业 2005 年实现轿车销售 20 000 辆，2006 年为 26 000 辆，2007 年为 35 000 辆。如果该企业根据这些已有的历史数据采用移动平均法去预测下一年度，即 2008 年的轿车销售量，其算法是

$$2008\text{ 年的销售量} = \frac{35\,000\text{ 辆} + 26\,000\text{ 辆} + 2\,000\text{ 辆}}{3} = 27\,000\text{ 辆}$$

2008 年结束时，如果该企业实际实现的轿车销售量为 32 000 辆，那么在仍然采用移动平均法预测下一年度，即 2009 年销售量的情况下，其做法可以是在所采用的时间序列中，去掉 2005 年这一陈旧数字，而将 2008 年的数字补充进去，即

$$2009\text{ 年销售量} = \frac{2006\text{ 年销售量} + 2007\text{ 年销售量} + 2008\text{ 年销售量}}{3}$$

$$= \frac{32\,000\text{ 辆} + 35\,000\text{ 辆} + 26\,000\text{ 辆}}{3} = 31\,000\text{ 辆}$$

以上两个例子中，由于所采用的观察值都是 3 个，所以计算出来的移动平均值都称之为 3 年移动平均值。如果现有的历史数据比较全，根据需要，也可以将时间序列加大，推算 4 年或 5 年的移动平均数。从理论上说，移动平均期取得长，预测误差就减小；但由于这种方法忽略了移动平均期内经营企业内外部因素变化的影响，因而在实际运用中如不加以适当修正，往往会有较大误差。如旅游需求存在季节性因素，因此在同一年份中，往往不宜采用移动平均法利用过去几个月的实际营业量数字去预测下一个月份的营业量，否则很容易出问题，并导致决策上的失误。为了尽量排除季节性对预测结果的影响，在预测某一月份或某一时期的营业量时，可以借助过去几年中同一月份或同一时期营业量的历史数字，利用移动平均法去进行预测。

例如，假定某饭店在 2008 年第二季度要采用移动平均法预测下一个季度的营业量，则应先查阅出过去若干年第三季度的营业量数字。经查阅，该饭店 2003～2007 年在第三季度的客房出租率分别为 85%、90%、92%、90%和 88%，利用移动平均法计算时则为

$$2008\text{ 年第三季度客房出租率} = \frac{88\% + 90\% + 92\% + 90\% + 85\%}{5} = 89\%$$

将这一出租率乘以该饭店的客房数和第三季度的营业天数，便可以进一步预测出第三季度的营业量了。

移动平均预测法的最大优点是简便易行，计算简单。但由于移动平均值落后于观察值的变动，且不能反映其他相关因素变化带来的影响，因此这种方法本身不够精确，从而不能产生

准确的预测结果，有较大的局限性。

② 指数平滑法

该方法也称指数加权移动平均法，这种方法主要是根据企业已掌握的历史统计资料去推测未来的市场需求量。一般地说，该方法利用过去的有关统计资料，以几何级数形式对历史数据加权，使最近期的数据数量较大，使远期的数量依次减小，以加权移动平均值作为预测数。

指数平滑法预测模型有若干种，在企业实践中应用最多的是单一指数平滑法。这种方法是在已知上一期的需求预测数和实际实现需求量的基础上，通过确定两者之间的误差率，修正上一期的预测数字，从而去预测下一期的需求量并提高预测结果的准确度。

基本公式是

$$F_{t+1} = F_t + R(X_t - F_t)$$

式中：F_{t+1}——下一期的预测数；

X_t——上一期实现的实际数；

F_t——上一期的预测数；

R——平滑系数，表示上一期的预测误差率，R 的取值范围为 $0<R<1$。

在单一指数平滑法中，R 取值不太大，一般不超过 0.5。这一公式也可以改写为

$$F_{t+1} = RX_t + (1-R)F_t$$

例如，某百货公司在 2006 年底曾预测本公司 2007 年的销售额将达 2 亿元。到 2007 年底，该公司在该年度的实际销售额为 2.2 亿元，超过原预测销售额 0.2 亿元。若 R 为 0.3，采用指数平滑法预测该公司 2008 年的销售额，计算如下：

2008 年销售额(预测)＝2 亿元＋0.3(2.2 亿元－2 亿元)＝2.06 亿元

使用上述方法要求历史资料完整并且具有可比性，这种方法的主要优点是简便易行，容易理解和掌握；缺点是未考虑事物发生变化的因果关系，不能反映产品需求变化中的外在客观因素。因此，这种方法在短期和近期预测中用得较多，不适用于中、长期预测。

(2) 回归预测法

回归预测法就是通过对具有相关关系的变量建立回归模型的方法进行预测。一元线性回归模型预测是在确立一个自变量和一个因变量之间具有显著相关关系的基础上，配合回归线进行预测。其主要步骤如下：

① 确定预测目标和影响因素，收集历史统计资料数据。

② 建立一元线性回归方程，即

$$y = a + bx$$

式中，y——因变量(如旅游者人次)，即预测值；

x——自变量，表示时间序数，一般用年份序数表示；

a、b——方程参数(a 为直线截距，b 为趋势线斜率)。

③ 建立标准方程，求方程参数 a、b，标准方程为

$$\begin{cases} \sum_{i=1}^{n} y_i = na + b\sum_{i=1}^{n} x_i \\ \sum_{i=1}^{n} x_i y_i = a\sum_{i=1}^{n} x_i + b\sum_{i=1}^{n} x_i^2 \end{cases}$$

如果简化计算，可将时间序列原点移到数列中心，使 $\sum x_i = 0$，即

$$\begin{cases} \sum_{i=1}^{n} y_i = na \\ \sum_{i=1}^{n} x_i y_i = b\sum_{i=1}^{n} x_i^2 \end{cases}$$

式中，x_i——变量 x 的第 i 个已知数据；

y_i——变量 y 第 i 个已知数据。

④ 用回归方程进行预测，并对预测结果进行分析。

例：某旅游企业 2001—2007 年的营业收入如表 5-2 所列，预测 2008 年该企业的营业收入并进行误差分析。

表 5-2　某旅游企业 2001—2007 年回归预测统计表

年　份	时间序数	营业实绩/万元	收入 x 期数	期数平方
n	x	y	xy	x^2
2001	−3	610	−1 830	9
2002	−2	640	−1 280	4
2003	−1	600	−600	1
2004	0	650	00	0
2005	1	700	700	1
2006	2	720	1 440	4
2007	3	680	2 040	9
$\sum n = 7$	$\sum x = 0$	$\sum y = 4\ 600$	$\sum xy = 470$	$\sum x^2 = 28$

表中时间序数已做简化处理。根据该饭店 7 年的营业收入进行预测的步骤为：

① 历史数据资料的处理结果如表 5-2 所示。

② 将数据代入标准方程，即简化方程式

$$4600 = 7a$$

得

$$a = 657.14$$

$$470=28b$$

得

$$b=16.79$$

③ 将回归参数代入一元线性回归模型

$$y=a+bx,$$

得

$$y=657.14+16.79x$$

④ 如果计算 2008 年的企业营业收入，则时间序数 x 为 4，预测值为

$$y=657.14\text{ 万元}+16.79\text{ 万元}\times 4=724.30\text{ 万元}$$

⑤ 针对企业的实际情况，再进行误差分析。

【本章小结】

营销信息系统由人、设备和程序组成，为营销决策提供及时、准确的信息。营销信息系统由内部报告系统、营销情报系统、营销调研系统和营销分析系统构成。营销调研是指运用科学的分析方法和手段，有目的、有系统地收集、处理、分析、储存和传发有关市场营销方面的各种信息，并提出与本企业面临的特定营销状况或问题相关的调研结果的过程。营销调研的主要目的是为企业营销管理者制定有效的市场营销决策提供重要的依据。市场需求预测包括市场需求、公司需求和市场潜量的预测。问卷（questionnaire）又称调查表，是指为了营销调研的目的而专门设计印制有一组问题或指标体系的表格。问卷是营销调研工作最常用的工具。

【讨论题】

1. 许多公司建立复杂的内部数据库用来确认营销机会和问题，规划战略并评估绩效。如果你是一家五星级酒店营销经理，你希望酒店的内部数据库能够提供什么类型的信息？并解释其原因。
2. 什么是市场营销调研？它可以划分为哪几种类型？
3. 根据信息资料的来源，调查资料的收集可以划分为哪几种？
4. 如何设计市场调查问卷？
5. 什么是市场预测？什么是定性预测与定量预测？
6. 怎样根据不同情况选择不同的预测方法？

第6章　目标市场营销战略

【基本知识点】

(1) 市场细分战略的产生与发展；
(2) 市场细分的作用；
(3) 市场细分的理论依据；
(4) 目标市场选择模式；
(5) 市场细分、目标市场定义；
(6) 市场细分的原则；
(7) 细分消费者市场的主要依据；
(8) 企业如何识别有吸引力的细分市场和选择市场覆盖战略；
(9) 无差异性营销战略、差异性营销战略、集中性营销战略；
(10) 企业如何进行市场定位。

营销大师科特勒曾说，“现代战略营销的核心可定义为STP市场营销，即市场细分(S)，目标市场选择(T)和市场定位(P)”。目标市场营销战略分为三个阶段，如图6-1所示。第一阶段，市场细分(market segmentation)；第二阶段，目标市场选择(market targeting)；第三阶段，市场定位(market positioning)。在第一个阶段，根据不同的市场细分因素把一个总的市场进行细分，并勾勒出细分市场的轮廓；在第二个阶段，评估每个细分市场的吸引力，并选择要进入的一个或多个目标细分市场；在第三个阶段，为每个目标细分市场确定可能的定位，并选择发展和沟通所选择的定位，即根据目标顾客对产品某些属性的重视程度、市场竞争情况及企业自身情况，塑造出本企业产品与众不同的鲜明个性或形象，并传递给目标顾客，使该产品在细分

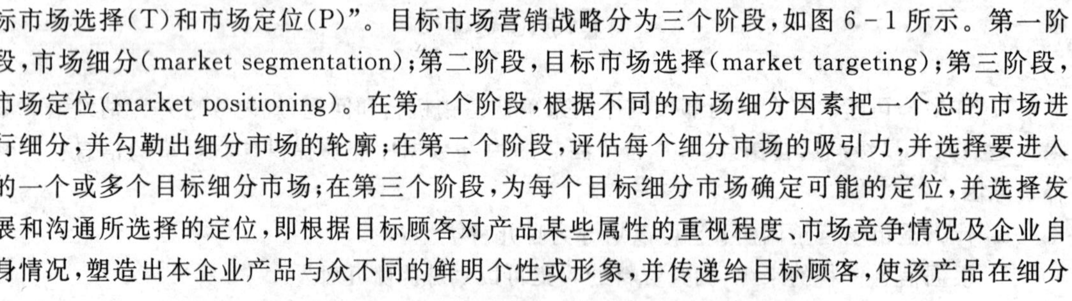

图6-1　目标市场营销战略

市场上占有强有力的竞争位置。

其中市场细分是战略营销活动的基础,也是制定营销战略的关键所在。进行市场细分后,要对所分市场进行有效的评价,并选择目标市场。在完成这两项基础性的步骤之后,更为重要的一个环节便是定位。无论是在国外还是国内,无论是小公司还是著名的大公司,成也定位,败也定位。

6.1 市场细分

6.1.1 市场细分的目的

1. 采取市场细分的原因

从企业营销的角度看,一种产品的市场也就是这种产品的全体买主,他们是由成千上万的消费者或用户构成的。但是,这些买主对一种产品及相关的市场营销组合的各个方面的具体要求往往并不完全相同,甚至存在着很大的差异。然而,任何一个企业,即使规模很大的企业也难以满足一种产品全体买主互有差异的各种要求。因此,企业要根据自己的生产经营能力,进一步明确选择企业为之服务的目标市场。市场细分是企业选择目标市场、实行目标市场营销的前提和基础,同时也是企业进入市场的有效途径和策略。

2. 企业进入市场的途径与市场营销方式的演变

市场细分是 20 世纪 50 年代中期西方市场营销学家在总结了企业市场营销实践经验的基础上提出来的,是战后以来企业营销战略思想的一个重要发展。20 世纪以来,西方经济发达国家的企业在进入市场的途径和市场营销方式上发生了很大的变化,大体经过了三个发展阶段。

(1) 大量市场营销阶段

西方经济发达国家在工业化初期,由于物资短缺、商品供不应求、卖方市场居于统治地位,所以生产观念在企业中甚为流行。与此相适应,企业普遍实行了大量市场营销方式,即企业大量生产某种产品,并通过众多的渠道进行推销,试图以这种产品来吸引市场上的众多购买者。企业采取这种营销方式,目的在于大大降低成本和价格,以便创造巨大的潜在市场,获取最多的利润。

(2) 产品差异市场营销阶段

自 20 世纪 20 年代之后,随着科学技术的进步、科学管理和大规模生产的推广,在西方经济发达国家,商品产量迅速增加,逐渐出现了供过于求的现象,卖方市场开始向买方市场过渡,企业间的竞争日趋激烈,并导致了产品销售困难、价格跌落、利润下降,从而对企业构成了很大的威胁。这时,由于同一行业中的各企业生产经营的产品大体相同,因此,谁都难以有效地控制产品的销售和价格。这种情况促使一些企业逐渐认识到了产品差异的潜在价值,并开始实

行产品差异市场营销方式，即企业以现有产品为基础进行改型变异，推出多种外观、式样、型号和质量的产品，或千方百计使自己的产品与竞争者的产品保持一定的差异性，以此来吸引顾客，争取在市场竞争中取得主动权。但是，这种对产品的改型变异以及追求产品的差异性，往往并不是从特定购买者群的需要出发进行的，只是企业提供有特色的产品供购买者选择，因而带有较大的主观性和盲目性。

(3) 目标市场营销阶段

第二次世界大战后，随着经济的发展，西方经济发达国家的市场形态发生了很大的变化，买方市场逐渐占据了主导地位；随着收入水平和生活水平的提高，人们的消费需求日趋多样化而且变化加快。在这一新的形势之下，一些企业在市场营销观念的指导下开始实行了目标市场营销方式，即企业将某一产品的整体市场划分为若干个购买者或市场部分，然后选择其中一个或多个市场部分为目标市场，有针对性地开发适销对路的产品，发展相应的市场营销组合，以此来适应和满足目标市场的需要，实现企业的任务和目标。目前，目标市场营销方式已为企业普遍采用。

以上情况表明，企业要选择目标市场，实行目标市场营销，有效地进入市场，就要实行市场细分。市场细分是现代市场营销学中的一个重要的概念和方法。

6.1.2 市场细分的作用

1. 市场细分的含义

市场细分指营销者依据消费者的需要、偏好、购买行为、购买习惯等方面的差异性，将某一产品的整体市场划分为若干个具有不同需求倾向的消费者群的市场分类过程。其中，每一个从整体市场中划分出来的消费者群就是一个细分市场（也称为子市场、亚市场、分市场或市场部分）。理解市场细分的概念时，需要注意以下几点：

① 不同消费者群的不同需要、欲望与购买行为是由一系列具体因素引起的，因此企业在实施市场细分时，就应以影响消费者需要、欲望与购买行为的有关因素为基本线索和依据进行。影响消费者需要、欲望与购买行为的因素很多，这些因素多集中在几个侧面，处在不同的层级上。为了使实际开展市场细分的工作能够有效地进行，人们通常总是着重于从少数几个主要方面和适当的层次上展开。

② 一个细分市场是一个由若干独立的消费者构成的群体，分属于同一细分市场的消费者具有相近的需求倾向，分属于不同细分市场的消费者则在需求倾向上存在着明显的差异性。当然，这并不是说各个不同的市场部分在消费需求上毫无共同之处。但是，各个不同的市场部分在消费需求上必须存在着明显的不同点。

③ 不同的细分市场在需求倾向上的差异性，不仅可以表现在对产品的要求上，而且可以表现在对市场营销组合其他构成因素的要求上，甚至综合表现在对企业整个市场营销组合要求的异同上。因此，企业在选择某一细分市场为目标市场之后，需要注意从整体营销活动和整

个营销组合的角度与其保持适应性。

④ 市场细分不是简单分解，而是一个分类组合过程。市场细分，从某种意义上可以说是企业从更具体的角度寻找和选择市场机会，以使企业能够将具有特定需要的顾客群与企业的营销组合对策有机地衔接起来。

2. 市场细分的基础

市场细分的客观基础是对同一产品的消费需求具有多样性。从需求的角度进行考察，各种社会产品的市场可以分为两大类：

(1) 同质市场

凡是消费者或用户对某一产品的需要与欲望及对企业市场营销组合策略的反应等方面具有基本相同或极为相似的一致性，这种产品的市场就是同质市场。不过，只有极少数产品的市场属于同质市场。从一般意义上讲，同质市场无须细分。

(2) 异质市场

凡是消费者或用户对某一产品的需要与欲望及对企业市场营销组合策略的反应等方面存在着差异性，这种产品的市场就是异质市场。从实际情况看，绝大多数社会产品的市场都属于异质市场。市场细分其实就是把一个异质市场划分为若干个相对来说是同质市场的分类组合。

同质市场和异质市场是可以互相转化的，但更多的情况是前者向后者转化，这主要是由消费需求的不断发展变化引起的，企业为了在市场竞争中取得优势地位而采取的产品差异化策略对此也有很大的促进作用。

3. 市场细分的作用

市场营销的实践经验表明，企业实行市场细分可以得到以下好处：

① 有利于企业发现最好的市场机会，适当地选择目标市场。通过市场细分，企业可以深入了解各个消费者的需求及其满足的程度，掌握各个细分市场上企业间竞争的情况，从而发现对自己有利的市场机会，确定适宜自身发展的目标市场，并通过制定有效的营销措施迅速地进入市场，取得较大的机会效益。

② 有利于企业提高竞争能力和应变能力，避免价格竞争，改善投入产出情况，取得较好的经济效益。通过市场细分，企业易于清楚地了解各个细分市场上的各个竞争对手的优势和弱点，从而可以避实就虚、扬长避短地选择目标市场，进行市场定位，增强自己的竞争能力；企业实际市场细分，面向特定的消费者群有针对性地开展营销活动，市场信息反馈较快，有利于根据市场需求及竞争等方面情况的变化及时地调整自己的营销对策，提高应变能力；在激烈的市场竞争中，若单纯以价格为竞争的手段，这对企业极为不利，如果企业通过市场细分选择有利的市场机会为目标市场，向市场提供别人没有或不愿、不能提供的产品，就能创造出一个局部的卖方市场，从而避免单纯用价格进行竞争所带来的不利影响；通过市场细分，选择少数最好的市场部分作为自己的目标市场，企业可以集中人力、物力、财力等资源生产经营适销对路的

产品，从而避免分散使用力量，提高经营效率和经济效益。

③ 有利于满足千差万别、不断变化的消费需要。在众多企业实行市场细分化策略的情况下，尚未满足的社会消费需要就会逐一被不同的企业选为自己的市场机会和目标市场。随着新产品的不断出现，同类产品花色品种的日益丰富，消费者或用户的各种不同需要就会较好地得到满足，人们的生活水平和生活质量就会得到不断提高，社会经济就会得到不断发展。

6.1.3 市场细分的依据、形式和方法

1. 市场细分的依据

一种产品的整体市场之所以可以细分，是由于消费者或用户在需求上存在着差异，而对一种产品的多样化需求通常是由多种因素造成的，因而这些因素也就成了市场细分的依据。

2. 市场细分的基本形式

从消费者市场来看，影响需要倾向的因素归纳起来主要有地理环境、人口统计、消费心理、消费行为、消费受益等方面。以这些方面的因素为依据细分市场，就形成了地理细分、人口细分、心理细分、行为细分、受益细分这样五种市场细分的基本形式。

(1) 地理细分

地理细分，就是按照消费者所处的地理位置、自然环境来细分市场，具体的细分变量包括地区、城市、乡村、城市规模、人口密度、不同的气候带、不同的地形地貌等。处于不同地理位置的消费者对同一类产品的需求特征往往有较大区别，对企业营销组合的反应也大不相同。从地域的角度细分市场，研究细分市场特征是一种传统的细分方法，对于企业制定宏观与微观营销战略有十分重要的作用。

(2) 人口细分

人口细分，就是按照人口统计因素来细分市场，具体的细分变量包括年龄、性别、职业、收入、教育、家庭人口、家庭生命周期、国籍、民族、宗教、社会阶层等。

(3) 心理细分

心理细分，就是按照消费者的心理特性来细分市场，具体的细分变量包括生活方式、性格特征、价值取向、购买动机等。按消费者心理因素细分市场，不仅可以使经营者了解哪些市场是本企业的目标市场，而且还可以了解到顾客购买本企业产品的心理原因，企业便可从顾客的需求入手，从而更好地占领市场。心理因素细分比较复杂，而且多属于动态的，本部分仅讨论生活方式和性格特征两个细分变量，以进一步说明心理细分的作用和意义。

① 生活方式

生活方式指一个人或集团对于消费、工作和娱乐活动的特定习惯和倾向性方式。人们追求的生活方式不同，对产品的需求也不同。把追求某种生活方式的消费者群作为企业的经营目标市场，设计符合于这些消费者需求的产品，对提高企业经济效益极为重要。一般生活方式与消费者的社会经济地位、文化程度等关系较密切。生活方式往往还与年龄、性别、居住地区

及平时生活习惯等密切相关。通过按消费者生活方式细分市场，不仅可以使经营者较为充分地了解消费者信息，往往还可以有效地帮助经营者预测市场需求变化的趋势。

② 性格特征

性格是决定一个人生活方式的基础性因素，也是影响消费者购买动机的主要因素之一。例如，在研究性格与旅游需求关系模式中，较有代表性的是斯坦得·帕洛格的旅游者心理类型模式。他从旅游者性格特征的角度来探索旅游目的地吸引力的变化。他认为，目的地区域名望的兴衰随着占支配地位的性格特征团体的兴衰而变化，目的地开发的不同阶段对不同性格特征的团体产生吸引力。此模式把性格特征划分为五种类型，即自我中心型、近自我中心型、中间型、近多中心型、多中心型。也可以此类标准来细分旅游市场。一个新的奇特的旅游目的地首先吸引的是多中心型的旅游者，这些人是旅游市场的创新者，他们非常自信，酷爱旅游，喜欢新奇，好冒险，追求游人少而独特的目的地，追求新感受。一旦这个目的地广泛宣传开来，知名度提高，游人增加，它就开始失去了对多中心型旅游者的吸引力，他们将被中间型的旅游者取而代之。当旅游目的地吸引的主要对象为中间型旅游者时（即吸引大众市场的阶段），这一阶段是该目的地的鼎盛时期。中间型性格特征的旅游者在旅游过程中不愿过多地冒险，但也不惧怕新的体验，只要能保证安全且不特别难以忍受即可。这种性格的旅游者是最发达旅游目的地的中坚力量。随着时间的推移，目的地对中间型旅游者也失去了吸引力，只能吸引自我中心型旅游者，这些旅游者的心理特征是谨小慎微，不爱冒险、贪图安逸，喜欢轻松，追求自己熟悉的环境和氛围，一旦目的地主体是自我中心型的旅游者时，该旅游目的地便开始衰竭。近多中心型和近自我中心型旅游者是分别介乎于多中心型和中间型、自我中心型和中间型之间的过渡类型。

(4) 行为细分

行为细分就是根据消费者的消费或购买行为来细分市场，具体的细分变量包括消费者进入市场的程度（如经常购买、初次购买、潜在购买等）、消费者所处购买过程的阶段、购买或使用产品的时机与方式、消费的数量规模、对品牌的忠诚程度、对产品的信念和态度等。例如，可以按消费者的消费水平、购买频率及对品牌的信赖程度细分市场：

① 根据消费者购买某种产品数量，可以将市场分为大量、中量和少量购买者市场。大量购买者的人数在市场总人数中所占比例也许很小，但往往他们的消费支出却占很大比重，重复购买的机会很多，如旅游产品和服务的大量购买者是指那些经常进行公务旅游的从事营销、推销和技术服务的人员，他们具有中等收入甚至高收入，他们的消费水平较高。显然，任何一个企业都希望能吸引大量购买者这一细分市场。

② 购买频率指消费者购买某种商品或服务的次数。购买频率和使用量之间常有一定的联系，一般说来，大量使用者购买的次数也较多，企业对购买频率较高的购买者都会给予一定的奖励，以鼓励他们多消费。

③ 消费者对品牌的信赖程度是指消费者对某种品牌的产品或服务的喜爱程度。在市场

上,消费者对某种品牌产品的爱好,有很大差异。消费者对产品品牌的信赖程度,意味着产品在消费者心目中的形象和重复购买的保证。发现并保持这类顾客是十分重要的,不少大企业纷纷推出各种奖励制度、项目,吸收那些多次购买本企业产品并忠实于本企业产品的顾客为会员,按程度予以不同的奖励,以增加客源的稳定性。

按消费者消费水平、购买频率及对品牌的信赖程度细分市场的目的,就是要寻找那些忠诚于本企业产品、高消费并且购买频率和规模程度很高的顾客为本企业的目标市场。

(5) 受益细分

受益细分,就是根据消费者期求的利益或使用目的的不同来细分市场,而消费者所期求的利益与使用的目的,又从其对产品内容的某一方面或多个方面的特定要求上反映出来。一般来说,消费者在选择某种产品时,都是在追求某种特殊的利益。市场学家们认为市场按消费者的利益细分可分为以下几种类别:

① 地位追求者:这些人购买某种品牌的产品时,非常重视这种品牌能否提高自己的声望。

② 时髦人物:这些人力图在一切活动中追求时髦。

③ 保守者:这批人偏爱大型的、有名望的企业及其所提供的产品。

④ 理性者:这批人购买产品时追求经济、价值等方面的利益,他们讲究效用,关心所购产品是否合算,即物有所值。

⑤ 不随俗者:这批人特别关心自我形象。

⑥ 享乐主义者:这批人主要考虑感官上的享受。

运用这种方法不是把各种利益孤立开来,而是首先把消费者所追求的各种利益看成是一个整体,然后对其分解与分析,研究各种利益对各类消费者的重要程度。虽然各类消费者对各种利益的重要性有不同的看法,某种利益对某一细分市场有特殊的吸引力,另一种利益对另一细分市场更有吸引力。但显然消费者总是希望获得尽可能多的利益。

采用消费者追求的利益作为细分市场标准的企业,企业的市场调研和产品研究工作必须与经营工作、产品和服务工作密切地联系起来,做到有的放矢。

相对于大众消费者市场,组织市场尽管具有客户数量少、购买数额大、客户需求复杂等特点,然而,除了人口、心理因素中的某些具体变量外,细分消费者市场的其他因素和变量一般都可以用于细分组织市场。不过组织市场本身的特点决定了对其进行细分的依据,主要是用户特点、经营特点、购买方式、形势因素、用户要求、用户规模和用户地点等方面。

以上对细分消费者市场和组织市场的依据(因素、变量)及基本形式分别作了简要的介绍,但这并不意味着企业在细分市场时只能单独使用它们。一般地说,对需求差异小的产品市场可以使用较少的因素和变量进行细分,对需求差异大的产品市场则需要使用较多的因素和变量进行细分,对某些产品的整体市场还要运用多种因素和变量逐级、逐层进行细分,这样才能从中筛选出适当的细分市场。

3. 市场细分的基本方法

(1) 单一因素法

单一因素法，即企业仅依据影响需求倾向的某一个因素或变量对一产品的整体市场进行细分。该方法适用于市场对产品需求的差异性主要是由单一因素或变量影响所致的情况。

(2) 多因素法

多因素法，即企业依据影响需求倾向的两个以上的因素或变量对产品的整体市场进行综合细分。该方法适用于市场对产品需求的差异性是由多个因素或变量综合影响所致的情况。

(3) 系列因素法

系列因素法，即企业依据影响需求倾向的多种因素或变量对产品的整体市场由大到小、由粗到细地进行系统性的逐级细分。该方法适用于影响需求的因素或变量较多，企业需要逐层逐级辨析并寻找适宜的市场部分的情况。

企业在进行市场细分时，能否视具体情况和实际需要，使用适当的因素、变量及方法，直接影响着市场细分工作的质量和效率。因此，市场营销人员在对市场实施细分之前，必须对有关问题进行认真的考虑。

6.1.4　市场细分的程序

市场细分作为一个过程，一般要经过下列步骤：

(1) 明确研究对象

企业首先要根据战略计划规定的任务、目标及选定的市场机会等决定将要分析的产品市场，进而确定是将这一产品的整体市场还是从中划分出来的局部市场作为细分和考察的对象。

(2) 选择市场细分的方法、形式和具体变量

企业首先根据实际需要拟定采用哪一种市场细分的方法；而后要选择市场细分的形式，即决定从哪个或哪些方面对市场进行细分；最后还要确定具体的细分变量，将其作为有关的细分形式的基本分析单位。

(3) 组织调查

企业对将要细分的市场进行调查，以便取得与已选细分方法、细分形式及细分变量有关的数据和必要的资料。

(4) 实施细分并进行分析评价

企业首先要沿着“市场需求—产品—消费者”的思路对市场进行细分，进而对各个细分市场的规模、竞争状况及变化趋势等方面加以分析、测量和评价。

(5) 选择细分市场并确定目标市场

企业在前述工作的基础上，综合考虑各相关因素，选择适当的细分市场为目标市场，以便进一步进行市场定位，制定市场营销组合方案。

6.1.5 市场细分的原则

企业在依据上述程序对市场进行细分时，为了确保市场细分的实用性和有效性，所选择的市场应具备一定的条件。

1. 可进入性

可进入性，指细分出的市场要能使产品有条件进入并占有一定市场份额，即企业将要细分的市场就是企业的营销活动能够通达的市场，市场细分的目的是为了找出可进入并能够占领某市场的机会。例如，市场的调查结果表明该细分市场竞争十分激烈，或虽然竞争不太激烈但本企业不具备占领该细分市场的能力和条件，一般来说这种细分是无效的。

2. 可测量性

可测量性，指通过市场细分后的各细分市场均需具有明显的差异性，对每一细分市场的规模、购买力等均可以做出明确的估计，从质和量两个方面为制定营销决策提供可靠依据，即企业应恰当地选择市场细分的变量，依有关变量细分出的各个市场部分要有易于识别的顾客群，市场范围比较清晰，能够较好地测量出各个市场部分的购买力及市场规模的大小，否则细分出的各个市场部分将因无法界定和度量而难以描述，这也会使市场细分失去实际价值。因此，确定划分市场特性时，必须考虑其可测量性。

3. 可盈利性

可盈利性，指细分市场的容量能够保证企业从中获得足够的经济效益。它一方面要求细分市场具有一定规模和稳定性，有足够的潜在购买者和有效的需求量，即他们有充足的货币支付能力，使企业能补偿成本，并获得利润，否则企业将难以靠其实现必要的利润量；另一方面还要求该细分市场应具有一定的销售潜力，企业不仅在短期内可以盈利，而且通过努力可以扩大市场，使其保持长久效益。

4. 易反应性

易反应性，指细分出来的各个市场部分起码应对企业市场营销组合诸因素中的一个方面具有十分明显的不同反应，否则各细分市场就不能成立，企业也就没有必要针对各个市场部分分别制定不同的市场营销组合方案。

6.2 选择目标市场

公司的营销策略不可能取悦每一个人。公司的营销经理要确定自己的目标市场，并只为自己定义的目标市场中的客户提供合适的服务。

6.2.1 如何选择和确定目标市场

目标市场，就是企业决定要进入的市场部分，即企业拟为之服务的群体。企业的整个营销

活动都是围绕其目标市场进行的。因此，正确地选择目标市场，明确企业具体的服务对象，关系着企业任务和目标的落实，是企业制定营销战略的首要内容和基本出发点。

市场细分是企业选择和确定目标市场的前提和基础，但这并不是说在任何情况下企业选择和确定目标市场之前都要实行市场细分策略。企业确定目标市场的方式有两种：

① 在一种产品的整体市场为同质市场或企业认为可以将其视为同质市场时，企业无须进行市场细分，可以将该产品的整体市场作为自己的目标市场；

② 在一种产品的整体市场为异质市场时，企业通常要先进行市场细分，然后再选择其中的一个或数个细分市场作为自己的目标市场。

企业在以市场细分为基础选择目标市场时，可以借助"产品一市场矩阵图"进行。企业在对各个市场部分进行认真的分析评价后，便可以根据战略计划的要求、自身的生产经营条件、市场销售潜量、市场竞争状况及其他有关因素，选择和确定本企业要进入的细分市场。

6.2.2　评价细分市场

一般而言，企业考虑进入的目标市场，应符合以下标准或条件：

(1) 有一定的规模和发展潜力

企业进入某一市场是期望能够有利可图，如果市场规模狭小或者趋于萎缩状态，企业进入后难以获得发展，此时，企业应审慎考虑，不宜轻易进入。当然，过度竞争的细分市场也是需要慎重考虑的。

(2) 细分市场结构的吸引力

细分市场可能具备理想的规模和发展特征，然而从盈利的观点来看，它未必有吸引力。波特的研究表明，有五种力量决定整个市场或其中任何一个细分市场的长期的内在吸引力，即同行业竞争者、潜在的新参加的竞争者、替代产品、购买者和供应商。

(3) 符合企业目标和能力

某些细分市场虽然有较大吸引力，但不能推动企业实现发展的主要目标，并分散企业精力，这样的细分市场应考虑放弃。另外，企业的资源条件是否适合在某一细分市场经营也是重要的考虑因素，应选择企业有条件进入、能充分发挥其资源优势的细分市场作为目标市场，这样企业才会立于不败之地。

6.2.3　目标市场选择

选定最符合公司营销策略的一个(几个)细分市场作为公司的目标市场。选择公司的目标市场通常有五种范围选择模式，如图 6-2 所示。

(1) 产品一市场集中化策略

这种策略是指企业决定只生产一种类型的标准化产品，并且主要用于满足某产品整体市场中的某一个顾客群的一种特定的需要。较小的企业通常采用这种策略。

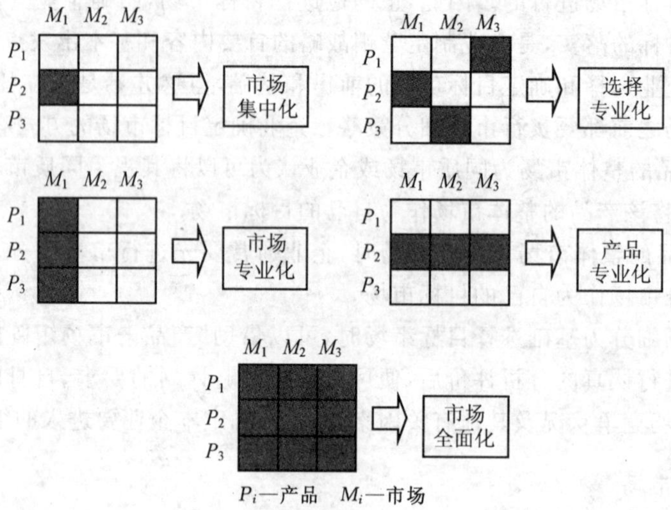

图 6-2 目标市场范围选择模式

(2) 选择专业化策略

这种策略是指企业决定有选择地同时进入某产品整体市场的几个不同的市场部分，并有针对性地向各个不同的顾客群提供不同类型的产品，以满足其特定的需要。这一般是生产经营能力较强的企业在几个市场部分均有较大吸引力时所采取的决策。

(3) 市场专业化策略

这种策略是指企业决定生产多种不同类型的产品，并且主要用于满足某产品整体市场中的某一个顾客群多种特定的需要。这通常是经营能力较强的企业，试图在某一细分市场上取得较好的适应性和较大的优势地位而采取的做法。

(4) 产品专业化策略

这种策略是指企业决定生产某种类型的系列产品，并将其供应给某产品整体市场的各个顾客群，满足其对该种类型产品的各不相同的需要。在实践中，这种策略往往是实施市场集中化策略的企业实行产品开发、市场开发策略后形成的结果。

(5) 全面进入策略

这种策略是指企业决定全方位地进入某产品整体市场的各个市场部分，并有针对性地向各个不同的顾客群提供不同类型的系列产品，以满足该产品整体市场各个市场部分的各种各样的需要。这主要是大企业为在某种产品的整体市场上取得领导地位而采取的做法，它往往是(3)或(4)策略演化的结果。

在运用上述策略时，企业一般是先进入最有吸引力且最有条件进入的市场部分，只是在机会和条件成熟时才酌情有计划地进入其他市场部分，并逐步扩大目标市场范围。

6.2.4　目标市场营销战略

目标市场是企业营销活动所要满足的市场需求，是企业决定要进入的市场，或指目标顾客，也就是企业要为之提供产品和服务的顾客群。实行目标市场营销方式的企业，在市场细分、选择目标市场之后还要确定目标市场营销战略，即企业针对选定的目标市场确定有效地开展市场营销活动的基本方针。

企业确定目标市场的方式不同，选择的目标市场范围不同，其营销战略也就不一样。可供企业选择的目标市场营销战略主要有以下几种，如图 6－3 所示。

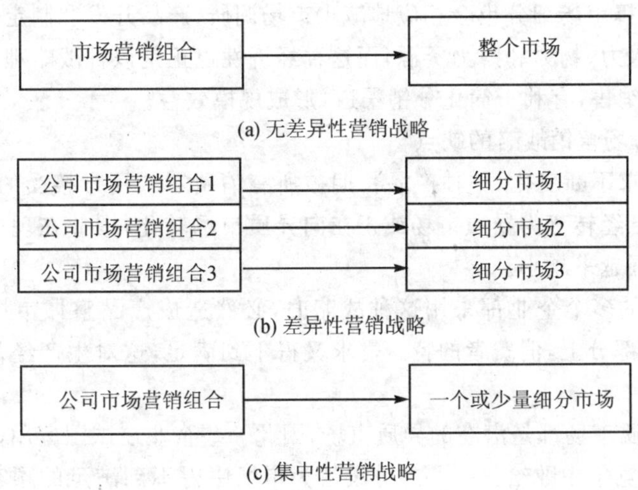

图 6－3　三种可供企业选择的目标市场营销战略

1. 无差异性市场营销战略

(1) 无差异性市场营销战略的含义与特点

无差异性市场营销战略又叫整体化市场营销战略，指企业以市场整体为服务对象，采用单一的市场营销组合满足整个市场需求。当企业面对的是同质市场或同质性较强的异质市场时，便可以采用这种战略开展市场营销活动。从实际情况看，这一策略对拥有广泛需求，能够大量生产、大量销售的产品基本上都是适用的。因此，不仅是同质市场，即便是异质市场(现实或潜在的)，只要具备上述条件，实行这种战略也基本上是合理的。这种战略的基本特点是：企业不进行市场细分，将产品的整体市场作为一个大的目标市场；营销活动只注意市场需求的共同点，而不顾及其存在着的差异性；企业只推出一种类型的标准化产品，设计和运用一种市场营销组合方案，试图以此吸引尽可能多的购买者，为整个市场服务。

需要指出的是，在产品的整体市场上常常会有若干个实行无差异性营销战略的相互竞争的企业，他们为了使自己的产品能够在市场上树立起特定的形象，取得竞争优势，扩大产品销

售，往往在实行该种营销战略的同时实施产品差异化战略，力求使自己的产品与竞争者的产品有所区别，但这并不意味他们的目标市场不同，也不表明他们从根本上改变了实施的目标市场营销战略。

(2) 无差异性市场营销战略的优点

① 采用这种战略的企业一般可以设立大规模的单一产品生产线、广泛和大众化的销售渠道，通过大量的广告和统一的宣传等开展强有力的促销活动，因而往往能够在消费者或用户的心目中树立起"超级产品"的形象。

② 大批量生产、储运和销售可以降低单位产品的成本，无差异的广告宣传等促销活动可以节省促销费用，不搞市场细分也会相应地减少市场调研、产品开发和制定多种市场营销组合方案等所要耗费的人力、物力和财力资源，而这种经济性也正是该种战略理论的主要基础。

③ 可以大规模销售，有利于简化分销渠道，形成规模效益。

(3) 无差异性市场营销战略的缺点

① 由于消费需求不断变化，一种产品长期被所有消费者或用户接受的情况越来越少，许多过去的同质市场已经转变为异质市场或正在向异质市场转化，因此在现代社会经济条件下这种战略的适用范围越来越小。

② 当同行业中的多个企业都采用这种战略时，必然造成产品整体市场上的竞争日趋激烈，而在较小的市场部分上，消费者的特殊需求又得不到满足，这对生产经营者和消费者来说都是不利的。

③ 由于许多同质市场都是潜在的异质市场，因此一些企业在试图运用该战略吸引尽可能多的顾客时，常常在竞争中败给另一些想方设法为市场中得不到满足的顾客提供适合他们特定需要的产品的企业，从而使自己的竞争努力受挫，处于被动的境地。

鉴于以上原因，不少过去长期实行无差异性市场营销战略的企业，都随着环境的变化转而采用了其他的目标市场营销战略。

2. 差异性市场营销战略

(1) 差异性市场营销战略的含义与特点

差异性市场营销战略又叫细分化市场战略，指在细分市场的基础上，企业针对不同细分市场的需求，设计不同的产品，采取不同的营销组合手段，分别满足各类消费者需求的市场营销战略。也就是说，企业把整体市场划分为若干细分市场，并针对这些细分市场分别开展市场营销活动。这是企业面对异质市场时可以选择的一种目标市场营销战略。这种战略的基本特点是：企业在对异质市场进行细分的基础上，从产品的整体市场中选择多个乃至全部细分市场为自己的目标市场，并根据每个目标市场的需要分别制定相应的市场营销组合方案，提供特定的产品，在多个市场部分上有针对性地开展营销活动。

(2) 差异性市场营销战略的优点

① 由于企业针对各个目标细分市场的特殊要求实行了产品和市场营销组合的多样化战

略，因而可以较好地满足产品整体市场中不同消费者的不同需要，提高企业的适应能力和竞争能力，扩大产品销售。

② 如果企业在数个细分市场上都取得了较好的营销效果，就能树立起良好的企业形象，大大提高消费者或用户对该企业及其产品的信赖程度、接受速度和购买频率，从而形成较大的优势。

③ 营销组合的多样化可以有效降低企业经营风险。

鉴于以上原因，现在有相当多的企业都采用了这种目标市场营销战略，并取得了成功。

(3) 差异性市场营销战略的缺点

① 采用差异性市场营销战略，势必要求企业增加产品品种，同时要求企业具有多种渠道、多种销售方法和多种广告宣传，增加了企业的产品生产与销售成本。

② 产品品种多，针对性较强，但大批量销售受到一定限制，在产品经营中难以实现规模经济效益。

③ 由于企业进入的市场部分较多，并且需要针对各个细分市场的需求实行产品和市场营销组合的多样化战略，这就使企业的业务范围较宽、业务内容较为繁杂、业务量较大、生产经营费用较高、力量的使用较为分散，企业管理的难度较大。因此，有些企业在采用这一战略的时候，采取了只对产品的整体市场进行粗分或少进入一些细分市场的做法，以缓解上述问题的出现。

④ 这种战略的基本特点决定了对它的采用要受到企业资源能力的很大限制，因此实行该战略的多为资源雄厚、物质技术力量强、专业人才较多、经营管理基础好的大企业。

3. 集中性市场营销战略

(1) 集中性市场营销战略的含义与特点

集中性市场营销战略又称密集性营销战略，指企业在市场细分的基础上，只选择某一个或少量细分市场作为其目标市场，集中企业的人、财、物实行专业化生产和经营的战略。这种战略所追求的不是在整体市场上分散地占有较小份额，而是力图在较小的细分市场上占有较大的市场份额。采用这种战略的多是资源能力有限的中小型企业，它很难在整体市场上与大企业竞争，因而寻求在较小的细分市场上争取拥有较高的市场占有率。这样做不仅使企业比较容易在这一特定市场上取得有利地位，而且还可以节省市场营销费用，提高产品与企业知名度，并可以迅速扩大市场获得较高的经济效益。例如，美国汽车旅馆主要接待乘小汽车旅游的游客，这种旅馆为汽车游客这一细分市场进行有针对性的服务，市场占有率较高。这也是企业面对异质市场时可以选择的一种目标市场营销战略。

这种战略与前两种战略相比，其特点在于：它不是面向某一产品的整体市场，也不是把力量分散地使用于若干个细分市场，而是集中力量进入一个细分市场或是对该细分市场进一步细分后同时进入其中几个更小的市场部分，为目标市场开发一种理想的产品，实行高度专业化的生产和营销，集中力量为之服务。实行这种战略的企业，不是希望在某一产品的整体市场或

较多的细分市场上拥有较小的份额，而是力求在一个较小或少数几个更小的细分市场上取得较高的甚至支配地位的市场占有率和竞争优势。

(2) 集中性市场营销战略的优点

① 由于企业集中力量于一个细分市场或其中几个更小的市场部分上，因而便于深入了解目标市场的需求情况，有针对性地开展营销工作，有利于迅速占领市场并取得优势，提高自己在目标市场上的知名度，从而增加企业营业收入和利润。

② 由于企业的目标市场范围较小，集中使用力量，实行了生产和营销等方面的专业化，因而可以有效地减少投资和占压资金，降低生产成本和经营费用，加快资金周转，提高投资收益率，取得较好的经营效益。这种战略主要适用于小企业。小企业受到资源力量的限制，无法在某一产品的整体市场或多个细分市场上与大企业抗衡；但在大企业未予注意或不愿顾及的某个细分市场上，小企业可以全力以赴，大大提高取得成功的概率。寻找市场缝隙，实行集中性营销，为自己创造成长的小气候，可以说是小企业变劣势为优势的一种明智选择。

③ 经营范围针对性强，容易形成产品与经营特色。

④ 有利于提高资源利用率。

(3) 集中性市场营销战略的缺点

由于选定的目标市场范围窄小，业务单一，实行这种战略的企业要承担较大的潜在风险。当市场需求发生较大的变化或遇到强有力的竞争对手侵入时，企业往往会因回旋余地小而陷入困境。因此，采用这种战略的企业必须密切注意目标市场的需求动向及其他营销环境因素的变化，制定适当的应急措施。一旦自身力量增强了，就要寻找机会，适当地扩大目标市场的范围或实行多角化经营。

以上介绍了可供企业选择的三种目标市场营销战略。它们各有其优缺点，一个企业究竟采取哪一种战略，需要根据具体情况来决定。一个企业在决定采取何种战略时，应全面考虑到企业的资源条件、经营管理能力、产品的性质、产品所处的市场生命周期阶段、市场的性质、市场的供求状况和发展趋势、竞争对手的实力及其采取的目标市场营销战略等多方面的主客观条件因素，然后权衡利弊方可做出抉择。此外，企业的目标市场营销战略应保持相对稳定，但随着上述各种条件和影响因素的变化，企业也应对其所采用的战略作必要的调整。

6.2.5 影响目标市场营销战略选择的因素

1. 企业资源或实力

企业资源或实力是指企业生产能力、技术能力、销售能力和资金条件。当企业产品属于异质市场时，如果企业规模大，企业管理的软硬件水平较高，资金条件好，生产能力、技术、销售能力较强，可选择差异性市场营销战略；若企业资源有限，实力不足，则宜采取密集性市场营销战略。

2. 产品的同质性

产品的同质性是指在消费者眼里不同企业生产的产品的相似程度。对性质相近、差异性较小的产品和服务，如水力、电力等宜采用无差异性市场营销战略。若产品差异性很大，消费者的选择性强，如服装、饮食部门，可根据企业资源状况采用差异性或密集性市场营销战略。

3. 市场同质性

市场同质性是指各细分市场顾客需求、购买行为等方面的相似程度。当市场同质性很高时，可采用无差异性市场营销战略，也可采用密集性市场营销战略，以便集中力量吸引某一特定市场。

4. 产品所处生命周期的不同阶段

如果产品是处于投入期或成长前期的新产品，竞争者较少，品种较单一，企业有可能迅速扩大市场，宜采用无差异性市场营销战略，以便探测市场需求和潜在需求。当产品进入成长后期或成熟期时，市场竞争加剧，则宜采用差异性市场营销战略或集中性市场营销战略，以保持原有市场，扩大销售。当产品进入衰退期时，则一般采用集中性市场营销战略，集中力量于最有利的细分市场上，以延长产品生命周期。

5. 竞争者的市场营销战略

竞争者的营销战略以及营销活动的变化，会直接影响企业的营销。企业一般应选择能够与竞争者营销战略相抗衡的市场营销战略。

6. 竞争者的数量

如果企业产品在市场上的竞争者很少，并且企业相对于竞争者居于明显的优势地位，消费者或用户的选择性很低，企业可以选择无差异性市场营销战略；相反，则应选择差异性或集中性市场营销战略。

三种目标市场营销战略各有其优缺点，一个企业究竟采取哪种战略，需要根据具体情况来决定。另一方面，企业自身条件和各种市场环境因素都会发生变化，企业不能一成不变地只使用某一种战略，而应根据企业本身可控因素和环境因素的变化而变化。

6.3　市场定位

6.3.1　市场定位的含义

市场定位又称产品定位或竞争性定位，指企业为自己进入目标市场的产品创立鲜明的特色或个性，从而在潜在消费者或用户中塑造出一定形象。

企业的市场定位，就是企业在综合考虑市场需要、竞争状况、营销环境等有关因素的基础上，结合本企业的任务、目标、经营管理能力等方面的要求与条件，确定本企业与竞争者相比较而在未来市场上所处的位置。

6.3.2 市场定位步骤

市场定位包括三个步骤：识别据以定位的可能性竞争优势，选择正确的竞争优势，有效地向市场表明企业的市场定位。

1. 识别可能的竞争优势

消费者一般都选择那些给他们带来最大价值的产品和服务。因此，赢得和保持顾客的关键是比竞争者更好地理解顾客的需要和购买过程，以及向他们提供更多的价值。具体做法可以是：提供比竞争者较低的价格，或者是提供更多的价值以使较高的价格显得合理。企业可以把自己的市场定位为：向目标市场提供优越的价值，赢得竞争优势。差别化优势就是创意设计出易识别的、比竞争者更具吸引力的服务特色及有形特征。差别化是市场定位的根本战略，其表现有以下四方面：

① 产品差别化。企业可以使自己的产品区别于其他产品。这主要是从产品的物质属性方面看，包括高质量的硬件设施等。

② 服务差别化。除了靠实际产品区别外，企业还可以使其与产品有关的服务不同于其他企业。

③ 人员差别化。企业可通过雇用和训练比竞争对手好的人员取得很强的竞争优势。"在获得竞争优势的方法中，雇佣并培训比竞争者素质更佳的员工也是其中之一"。[①] 人员差别化要求企业必须精心挑选工作人员，通过培训和竞争选拔出比竞争者更为优秀的人员，这些人员须有能力、有技能、有知识，礼貌、诚实、谦虚、友好、善于沟通，能准确地理解顾客的意图并对顾客的要求和问题做出敏锐迅速的反应，及时有效地满足顾客的需求。

④ 形象差别化。"即使竞争性产品及服务看上去都一样，顾客对企业及品牌形象也仍然存在着认知上的差别，尤其因为定位的差异化落点并不是企业本身，而是在潜在目标顾客的心中，这种顾客认知上的差异就显得异乎寻常的重要"。[②] 企业可以通过品牌标志、象征图案、广告等多种途径来塑造其特有的形象，以便使自己区别于竞争者。同时在表达上还应使所传递的信息简洁而有特色，意在表达企业的主要利益和定位，更有效地吸引住目标消费者，激发顾客的注意与兴趣，并求得顾客的认同。

2. 选择作为定位依据的竞争优势

如果企业已经发现了若干个潜在的竞争优势，企业必须选择其中几个竞争优势，据以建立起市场定位战略。选择作为定位依据的竞争优势应避免出现下述三种情况：

① 定位过低(underpositioning)。有些公司发现购买者对产品品牌只有一个模糊的印象，购买者根本没有真正意识到该品牌的独特之处。

---

① 裴蓉. 市场营销学. 北京：民主与建设出版社，2001：86.

② 吴泗宗. 市场营销学. 2版. 北京：清华大学出版社，2005：127.

② 定位过高(overpositioning)。购买者可能对该产品了解得有限,即传递给购买者的公司形象太窄。

③ 定位混乱(confused positioning)。给购买者一个混乱的企业形象。

3. 通过沟通有效地向目标市场传达企业的市场定位

一旦选择好市场定位,企业就必须采取切实的步骤把理想的市场定位传达给目标消费者。企业应积极主动地与目标市场沟通,通过广告等宣传手段引起顾客的注意、激发其兴趣,并使其对企业的市场定位产生认同、喜欢和偏爱。同时,通过不断的沟通,向目标市场传递正确的信息,以巩固和矫正市场形象。企业所有的市场营销组合必须支持这一市场定位战略,必须不时地密切监督并调整定位,以适应消费者需求和竞争对手战略的变化。企业定位要求有具体的行动而不是空谈。

营销案例链接:大宝护肤品——工薪阶层的选择

大宝是北京三露厂生产的护肤品,在国内化妆品市场竞争激烈的情况下,大宝不仅没有被击垮,而且逐渐发展成为国产名牌。在日益增长的国内化妆品市场上,大宝选择了普通工薪阶层作为目标市场销售对象。既然是面向工薪阶层,销售的产品就一定要与他们的消费习惯相吻合。一般说,工薪阶层的收入不高,很少选择价格较高的化妆品,而他们对产品的质量也很看重,并喜欢固定使用一种品牌的产品。因此,大宝在注重质量的同时,坚持按普通工薪阶层能接受的价格定价。其主要产品"大宝 SOD 蜜"市场零售价不超过 10 元,日霜和晚霜也不过是 20 元。价格同市场上的同类化妆品相比占据了很大的优势,本身的质量也不错,再加上人们对国内品牌的信任,大宝很快争得了顾客。许多顾客不但自己使用,也带动家庭其他成员使用大宝产品。大宝还了解到,使用大宝护肤品的消费者年龄在 35 岁以上者居多,这一类消费者群体性格成熟,接受一种产品后一般很少更换。这种群体向别人推荐时,又具有可信度,而化妆品的口碑好坏对销售起着重要作用。大宝正是靠着群众路线获得了市场。

在销售渠道上,大宝认为如果继续依赖商业部门的订货会和各省市的百货批发展,必然会使渠道越来越窄。于是,三露厂主动出击,开辟新的销售网点,在全国大中城市有影响的百货商场设置专柜,直接销售自己的产品。到目前为止,大宝在全国共有 102 个产品销售专柜,并培训了众多的信息员、导购员和电脑测试员在专柜前从事销售工作。专柜的建立不仅扩大了销售,也为大宝做了广告宣传。此外,许多省市的零售商直接到厂里提货,在批发到县乡一级。零售与批发同步进行,使大宝的销售覆盖面更加广泛,在许多偏僻的地区也能见到大宝的产品。

在广告宣传上,大宝强调广告媒体的选择一定要经济而且恰到好处。因而三露厂选择中央电视台二套节目播出其广告,理由是二套的广告价格较一套便宜许多,还可以套播。大宝赞助了大宝国际影院和大宝剧场两个栏目。这样加起来,每日在电视上能见到七八次大宝的广告,如此高密度、轰炸式的广告,为大宝带来了较高的知名度。

广告的成功还在于广告定位与目标市场吻合。大宝曾经选用体育明星、影视明星做广告，但效果不是很好。后来大宝一改化妆品广告的美女与明星形象，选用了戏剧演员、教师、工人、摄影师等实实在在的普通工薪阶层，在日常生活的场景中，向人们讲述了生活和工作中所遇到的烦恼以及用了大宝护肤品后的感受。广告的诉求点是工薪阶层所期望解决的问题，于是，"大宝挺好的"、"想要皮肤好，早晚用大宝"、"大宝明天见，大宝天天见"等广告词深深植入老百姓的心中。

总之，大宝化妆品成功的主要原因是在制定企业营销策略，开展营销活动之前首先对国内化妆品市场进行了科学的市场细分，在此基础上选择了最合适的部分作为自己的目标市场，即普通工薪阶层，并进行了相应的产品定位，确定了自己在市场上的位置，同时根据这部分目标顾客的需求制定了不同的营销组合策略，较好地满足了这部分消费者的需求。

资料来源：杨明刚. 市场营销100个案与点析. 2版. 华东理工大学出版社，2004.

6.3.3 市场定位方式

可供选择的企业市场定位方式有避强定位、迎头定位和重新定位三种类型。企业的市场定位本质上是一种市场竞争的目标性战略，为了实现其市场定位目标，企业必须采取一系列的营销措施。

(1) 避强定位

避强定位即避开强有力的竞争对手的市场定位。这种策略的优点是能迅速在市场上站稳脚跟，并能在消费者心目中树立起一种形象。

(2) 迎头定位

迎头定位又称对抗性定位，是指与在市场上占据支配地位的最强有力的竞争对手相抗衡的定位方式，即企业选择与现有竞争者相同的市场位置，争夺同样的目标顾客，使用相同的市场营销组合策略，在战略上采取正面交锋的对抗性做法。这种定位有时会产生风险，但企业一旦成功就会取得较大的市场优势。实行这种定位必须知己知彼，充分估计企业的实力，不要试图占绝对优势，只要能和竞争对手平分秋色就是巨大的成功。

(3) 重新定位

重新定位即对销路少、市场反应差的产品进行二次定位。企业通过改变产品特色，改变目标顾客对其原有产品的印象，使顾客重新认识并认可企业的新产品。但有时重新定位并非因为企业陷入困境，相反，却是因为产品意外地扩大了销售范围。例如，强生产品的最初市场定位是婴幼儿，但由于一些青年妇女认为婴幼儿护肤品较温和，刺激性小，所以也选择强生护肤产品。因此，该产品被重新定位。

【本章小结】

本章主要内容是讨论目标市场营销战略，包括市场细分、目标市场选择和市场定位。市场细分指营销者依据消费者的需要、偏好、购买行为、购买习惯等方面的差异性，将某一产品的整体市场划分为若干个具有不同需求倾向的消费者群的市场分类过程。其中，每一个从整体市场中划分出来的消费者群就是一个细分市场(也称为子市场、亚市场、分市场或市场部分)。目标市场是企业营销活动所要满足的市场需求，是企业决定要进入的市场，或指目标顾客，也就是企业为之提供产品和服务的顾客群。有三种可供选择的目标市场战略，即无差异性营销战略、差异性营销战略和集中性营销战略。市场定位又称产品定位或竞争性定位，指企业为自己进入目标市场的产品创立鲜明的特色或个性，从而在潜在消费者或用户中塑造出一定形象。

【讨论题】

1. 什么是市场细分，市场细分的原则有哪些？
2. 依据哪些主要变量细分消费者市场？
3. 怎样选择目标市场，目标市场营销战略有哪几种？它们各有哪些优缺点？
4. 企业如何进行市场定位？市场定位有哪几种方式？

第7章　竞争性市场营销战略

【基本知识点】

(1) 识别企业的竞争者；

(2) 确认竞争对手的战略；

(3) 判定竞争者的目标；

(4) 竞争对手的优劣势分析；

(5) 竞争对手的反应模式。

激烈的竞争已成为当今商场上不可避免的急雨狂风，正所谓大浪淘沙，适者生存。为了在竞争中站稳脚跟，取得胜利，每个企业，甚至每个人都必须增强竞争意识，明确自己的竞争战略。了解竞争对手的情况和战略，明确自己在竞争中的地位，知己知彼，方能百战百胜。因此，制定有针对性的竞争战略，是企业在激烈竞争中获取成功的重要保证。

7.1　竞争者分析

为了规划有效的竞争策略，公司必须尽可能寻找有关竞争对手的资料，经常与那些实力相当的竞争对手在产品、价格、渠道、促销方面进行比较。只有这样，公司才能对竞争对手采取正确的攻击，才能够准备较为坚强的防卫以防攻击。分析竞争者应采取以下步骤：

① 确定企业的竞争者(谁是竞争者？谁是主要竞争对手?)。

② 竞争者基本情况分析。

③ 判断竞争者的战略和目标。

④ 估计竞争者的优势及劣势(销售额、市场占有率、投资收益率、现金流量、发展战略等优劣势分析)。

⑤ 判断竞争者的反应模式(从容型、选择型、凶狠型、随机型)。

⑥ 确定攻击对象和回避对象。

7.1.1　识别竞争者

确认竞争对手对公司而言不是一件很容易的事，最容易确认的竞争对手的情况就是其他

公司以类似的价格提供类似的产品和服务给相同的客户。但是，公司所面临的竞争对手的范围确实越来越广泛。广义而言，公司可将制造相同产品或同级产品的公司都视为竞争对手。

营销案例链接：

- 埃斯特曼·柯达公司在胶卷业一直担心崛起的竞争者——日本富士公司。但柯达公司面临的更大威胁是当前发明的摄像机。由佳能和索尼公司销售的摄像机能在电视上展现画面，可转录入硬盘，也能擦掉。可见，对胶卷业而言，更大的威胁是来自于摄像机。
- 联合利华公司和其他清洁剂制造商对超声波洗衣机的研究惶恐不安。超声波洗衣机的最大特点是洗衣服无需清洁剂，虽然到目前为止，它只能洗一些脏衣物和纤维织物。可见，对清洁剂行业而言，更大的威胁可能是来自于超声波洗衣机。

资料来源：http://www.linkshop.com.cn/icons/，清华大学经管学院，胡左浩

一般来说，企业应从行业结构和业务范围的角度去识别竞争者。

1. 行业竞争观念

行业是一组提供一种或一类密切替代产品的相互竞争的公司，生产和经营同规格、同品种、同类产品和服务，并以同一区域为市场的商家。密切替代产品是指具有高度需求交叉弹性的产品。如果一种产品的价格升高会引起对另一种产品的需求增大，这两种产品就是密切替代的。比如，康佳和海信同属一个行业，康佳的电视机提价会引起海信电视机需求的增大。

影响行业结构的主要因素：

(1) 销售商数量及产品的差异程度

行业在市场上的销售商数量和产品的差异程度决定了行业结构的四种类型。

① 完全垄断

完全垄断存在于某一个行业，只有一个公司在某国或某地区提供一定的产品或服务(如美国邮局，地方电力公司)。

② 完全寡头垄断

完全寡头垄断的行业通常被少数几个大企业所把持，它们生产并向市场提供从高度差别化到标准化的全系列产品。

③ 垄断竞争

垄断竞争的行业由许多能从整体上或部分地区别出它们所提供的产品或服务并使其具有特色的公司(餐厅、美容院)所组成。顾客对某些品牌有特殊偏好，不同的企业以产品的差异性吸引顾客，展开竞争。

④ 完全竞争

完全竞争的行业是由许多提供相同产品或服务的公司所构成的，如股票市场、大多数农产

品市场等。

(2) 进入与流动障碍

进入障碍指当这个行业有吸引人的利润时,新公司进入的难易程度。进入一个行业可能遇到很多障碍,主要的进入障碍包括资本要求高、规模经济、专利和许可证条件、缺少场地、难以找到愿意合作的原料供应商或产品分销商、信誉条件不易建立等。流动障碍指一家公司进入了一个行业之后,当它要进入行业中某些更具吸引力的细分市场时,可能会面临的障碍。

(3) 退出与收缩障碍

如果某个行业利润水平低下甚至亏损,已进入的部分企业会选择主动退出,并将人、财、物转向更有吸引力的行业,但退出一个行业会遇到退出障碍。退出障碍包括:对顾客、债权人或雇员的法律和道义上的义务;由过分专业化或设备技术陈旧引起的资产利用价值低;缺少可供选择的机会;高度的纵向一体化;感情障碍等。即使企业不完全退出该行业,仅仅是缩小经营规模,也会遇到收缩障碍。由于存在退出和收缩障碍,许多企业在无利可图的时候,只要能够收回可变成本和部分收回固定成本,就会在一个行业内维持经营。这些企业的存在降低了行业的平均利润率,那些打算在该行业继续经营的企业出于自身考虑应设法减少退出者的退出障碍,如买下退出者资产等。

(4) 成本结构

每个行业都有驱动其战略行为的一定的成本组合。比如,轧钢厂需要较高的制造和原材料成本,而玩具制造商则需要更多的分配和营销成本。

(5) 纵向一体化

纵向一体化包括前向一体化和后向一体化。某些行业公司发现实行后向或前向一体化有利于取得竞争优势。例如,在石油行业,主要的石油生产者进行石油勘探、石油钻井、石油提炼,并把化工生产作为他们经营业务的一部分。实现纵向一体化的企业常可降低成本并能更好地控制增值流。一般来说,纵向一体化会对行业内实力较弱的企业形成更大的竞争压力,会提高后来者的行业进入成本。无法实行纵向一体化的公司会处于不利的地位。

(6) 全球经营

一些行业的地方性非常强(如草坪保养),另一些行业则是全球性的行业(如石油、飞机发动机、照相机)。全球性行业的公司,如果想要实现规模经济和赶上最先进的技术,就需要开展以全球为基础的竞争。

行业结构是相对稳定的,但又随行业发展的进程而变化。结构变化改变了竞争力量总体和相对的强度,从而能够以积极或消极的方式影响行业的盈利能力。对于战略最为重要的行业趋势就是那些影响行业结构的趋势。

2. 业务范围导向与竞争者识别

企业在确定和扩大业务范围时都自觉或不自觉地受一定导向支配,导向不同,竞争者识别和竞争战略就不同,如表 7-1 所列。表中的√代表该项内容是既定的,?代表该项内容是未

确定的。

表 7-1　业务范围导向与竞争者识别

	顾客群	顾客需求	技　术	产　品	应对策略
产品导向	?	?	√	√	市场渗透,市场开发
技术导向	?	?	√	?	产品改革一体化发展
需求导向	?	√	?	?	新产业开发
顾客导向	√	?	?	?	多元化

(1) 产品导向与竞争者识别

企业的每项业务都包括四个方面的内容,即服务的顾客群、迎合的顾客需求、满足这些需求的技术、运用这些技术生产出的产品。产品导向是指企业的技术和产品是既定的,而购买这种产品的顾客群和要迎合的顾客需求是未定的。实行产品导向的企业仅把生产同一规格或品种的企业视为竞争对手,其竞争战略是市场渗透和市场开发。

(2) 技术导向与竞争者识别

技术导向是指将企业业务范围限定为用现有设备或技术生产出产品。技术导向型企业生产技术类型是既定的,而用这种技术生产出何种产品、服务于哪个顾客群、满足顾客何种需求都是不确定的。技术导向把所有使用同一技术、生产同类产品的企业视为竞争对手,却没有把使用不同技术、生产同类产品或替代品的企业列为竞争对手。公司应当避免这种"竞争者近视症"。在现实的市场竞争环境中,公司可能被潜在的竞争者而非现在的竞争者打败,而这种打击对公司来说,很可能是致命的。例如,激光照排的普及淘汰了铅字印刷业。因此,企业必须重视那些表面没有竞争关系而其产品有替代关系,或能满足顾客同一需要的间接竞争者。实行技术导向的企业的竞争战略是产品改革和一体化发展。

(3) 需求导向与竞争者识别

需求导向指迎合的需求是既定的,但满足这种需要的技术、产品和所服务的顾客群体是变化的。实行需求导向的企业把满足顾客同一需求的企业视为竞争对手,其竞争战略是开发新产品进入与现有产品和技术无关但能满足顾客同一需求的行业。

(4) 顾客导向和竞争者识别

顾客导向指企业要服务的顾客群是既定的,但顾客群的需要是什么,满足这些需要的产品和技术是什么未定。顾客导向业务范围扩大指发展与原顾客群有关但与原有产品、技术和需求可能无关的业务。适用于采取多元化战略。实行顾客导向的企业把满足同一顾客群体但提供产品不同的企业视为竞争对手。

7.1.2　竞争者基本情况分析

企业制定竞争战略时,首先要对自己的主要竞争对手进行分析。对竞争者的分析包括以

下四个方面：

1. 未来目标

对目标的了解将有助于推断每个竞争者是否对其目前的地位和经济效益感到满意，并由此推断该竞争者改变战略的可能性以及对于外部事件或其他厂商的行动所做出的反应的力量有多大。另外，了解某个竞争者的目标还将有助于推断其对战略变化的反应。对竞争者的未来目标的分析应包括以下问题：

① 竞争者的财务目标是什么？竞争者如何权衡长期经营活动与短期经营活动、利润与收益增长之间的关系？

② 竞争者是否拥有明确的经营理念？这些准则或信条是否大大影响其目标？竞争者是否想成为市场领导者、技术领导者？是否强烈地坚持有关产品设计或产品质量的观点？是否有地区上的偏爱？

③ 竞争者管理部门对有关未来的方向是否一致？各个派别是否正在支持不同的目标？

2. 认　识

竞争者分析中的第二个至关重要的组成部分是充分了解竞争者对自己的认识和竞争者对行业及行业内其他公司的认识。

每家企业都是在对自己所处的境况进行一系列认识的基础上经营业务的。例如，他可能把自己看做一家有社会意识的企业的领导者，看做行业的领导者，看做低成本生产商，看做拥有最佳销售能力的企业的领导者……这类有关自己境况的认识将指导该企业的行为方式及其对事件做出反应的方式。例如，如果某一企业认为自己是低成本生产商，则可能用自己的削价去试图惩罚某个削价者。

竞争者认识可通过对以下问题的分析获得：

① 竞争者的公开陈述、管理部门和销售人员的主张以及他们是如何看待自己的强弱点的？这些看法是否准确？

② 有什么会影响竞争者对事件的觉察和重视程度？例如，德国的公司有时宁可损害单位成本和市场营销也不影响生产和产品质量。

③ 是否有什么严密制定的组织准则或法规会影响竞争者对事件的看法？有哪些公司创始人当初强烈信奉的政策至今仍在延续其作用？

④ 竞争者对其竞争对手的目标和潜在能力是怎么认识的？他是否过高或过低地估计了其中任何一位竞争对手？

3. 潜在能力

竞争者的潜在能力包括以下几个方面：

① 核心潜力。竞争者在各个职能领域内的潜在能力如何？其在哪个职能部门能力最佳？在哪个职能部门能力最差？随着竞争者的日趋成熟，在那些潜在能力中有无可能出现一些变化？随着时间的推移，这些变化将增加还是减少？

② 增长能力。如果竞争者增长，其潜在能力将会增大还是缩小？这种变化主要出现在哪些领域？在人员、技能和工厂的生产能力方面，竞争者的增长能力如何？在财务上，竞争者能承受的增长速度是多大？

③ 迅速反应的能力。竞争者对其他竞争者的行动做出迅速反应的能力或发动即时进攻的能力如何？这种能力由下列因素来确定：未支配的现金储备、储备的借贷能力、过剩的工厂生产能力、尚未推出的新产品。

④ 适应变化的能力。竞争者对各个职能领域内变化的条件的适应和反应能力如何？例如，竞争者能否适应成本方面的竞争、管理更复杂的产品种类、增加新的产品、服务方面的竞争和市场营销活动中的逐步升级等。

⑤ 竞争者能否对外部可能发生的事件做出反应。例如：持续高涨的通货膨胀率、使现有厂矿过时的技术变化、经济衰退、工资率的增长等，以及竞争者能否与其母公司的其他单位分享制造设施、销售人员或其他设施或人员。

⑥ 持久耐力。竞争者对维持一场长期的较量的能力如何？这种能力可能会对收益或现金流通施加压力吗？这种能力主要取决于现金储备、管理部门之间的一致性和其财务目标中的长期水平。

4. 竞争的行业因素

通常，人们都从与竞争对手的差别化角度寻求竞争优势。但是，从行业特点的角度寻找优势更为重要，这就是行业关键竞争因素。抓住了这些因素，就抓住了一个行业的经营之道。一般可以通过以下线索找到不同行业的关键因素：

① 不容易取得的资源，如某些原材料工业；

② 不易建立的功能，如高新技术产业；

③ 难以控制的生产过程与经营方面，如消费品的销售渠道；

④ 对利润影响大的资源或运作方面，如研发企业的人才；

⑤ 要求起点高而又不易达到的方面，如专利产品的生产；

⑥ 对经营状况影响大而改变困难的因素与方法，如使用大型设备的重型工业。

寻找经营关键因素要从研发、生产、营销的全过程中进行详细的调查、分析，也可以从同业企业比较、市场分析等角度进行调查、分析。

7.1.3　判断竞争者的战略和目标

企业要搞清楚竞争对手在市场里找寻什么？竞争对手行为的驱动力是什么？竞争者的战略重点和目标是什么？

1. 判断竞争对手的战略

公司战略与其他公司的战略越相似，公司之间的竞争越激烈。在多数行业里，竞争对手都可以分成若干个采用不同战略的群体。

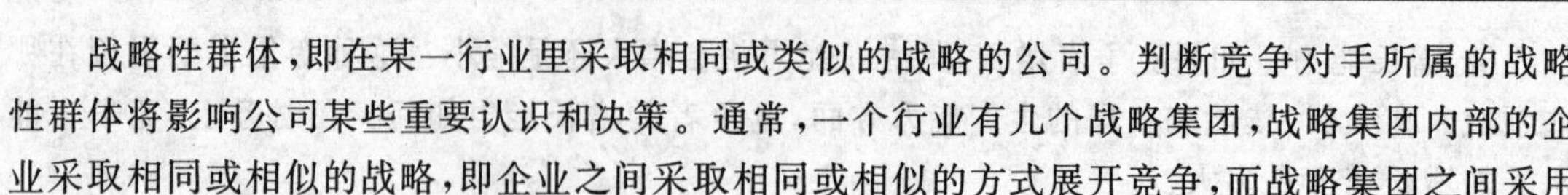

战略性群体,即在某一行业里采取相同或类似的战略的公司。判断竞争对手所属的战略性群体将影响公司某些重要认识和决策。通常,一个行业有几个战略集团,战略集团内部的企业采取相同或相似的战略,即企业之间采取相同或相似的方式展开竞争,而战略集团之间采用性质不同的战略。战略集团的划分意义有三点:

① 通过战略集团的划分,企业可以判断行业中不同企业采取的竞争战略的差异程度,确定企业在行业中的战略地位。

② 通过战略集团的划分,企业可以发现影响竞争地位的关键性因素。

③ 战略集团的划分可以使企业明确自己的竞争对手,或明确自己进入哪一个战略集团对自己有利。

图 7-1 所示为主要家用电器行业的战略群体。例如:假定一个公司要进入家电行业,假定该行业的两个主要战略手段是质量领先和纵向一体化。该公司绘制了如图 7-1 所示的图并发现有四个战略群体。通过分析这些战略群体可以得出一些信息。首先,进入壁垒的难易程度在各战略群体之间是不同的。这家新公司会发现进入群体 D 较容易,因为它在纵向一体化和质量构成上投资较少;该公司发现进入群体 A 和 B 较难。其次,如果公司成功地进入了某一群体,该群体的成员就成了它的主要竞争对手。

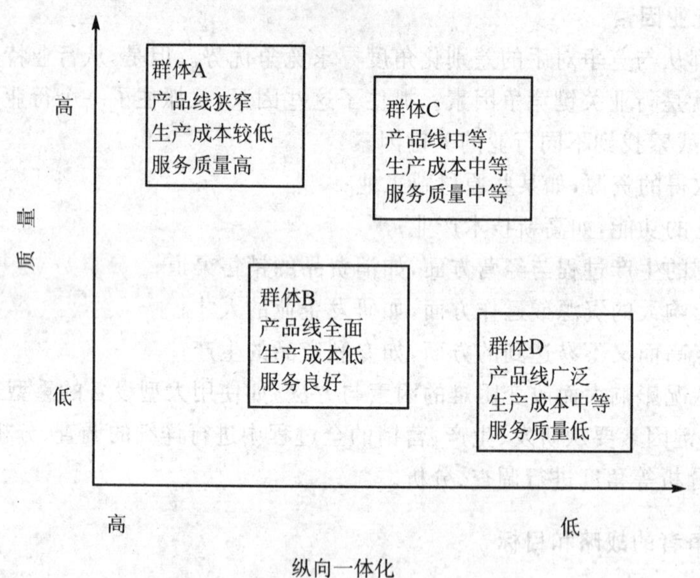

图 7-1　主要家用电器行业的战略群体

尽管在一个战略群体内竞争最为激烈,但群体之间同样存在竞争。图 7-1 只从两个方面识别一个行业内的战略群体,实际上还包括技术、地域范围和制造方法等,因此每个竞争者都

应当对战略群体做全面的分析。[①]

根据战略群体的划分,公司可以首先明确进入各个战略群体的难易程度。一般小型企业适于进入投资和声誉较低的群体,因为这类群体较易打入;而实力雄厚的大企业则可考虑进入竞争性强的群体。其次可以明确同一战略群体内的主要竞争对手。只有明确对手,公司才能正确地选择自己的竞争策略;只有在策略上占有优势,公司才能吸引相同的目标顾客。

虽然战略性群体内的竞争非常激烈,但这并不意味可以减缓各群体之间的竞争。这是因为:首先,某些战略性群体可能涉及重叠的消费者细分区域;其次,消费者可能看不出各个群体所提供的产品之间的差异;最后,战略性群体的成员可能拓展新的战略群体。

为了确定竞争对手的战略,公司有必要考察用于确认行业内各战略性群体的因素,它还必须了解每一个竞争对手的产品质量、特色、组合、顾客服务、价格政策、经销范围、销售人员策略、广告和销售促进方案。除此以外,还应当研究各个竞争对手的研究与发展、制造、购买、财务及其他策略的细节。

2. 判定竞争者的目标

所有的竞争者都要为追求最大利润而选择适当的行动方案。但是,各个公司对短期利润和长期利润重视的程度各不相同,对利润满意水平的看法也不同。有的竞争对手可能只倾向于“满意的”利润而非“极大化”的利润。目标不同,相应的策略也会不同。

营销者还必须考虑到竞争对手在利润目标以外的目标。每一个竞争者均有自己的目标组合,其中每一个目标有不同的重要性。具体的战略目标多种多样,公司应当了解竞争对手对目前的获利能力、市场占有率的成长、现金流量、技术领先、服务领先以及其他目标的相对重视程度和其相应的市场扩展计划。了解竞争对手的目标组合,就可以判断竞争对手是否满足其目前状况,以及对不同的竞争行动可能做出的反应。公司还必须关注竞争对手攻击不同产品及市场细分区域的行动。

7.1.4　确认竞争对手的优势和劣势

竞争者的优劣势将影响并最终决定竞争者是否能实施其策略并完成其目标。要想成功,公司必须知道竞争对手的目标、策略和执行能力。评估竞争者可以分为三个步骤:

① 收集信息

收集信息,即收集竞争者业务上最近几年的关键数据,包括销量、市场份额、毛利、投资报酬率、现金流量、新投资、设备能力利用等。一般地,公司可以通过第二手资料、个人经历、传闻来了解其竞争对手的强弱;也可以通过实施顾客价值分析来了解这方面的情况,即通过向顾客、供应商和中间商进行第一手营销调研来增加对竞争者的了解 。

在寻找竞争对手的弱点时,要注意发现竞争对手对市场或策略估计上的错误。如果发现

① 菲利普·科特勒.市场营销管理:亚洲版(上).中译本.北京.中国人民大学出版社,2000:213.

竞争对手的主要经营思想有某种不符合实际的错误观念，企业就可以充分利用这一点，重点出击，攻其所短，往往可收事半功倍之效。

② 分析评价

在一般情况下，每个公司在分析它的竞争者时，必须监视三个变量：一是市场份额，即衡量竞争者在有关市场上所拥有的销售份额情况；二是心理份额，即在回答“举出这个行业中你首先想到的一家公司”这一问题时，提名竞争者的顾客在全部顾客中所占的百分比；三是情感份额，即在回答“举出你喜欢购买其产品的公司”这一问题时，提名竞争者的顾客在全部顾客中所占的百分比。在心理份额和情感份额方面稳步进取的公司最终将获得较大的市场份额和利润。

③ 定点赶超

定点赶超是一门艺术，它寻找某些公司怎么样和为什么在执行任务时比其他公司做得更出色。一个普通的公司与世界级的公司相比，在质量、进度和成本绩效上有10倍的差距之多。执行定点赶超的公司的目标是模仿其他公司的最好的做法并改进它。

营销案例链接：

- 施乐公司1979年在美国率先执行定点赶超。施乐想要学习日本竞争者生产性能可靠和成本更低的能力。施乐买进日本复印机，并通过“逆向工程”分析它，在这两方面有了较大的改进。
- 福特的汽车销售落后于日本的汽车商。当时福特的总裁唐·彼得森指示他的工程师和设计师，根据客户认为的最重要的400个特征组合成新汽车。萨巴的座位最好，福特就复制其座位，如此等等。彼得森进一步要求他的工程师要成为“比最好的还要好”的人。当新汽车完成时，彼得森称，他的工程师已经改进(而不是复制)了竞争者汽车的大部分特征。

资料来源：http://www.linkshop.com.cn/icons/，清华大学经管学院，胡左浩

定点赶超的步骤如下：确定定点赶超项目；确定衡量关键绩效的变量；确定最佳级别的竞争者；衡量最佳级别对手的绩效；衡量公司绩效；规定缩小差距的计划和行动；执行和监测结果。

7.1.5 确定竞争对手的反应模式

了解竞争对手的目标、策略、强弱是为了预测其可能的行动，以及其对公司的减价、提价、促销、介绍新产品等的反应，也就是确定竞争对手的反应模式。此外，竞争对手特殊的经营哲学、内部文化、指导信念也会影响其反应模式。因此，如果营销经理想要预测竞争对手的行动与反应，就必须深入了解竞争对手的文化、思想和心理状态。

1. 竞争中常见的反应类型

竞争中常见的反应类型如下：

① 从容型竞争者：竞争者对某一特定竞争者的行动没有迅速反应或反应不强烈。

② 选择型竞争者：竞争者可能只对某些类型的攻击做出反应，而对其他类型的攻击无动于衷。

③ 凶狠型竞争者：竞争者对向其所拥有的领域发动的任何进攻都会做出迅速而强烈的反应。

④ 随机型竞争者：竞争者不表露可预知的反应模式。

2. 竞争平衡的影响因素

竞争平衡状态是指行业竞争的激烈程度，即各企业是和平相处还是激烈竞争。如果相对和平共处，则视为竞争的相对平衡，反之视为相对不平衡。布鲁斯·亨德森认为，竞争平衡状态取决于影响因素的五种状态：

① 如果竞争者的条件几乎相同并以同一种方式谋生，那么他们之间的竞争平衡就是不稳定的。

② 如果只有一个关键性的因素，那么竞争平衡就是不稳定的。

③ 如果多项因素可能成为决定性因素，那么各个竞争者都可能有某些有利条件并对某些顾客的吸引力形成差异。

④ 竞争性变量起决定作用的数目越少，竞争者的数目也就越少。

⑤ 任何两个竞争者之间的市场之比为2∶1时，是较为稳定的平衡点，这时任何一个竞争者提高或降低市场份额都不实际，也无好处。

7.1.6　选择竞争者以便进攻和回避

1. 顾客价值分析

顾客价值就是顾客从某一特定产品或服务中获得的一系列利益。顾客价值分析(customer value analysis)就是识别和分析企业提供的产品或服务的属性、利益和特点对顾客的重要性以及与竞争对手比较相对的优势和劣势，目的是通过顾客价值分析揭示本公司与各种竞争者相对的优势和劣势，建立并发挥企业竞争优势。其主要步骤是：

① 识别顾客价值的主要属性；

② 评价不同属性重要性的额定值；

③ 对公司和竞争者在不同属性上的性能进行分等重要度评估；

④ 与特定的主要竞争对手比较，针对每个属性成分，研究某一特定细分市场的顾客如何评价公司的绩效；

⑤ 监测不断变化中的顾客特性。

2. 确定攻击对象和回避对象

公司进行顾客价值分析后,可以在下列分类的竞争者中挑选一个进行集中攻击:强竞争者与弱竞争者,近竞争者与远竞争者,"良性"竞争者与"恶性"竞争者。公司可以根据以下情况,就攻击或避开竞争者做出决定:竞争者的强弱,竞争者与本企业相似程度的大小,竞争者的表现良好还是具有破坏性。

(1) 强竞争者与弱竞争者

攻击强竞争者可以扩大市场占有率和利润水平,提高企业的生产、管理和促销能力。攻击弱竞争者可以花费较少的时间和资金提高市场占有率,但能力提高和利润增加幅度较小。

(2) 近竞争者和远竞争者

多数公司都较重视打垮近竞争者,但是竞争胜利可能会招来更大的竞争对手。例如,当一些失败的竞争者把资产卖给较大的公司时,公司则会面对更大的竞争者。

(3) "良性"竞争者与"恶性"竞争者

"良性"竞争者的特点是:遵守行业规则;按照成本合理定价;喜爱制度健全的行业,把自己限制在行业的某一细分市场上;努力提高产品差异化;接受为他们的市场份额和利润规定的基本界限。"恶性"竞争者的特点是:违反行业规则;企图靠花钱而不是努力扩大市场占有率;不切实际地冒大风险;不顾生产能力过剩仍然继续投资。公司从保护自身利益出发,应选择"恶性"的竞争者进行攻击。

3. 市场竞争的战略原则

(1) 创新原则

企业应根据市场需求在原料、工艺、结构、功能等各方面创新,推出适销对路的新产品,以争取在市场竞争中取得优势地位。

(2) 质优原则

企业应努力向市场上提供在质量上优于竞争对手的产品以赢得市场竞争的胜利。例如,好利来公司致力于生产高质量的蛋糕和面包,并在该领域取得比较领先的地位。

(3) 价廉原则

企业应争取在同类、同档次的产品价格上比竞争对手便宜。例如,华龙方便面采取的就是廉价制胜原则。

(4) 技术领先原则

企业应致力于发展高新技术产品,争取在市场竞争中不断推出新技术含量高的产品。例如,SONY 公司一直不断致力于发展高新技术,实现了产品的技术领先。

(5) 服务领先原则

企业应比竞争对手提供更完善的售后服务。例如,海尔公司良好的售后服务为其赢得了大量的顾客和良好的口碑。

(6) 速度领先原则

企业应当比竞争对手抢先一步推出新产品,以赢得市场。例如,抗艾滋病药剂的生产就让人拭目以待。

(7) 宣传领先原则

企业应重视并善于运用各种有效的促销手段来塑造企业的形象。

7.2　市场竞争战略

根据企业在目标市场上的作用,市场竞争战略可以分为四种类型,表 7-2 所列为四种战略及其在市场中所占的份额。

表 7-2　市场竞争战略及其所占的市场份额

类　型	市场领导者战略	市场挑战者战略	市场追随者战略	市场补缺者战略
占有市场份额/(%)	40	30	20	10

7.2.1　市场领导者战略

市场领导者指占有最大的市场份额,在价格变化、新产品开发、分销渠道建设和促销战略等方面对本行业其他公司起着领导作用的公司。例如:彩电行业的海信、康佳;微波炉行业的格兰仕;冰箱行业的海尔等。可见,市场领导者的特点是,占有最大的市场份额;在价格、新产品开发、分销覆盖和促销上有导向作用;受到尊敬。市场领导者为了维持自身优势,保住主导地位,可采取以下战略。

1. 扩大总需求

(1) 发掘新的使用者

① 转变未使用者:激发尚未使用过本行业产品的潜在顾客购买本行业的产品。

② 进入新的细分市场:新的细分市场指该细分市场的顾客以前使用本行业产品,但是没有使用其他细分市场的同类产品。

③ 开发新的地理市场:开发未使用本产品的地区,例如由国内市场转向国际市场。

(2) 开辟产品新用途

开辟产品新用途即设法找出产品的新用途和新功能以增加销售。

(3) 增加使用者的使用量

刺激现有顾客以增加产品的使用频率、每次使用量和增加使用的机会与场合。

2. 保持现有市场份额

占据市场领导地位的公司在力图扩大市场需求的同时,必须时刻注意保护自己现有的阵地,以免自己的业务被竞争者侵入。保持现有市场份额最好的办法是做好防御,主要的防御战略有以下六种。

(1) 阵地防御

阵地防御是指企业围绕目前的主要产品和业务建立稳固的防线，根据竞争者在营销组合方面可能采取的进攻战略制定自己的相应防御战略，并在竞争者发起攻击时坚守自己原有的阵地。

(2) 侧翼防御

侧翼防御是指企业在自己主要阵地的侧翼建立辅助阵地用以保卫自己的周边和前沿，必要时作为反攻基地。

(3) 先发防御

先发防御是指企业在竞争对手尚未构成严重威胁或在向本企业采取进攻之前先发制人发起攻击以挫败竞争对手。

(4) 反攻防御

反攻防御是指企业在竞争对手发起攻击后采取反击措施。

(5) 运动防御

运动防御是指市场领导者不仅要坚守原有阵地，还要将业务范围扩展到新的有潜力的领域，以作为将来防御和进攻的中心。

(6) 收缩防御

企业主动从实力较弱的领域撤出，将力量集中于实力较强的领域。①

总的来说，防守型竞争战略是在市场上具有领导地位或较强实力的企业所应选择的战略。战略成功的关键在于是否集中力量防守影响企业经营成败的关键因素。明确成败的关键在于企业是否以建立正面竞争优势为根本目的。

在IT业中，速度通常十分重要。创新的速度优势会为创新者带来超常的回报，一旦效仿者跟进，创新者的利润便会迅速受到侵蚀。速度一方面使创新者得到了独一无二的利润，另一方面也使创新者赢得了开始下一轮创新的时间。英特尔公司就是采取这样的策略：它们总是平行地开发三代不同的微处理器，在最新一代处理器上保持六个季度的领先，从而使公司可以持续拥有定价上的灵活性和高额利润。

以“你做得好，我做得更好”为宗旨，把主要精力放在竞争对手也努力的方面，不断在产品或服务上超越自己。例如，吉列公司总是不断地推出自己的新型剃须刀以取代旧的产品，以此来保持竞争优势，用强有力的手段及时阻截了随时可能出现的强大竞争活动。

营销案例链接：本田的防御战

在20世纪50年代初，日本摩托车行业有50多家企业群雄并立。当时，摩托车市场每年以40%的势头增长。20世纪60年代，本田灵活运用“先发制人”战略取得了摩托车行业的霸

① 吴健安. 市场营销学. 2版. 北京：高等教育出版社，2004：198－200.

主地位，占领了世界主要国家的摩托车市场。当看到摩托车需求量趋于饱和时，本田迅速转向汽车生产。到 1975 年，汽车业务的收益已经超过摩托车，收益扶摇直上，财务状况非常之好。

A. 雅马哈的进攻

趁本田分心于汽车事业之机，新的摩托车厂家雅马哈开始扩大产量。本田的国内市场份额在 20 世纪 60 年代创下 65%的最高纪录之后就开始走下坡路，1981 年甚至降到了 40%。与此相反，雅马哈从 20 世纪 60 年代中期市场份额尚不足 10%，到 1981 年增加至 35%左右，夺取了本田的市场份额。在日本国内市场，雅马哈已逼近本田。本田后来进一步落到 38%，雅马哈则达到 37%，两者仅差 1%。再前进一步，雅马哈将超过本田，夺取日本市场的霸主地位，进而成为世界最大的摩托车制造商。雅马哈的首脑们宣称，“超过本田的时刻已经来到，绝不能让到手的机会丧失”。这时，本田为了在汽车事业方面打下基础，从摩托车业务抽出了相当的资金，一时间，摩托车业务就显得比较薄弱，这正好给雅马哈以可乘之机。20 世纪 80 年代初，雅马哈公开露出拿下本田的意图。雅马哈经理小池在 1981 年曾说，“本田正在拼命推销汽车，有经验的摩托车推销员几乎都集中在汽车部门，我们可以在摩托车上与它决一雌雄。只要有生产能力，我就可以击败本田”。

这个时期，雅马哈的经济效益超过了本田。在 20 世纪 60 年代末，双方的税前利润率都是 7%～10%。20 世纪 80 年代初时都是 3%左右。本田由于缺少经验，在汽车的研发上进行了大量投资，因而降低了利润率。1970 年，研发经费占销售额的 2%，1983 年上升到 5%。而同期雅马哈的研发经费仅为销售额的 1%左右。雅马哈志在必得，把他们拥有的一切资源都投入到摩托车及相关产品上。品种日趋齐全，生产能力不断提高，进一步缩小了与本田的差距。20 世纪 70 年代初，雅马哈的品种是 18 种，为本田的 35 种的一半。1981 年，雅马哈是 60 种，本田也是 60 种，大体相当。雅马哈连续推出 18 种新车型，超过了只有 17 种车型的本田。1981 年 8 月，雅马哈宣布开始建设年生产能力为 108 万辆的新摩托车工厂。这个新工厂一旦建成，雅马哈总的生产能力将达到 400 万辆。超过本田生产能力 20 万辆左右。假如雅马哈新工厂所制造的摩托车，在日本可以全部销出，那么，雅马哈在日本国内的市场占有率就接近 60%。因此，1982 年小池经理发出这样的檄文：“本田和我们之间决定性的差距，在于我们强大的供给能力。我们既然是摩托车的专业厂家，当然不会总是屈居第二。一年内，我们将要成为国内最大的厂家，两年内，我们要称雄世界！”

雅马哈相信他们能在摩托车市场上占据首位。雅马哈除摩托车外，没有擅长的领域，所以一心一意在摩托车上努力投资。由于雅马哈靠自有资金无法实现庞大的投资计划，结果欠下银行大量贷款。在经济效益方面，雅马哈和本田差不多。但是，从负债比率来看，雅马哈集团是 3∶1，而本田要好得多，仅 1∶1。从品种和生产台数来看，雅马哈和本田的差距实际上已经不存在了。1982 年 6 月，雅马哈宣布 1981 年的会计年度销售总额和利润创历史最高，而本田则在美国建设大规模的汽车工厂，步步深入汽车业。

B. 本田的反击

面对雅马哈的挑战和扩张,本田当然不会沉默。一进入1978年,本田的反击就开始了。本田的河岛经理宣言:“在我当经理期间,决不允许首席宝座拱手让人。”1979年,河岛经理公开承认过去疏忽了摩托车,“从20世纪60年代末到现在,我们热衷于四轮车的开发,在摩托车部门被竞争对手逼近是不得已的”。1982年1月,在雅马哈股东大会上的小池经理的发言传来,河岛经理说:“雅马哈吵醒了狮子不算,还狂吠不停,击垮雅马哈!”本田的反击并非等闲,在宣言发布后的一年半时间里,本田的生产份额从40%猛增到47%,而雅马哈却从35%降到27%。国内市场份额,本田从38%上升到43%,雅马哈则从35%降到23%。本田的战术主要是大幅度降价、加强广告宣传和增加委托销售的商品库存,并在此基础上,采用新战术,即扩充产品品种。在竞争最激烈的时候,连最畅销品种也降价3成,以迎合交战的需要。1982年夏天,50C级的微型摩托车甚至卖得比10挡变速自行车还便宜。在激烈的价格竞争最高潮时期,本田仍能以低于雅马哈一成的价格批发给零售商。本田在报复战上使用的新战术是品种的扩充。在一年半的时间里,本田推出的新型摩托车达81种新产品,而雅马哈推出的新品种不过34种。截至20世纪70年代末,两家进入市场的车型各为60种左右。而一年半的时间里,本田推出81种新产品,这个数字实在令人吃惊。本田在开发新品种的同时,停产大量旧型号的产品,把创新的81个品种和淘汰的旧型号32种加在一起,共变动了产品目录中的113个品种;而雅马哈只淘汰了3个品种,新推出34种,合在一起,全部产品目录仅改变了37个。本田给消费者留下了焕然一新的印象;相反,雅马哈则相形见绌。

本田的更新产品和降价攻势,给雅马哈以沉重的打击。本田的新型产品无论是在性能方面还是在外观方面,都大受消费者欢迎,本田产品十分畅销。零售商也积极地配合,促进本田产品的销售。本田以牺牲旧型号的销售额为代价,并通过新产品开发提高了销售额。新产品的不断推出,意味着产品的生命周期已缩短,与此相应,市场现有型号产品的需求量则会急剧减少。这种产品的短命化,对于市场现时占优的一方来说,确实是件好事。但是,对相对落后的企业来说正好相反,一方面,落后的企业必须加强投资,以加快新产品的开发进程;另一方面,又必须大幅度地降价,以处理堆积如山的库存老产品。然而,由于资金上的障碍,这些企业很难做到这样。

C. 雅马哈的败北

本田的反击,使雅马哈的销售额下降了50%以上,蒙受了巨大的损失。据统计,1983年初,雅马哈的库存量达到了摩托车行业总库存量的一半左右。根据当时雅马哈的销售量推测,该公司的库存数相当于整整一年的销售量。处理库存的唯一办法是向零售商提供推销费,并大幅度降价。但雅马哈连这点力量也没有了,最后竟研究如何化库存为废铁的计划。雅马哈及其子公司的财政马上陷入困境。1981年的负债和自有资金的比例是3∶1,但到1983年则恶化为7∶1。而此时,本田依然靠汽车的连续成功,使财务体制变得非常健全。

本田开始猛烈反攻的一年半后,1983年1月,雅马哈的小池经理认输了,“本田的攻势,使我们实在无法招架……希望雅马哈和本田的战争能够结束……守住雅马哈应有的地位(仅次

于本田,居第二位)。"

1983年4月14日,雅马哈宣布下半年的财政年度的损失额累计为40亿日元,红利削减了80%,下一年将有可能陷入无红利的窘境。因而决定削减产量18%,即仅为180万辆。接着,又进一步制定了在两年内裁减700人的减员计划。对雅马哈集团的发展曾经做出巨大贡献的川上会长承认自己的失策,"我们采取的是自取灭亡的行动,这是我的过错"。小池经理被撤换,代之以江口经理为首的经营体系。1983年5月2日,雅马哈制订了应急计划,摩托车的产量又一步削减到150万辆,以求在2～3年内,通过减产,逐步减少零售商的库存。裁员规模也进一步扩大,又有2 000人被解雇,被解雇的职工已约占全部职工人数的20%。原制订的新事业计划在两年内全都冻结。即使有了这样大型的重建计划,也未能阻止雅马哈的衰落。1983年5月30日,雅马哈的销售额又下跌30%;同年8月6日,雅马哈估计1983年的赤字总额可能达到200亿日元,这个金额远远超过了1981年会计年度创下的历史最高利润额。因而,同年10月又制订了减产计划,年产量降为138万辆。

然而,本田丝毫也不放松追击,他们进一步增加品种,对雅马哈施加压力。从1983年12月底至次年9月,本田又更新了39种旧型号,推出39个新品种。这样,本田在日本市场发售的摩托车品种达110个,而在雅马哈的106个品种中,只有23个新产品。尤其在主导产品5 CC级上,本田已有18个品种更新换代,而雅马哈竭尽全力只换了6种。为了避免破产,雅马哈开始拍卖资产。从1983年4月到1984年4月的1年时间里,雅马哈出卖了相当于160亿日元的土地、建筑物和设备,职工的平均工资从2.3亿日元减到2.1亿日元,奖金则根本不发。雅马哈的经理在日刊工业新闻社采访时作了这样的回答:"现在摩托车市场出现的过度竞争,说起来,责任在公司。因此,公司首先应清楚地看到自己现在的处境,建立与行业中其他公司协调的体制……当然,今后并不是没有竞争……我的意思是,必须在相互承认并明确雅马哈和其他企业相对关系的基础上,展开竞争。"

资料来源:傅浙铭,刘莉. 企业管理战略. 广东经济出版社,1999.

3. 提高市场占有率

在考虑提高市场占有率时,需要考虑以下因素:

(1) 经营成本

当有些产品的市场份额不断增加但未超出一定限度时,企业利润会随着市场份额的扩大而提高;当市场份额超过某一限度仍继续增加时,由于用于提高市场份额的费用增加较多,经营成本的增加速度会大于利润的增加速度,从而使企业利润随着市场份额的提高而降低,这时企业应将市场份额保持在该限度内。

(2) 营销组合

如果企业实行了错误的营销组合,市场份额的提高反而会降低利润。例如,过分降低产品价格,过高支出广告促销费用等。

(3) 反垄断法规

许多国家为了保护自由竞争,防止出现垄断市场,制定了相应的法律。当某公司的市场份额超出某一限度时,法规规定该公司要被强行分解为若干个相互竞争的小公司。微软公司就曾遭遇过反垄断诉讼。

7.2.2 市场挑战者战略

市场挑战者指在市场居于第二位或后位次的企业,有能力对市场领导者和其他竞争者采取攻击行动,希望夺取市场领导者地位的公司。市场挑战者主要向市场领导者及其他竞争者挑战。挑战者首先要确定进攻对象,然后确定适当的进攻战略。

1. 确定战略目标和竞争对象

多数市场挑战者的目标是增加自己的市场份额和利润,减少竞争对手的市场份额。战略目标通常与所要进攻的竞争对象相关。其竞争对手主要有市场领先者、问题公司、小公司。

(1) 攻击市场领导者

当市场领导者在其目标市场的服务效果不能令顾客满意或没有关注某个较大的细分市场时可采取这一战略。这种战略风险较大,能够获取的潜在利益也较大。

(2) 攻击与自己实力相当者

公司应当密切关注竞争对手的动态,当竞争对手在满足顾客需求和产品创新方面存在问题时,可以把其作为攻击对象。

(3) 攻击地方性小企业

实力强大的企业可以击败那些资金不足,实力较弱的地方性企业。

2. 进攻战略选择

进攻型战略是向第一流企业发动进攻的战略,它要求企业强化和利用差异,在竞争对手没有达到或无法达到的方面捷足先登,从而超过竞争对手,建立优势。

① 正面进攻:向对手的强项发起进攻。例如,以更优质的产品、更合理的价格和大规模的促销方式攻击竞争对手的拳头产品。

② 侧翼攻击:寻找和攻击竞争对手的弱点。

③ 包围进攻:在多个领域同时向竞争对手进攻以夺取其市场。

④ 绕道进攻:避开竞争对手现有的市场和业务领域,进攻其目前还没有涉足的市场和业务领域。

⑤ 游击进攻:向竞争对手的有关领域发动小规模、不连续性进攻,逐渐削弱对手,最终夺取其永久性市场。

由于攻击对象通常具有较强的实力,发起攻击者并不具有绝对的优势,所以进攻型战略多以建立非正面竞争优势为目的,避其锋芒,通过攻击对方虚弱处取胜。这就要求攻击者以"你无,我有"为原则,把工作重点放在对手忽视或不屑努力的方面,寻找和分析差异,分析增强差

异的可能性，在尽可能小的范围内进攻，方能减少攻击成本，提高攻击的有效性。

7.2.3 市场追随者战略

市场追随者是指那些在市场营销组合和技术等多数营销战略上模仿或跟随市场领导者的公司。美国学者李维特指出，"产品模仿可能像产品创新一样有利"。松下公司采取的就是以仿制为主的策略。市场追随者战略可以分为三类：

① 紧密跟随，即在各个细分市场和营销组合战略方面模仿或跟随市场领导者，是利用市场领导者的投资去开拓市场，自己坐享其成。

② 有距离跟随，即在基本方面模仿领导者，但在产品包装、广告促销和价格上又保持一定差异。

③ 有选择的跟随，即在某些方面跟随市场领导者，在某些方面按自己的意图行事。

7.2.4 市场补缺者战略

1. 市场利基者的含义

市场利基者战略又称市场补缺者战略。利基是指对一个组织来说最有利的位置，在这个位置上可取得最大限度的利益。市场利基者指处于这种地位的企业，即专门为规模较小的或大公司不感兴趣的细分市场提供产品和服务的公司，或者说专门服务于某些补缺市场的公司。

许多小企业都关注市场上被大企业忽略的某些细小部分，在这些小市场上通过专业化经营来获取最大限度的收益，也就是在大企业的夹缝中取得生存和发展。这种有利的市场位置叫"niche"。

2. 利基市场的特征

一个好的利基市场应具备以下特征：

① 具有一定的规模和购买力；

② 具备发展潜力；

③ 大公司对此市场不感兴趣；

④ 公司具备向这一市场进军的资源和能力；

⑤ 公司有能力在这一市场抵御竞争者的入侵。

3. 市场利基者战略选择

市场利基者通过市场、顾客、产品、服务和营销方式的专门化来实施补缺战略。例如，在特定市场区域销售产品；为特定顾客提供服务；生产和提供具有特色的产品和服务等。

缝隙型战略是市场利基者的主要战略，它要求企业嗅觉灵敏，一切以机会为转移，只要有机可乘，则立即冲上去占领一块阵地，这是市场实力较弱的企业所运用的战略。在中国饮料市场上，除了可乐、雪碧，各种品牌的果茶、果汁饮料大多采取的是缝隙战略。采用这种战略的企业要做好以下工作：

① 以灵活性作为企业的根本行动准则；

② 以占领一处小到足以能够守得住的细分市场为目标；

③ 注意培养自己的特色形象；

④ 企业活动走势以寻找市场边缘地带为主；

⑤ 从现有产品、技术或服务体系的不协调中寻找机会；

⑥ 从意外的成功、失败和外部变化中寻找机会；

⑦ 注意发展联盟壮大自己的竞争实力。

侧攻型战略也是市场利基者可选择的竞争战略。侧攻型竞争战略是通过用“奇”，改变现有市场的竞争内容、方式，打破现状，建立新的竞争规则的方式来赢得竞争的战略。其目标在于通过利用外部变化，发现产业中改变了的新的经营关键因素和环节。这种战略成功的关键在于创新：

① 从消费观念变化中寻找创新机会：中国正在从数量型消费向质量型消费和个性化消费转变。

② 从市场结构变化中寻找创新机会：中国的家用小汽车市场就是这样的新市场。

③ 从人口结构变化中寻找创新机会：中国独生子女一代长大后，奢侈品的消费就多了起来。

实践表明，中小企业只要采取正确的竞争战略，在市场缝隙中求发展，勇于不断创新，同样可以拥有广阔的发展空间。

企业在实行市场竞争战略，密切关注竞争者的同时，不应忽视对顾客的关注，要实现竞争导向和顾客导向的平衡。以竞争者为中心的公司是指其行动基本上由竞争者的行动与反应所支配的公司，公司花大量的时间在各个市场上逐个跟踪竞争者的行动及其市场份额。以顾客为中心的公司提出的战略会更多地集中在发展顾客上。

营销案例链接：

以竞争为导向的公司关注的形势是：

——竞争者 W 将全力在迈阿密压垮我们；

——竞争者 X 正增大其在休斯敦的分销覆盖面并危害着我们的销量；

——竞争者 Y 在丹佛市已经削价，导致的结果是我们失去了 3 个百分点的市场份额；

——竞争者 Z 在新奥尔良采用一种新的特别服务项目，结果我们的顾客开始把业务转向它。

以竞争者为中心的公司的反应是：

——我们将撤出迈阿密市场，因为我们无力打这一场仗；

——我们将在休斯敦增加广告开支；

——我们将在丹佛市采取相应措施对付竞争者 Y 的削价；

——我们将在新奥尔良增加促销预算。

以顾客为中心的公司关注的形势是：

——总体市场每年增长 4%；

——增长最快的细分市场是易受质量影响的细分市场，每年增长 8%；

——容易成交的细分顾客市场也在增长，但这些顾客与任何供应商的维持关系不长久；

——越来越多的顾客已经表示对 24 小时的热线电话供货感兴趣，而行业里无人提供这种服务。

以顾客为中心的公司的反应是：

——我们将在达到和满足高质量细分市场方面集中更多的力量；

——我们的计划是打算购买更好的元件，改进质量控制系统和把我们广告的主题转向强调质量；

——我们将避免削价和妥协，因为我们不需要以这种方式购买产品的客户；

——如果前景良好，我们将安装 24 小时热线电话。

资料来源：http://www.linkshop.com.cn/icons/，清华大学经管学院，胡左浩

【本章小结】

本章介绍了竞争者分析的框架、竞争战略的类型、竞争的行业因素和市场领导者竞争战略、市场挑战者竞争战略、市场追随者竞争战略和市场利基者竞争战略。市场领导者要保持第一位竞争优势，必须从扩大总需求，保持现有市场份额和扩大市场占有率入手。市场挑战者的目标是增加自己的市场份额，减少对手的市场份额；可选择的攻击对象是市场领先者、问题公司和小公司。市场追随者一般没有实力打败市场领导者，它们采取紧密跟随、有距离跟随或有选择跟随的竞争战略。市场利基者是市场上实力较弱的企业，市场利基者战略的成败关键是要实现专业化。企业在密切关注竞争者的同时，还要密切关注顾客需求，实现竞争导向与顾客导向的平衡。

【讨论题】

1. 如何根据销售商数量和产品差异化程度划分行业结构？
2. 行业的进入与流动障碍、退出与收缩障碍有哪些？
3. 确定企业业务范围的导向有哪几种？不同导向如何识别竞争者？
4. 分析竞争者的反应类型有什么意义？
5. 市场领导者可以采取哪些防御战略？
6. 市场挑战者可以采取哪些进攻战略？
7. 市场追随者可以分为哪几种类型？这几种类型各有什么利弊？
8. 理想的利基市场应具备哪些特征？

第8章　产品策略

【基本知识点】

(1) 产品与产品生命周期的含义；
(2) 建立和管理企业的产品组合和产品线；
(3) 新产品开发过程；
(4) 品牌的概念及作用，掌握品牌决策的方法。

产品策略是市场营销组合中最重要的因素。企业在制定营销组合策略时必须首先决定生产什么样的产品来满足顾客的需求，产品策略还会影响到营销组合中的价格、渠道和促销策略。因此，可以说产品策略是营销组合策略中最重要的决策。

8.1　产品整体概念

对于顾客而言，所购买的不是产品本身，而是产品能提供的各种效用和利益。

8.1.1　产品的概念

产品是指任何可提供于市场上，以引起消费者注意、购买、使用或消费、并满足他们的欲望或需求的一切有形或无形的东西，包括实物、服务、劳务、场所、组织、思想、策划、主意、体验等。现代产品是一个包括五个层次的整体概念。

8.1.2　产品的五个层次

传统的整体产品包括核心产品、基础产品和附加产品三个层次。菲利普·科特勒扩大了产品概念，将其延伸为五个层次增加了期望产品和潜在产品，图 8-1 所示为产品整体概念的五个层次。

(1) 核心产品

核心产品(core product)，即顾客真正需要的基本服务或利益。例如，人们购买冰箱不是为了买有电器零部件的大铁柜子，而是为了食品保鲜；人们住宾馆主要是为了食宿。任何产品都必须有反映顾客核心需求的基本利益或效用。

(2) 形式产品

形式产品(actual product),即产品向市场提供的实体和外观,是实现核心利益所必须的基础产品,即产品的基本形式。它由品质、式样、特征、商标及包装五个特征构成。例如,人们在理发时,不仅要求剪短头发,而且要求提供满意的头型,同一种头型也有质量高低之分。可见,形式产品向人们展示的是核心产品的外部特征,它能满足同类消费者的不同要求。

(3) 期望产品

期望产品(expected product),即购买者在购买产品时通常期望或默认得到的与产品密切相关的一组属性和条件。例如,宾馆的客人期望得到清洁的床单、洗浴香波、浴巾、相对安静的环境等。

(4) 附加(延伸)产品

附加(延伸)产品(augmented product)是指可超越顾客期望的服务和利益,即顾客购买产品时所得到的各种附加利益的总和,以便把公司的提供物与竞争者的提供物区别开来。例如,旅馆业可附加提供电视机(有线频道)、洗发精、鲜花、快速登记和退房服务、精美餐饮和客房服务等。

(5) 潜在产品

潜在产品(potential product)是指产品在未来可发展的任何扩增和转型利益,即该产品在将来最终可能会实现的全部附加部分和转换部分(产品将来的发展方向)。广义产品是目前产品已涵括的服务和利益,而潜在产品是未来可能发展的,企业又积极探求的新型产品。

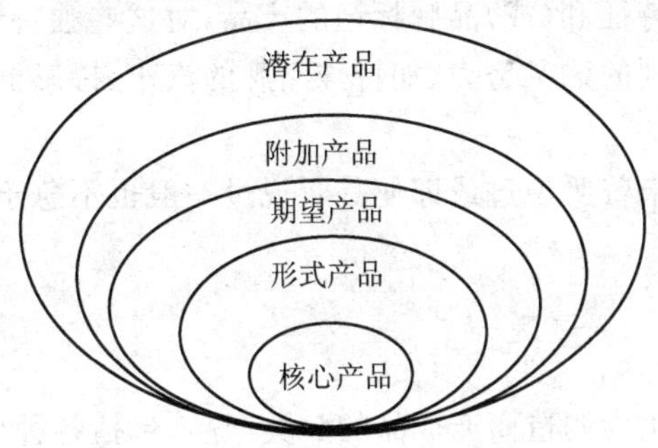

图 8-1 产品整体概念的五个层次

8.1.3 产品分类

营销人员以不同的产品特性为基础,将产品加以分类,每一个产品种类各有其适当的营销组合策略。

1. 按产品的耐用性和有形性分类

(1) 非耐用品

非耐用品属于有形产品。非耐用品消费快,购买频率高,相对价格便宜,是一次性消费或使用时间很短的消费品,如啤酒、食品等。

(2) 耐用品

耐用品属于有形产品。耐用品使用时间长,相对价格较高,可持续使用较长时间,如汽车,电冰箱等。

(3) 服　务

服务是无形产品,它包括一切可供销售的活动、利益或满足。服务是无形的、不可分离的、可变的和易消失的。作为结果,它们一般要求更多的质量控制、供应者信用能力和适用性,如咨询、法律服务、美容美发等。

2. 消费品分类

(1) 方便品

方便品指顾客经常购买或即刻购买,并几乎不作购买比较和购买努力的商品,如饮料、牙膏、香皂、烟草和报纸等。

(2) 选购品

选购品是指消费者在购买过程中,对产品的适用性、质量、价格和式样等基本方面要作有针对性比较的产品,如家具、服装等。

(3) 特殊品

特殊品是指具有独有特征和(或)品牌标记的产品,对这些独特性的产品,有相当多的购买者一般都愿意为此付出特别的购买努力,如特殊品牌的汽车、摄影器材等。

(4) 非渴求品

非渴求品是指消费者未曾听说过或即便是听说过一般也不急于购买的产品,如人寿保险、墓地等。

3. 产业用品分类

(1) 材料和部件

材料和部件指完全转化为制造商产成品的一类产品,包括各种生产用原材料、半制成品和整体产品的零部件。

(2) 资本品目

资本品目指部分进入产成品中的商品,包括装备、厂房和附属设备等。

(3) 供应品和业务服务

供应品和业务服务指不构成最终产品的那类项目,如打字纸、铅笔等。供应品相当于工业领域的方便品,顾客人数众多,产品单价低,一般通过中间商销售。业务服务包括维修、修理服务和商业咨询服务。

产品分类如表 8－1 所列。

表 8－1　产品分类

<table>
<tr><td rowspan="10">产品习惯分类法</td><td rowspan="3">根据其耐用性和是否有形</td><td>非耐用品</td></tr>
<tr><td>耐用品</td></tr>
<tr><td>服务</td></tr>
<tr><td rowspan="4">消费品分类(根据产品及其购买特性)</td><td>方便品</td></tr>
<tr><td>选购品</td></tr>
<tr><td>特殊品</td></tr>
<tr><td>非渴求品</td></tr>
<tr><td rowspan="3">产业用品分类(根据产品特性)</td><td>材料和部件</td></tr>
<tr><td>资本品目</td></tr>
<tr><td>供应品和业务服务</td></tr>
</table>

8.2　产品组合策略

8.2.1　产品组合的概念

1. 产品组合、产品线和产品项目

(1) 产品组合

产品组合是指公司的业务经营范围,它包括公司向市场提供的全部产品线和产品项目的组合与结构。

(2) 产品线

产品线是由一群相关的产品组成,这些产品的功能相似,卖给同一顾客群,且以相同形式的配销通路销售,或者它们都在某一价格范围内。

(3) 产品组合的宽度

产品组合的宽度是指一个企业产品组合中有多少产品线。

(4) 产品组合的长度

产品组合的长度是指一个企业产品组合中产品项目的总数。

(5) 产品组合的深度

产品组合的深度是指产品线中的每一产品有多少花色品种规格。

(6) 产品组合的关联度

产品组合的关联度是指一个企业的各产品线在最终用途、生产条件、分销渠道或者其他方面相互关联的程度。

营销案例链接：P&G公司的产品组合，如表8-2所列。

产品组合的宽度：5条产品线。

产品组合的长度：总长度为25个品种，平均每条产品线有5个品种。

产品组合的深度：佳洁士品牌有3个规格，每个规格有2种口味，则佳洁士品牌的深度是6。

表8-2　P&G公司的产品组合

	产品组合宽度				
	清洁剂	牙　膏	条状肥皂	纸尿布	纸　巾
产品线长度	象牙雪(1930)	格利(1952)	象牙(1879)	帮宝适(1961)	媚人(1928)
	德来夫特(1933)	佳洁士(1955)	柯克斯(1885)	露肤(1976)	粉扑(1960)
	汰渍(1946)		洗污(1893)		旗帜(1982)
	快乐(1950)		佳美(1926)		绝顶(1992)
	奥克雪多(1914)		香味		
	德希(1954)		保洁净(1963)		
	泼尔德(1965)		海岸(1974)		
	洼尼(1966)		玉兰油(1993)		
	伊拉(1972)				

注：括号中的内容为推出产品的年代。

2. 产品线分析

产品线经理必须了解产品线内各品目的销售额和利润，并与竞争者产品线比较。

(1) 产品线销售额和利润分析

产品线经理须了解每一产品项目对全部销售额和利润的贡献比例。在一个动态的市场环境中，消费者的需求和爱好是在不断变化的，竞争者在不断地加入市场，而且在不断地调整他们的产品战略及整个营销决策。所有这些变化，将对企业的产品组合产生不同程度的影响，不同产品线的获利水平会有升有降。例如，假定一家公司经营五个产品项目的产品线，如图8-2所示，第一个产品项目的销售额和利润分别占整个产品线销售额和利润的50%和30%，第二个产品项目的销售额和利润均占整个产品线销售额和利润的30%。这两个产品项目虽然占整个产品线销售额的80%和利润额的60%，但在同行中竞争最为激烈，预测未来的销售额和利润将呈下降趋势。如果将销售额主要集中在这两项产品上，一旦出现强有力的竞争对手，企业就有被挤垮的危险。为此，必须制定对付同类竞争者的有效对策，以巩固企业第一、第二个产品项目的市场地位及获利水平。为保险起见，企业还应根据具体的需求环境变化，加强第三、第四个产品项目的市场营销。最后一个产品项目只占整个产品线2%的销售额与利润，如无发展前景，可以剔除。

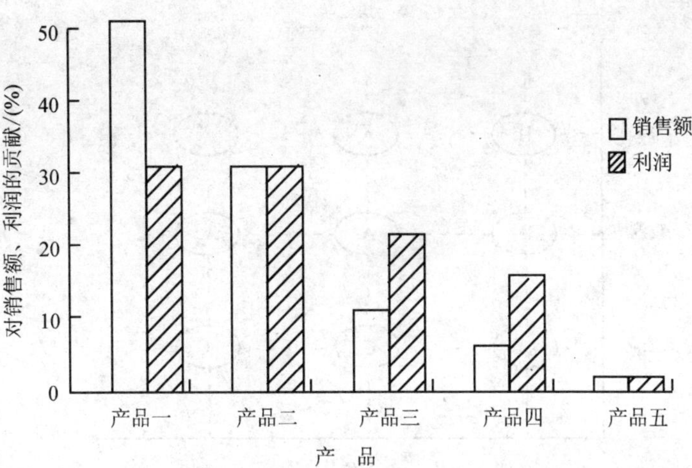

图 8-2　产品项目分析

(2) 产品线市场地位和前景分析

企业须分析自己各产品线的产品项目与竞争者的同类产品的对比状况，全面衡量自己各产品项目与竞争品的市场地位。如 A 家具公司的一个产品大类是沙发，根据用户市场调查，了解到消费者对沙发最重视的两个属性是沙发的款式和功能，款式分为漂亮、较漂亮、一般三个档次；功能分为单功能（只能坐）、双功能（即能坐也能睡）、多功能（坐、睡和代替箱子）。A 公司有 B、C 两个竞争者。其中，B 公司生产两种沙发——漂亮和较漂亮的单功能沙发；C 公司也生产两种沙发——一般的双功能沙发和一般的三功能沙发。A 公司根据市场竞争情况，权衡利弊，决定生产三种沙发——漂亮的双功能沙发、较漂亮的双功能沙发和较漂亮的三功能沙发，因为这三种沙发没有竞争者。从图 8-3 中可以看出市场中仍有两个空白点：一是一般的单功能沙发，各公司均不生产这种沙发，原因是消费者基本上放弃了这种产品形式；另一个空白点是漂亮的三功能沙发，各公司也没有生产，很可能是目前生产这种沙发的费用太高，或是尚无适用的技术工艺，经济上暂无可行性。可见，进行产品项目市场位置分析，对于企业了解整个产品线不同产品的竞争状况及发展产品线的市场机会有重要意义。这种分析既为企业制定营销组合战略提供了有效的依据，也显示出了新产品可能的市场位置，这对于企业今后的发展是有意义的。相对于竞争者产品线，产品线经理必须了解本公司的产品线的定位。

3. 产品组合决策

(1) 扩大产品组合策略

扩大产品组合策略包括开拓产品组合的宽度和加强产品组合的深度两个方面。

① 开拓产品组合的宽度

开拓产品组合的宽度是指在原有产品组合中增加一个或几个产品线，扩大产品经营范围。当某公司预测现有产品线的销售额负担和盈利率在未来几年要下降时，就应考虑在产品组合

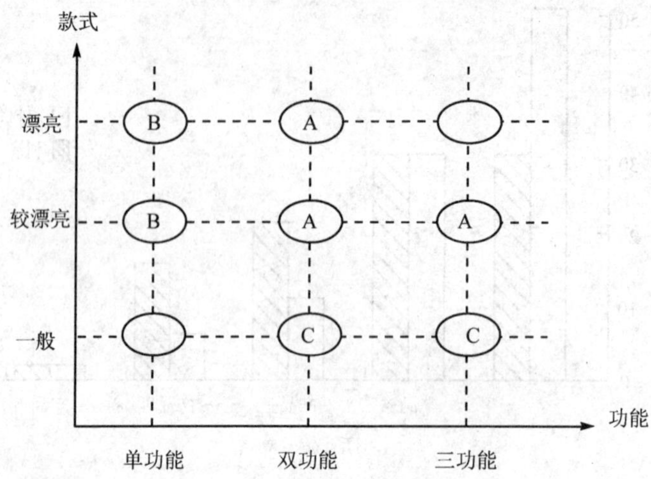

图 8-3 产品项目市场地位分析

中增加新的产品线或加强其他有发展潜力的产品线，以弥补原有产品线的不足。

② 加强产品组合的深度

加强产品组合的深度是指在原有的产品线内增加新的产品项目。如果发展与竞争者相近的品牌，企业营销组合战略就应具有一定特色，或者为用户提供更多的运输、信贷等便利条件，或者在价格上更具有竞争力，等等。当然，扩大产品组合决策还可以不受产品之间关联性的制约，发展与原有产品线毫无关联的产品线或产品项目。例如，某服装公司历来专营牛仔裤，后来又增加了男帽生产线。

扩大产品组合可以使企业充分地利用人、财、物资源。一个企业相对稳定的资源状况是同一定产品数量相适应的，随着企业技术水平的提高或原有市场的缩小，企业内形成了剩余的生产能力，开辟新的生产线就可以充分利用剩余生产能力。扩大产品组合还有助于企业避免风险，增强企业的竞争能力。由于市场需求的动态发展，每个产品项目都有失败的可能性，即使成功的产品项目也有一个由盛到衰的运动过程。开辟新的产品线，增加新的产品项目，可以分散失败的风险，降低损失程度。

(2) 缩减产品组合策略

市场繁荣时，全线型产品组合决策会为许多企业带来更多的盈利机会。但市场也有不景气的时候，特别是原料和能源供应紧张时，许多企业往往又会趋向于缩减产品线，即采用缩减产品组合策略，从产品组合中剔除那些获利小的产品线或产品项目，集中资源经营那些获利最多的产品线或产品项目。

缩减产品组合可以收到以下利益，集中技术资源改造保留的产品线，降低成本，提高产品竞争能力；减少资源占用，加快资金周转；有利于生产经营的专业化，使企业向纵深开拓市场，

在某一特定市场赢得利益和信誉；使营销组合的配置更加完善等。

(3) 产品线延伸决策

① 向下延伸

向下延伸，即在高档产品线上增加低档产品项目。公司产品向下延伸的主要理由有：公司的高档产品市场受到竞争者的攻击，于是决定以拓展低档产品市场作为反击；公司发觉其高档产品市场增长缓慢；公司最初进入高档产品市场是为了树立品质形象，然后再朝下扩展试图转进低档产品市场；公司增加一个低档的产品项目是为了填补市场空隙，否则，其竞争对手会乘虚而入。

采取向下扩展的策略时，公司会有一些风险。新的低档产品项目也许会蚕食掉较高档的产品项目，使公司的局面反而糟糕。

② 向上延伸

向上延伸是指原来定位于低档产品市场的企业，在原有的产品线内增加高档产品项目，使企业进入高档产品的市场。实行这一策略的主要原因有：高档产品市场具有较大的潜在成长率和较高利润率；企业的技术设备和营销能力已具备加入高档产品市场的条件；企业需要重新进行产品线定位。

采用这一策略的企业也要承担一定的风险，因为改变产品在消费者心目中的地位是相当困难的，处理不当，不仅难以收回开发新产品的投资，而且还会影响老产品的市场声誉。

③ 双向延伸

双向延伸是指原定位于中档产品市场的企业掌握了市场优势以后，决定向产品线的上下两个方向延伸，一方面增加高档产品，另一方面增加低档产品，扩大市场阵容。

(4) 产品线现代化决策

这一决策强调把现代化科学技术应用到生产过程中去。在某种情况下，虽然产品组合的宽度、长度都比较合适，但产品线的生产形式却可能已经过时，这就必须对产品线实施现代化改造。例如，我国纺织行业有些机械设备还停留在较落后的水平上，无论技术性能，还是操作方式都已不能适应生产的要求，这必然会使产品的竞争能力降低。因此，企业要进行生产设备、技术、工艺的现代化改造和更新。同时，企业还必须选择改进产品的最佳时机，使之不至于过早(使现有产品线的销售受到不良影响)，也不至于过迟(在竞争者为较先进的设备树立了强有力的声誉之后)。

(5) 产品线的特色化决策

产品线经理在产品线中选择一个或少数几个典型的产品项目进行特色化销售。有时候，经理们对产品线上低档产品型号进行特色化，使之充当“开拓销路的廉价品”；有时候，经理们又会选择对高端产品项目进行特色化，借以提高产品线的等级。总之，产品线的特色化决策可以借助推出特色化产品项目及产品线来吸引更多的顾客。

(6) 产品线填补决策

在现有产品线的范围内增加更多的产品项目使产品线延长。采取产品线填补决策有这样几个动机：获取增量利润;满足那些经常抱怨由于产品线不足而使销售额下降的经销商;充分利用剩余的生产能力;争取成为领先的产品线完整的公司;设法填补市场空隙,防止竞争者的侵入。

8.3 产品生命周期

8.3.1 产品生命周期阶段划分

1. 产品生命周期含义

产品生命周期是指某种产品从投放市场,经过成长、成熟到最后被淘汰的整个市场过程。典型的产品生命周期包括四个阶段,即投入期、成长期、成熟期和衰退期。衡量产品生命周期各个阶段有两个关键要素,即销售额和利润,以及在变化过程中两者之间的关系。

2. 产品生命周期阶段划分

产品生命周期一般分为四个阶段,如图 8-4 所示,它们是：

第一阶段：引入期,即产品引入市场时销售额缓慢增长的时期。在这一阶段,因为产品引入市场所支付的巨额费用,利润几乎不存在。

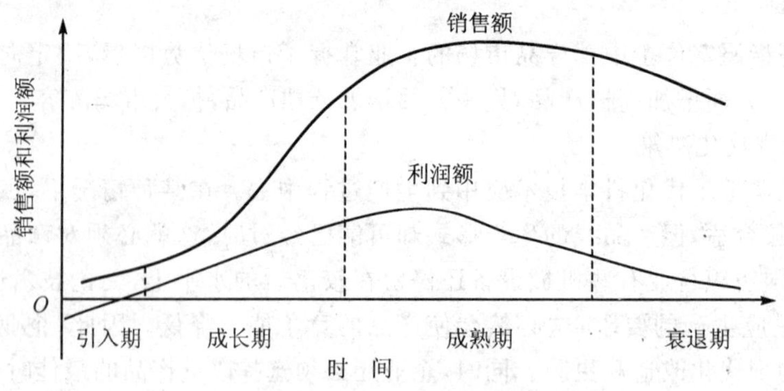

图 8-4 企业产品生命周期

第二阶段：成长期,即产品被市场迅速接受和利润大量增加的时期。

第三阶段：成熟期,即因为产品已被大多数的潜在购买者所接受而造成的销售额增长减慢的时期。为了对抗竞争,维持产品的地位,营销费用日益增加,利润稳定或下降。

第四阶段：衰退期,即销售额下降的趋势增强和利润不断下降的时期。

从产品生命周期的四个阶段可以看出,产品有一个有限的生命周期。产品销售经过不同的阶段,每一阶段都有不同的挑战、机会和需要解决的问题。在产品生命周期的不同阶段,产

品利润有高有低，产品需要不同的营销、财务、制造、购买和人事战略。

3. 产品生命周期的其他形态

产品生命周期是一种理论抽象，在现实经济生活中，并不是所有产品的生命历程都完全符合这种理论形态。除图 8-4 所示的正态分布曲线外，产品的生命周期还有以下几种形态。

(1) 非连续型循环

大多数时尚型产品的生命周期很短，呈非连续型循环。它只有两个阶段：一个是快速增长阶段；另一个是显著暴跌阶段。这种产品在短时间内为一部分消费者狂热追求，很快到达成熟期的最高峰，接着又很快过时了，销售量下降，进入衰退期，如图 8-5(a)所示。

(2) 循环-再循环型

这种产品在销售进入衰退期后，企业通过大力促销，或者开发配套新产品、新功能，使产品又进入新的循环，出现新的生机，但第二周期的规模和持续时间一般都小于第一周期，如图 8-5(b)所示。

(3) 扇型-多循环型

产品进入成熟期后，企业通过制定和实施正确的营销策略，使产品销量不断达到新的高潮，几乎看不出衰退期，如图 8-5(c)所示。

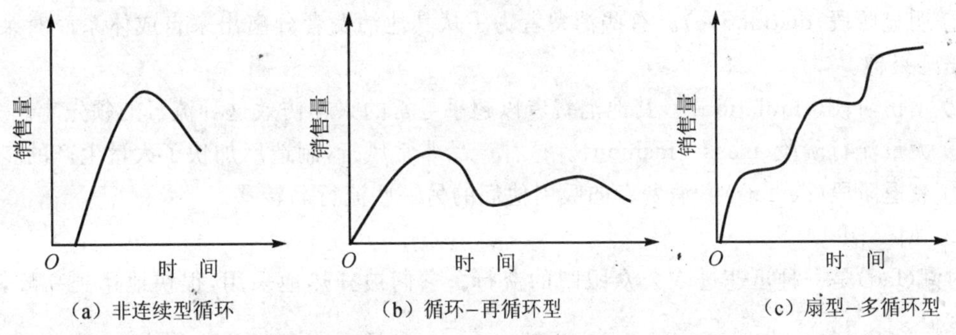

图 8-5　产品生命周期其他形态

通过对产品生命周期的分析可以看出，产品生命周期存在的四个阶段是产品生命周期最一般、最典型的表现，但不同产品的生命周期会呈现不同的特点，并非一切产品都必须经历四个阶段。无论产品有什么样的市场周期，经营者必须认真研究产品在各阶段的特点，采取不同的营销组合策略。

4. 产品种类、产品形式和品牌生命周期

一般而言，产品种类(如水)、产品形式(如矿泉水)和产品品牌(如农夫山泉)的生命周期各不相同。

(1) 产品种类

产品种类(category)具有最长的生命周期。许多产品种类无限期地处于成熟阶段，这是因为它们与人口增减程度相关。有些主要的产品种类，如雪茄、报纸、咖啡，似乎已经进入产品生命周期的衰退阶段。而另一些种类，如传真机、移动电话，明显已进入成熟阶段。

(2) 产品形式

产品形式(form)比产品种类更能准确地体现标准的产品生命周期的历史。例如，手动打字机经历了产品生命周期的引入期、成长期、成熟期和衰退期；而当前的电动打字机正在重演被电子打字机取代的类似历史[①]。

(3) 产品品牌

产品品牌(brand products)显示或短或长的产品生命周期。有些新品牌刚上市不久就消失了，而有些老牌品牌仍然经久不衰，如同仁堂、P&G 等。

5. 风格、流行和时潮的生命周期

(1) 风　格

风格(style)是显示在人们努力的一个领域里所出现的一种基本的和独特的方式。风格会维持相当长的时间。

(2) 流　行

流行(fashion)是在既定的领域里当前被接受或流行的一种风格。流行分四个阶段：

① 明显阶段(distinctive)。有些消费者为了从其他消费者分离出来自成体系而对某些新产品倍感兴趣。

② 模仿阶段(emulation)。其他消费者以超乎寻常的兴趣仿效这种流行的领先者。

③ 大量流行阶段(mass - fashion)。这种产品非常风行，制造厂加快了大量生产的步伐。

④ 衰退阶段(decline)。消费者向吸引他们的另一些流行品转移。

(3) 时　潮

时潮(fad)是一种迅速进入公众眼睛的流行。它们被狂热地采用，很快地达到高峰，然后迅速衰退。

8.3.2　产品市场生命周期阶段划分的方法

在产品市场生命周期变化的过程中，各阶段的划分并没有一定的标准，划分基本依靠定性判断，主观随意性较大。

理论上，只有当一个产品完全被淘汰后，才可以依据对历史资料的整理、统计和分析，完全准确地划分出产品生命周期在当时所处的阶段，但这时对市场营销策略的制定已无实用价值。因此，掌握预先判断的方法，减少随意性，就具有了现实的意义。判断产品市场生命周期阶段，一般采用如下两种方法：

---

① 菲利普·科特勒. 市场营销管理：亚洲版(上). 中译本. 北京. 中国人民大学出版社，2000：336.

1. 类比法

类比法是比照市场上类似产品的发展情况进行推测和分析以判断某产品所处的生命周期阶段的方法。

2. 销售增长率法

销售增长率法是用销售增长率上期的实际或预测的数据作为依据来划分产品生命周期各阶段的方法。其公式为

$$增长率=\Delta Y/\Delta X$$

式中，ΔY——销售量的增长率；

ΔX——增加的时间(一般以年为单位)。

根据国外划分产品生命周期各阶段的经验，当 $\Delta Y/\Delta X>10\%$时，为成长期；当 $0.10\%\leqslant\Delta Y/\Delta X<10\%$时，属于成熟期；当 $\Delta Y/\Delta X<0$ 时，属于衰退期。

此外，企业还可以根据不同产品历年的销售统计资料，自行确定标准去划分各个产品所处的市场生命周期。

表 8－3 给出了采用销售增长率法判断产品市场生命周期的标准、所处阶段的特点以及企业所能采取的营销对策。

表 8－3　销售增长率法

阶　段	判断标准 (ΔY：销售增长率； ΔX：时间增量)	特　点	营销策略
投入期	$\Delta Y/\Delta X$ 的值不稳定	试销阶段 消费者了解少 产品不稳定 经销商不愿多进货 企业无利甚至亏本	快速掠取策略 缓慢掠取策略 快速渗透策略 缓慢渗透策略
成长期	$\Delta Y/\Delta X>10\%$	消费者接受了产品 中间者愿意经销 产品销量上升 产品成本下降 企业利润上升	树立品牌形象 扩展分销渠道 扩大购买产品 改进产品品质 适时调整价格
成熟期	$0.1\%\leqslant\Delta Y/\Delta X<10\%$	产品销量稳定 增长率缓慢下降 利润缓慢下降 新品不断出现 竞争非常激烈	改良市场策略 改良营销组合 增加附加值
衰退期	$\Delta Y/\Delta X<0$	替代新品上市 销量急剧下降 客户发生转移 竞争者纷纷退去	连续策略 集中策略 榨取策略 放弃策略

8.3.3 产品生命周期各阶段特征及营销策略

企业运用产品市场生命周期理论分析产品，主要是为了使自己的产品尽快尽早地为消费者所接受，缩短产品的市场投入阶段；同时尽可能使产品以较慢的速度被淘汰。在产品生命周期的不同阶段，产品的销售额、单位利润水平、总利润水平及价格呈不同的变化趋势，具有不同的特点。这些变化特点正是企业制定营销战略的基点，即企业总体战略的制定和实施都需要准确地掌握不同阶段的特点。

1. 投入期营销特点与营销对策

(1) 投入期营销特点

① 消费者对新产品尚不了解，大部分顾客不愿放弃或改变自己的消费行为，产品的销售量小，相应地加大了单位产品成本；

② 尚未建立理想的营销渠道和高效率的分销模式；

③ 价格决策难以确定，可能限制了购买，也可能难以收回成本；

④ 广告费用和其他营销费用开支较大；

⑤ 产品技术性能还不够完善；

⑥ 企业利润较少，甚至出现经营亏损；

⑦ 市场上同行竞争者较少。

针对上述产品投入期的特征，企业若建立有效的营销系统，为每一个营销组合变量制定有效的营销对策，就可以推动新产品尽快地由导入阶段进入市场发展阶段。

(2) 投入期营销对策

投入期可供选择的营销策略如图 8－6 所示。

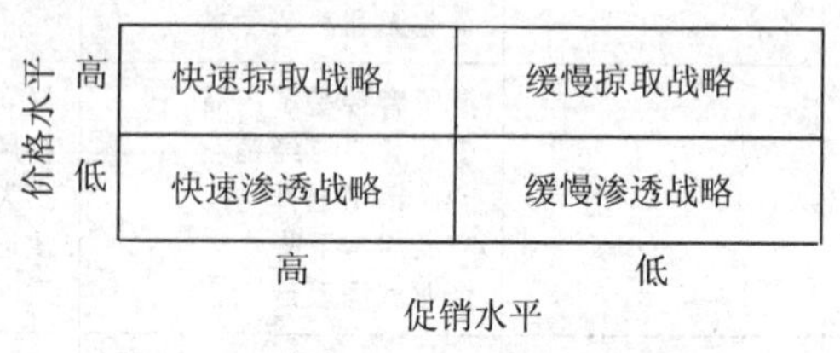

图 8－6 投入期可供选择的营销策略

① 快速掠取策略

快速掠取策略是指企业以高价格和高促销费用推出新产品，以求迅速扩大销售量，取得较高的市场占有率。实行高价格是为了在每一单位销售额中获取最大利润，同时目标市场应限于具有较高能力的消费者，目的是树立产品印象，如某些新开发的餐饮产品。高促销费用是为了引起目标市场的注意，加快市场渗透率，尽快地占领市场。高促销费用使企业有能力采用特

殊手段和特殊办法推销。比如，采用大规模广告推销，优惠价格及其他刺激购买的办法，使消费者了解和购买新产品；或不惜成本，大量开展广告宣传，请有影响的人物进行免费试用，促使消费者试购新产品。成功地实施这一策略，可以赚取较大利润，并有利于尽快收回开发时的投资。

实施这一策略须具备以下条件：第一，市场上有较大的需求潜力。在产品投放市场前，必须对市场进行可行性研究和必要的市场需求预测，了解消费者潜在需求是否很大。第二，目标顾客求新心理强，急于购买新产品并愿意为此付出高价。第三，企业面临潜在竞争者的威胁，须及早树立名牌。

② 缓慢掠取策略

企业以高价格低促销费用将新产品引入市场。高价格和低促销水平二者结合，可以使企业获得更多利润。实施本策略的市场条件是：第一，产品的市场规模较小，这种产品只适应有限的目标顾客，竞争威胁不大。第二，市场上大多数用户对该项产品没有过多疑虑。第三，适当的高价能为市场所接受。

③ 快速渗透策略

企业以低价格和高促销费用推出新产品。低价也可视为某种促销手段。其目的在于先发制人，以最快的速度打入市场。本策略可以给企业带来最快的市场渗透率和最高的市场占有率，减少潜在竞争者，加大促销力度。实施这一策略的条件是：第一，该产品市场容量相当大，即潜在顾客较多，低价可以扩大市场面。第二，潜在消费者对产品不了解，且对价格十分敏感。商品价格需求弹性大，即价格一定比例地上升或下降可引起需求量更大比例的变化。第三，产品的单位制造成本可随生产规模和销售量的扩大迅速下降。第四，存在潜在竞争者的威胁。

④ 缓慢渗透策略

企业以低价格和低促销费用推出新产品。低价是为了促使市场迅速地接受新产品，低促销费用则可以实现更多的净利润。采取这一策略是因为企业相信该产品市场需求价格弹性较高，而促销弹性较小，即促销费用低也不会对消费者需求引起较大比例的变化。同时，企业寻求的是逐步打入市场。实施这一策略的市场条件是：第一，产品市场容量较大。第二，潜在顾客易于或已经发现该项新产品，且对价格十分敏感。第三，有相当多的潜在竞争者准备加入竞争行列。

产品导入阶段是产品成长的关键时期，能否顺利通过导入阶段，决定着产品的市场前途。

2. 成长期营销特点与营销对策

(1) 成长期特点

① 消费者对新产品已相当熟悉，销售量迅速增加。

② 产品已定型，销售费用减少，成本降低，利润增加。为了适应竞争和市场扩张的需要，企业的促销费用水平基本稳定，或略有提高，但占销售额的比例下降；由于促销费用分摊到更多的销量上，单位生产成本的下降快于价格下降。因此，利润逐步抵达最高峰。

③ 建立了比较理想的营销渠道。

④ 由于大规模的生产和丰厚的利润机会，吸引了大批竞争者加入，模仿、抄袭相当普遍，竞争日趋激烈。例如，一些企业看到某一产品销路很好，就有可能组合相同的产品。这样，竞争就更加激烈了。

⑤ 市场价格趋于下降。

(2) 成长阶段营销对策

在产品的成长阶段，企业营销对策的核心是尽可能地延长产品的成长阶段，具体说来，可采取以下营销对策：

① 提高产品质量

根据用户需求和其他市场信息，组合和生产多品种、多规格和高质量的产品，并在产品特色和优质服务上狠下工夫，创造高声誉的名优产品。

② 增加新的销售渠道

重新评价渠道选择决策，巩固原有渠道，增加新的销售渠道，搞好渠道成员的协作，对中间商给予相应的优惠，扩大销售范围。

③ 加强促销环节，创立名牌特色，树立强有力的产品形象

促销决策应从以建立产品知名度为中心转移到以树立产品形象为中心，主要目标是建立品牌偏好，宣传产品特色，增强消费者对产品和企业的信任感，提高知名度，争取新的顾客。

④ 开拓新的市场

在分析发展趋势和竞争者价格策略的基础上，应选择适当的时机调整价格，可考虑保持原价或降低价格，以吸引对价格敏感的潜在购买者，积极寻求新的细分市场，进入有利的新市场，以争取更多顾客。

企业采用上述部分或全部市场扩张策略，将会大大加强产品的竞争能力，但相应地也会加大企业营销成本。因此，在成长阶段，企业面临着高市场占有率抑或高利润率的选择。一般来说，实施市场扩张策略会减少短期利润，但加强了企业的市场地位和竞争能力，有利于维持和扩大企业的市场占有率。从长期利润观点看，这样做有利于企业发展。在国际市场竞争中，许多大厂商通常都以市场占有率为此阶段的主要目标，就是因为他们期待并相信市场份额扩大，产品单位营销成本必然下降，从长远看，能赢得更多利润。

3. 成熟期的营销特点及营销对策

(1) 成熟期的营销特点

任何一项产品的销售增长率到达某一点后，都会趋于下降，这时即进入成熟阶段。对许多产品来说，这一阶段持续时间最长。成熟阶段可以分为三个时期：

① 成长中的成熟期

此时，各销售渠道基本呈饱和状态，销售利润增长率开始下降，而销售增长率的下降尚不明显，这时还有少数后续的购买者继续进入市场，但绝大多数购买属于原有顾客的重复购买。

② 稳定中的成熟期

此时，由于市场饱和，消费水平平衡，销售增长率一般只与购买者个数成比例，如无新购买者则增长率停滞或下降。

③ 衰退中的成熟期

此时，销售水平显著下降，原有用户的兴趣已开始转向其他产品和替代品。销售增长率的下降，使全行业产品出现过剩，这就不可避免地会加剧竞争。一些缺乏竞争能力的企业将逐渐被取代，新加入的竞争者则较少。竞争者之间各有各的特定目标顾客，因此市场份额变动不大，突破较困难。为了维持已有的市场地位，企业常常采用低价格，高促销费用的策略，因而利润有可能下降；即便销售量仍在增加，利润量也不能保持增长势头。

(2) 成熟期营销对策

鉴于上述情况，在产品成熟期阶段有三种基本策略可供选择，即市场改良、产品改良和营销组合改良。

① 市场改良策略

市场改良策略也称市场多元化策略，即开发新市场、寻求新用户策略。市场改良可以通过下述几种方式实现。

- 开发产品的新用途，寻求新的细分市场。例如，美国杜邦公司生产的尼龙产品，最初只用于军用市场，如降落伞，绳索等。二次大战后，产品转入民用市场，企业开始生产尼龙衣料，窗沙，蚊帐等日用消费品，以后又继续扩展到轮胎，地毯等市场，使尼龙产品系列进入多循环周期，为企业赢得了长期稳定的利润。
- 刺激现有顾客，增加使用频率。采取广告宣传，优惠促销等手段，鼓励现有顾客重复购买产品。
- 重新为产品定位，寻求新的买主。例如，不少婴儿系列的香皂、润肤露产品，因其无刺激、柔和，现在受到很多青年妇女欢迎。企业可以抓住机会，重新树立产品形象，进入青年妇女市场，使销售量出现再循环。

② 产品改良策略

产品改良策略也称为产品再推出。对整体产品概念中的任何一个层次的改革都可视为产品再推出，它包括提高产品质量、改变产品特性和款式、为顾客提供新的服务等。实现产品再推出策略包括以下四个方面：

- 品质改进策略：主要侧重于增加产品的功能，如微软公司的计算机操作系统由Windows 95到Windows XP不断升级换代，这种品质改进可以极大地提高产品的市场竞争地位。
- 特性改进策略：主要侧重于增加产品的新特性，尤其是扩大产品的高效性、安全性或方便性。
- 式样改进策略：主要是基于人们美学欣赏观念或便利性而进行的款式外观改变。如很多旅游纪念品改变包装，便于游客带回去馈赠亲友。

- 服务改进策略：主要是客户服务内容、方式和服务质量的改变。对于许多消费品来说，良好的服务，如为用户提供运输、开展技术咨询、上门维修等会大大促进消费者的重复购买。因此，企业要不断提高服务质量，向顾客提供新的利益，以提高产品形象，保名牌，创名牌。

③ 市场营销组合改良

市场营销组合改良是指通过改变定价、销售渠道及促销方式来延长产品的成熟期，一般是通过改变一个因素或几个因素的配套关系来刺激消费者的购买。例如，设计和组合新产品、改造现有产品，可从竞争者那里吸引一部分顾客。市场营销组合改良可采取的措施包括降低价格、扩大销售渠道、增加销售网点、采取多样化的促销策略、采用新颖的广告宣传方式和进行新的销售因素组合等。但这种改进一般很容易被竞争者所模仿。

4. 衰退期的营销特点及营销策略

(1) 衰退期的营销特点

① 产品销售量由缓慢下降变为迅速下降，消费者的兴趣已完全转移或持币待购，期待着新产品上市。

② 经过成熟期的激烈竞争，产品价格也已下降到最低水平。

③ 多数企业已无利可图，被迫退出市场。

④ 留在市场上的企业则被迫逐渐减少产品的附带服务，削减促销预算等，以维持最低水平的经营。

⑤ 产品老化，市场出现换代产品。

(2) 衰退期的营销策略

① 集中策略

集中策略，即把企业能力和资源集中使用在最有利的细分市场、最有效的销售渠道和最易销售的品种款式上。也就是缩短战线，在最有利的市场赢得尽可能多的利润。

② 维持策略

维持策略，即保持原有的细分市场，沿用过去的营销组合策略，把销售维持在一个低水平上。这种策略是在等待时机成熟，以便停止该产品的经营，退出市场。

③ 榨取策略

榨取策略，即大大降低销售费用，如将广告费用削减为零、大幅度精减推销人员等，以最大限度地增加眼前利润的策略。这样做，销售量有可能迅速下降，因而通常作为停产前的过渡策略。

④ 放弃策略

对于衰落比较迅速的产品，应采取当机立断、放弃经营的策略。如果企业决定停止经营衰退期的产品，就应在立即停产，还是逐步停产问题上慎重决策，并应处理好善后事宜，使企业有

秩序地转向新产品经营。

营销案例链接：杜邦公司延长尼龙生命周期的战略

频加增加使用频率：尼龙袜的销售曲线日趋平坦后，杜邦公司便潜力研究，发现那时女人已趋向于"露腿"，人们的生活不定，青年妇女对于穿袜子的"社交需要"的感觉也日渐淡薄。对于这些发现，杜邦公司认为要使销售曲线回升，有一个直接的方法就是重复强调社交必须穿袜子。推行这种理念显然颇为困难，宣传的成本也很高，不过它却能在现有的使用者之间，促使他们时常穿着袜子，以达到延长产品寿命的目的。

变化使用：对杜邦公司来说，这种策略主要是要使妇女更普遍地购用尼龙丝袜。首先，杜邦公司推出一种淡色的丝袜，当做时髦标致的装饰，让大家普遍购用后，又推出了一些带有花样的高级丝袜，取代以前那种花色单调的丝袜，妇女因受新花样的吸引，则趋之若鹜，纷纷换旧购新。货色的变化更新，使人觉得年年有新花样可买、可穿。

创造新顾客：杜邦公司促使人们公认少女穿尼龙丝袜是种正当的需要，从而增加少女这一阶层的顾客。此时，公司必须用广告与公共关系来支持这种宣传。

寻求新用户：从变化袜子的形态（如松紧长丝袜，松紧短袜）到寻求新的用途（如地毯、轮胎等）。

8.4　新产品策略

产品生命周期理论提供了一个重要启示，当代科学技术的迅速发展使得产品生命周期迅速缩短，这已成为当代企业所面临的现实。这种现实迫使每个企业不得不把开发新产品作为关系企业生死兴亡的战略重点。

8.4.1　新产品概念

这里所说的新产品，是从企业经营角度认识和规定的，它与因科学技术在某一领域的重大发展所推出的新产品有所不同，前者比后者广泛，且包含了后者。

新产品指与原有产品在技术、功能、结构、形态和服务等方面都有显著差异的产品。新产品是相对于老产品和产品具有新的特色，并且能适应消费者的新的文化精神需求及其他需求而言的产品，即本企业从没有生产、销售过的产品，都可以认为是新产品，或者说，只要是产品整体概念中任何一部分的创新或改革，都属于新产品之列。

8.4.2　新产品分类

(1) 全新产品

全新产品是指为满足消费者的新的需求，运用现代科学技术或手段创造的整体更新的产品。

(2) 换代新产品

换代新产品是指对现有产品进行较大改革后生成的产品。

(3) 仿制新产品

仿制新产品是指市场已存在,企业对其进行模仿后经营的产品。

(4) 新牌号产品

新牌号产品是指对现有产品作很小的改变,突出其某一方面的特点,使用一种新牌号生成的产品。

上述几种新产品尽管新的程度不同,但都有一个显著特色,就是消费者认为具有同其他类产品不同的特点,因而也就承认它是新产品。如果消费者认为这种产品没有任何新的特点,没有带给其任何新的利益,它就不称为新产品了。

8.4.3 新产品开发的程序

彼得·德鲁克提出,创新是当代企业的特征之一,创新活动的成败直接关系到企业的成败。为了提高新产品开发的成功率,企业必须建立科学的新产品开发管理程序。一般企业研制新产品的管理程序大致如下:调查分析—构思—产品概念形成与测试—初拟营销规划—商业分析—产品研制—市场试销—批量上市。

1. 调查分析阶段

开发新产品的目的是为了满足市场的需求,所以顾客的需求是新产品开发的主要依据。因此,新产品开发前,必须做好调查分析。调查分析主要是调查分析国内外有关产品的经营现状,了解国内外有关产品的品种、容量、数量、规模、价格、销售环节等,并通过消费者的反映预测市场的需求变化和新产品的发展前途,从而根据需要开发新产品。

2. 新产品构思

(1) 构思含义

构思是指为满足某种新需求而提出的设想。企业根据调查分析掌握的市场需求情况以及消费者对老产品的意见和企业资源,提出开发新产品的初步设想和构思;再通过对有代表性的种种设想加以分析、综合,就逐渐形成了比较系统的新产品概念。

在产品构思阶段,决策者应积极在不同环境中寻找好的产品构思,集思广益,鼓励职工、科技人员和消费者发展产品构思,并收集创意方案,以便从中选择最佳的构思方案,并将所汇集的构思转送公司有关部门,征求修正意见,使其内容更加充实。

(2) 寻找和搜集新产品构思的主要方法

① 产品属性排列法

产品属性排列法是指将现有产品的属性一一排列出来,然后探讨,并尝试改良每一种属性的方法。新的产品创意往往在此基础上形成。

② 强行关系法

强行关系法是指先列举若干不同的产品，然后把某一种产品与另一种或几种产品强行结合起来，产生一种新的产品构思的方法。例如，市场上畅销的组合家具就是把大衣柜、写字台等不同特点及不同用途的家具相结合，设计生产出的既美观又较实用的新型家具。

③ 多角分析法

多角分析法首先将产品的重要因素抽象出来，然后具体地分析每一种特性，再形成新的创意。

④ 聚会激励创新法

将若干有见解的专业人员或发明家集合在一起(一般不超过10人为宜)，开会讨论会前提出并给予时间准备的若干问题，参加人员畅所欲言，彼此激励，相互启发，提出种种设想和建议，经会后分析归纳，便可形成一种新产品的构思。

⑤ 征集意见法

征集意见法是指产品设计人员通过问卷调查，召开座谈会等方式了解消费者的需求，征求科技人员意见，询问技术发明人、专利代理人、大学或企业的实验室、广告代理商等的意见。这种方法需要经常坚持，形成制度。

3. 筛选阶段

(1) 筛选的含义

筛选是看构思是否符合企业发展目标和长远利益，即筛选就是对所搜集的方案进行取舍。筛选的主要目的是选出那些符合本企业发展目标和长远利益，并与企业资源相协调的产品构思，摒弃那些可行性小或获利较少的产品构思。

(2) 筛选过程应遵循的标准

① 市场成功的条件

市场成功的条件主要包括新产品市场潜力、市场竞争程度及前景估计，企业能否获得较高的经济效益。

② 企业内部条件

进行资源总体评价，看企业的人财物资源、企业的技术条件及管理水平是否适合生产这种产品。

③ 产品销售条件

企业现有的销售结构是否适合销售这种产品。

④ 利润收益条件

利润收益条件包括产品是否符合企业的营销目标、获利水平，以及新产品对企业原有产品销售的影响。

这一阶段主要是剔除那些明显不适当的产品构思。筛选流程如下：某产品构思是否符合企业目标—利润目标—销售稳定目标—销售增长目标—企业总体营销目标—是否符合企业资源—企业是否有所需资源设施—能否以合理的成本向外获得—企业是否有所需技术—是否能以合理成本获得—是否符合企业管理水平—能否以合理成本获得—经营效益分析—决定是否保留或取消该产品构思。

(3) 新产品构思评判表

对于通过初步筛选后保留下来的产品构思,还应当进一步进行更为系统的审查,一般通过新产品构思审核表进行评判,划分出等级,然后再决定取舍。表 8-4 是较典型的新产品构思评判表。

表 8-4　新产品构思评判表

产品成功的必要条件	权数 A	公司能力水平 B											得分表 $A\times B$
		0.0	0.10	0.20	0.30	0.40	0.50	0.60	0.70	0.80	0.90	1.0	
公司信誉	0.20							√					0.120
市场营销	0.20										√		0.180
研究与开发	0.20								√				0.140
人　员	0.15							√					0.090
财　务	0.10										√		0.090
生　产	0.50									√			0.040
销售地点	0.50				√								0.015
采购与供应	0.50										√		0.045
总　计	1.00												0.720

分数等级：0.00～0.40 为劣;0.41～0.75 为中;0.76～1.00 为良。目前可以接受的最低分数为 0.70。

表 8-4 中第一栏是某新产品成功的条件;第二栏是按照这些条件在进入市场中的不同重要程度分别给出的不同权数;第三栏是对某新产品成功打入市场是否符合本企业的目标和战略的综合评分。①

在筛选阶段应力求避免两种偏差：一种是漏选好的产品构思,企业对这些构思的潜在价值估计不足,草率剔除,并失去发展机会;另一种是采纳了错误的产品构思,仓促投产,造成失败。后者有三种情况,第一种情况称为绝对性产品失败,不仅无利可图,甚至连成本都收不回来;第二种是一般性产品失败,虽然没有利润,但通过销售,可以收回开发成本;第三种为相对性产品失败,即虽可产生利润,但低于企业正常产品利润水平。

4. 产品概念形成

新产品构思经过上述筛选后,须进一步发展成为具体、明确的产品概念。产品概念是指已

① 吴健安. 市场营销学. 2 版. 北京：高等教育出版社,2004：232.

经成型的产品构思，并要经过产品设计与鉴定两个步骤实现。

产品设计的基本任务是将产品构思发展成几种产品设计方案，以文字、图形、模型描述出比较明确的产品概念。

设计鉴定的基本任务是对每一个具体设计方案加以具体的评价。设计鉴定首先在企业开发部门进行，可以根据未来市场的潜在容量、投资盈利率、生产能力以及对企业设备、资源的充分利用等标准权衡，衡量出每个产品设计方案的潜在价值。然后将设计方案提交给未来目标市场上有代表性的顾客群体进行测试，听取他们的意见。最后，经过综合分析，选定一种最佳的设计方案。至此，企业不仅可以得到较清晰的产品概念，而且能够了解新产品概念的潜在价值，使其趋于完善，并为每一个产品概念定位。

5. 初拟营销规划

① 描述目标市场的规模、结构及消费者的购买行为，新产品的市场位置，产品销售最初几年的销售量、利润、市场占有率等。

② 规划新产品的预期价格、分销渠道以及第一年以促销(尤其是广告)为重点的营销预算费用。

③ 阐述较长期的销售额和利润目标，以及不同时期的营销组合策略等。

6. 商业分析

商业分析实际上是经济效益分析。其任务是在初步拟定营销规划的基础上，从财务上进一步判断新产品是否符合企业目标。

(1) 预测销售额

可通过参照市场上类似产品的销售发展历史，并考虑各种竞争因素，分析新产品的市场地位和市场占有率的方法来推测可能的销售额。在推算销售额时，应将几种风险系数都考虑进去。可采用新产品系数法，公式为

$$R = AB\frac{CDE}{X}$$

式中，R——新产品系数；

A——技术上成功的概率；

B——商业上成功的概率；

C——预期年销售量；

D——预期价格；

E——产品生命周期；

X——固定成本总额。

上式中，C、D、E 的积是收入总额，然后除以 X，其商就是该产品生命周期内得到的收入为预付初始投资的倍数，这个数值就是产品系数。A 和 B 两个概率，一般由企业主管人员加以确定，其数值在 0～1 之间，它们的变动影响产品系数，反映着新产品开发风险。由于风险大小

与产品系数成反比，所以新产品系数越大，盈利可能性越大，新产品预期的回报率就越大。

(2) 推算成本和利润

在完成一定时期内新产品销售额预测之后，接下来可以推算出这个时期的产品成本和利润收益。成本预算主要通过市场营销部门和财务部门综合预测各个时期的营销费用及各项开支，如新产品研制开发费用、销售推广费用、市场调研费用等，根据成本预测和销售额预测，企业即可以预测出各年度的销售额和净利润。审核分析该项产品的财务收益可以采用盈亏平衡分析法、投资回收率分析法、资金利润率分析法等。

7. 新产品研制

新产品研制是将通过效益分析(即商业分析)后的新产品概念交送研究开发部门或技术工艺部门研制成为产品模型或样品，同时进行包装的研制和品牌的设计的活动。这是新产品开发的一个重要步骤。只有通过产品研制，投入资金、设备和劳力才能使产品概念实体化，才能发现产品概念的不足与问题，继续改进设计，也才能证明这种产品概念在技术、商业上的可行性如何。如果因技术上不过关或成本过高等遭到否定，这项产品的开发过程即会终止。

应当强调，新产品研制应使模型或样品具备产品概念所规定的特征，并应进行严格的测试和检查，包括专业人员的功能测试和消费者测试。功能测试是在实验室测试新产品是否安全可靠、性能质量是否达到规定的标准等，消费者测试主要指试用样品，以利于发现使用中的问题，以进一步修改计划。

8. 市场试销

(1) 市场试销的含义

市场试销是指把根据选定的产品概念制成的产品，投放到经过挑选的有代表性的小范围市场上进行试销，旨在检查这种新产品的市场效应，然后再决定是否大批量生产。

不过，并非所有新产品都必须经过试销，是否试销主要取决于企业对新产品成功率的把握。如果企业已经通过各种方式收集了用户对该产品的反馈意见，并已进行了改进，了解到产品具有相当的市场潜量，就可以在市场上直接正式销售，但如果对新产品成功率没有把握，付出一定的试销费是必要的。

(2) 新产品试销前所要做出的决策

① 确定试销的地区范围和地点。试销市场应是企业目标市场的缩影。

② 确定试销时间。试销时间的长短一般应根据该产品的平均重复购买率决定。再购率指在试销期内重复购买该项产品的人数对顾客总数的百分比。再购率高的新产品，试销的时间应当长些；因为只有重复购买才能真正说明消费者对新产品的认可。

③ 试销中所要取得的资料。一般应了解首次购买情况(试用率)和重复购买情况(再购率)。试用率是指在试销期间购买该项新产品的人数对顾客总数的百分比。另外，还要了解市场普及率，试销的推广费用，用户对产品质量、性能、规格、款式、包装等方面的意见等。

④ 试销所需的费用开支。

⑤ 试销的营销战略及试销成功后应进一步采取的战略行动等。

试销结果，如果试用率和再购率都高，便停止试销，立即正式投放市场；如果试用率高，再购率低，则说明顾客对产品尚不满意，应研究改进，不断完善；如果试用率低，再购率高，则说明产品尚受欢迎，但消费者尚不够了解产品，需要加强宣传；如果试用率和再购率都低，则说明产品无发展前途，应立即停止开发。

9. 商业投放

新产品试销成功后，即可正式投放市场。这时，企业就要动用大量资金，支付大量费用，而新产品投放市场的初期往往利润微小，甚至亏损，因此企业在此阶段应在以下诸方面慎重决策。

(1) 投放时机

如果新产品是用来代替本企业其他产品的，那么投入市场的时机应是在原有产品库存较少的情况下上市；如果新产品的需求具有较强的季节性，应在最恰当的季节投放，以争取最大销量；如果新产品需要改进，应等到产品进一步完善后再投放，切忌仓促上市。

(2) 投放地区

公司必须决定产品投放地区是在城市还是在乡村，是在国内市场还是在国际市场。一般情况下，企业应集中在某一地区市场上开展广告和促销活动，取得一定的市场份额，再向全国各地市场扩展。但是，资金雄厚并拥有完备、顺畅的国内、国际销售网络的大企业，有时也可以直接将新产品推向国内或国际市场。

为了科学决策投放区域，企业应对不同地区市场的吸引力做出全面评价，主要评价标准是：市场潜力、企业在这一市场的信誉、营销费用和该地区对其他地域市场的影响以及市场竞争情况等。

(3) 目标市场

目标市场的选择可以依据试销或产品开发以来所收集的资料。最理想的目标市场应是最有潜力的消费者(用户)群，理想的新产品消费的主要潜在购买者通常具备以下特征：最早采用的新产品市场；大量购买新产品的市场；该市场的购买者具有一定的传播影响力；该市场的购买者对价格比较敏感。

(4) 营销组合

要在新产品投放前制定尽可能完备的营销组合方案，新产品营销预算要合理分配各营销组合因素，要根据主次轻重有计划地安排各种营销活动。

10. 新产品投放市场后的评价

新产品投放市场后，还要进行最终评价，其目的是搜集消费者的反映；检查产品的使用效果；掌握市场动态，为进一步改进产品设计和为市场营销策略提供依据，或据以决定对现有企业的发展规模加以扩大、缩小或维持现状，抑或停止经营。

评价项目包括六个方面：

① 市场销售情况：主要检查销售量的变化情况，如购买对象、重复购买者、潜在购买者和现有销售渠道是否合理等。

② 新产品预测：预测新产品何时进入成长期、成熟期的销售量、市场占有率，以及成熟期的维持时间等。

③ 市场竞争情况：新产品进入市场后，必然引起竞争，因此企业必须掌握有多少竞争对手参与角逐，这些竞争对手的条件、策略，各自具有何种特点，以便于企业采取有针对性的经营策略，扬长避短，发挥优势。

④ 经济效益情况：要追踪检查新产品开发的投资回收期。如果比预测的投资回收期短，则效益性较好；如果有超过预定回收期的迹象，则要采取措施，增加销售量，降低生产成本。还要检查经营安全率。若经营安全率较高，可以大力发展这种产品的生产规模；若经营安全率低于15%，要采取紧急措施；若经营安全率低于10%，则要停止生产。此外还要检查新产品价格是否偏高或偏低，降价能否给企业带来实际利益。

⑤ 社会环境：开发新产品一定要符合环境保护的要求。

⑥ 产品构成分析：要对产品构成的各要素进行分析。例如，企业可以运用价值分析寻求进一步降低成本的可能性等。

在上述六个方面因素评价的基础上，企业要进行系统分析和综合评价，同时还要同原定目标进行比较。

8.5 品牌与包装战略

8.5.1 品牌含义

品牌是一种名称、术语、标记、符号或设计，或是它们的组合使用，其目的是借以辨识某个销售者或某群销售者的产品或服务，并使之同竞争对手的产品和服务区别开来。品牌包括品牌名称(brand name)和品牌标志(brand mark)两部分。品牌名称指品牌中可以用语言称呼的部分，也称品名，如BENZ、Audi等；品牌标志(品标)，指品牌中可以被认出、易于记忆，但不能用言语称呼的部分，通常用图案、符号或特殊颜色等构成。

8.5.2 品牌作用

1. 从产品规划看品牌的作用

品牌是构成产品的一部分，它有助于创造产品印象，譬如青春、华贵、健康、权威等，使顾客在获得实质满足之外，还可获得心理上的满足。

2. 从产品分配看品牌的作用

品牌具有辨认作用，企业借助品牌可以和其他厂商的产品有所区分。

① 自行鉴别作用：产品有了品牌，可以简化厂商实体分配的管理，便于产品运销、存货盘点、退货与售后服务的处理。

② 顾客鉴别作用：品牌可以暗示一些产品特性，使顾客易于辨认，更利于满意者的重复购买，这一点在自助式陈列销售中尤显必需。

3. 从产品定位看品牌的作用

利用品牌所建立的知名度与所赋予的产品特色，可以在顾客心目中产生“产品差异化”的效果，创造了差别定价的机会，避免价格竞争。

4. 从产品推广看品牌的作用

品牌是广告的基础，透过品牌，可以使产品推广和广告宣传中带给消费者的印象凝结为实在而活生生的标志。

8.5.3　一个品牌所表达的六层意思

1. 属　性

品牌首先带给人们某些特定的属性(attributes)。这是品牌的基本属性。例如，梅塞德斯(Mercedes)汽车意味着昂贵、制造精良、耐用、快速、高的声誉和高的再售价值等。

2. 利　益

品牌反映消费者的利益(benefit)。消费者购买的是产品所带来的利益。这就需要把品牌的属性转化为功能型或情感型利益。例如，购买奔驰车，其耐用的属性可转化为经久耐用与少量的维修等功能性利益，而其昂贵的属性则可给买主带来自我满足和令人羡慕等情感型利益，制造精良的属性提升了买主驾车的安全感。

3. 价　值

品牌也反映了该制造商的某些价值观(value)。例如：梅塞德斯车包含的价值有高绩效、安全和名声。

4. 文　化

品牌可能代表了一定的文化(culture)内涵。例如，梅塞德斯车包含德国文化——组织性、效率和高质量。

5. 个　性

品牌可能代表一种个性(personality)。例如，把品牌联想为一个特定的个人，动物或物体。

6. 使用者

使用者(user)是品牌建议购买或使用该产品的消费者类型，反映出品牌的用户形象。例如，使用梅塞德斯车的消费者往往是成功的人士，它从另一个角度张扬了品牌的影响力。

由品牌六个层次的含义可知，企业营销品牌的决策不应当局限于建立品牌、使用品牌，更应着重于深层次开发品牌。如此，才能使品牌给企业带来巨大的效益。

8.5.4 品牌与商标的区别

1. 品牌与商标的联系

品牌与商标都是用以识别不同生产经营者的不同种类、不同品质的商业名称及其标志。

2. 品牌与商标的区别

品牌是市场概念，是产品和服务在市场上通行的牌子，它强调与产品及其相关的质量、服务等之间的关系，品牌实质上是品牌使用者对顾客在产品特征、服务和利益等方面的承诺。

商标是法律概念，它是已获得专利权并受法律保护的品牌，是品牌的一部分。无论商标是否标在商品上，也不论商标所标定的商品是否有市场，只要采用成本法对其评估，它就必然有商标价值；而品牌则不同，不使用的品牌自然没有价值，品牌的价值是其使用中通过品牌标定的产品或服务在市场上的表现来进行评估的。商标是经过注册获得商标专用权从而受到法律保护的品牌。①

8.5.5 品牌资产的概念

品牌资产(brand equity)指超过商品或服务本身利益以外的价值。品牌资产包括无形资产和长期资产。根据Aaker(1991)的观点，品牌资产与下列因素有关：忠诚顾客的数量(the number of loyalty customers)；品牌名字的知晓度(brand－name recognition)；认知的品牌质量(perceived brand quality)；强烈的精神和感情联系(strong mental and emotional associations)；其他资产，如专利、商标和渠道关系(other asset)。

高的品牌资产为公司提供了竞争优势。由于其高水平的消费者品牌知晓度和忠诚度，公司营销成本减少了。由于顾客希望分销商与零售商经营这些品牌，这加强了公司与经销商讨价还价的能力。由于该品牌有更高的认知品质，较其他竞争者而言，公司卖更高的价格。由于该品牌有高信誉度，公司可更容易地开展品牌拓展。在激烈的价格竞争中，品牌给公司提供了某些保护作用。

8.5.6 品牌化决策

1. 有品牌或无品牌策略

品牌给销售者带来的好处有：品牌名称可以使销售者比较容易地处理订单并发现问题。销售者的品牌名称和商标对产品独特的特性提供法律保护。品牌化给了销售者这样一个机会，即吸引忠实的和有利可图的顾客。品牌忠诚使销售者在竞争中得到某些保护，并使他们在规划市场营销企划时具有较大的控制能力。品牌化有助于销售者细分市场，不同的品牌对应不同的细分市场。强有力的品牌有助于建立公司形象，使公司更容易地推出新品牌并获得分

---

① 吴健安．市场营销学．2版．北京：高等教育出版社，2004：242．

销商与消费者的信任和接受。

尽管品牌能带来以上好处，但并不是所有的产品都必须有品牌，公司要依据品牌运营的投入产出测算而定。

2. 品牌归属决策

(1) 制造商品牌或全国品牌

制造商品牌(manufacturing brand)或全国品牌(national brand)，即使用属于自己的品牌，如海尔产品。如果制造商品牌够响亮，会有助于新产品的销售。如当统一企业以公司名称推出新口味的食品时，相当轻易地获得了市场的认知。

(2) 分销商品牌或私人品牌

分销商品牌(distribution brand)或私人品牌(private brand)，即将产品售给中间商，由中间商使用它自己的品牌将产品转卖出去。

(3) 特许品牌(licensed brand name)

绝大多数制造商耗费了大量的时间和金钱来创建他们自己的品牌。但是一些企业则申请许可，采用其他制造商已经创立的品牌名称或符号，以及一些流行电影和书本中的著名人物或角色的名字，只要支付一笔费用，这些名称就立即成为合法的品牌。① 如麦当劳分店。

3. 品牌名称决策

(1) 品牌名称战略

① 个别的品牌名称(individual brand name)是指每种产品都有一个品牌，即企业对各种不同产品分别使用不同品牌。多品牌是指企业同时为一种产品设计两种或两种以上相互竞争的品牌。例如，P&G 公司洗发香波分为海飞丝、飘柔、潘婷三个品牌。

企业的新产品采用个别品牌而不用家族品牌有一部分是目标消费对象的缘故，另一个原因主要是着眼于制造厂商原有品牌的既有信誉，不想让它受到新产品是否被顾客接受的影响。如果不幸该产品失败，“家族品牌”不易被牵连，制造厂商的损失也就被控制在了最小；同时，在产品定位、广告与促销等营销作业上，可以不受原有品牌的牵制而能有发挥的余地。总之，采用个别品牌的主要优点是公司的整体信誉和新产品接受度关联最小，如果产品失败或品质较低，也不会严重损伤公司信誉。另外，个别品牌决策可让厂商为每一个新产品取最好的名字，充分展现新产品个性，激起消费者的兴趣。

采用个别品牌战术会带来产品多品牌所导致的销售结果，因而在总体上，应该能够保证利大于弊。例如，美国的 P&G 公司首创多品牌策略，在 20 世纪 40 年代，推出汰渍(Tide)洗衣粉颇为畅销；在 1950 年又推出 Cheer 洗衣粉。Cheer 上市后夺走了一部分汰渍的销路，但其总销售量却超过仅发售汰渍一种品牌之时。而后又连续推出其他品牌的洗衣粉，每一次均产生不同的效力，总销售量均能有所增加，于是其他肥皂清洁剂制造商亦纷纷效仿，并扩及于其

① 菲利普·科特勒，阿里·阿姆斯特朗. 科特勒市场营销教程. 中译本. 北京：华夏出版社，2000：214.

他产品的厂商。

② 对所有产品使用共同的家族品牌名称(blanket family name for all products),即所有各类产品共同使用一个品牌,如夏华电视机、夏华 DVD、夏华影院。采用家族品牌要考虑的因素有:

- 产品是否属于同一类别,即这些产品是否具有相同的用途、满足相同需要,或诉之于相同动机。各种食品大致上都可以利用相同品牌,卫生纸、面纸、纸巾也可用同一品牌,如舒洁的系列产品;反之,化妆品与地砖、洗衣粉和洗发精不属于同类产品,就不适合用相同的品牌。因为同样是洗涤品,洗衣物与洗头发的消费心理是完全不同的。
- 产品是否属于同一等级,即这些产品在顾客心目中是否具有类似的品质印象或产品定位(如高档产品与低档产品之分)。同一品牌内如果兼有高档品和低档品,将使消费者发生混淆而不能确定他所应购买的产品,所以宜运用不同的品牌。
- 产品是否销售给市场中相同的细分市场。如果这些产品是销售给相同的对象,如相同的性别、年龄、社会阶层等,目标市场相同,即使用相同品牌可产生连带提携的作用。反之,如果产品属于不同的细分市场,由于消费者的需求互异,所利用的营销手段组合不同,则反而宜用不同品牌。
- 产品是否经由相同的零售店销售。如果是利用相同的零售通路,为壮大声势,吸引顾客的注意,可考虑运用家族品牌;反之,如果产品是经由不同类的零售出口,则使用家族品牌的正面影响并不明显。

③ 对所有产品使用不同类别的家族品牌名称(separate family names for all products),即每类产品使用一个家族品牌。例如,黑松公司为果汁类产品取名绿洲,为碳酸饮料取名为黑松,为运动饮料取名为天力。

④ 公司的商号名称和单个产品名称相结合(company trade name combined with individual product names),即有些公司的新产品命名是将公司名称和个别品牌名称连用。公司名称证明新产品是系出名门,而个别品牌让新产品个性化。例如,金松爱妻号洗衣机,金松是金鱼和松下两个公司,可以借取两家公司在家电的名誉,爱妻号洗衣机是单个产品名称。

(2) 设计品牌名称的要求和程序

命名在亚洲和西方都有些类似的特点,须考虑语言、文化与法令限制及与产品有关的因素等。

① 品牌名称所要求的质量

- 它应该使人们联想到产品的利益。比如,让头发飞扬柔顺的飘柔。
- 它应该使人们联想到产品的作用和颜色等品质。例如,声宝轰天雷电视机的听觉效果。
- 它应该易读、易认和易记。例如,鲜艳的金黄色拱门 M 是麦当劳的标记,现已出现在世界上 73 个国家和地区的数百个城市中,成为孩子和大人都喜爱的快餐标志。

- 它应该与众不同。例如，方正的英文是Founder，有奠基者、创立者的含义，表明北大方正是中文电子排版系统的开创者，其音译为“方的”，与汉字实现了有机结合。
- 在其他国家，它不应该有不良意思。例如，中国白象牌电池译为英文为累赘之意。中国的Fang Fang lipstick（芳芳口红）销往美国，商品长期在美国打不开销路，原因是英语Fang有狼的大齿和青蛇毒牙之意，在美国市场上使人望而生畏。这些让人听而生厌的品牌译名阻碍了些高质量产品销售。

② 名称研究程序

- 联想测试（association tests）：名称在脑海中是什么形象。
- 学习测试（learning tests）：名称是否朗朗上口。
- 记忆测试（memory tests）：名称是否容易记忆。
- 偏好测试（preference tests）：哪些名称受消费者喜欢。

4. 品牌战略决策

（1）产品线扩展

产品线扩展（brand extensions）是指公司在同样的品牌名称下面，在相同的产品种类中增加一个新的产品品种或品目。该新产品品种常常具有新的特性，如新的口味、形状、颜色、新成分、新包装尺寸等。产品线延伸是由激烈的竞争所致，最佳结果是从竞争品牌夺取业绩，而不是自相残杀，相互竞争。因此，Reddy、Holak与Bhat（1994）指出，影响产品线扩展成功与否的因素有以下几个：强势品牌的产品线的拓展要比弱势品牌的更成功；有标志性（symbolic）的品牌比无标志的品牌更成功；投入广告及促销多的品牌比投入广告及促销少的品牌更成功；早进入市场的品牌比迟进入市场的要好，仅限于强势品牌。公司的规模和营销能力对一个企业的拓展起重要作用。较早的产品线拓展帮助了它的母品牌在市场上的扩张。产品线的拓展所带来的销售量增加能弥补由于内部竞争而引起的原有品种销售的下降，即大于自相残杀的损失。

（2）品牌延伸

品牌延伸（brand extension）是指利用现有品牌名称来推出一个新的产品品目。品牌延伸战略有许多优点。首先，一个受人注意的好品牌名称能给予新产品即刻的认知和较容易地被接受，它使企业更容易进入一个新的产品领域；其次，品牌延伸节约了大量广告费，而在正常情况下使消费者熟悉一个新品牌名称花费较大。

品牌延伸战略也要面对风险。第一，新产品可能使购买者失望从而损坏对公司其他产品的声誉；第二，原有品牌名称可能不适用于新产品；第三，过度延伸会使品牌失去在消费者中的特定的定位，出现品牌稀释现象（消费者不再把品牌与一个特定的产品或类似的产品相联系）。

（3）多品牌

多品牌（multibrand）是指在相同产品种类中采用多个品牌，如P&G在清洁剂领域有九个品牌。采用多品牌的动机和可能带来的优势有以下几个方面：

① 公司看到这是一种为不同消费者提供不同性能和/或诉求的方法。

② 能使公司占领更多的分销商货架 。

③ 通过建立侧翼品牌来保护主要品牌。

④ 公司通过获取竞争公司的品牌，从而继承不同的品牌名称。

采用多品牌的陷阱有以下几个方面：

① 每个品牌可能仅仅只占领了很小的市场份额，也可能毫无利润或使利润下降。

② 资源分散，不能集中于高绩效的品牌。

③ 可能是自相残杀而不是蚕食竞争者。

(4) 新品牌

新品牌(new brands)是指当公司在推出新产品种类(new category)的产品时采用一个全新的品牌。采用的条件是：在推出一个新产品种类时，发现现有的品牌名称不适合于新产品，或现有的品牌形象不能帮助新产品，企业最好创建新的品牌。

企业创建新品牌时需要考虑的问题是：引入新品牌的风险是否足够大？产品将持续多久？避免使用现有品牌是最好的选择吗？新产品所带来的收益能补偿建立新品牌的费用吗？

(5) 合作品牌或双重品牌

合作品牌(cobrands)或双重品牌(dual brands)是指两个或多个有名的品牌结合在一起在同一个提供物或产品中出现。现在有越来越多的产品以共同品牌(或称双品牌)的方式出现，也就是一种产品有两个以上著名品牌，每个品牌拥有者都期待一个品牌会强化产品的品牌偏好或购买意愿。例如，IBM 计算机中的 Intel 处理器。合作品牌的形式有多种：零部件合作品牌(component cobrands)，如 Fujitsu＋Intel＋Microsoft；同一公司合作品牌(same - company cobrands)；合资企业品牌(Joint - venture cobrands)，如金松＝金鱼＋松下；多发起人合作品牌(multiple - sponsor cobrands)，如 WILL＝松下＋索尼＋NEC＋其他三家企业。

采用合作品牌的动机是：每一个品牌责任人期望其他的品牌名称能加强消费者对品牌的偏好或购买意愿，期望与其他品牌联系来吸引新的顾客。

5. 品牌再定位决策

无论品牌在市场中定位多好，公司随后都可能会采取品牌再定位决策，也许一种品牌在市场上最初定位是适宜的，但是到后来公司可能不得不重新定位。尤其是竞争者可能在公司品牌之后推出其自己的品牌，来削减公司的市场份额。此外，顾客偏好的转移或许会减少对公司品牌的需求。

华航过去独占台湾地区的航空事业，但由于经营保守，市场份额逐步下降。面对长荣的竞争，华航花费了 5 000 万美元与 1 200 万美元分别用于提升安全作业与改进识别系统上，且将老旧的国旗标志改成梅花，这些都是使华航国际化，并减少政府色彩的努力，新形象有助于提升安全、服务、训练与个性的象征。

8.5.7 包装决策

1. 包装定义

包装是指为产品设计并生产容器或包扎物的活动。

2. 包装作用

(1) 自　助

越来越多的产品在超级市场上和折扣商店里以自助的形式出售。在自助式销售过程中，包装承担并执行了许多推销任务。包装必须能吸引注意力，说明产品的特色，建立消费者信心和营造一个有利的总体印象。例如，柯达胶卷就因对包装的修正——中文字与彩虹色的大 K 字，使其更生动与独特。

(2) 消费者财富

日益增长的消费者财富是指消费者愿意为良好包装带来的方便、外观、可靠性和声望付出较多钱。

(3) 公司和品牌形象

公司已意识到设计良好包装的巨大作用。良好的包装有助于消费者迅速辨认出哪家公司或哪一品牌，使公司或品牌获得立即被认知的影响力。

(4) 创新机会

创新的包装能带给消费者利益，并为生产者创造利润。例如，筒式的牙膏已拥有美国 12％的牙膏市场。因为对消费者而言，这种包装既方便又干净。第一家采用易拉罐装软性饮料和喷雾气液体喷雾的公司，当时都吸引了很多新顾客。

(5) 保护智能财产权

许多大公司都力求其包装不易被模仿，不寻常的包装外形与复杂的印制技术则不易被模仿。

3. 包装的种类

(1) 运输包装

运输包装又称外包装或大包装，主要用于保护产品品质安全和数量完整。

(2) 销售包装

销售包装又称内包装或小包装，它随同产品进入零售环节，与消费者直接接触。

4. 包装标签和包装标示

(1) 包装标签

包装标签是指附着或系挂在商品销售包装上的文字、图形、雕刻及印制的说明。通常的标签包括制造者或销售者的名称、地址、商品名称、商标、成分、品质特点、包装内商品、使用方法、用量、编号、储藏、注意事项、质检号、生产日期和有效期等内容。印有彩色图案或实物照片的标签有明显的促销功能。

（2）包装标示

包装标签是包装的一部分，是在运输包装的外部印刷的图形、文字和数字以及它们的组合。卖方须在产品上标示。例如，标示有关产品的说明，包括生产厂家、产地、制造日期、内容物、使用时机和安全使用方法等。另外，标示可借由吸引人的图案来促销该产品。

一般而言，欧美国家对标示的规定较亚洲国家严格，然而随着国际竞争的加剧与亚洲国家的进步，亚洲国家也开始逐步规范产品的标识。

【本章小结】

产品因素是4P营销组合的核心。本章系统地介绍了产品整体概念，以及产品组合策略、产品生命周期的特征和相应的营销策略，并对新产品开发程序进行了分析。在市场竞争日益激烈的今天，实施品牌战略已成为各个企业在竞争中取胜的关键因素。本章对品牌概念、作用和品牌策略进行了分析，对包装、包装的作用、标签、标示等概念进行了界定。

【讨论题】

1. 什么是产品整体概念？它包括哪些内容？
2. 什么是产品生命周期？它包括哪几个阶段？
3. 什么是新产品？它包括哪几类？
4. 什么是产品组合？产品组合的宽度、长度、关联度的含义是什么？
5. 什么是品牌？品牌和商标的区别与联系是什么？
6. 品牌策略包括哪几种？
7. 结合实际谈谈如何进行品牌延伸。
8. 包装有哪些种类？其作用是什么？

第 9 章　定价策略

【基本知识点】

(1) 企业定价目标的种类；
(2) 企业定价方法；
(3) 企业定价策略；
(4) 企业降价与提价的主要原因；
(5) 顾客对企业变价的反应；
(6) 竞争者对企业变价的反应；
(7) 企业对竞争者变价的反应。

由于任何企业都处在不断变化的内部、外部环境中，为了实现预期的企业定价目标，就需要在一定的条件下，针对不同商品、不同目标市场和不同竞争情形寻找实现企业营销目标的最佳途径，制定相应的定价策略。价格决策对营销的成败所产生的作用往往是决定性的。

对于大多数产品来说，价格是顾客反应最敏锐的营销变量，是营销组合中唯一可以产生收入的变量。价格最容易执行，也最容易遭到竞争者的反击。

9.1　影响定价的因素

9.1.1　影响定价决策的内部因素

影响定价决策的内部因素包括公司的定价目标、市场营销组合策略、成本和组织情况等。

1. 定价目标

(1) 定价目标的含义

企业在确定产品价格时，首先必须确定企业的定价目标。定价目标是企业选择定价方法和制定价格策略的依据。定价目标是指企业通过制定特定水平的价格，凭借价格产生的效用所达到的预期目的。定价目标是企业市场营销目标体系中的具体目标之一，但它的确定必须服从于企业营销总目标，并且要与其他营销目标相协调。从价格方面看，企业总目标并不会只是对应于一种定价目标，在不同条件下，它可以通过不同的定价目标得到实现。

(2) 定价目标的种类

概括起来定价目标主要有以下几种：

① 利润目标

获取利润是每个企业的主要目标之一。利润目标有以下三种：

● 以追求利润最大化为目标

利润最大化是指企业在一定时期内所可能获得的最高利润额。不断获取更多的利润是每个企业生存发展的前提条件，利润最大化是企业在经营过程中追求的最高目标。但是企业追求利润最大化，并不等于制定最高售价，最大的利润往往更多地取决于合理价格所推动产生的需求量和销售规模。另外，追求利润最大化是企业经营的整体目标和长期目标。这是因为，产品局部利润的最大化和经营企业短期利润的最大化，都不能保证企业利润最大化整体目标和长期目标的实现；相反，追求企业短期利润最大化，往往需要采取高价策略，这就可能使其产品失去开拓更大市场的机会，为竞争对手提供有利的竞争条件，从而影响企业长期利润最大化的实现。因此，追求利润最大化的定价目标要以良好的市场环境为前提。当企业及产品在市场上享有较高的声誉，在竞争中处于有利地位时，用高定价直接追求最大利润的条件较好。然而，市场供求和竞争状况无时不在变化，产品也不断更新，任何企业都不能永远保持其绝对的优势。在更多的情况下，企业是把追求利润最大化作为一个长期定价目标，同时选择一个适应特定环境的短期目标来制定价格，这个定价目标尽管不能实现企业当前利润的最大化，有时还会与长期目标存在某些偏离，但却是在一定时期内，企业为实现利润最大化的长期目标需要采取的必要手段。

从根本上说，价格制定的目标应该是长期利润最大化，它需要通过企业经营组合的优化来取得。

● 以满意利润为目标

满意利润指少于当前最大利润但能够被企业的股东和管理者接受的利润水平。在企业的实际运营中，由于各种因素的影响，理论上的最大利润是难以实现的。因此，企业可以满意利润为目标进行定价。这种定价目标往往可以兼顾企业各方面的利益，又可以兼顾企业中长期的利益。

● 以实现预期的投资收益率为目标

投资收益率是指企业在一定时期获得的利润额与其投资额的百分比，它反映着企业的投资收益。企业都期望所投入资金在预期时间内能够分批收回。为此，企业在定价时一般在总成本费用之外加上一定比例的预期盈利。在产品成本费用不变的条件下，价格高低往往取决于企业确定的投资收益率大小。因此，在这种定价目标下，投资收益率的确定与价格水平直接相关。确定投资收益率至少应掌握以下原则：如果企业投资为银行借贷资金，投资收益率要高于贷款利率；若投资为企业自有资金，投资收益率要高于银行存款及其他证券利率；若投资为政府调拨资金，投资收益率则要高于政府投资时规定的收益指标。

选择这种定价目标的企业，一般都具有一些优越条件，即具备较强的实力。选择这种定价目标，可使企业在价格上掌握主动权，根据市场竞争的需要随时调整价格。

② 营销目标

● 以提高市场占有率为目标

市场占有率是指企业产品在同类产品市场销售总量中所占的比例，是企业经营状况和产品竞争力状况的综合反映。较高的市场占有率可以保证企业产品的销路，便于企业掌握消费需求变化，易于形成企业长期控制市场和价格的垄断能力，为提高企业盈利率提供可靠保证。事实证明，紧随着高市场占有率的往往是高盈利率。因而，提高市场占有率通常是企业普遍采用的定价目标。因此，研究如何以扩大市场占有率为定价目标就显得更为重要。在这一定价目标下，一方面，企业宜采用稳定、略低的产品价格，因为经常的涨价会限制需求量，从而减少市场占有率，而较低的价格有利于吸引更多消费者，扩大销售量，开拓市场；但与此同时，企业绝不可忽略产品本身的吸引力，否则会"前功尽弃"。另一方面，企业又不能过于频繁的降价，过频的降价不仅不会增加需求，反而会使消费者产生预计降价的心理期求，从而推迟购买，同样会减少市场占有率。因此，在一定时期，为了保持或扩大市场，应将调价幅度控制在一定范围内。

选择这一目标，企业必须具备足够的生产能力，并确保总成本的增长速度低于总产量的增长速度。一般在推出某些需求弹性大、市场价格敏感的新产品时，宜选择此目标。

● 以销售量最大化为目标

销售量的提高意味着目标市场购买频率的提高，或是市场占有率的提高。目标市场对产品消费频率的提高意味着该产品已被消费者接受，达到了吸引和保持顾客的目的，要使销售额在现有程度上继续扩大，就有必要对价格进行调整。

● 以保持与分销渠道良好关系为目标

有些企业有很大一部分销售工作是由中间商来完成的，企业的中间商从该企业产品销售额中收取一定比例的佣金。因此，不同的价格水平会对中间商的利益产生不同影响。要保证中间商为本企业销售产品的积极性，定价目标确定的价格就要能保证中间商的利益。

③ 竞争目标

● 以维持企业生存为目标

以保持企业能够继续营业为定价目标，通常是在企业处于不利环境中实行的一种缓兵之计。当企业受到原材料价格上涨、过剩的生产能力、强烈的竞争或变化了的消费者需要、需求严重不足等方面的猛烈冲击时，产品难以按正常价格出售，为避免倒闭，企业往往推行大幅度折扣，以保本价格，甚至亏本价格出售产品，以求收回资金、维持营业、等待市场因素发生变化，并争取到研制新产品的时间。这种定价目标只能作为特定时期内的过渡性目标，一旦企业出现转机，它将很快被其他目标所代替。企业将维持生存作为自己的定价目标，其所制定的价格不应低于收回可变成本的价格。

● 以适应价格竞争为目标

价格竞争是市场竞争的重要方面，因此，处在激烈市场竞争环境中的企业经常把适应价格方面的竞争作为定价目标。实力雄厚的大企业利用价格竞争排挤竞争者，借以提高其市场占有率；实力较弱的企业则会追随主导的竞争者价格或以此为基础进行抉择。在低价冲击下，有些企业会被迫退避三舍，另辟蹊径开拓市场。价格竞争实质上也是争夺市场占有率的一种主要手段。

● 以维护企业形象为目标

企业形象是企业的无形资源与财富。良好的企业形象是企业提供优质服务，成功地运用市场营销组合取得消费者信赖和长期累积的结果。以维护企业形象为定价目标，是指企业定价时，首先要考虑其价格水平是否与目标顾客的需求相符，是否有利于企业整体策略的稳定实施（例如，有些企业产品以价廉物美为誉，有些企业则以高档优质称雄）；其次，要考虑协作企业或中间商的利益，依靠他们的合作求得生存和发展；再次，要遵守社会和职业的道德规范，不能贪图厚利而侵害消费者的利益；最后，还要服从国家宏观经济发展目标，遵守政策指导和法律约束。

● 以争取产品质量领先为目标

一家企业可以把树立其产品在市场上的质量领先地位作为定价目标。为了在同行业中保持产品质量领先，企业的产品定价需高一些，因为只有较高价格才能保证补偿高质量服务所耗费的成本以及大量的市场开发费用，否则保持质量领先是不可设想的。在产品刚刚推出时，企业一般可以制定较高的价格来弥补高质量服务的成本，当企业长期经营时，高质量的产品和服务往往会由于企业经营管理经验的积累给企业带来长期平均成本的降低，从而使其有足够的实力降低价格，形成更为突出的竞争优势。

2. 营销组合策略

市场营销组合策略也会影响定价策略。在多数情况下，公司制定市场营销规划时，在考虑价格的同时，也会同时考虑其他市场营销组合因素。价格只是公司实现市场营销目标时所使用的市场营销组合策略 4P 中的一个 P，价格必须与产品设计、分销和促销协调一致，形成有力的市场营销计划。一些公司不强调价格，而使用其他营销组合策略形成一种非价格定位。

3. 成　本

产品成本是定价的基础。价格＝成本＋税金＋盈利。成本规定了给公司产品定价的下限。公司降低成本就能降低价格，就会有更多的销售和更高的利润。产品的销售价格应该高于成本，只有这样，才能以销售收入来抵偿生产成本和经营费用。因此，公司制定价格时必须估算成本。成本可分为以下几种，它们对定价起着不同的影响作用。

（1）固定成本

固定成本是指在既定生产经营规模范围内，不随产品种类及数量的变化而变动的成本，如基础设施及设备的折旧费、房地租、办公费用、产品设计、市场调研和管理人员工资等项支出。

(2) 变动成本

变动成本是指随产品种类及数量的变化而相应变动的成本，主要包括原材料、燃料、运输和存储等方面的支出，以及生产工人工资、部分市场营销费用等。

(3) 总成本

总成本是指全部固定成本与变动成本之和。当产量为零时，总成本等于未开工时发生的固定成本费用。

(4) 平均固定成本

平均固定成本是指单位产品所包含的固定成本的平均分摊额，即固定成本与总产量之比，它随着产量的增加而减少。

(5) 平均变动成本

平均变动成本是指单位产品所包含的变动成本平均分摊额，即变动成本与总产量之比。它在生产初期水平较高，其后随产量增加呈递减趋势，但达到某一限度后，会由于报酬递减率的作用转而上升。

(6) 平均成本

平均成本是指总成本与总产量之比，即单位产品的平均成本。企业定价必须首先使总成本得到补偿。这就要求价格不能低于平均成本。但是这仅仅是获利的前提条件。由于平均成本包含平均固定成本和平均变动成本两部分，而固定成本并不随产量变化而按比例发生，因此企业取得盈利的初始点只能在价格补偿平均变动成本之后的累积余额等于全部固定成本之时。

4. 组织方面的考虑

管理部门必须决定组织内部由谁来决定价格。公司定价的方式有多种。小公司里，定价通常由公司经理来做；大公司里，定价工作一般由生产经理或生产线经理来做。一般来说，对定价工作有影响的人是销售经理、生产经理、财务经理和会计等。在工业领域，定价是一个关键因素，公司常有一个定价部门负责制定价格。

9.1.2　影响公司定价决策的外部因素

影响公司定价的外部因素包括市场和需求状况、竞争以及环境因素等。

1. 市场与需求状况

当成本决定价格的下限时，市场和需求决定了价格的上限。因此，在制定价格前，营销人员必须懂得价格与产品需求间的关系。这部分将要说明不同市场里价格和需求的变化关系。

(1) 不同市场结构中的定价

① 完全竞争市场

市场上有许多卖主和买主，买卖的商品都是相同的，且只占总量的一小部分；新卖主可以自由进入市场；卖主和买主对价格变动的信息完全了解；生产要素在各行业之间有完全的流动;所有卖主出售商品的条件相同。在完全竞争条件下,公司只能按照市场价格出售其产品;没有哪一个卖主或买主对现行市场能有很大的影响。

② 垄断竞争市场

垄断竞争市场介于完全竞争和纯粹垄断之间,既有垄断倾向,同时又有竞争成分。因而,垄断竞争是一种不完全竞争。市场上有许多卖主和买主,但各个卖主提供的产品有差异,交易价格在一定范围内有多种。

③ 寡头垄断竞争市场

寡头垄断竞争市场是竞争和寡头的混合物,也是一种不完全竞争。在一个行业中只有一家或几家大公司,形成寡头,影响和控制着市场价格。有完全寡头竞争(钢铁、石油)和不完全寡头竞争(汽车、电脑)。各个寡头之间是相互依存、相互影响的,他们对其他寡头的定价非常敏感,并密切注意。

④ 纯粹垄断市场

纯粹垄断市场或称完全垄断,即在一个行业只有一个卖主(政府或私人公司),完全控制了市场价格。在法律允许的范围内随意定价。

(2) 消费者对价格和价值的看法

公司制定价格时,必须考虑消费者对价格的看法,以及这些看法对消费者购买行为的影响。消费者会衡量产品的价格是否合适。当消费者购买了一个产品,就完成了产品价格(价值)和产品使用价值(使用时所获得的利益)的交换。消费者赋予不同产品特性的价值不同,这使销售者必须经常地改变定价策略。

(3) 需求的价格弹性

营销人员必须知道需求对于价格的变动将如何反应。在价格与需求的关系方面,营销者还要了解需求的价格弹性(price elasticity),即产品价格变动对市场需求量的影响。也就是说,需求量的变化对价格变化有多敏感性。如果价格变化时需求量变化很小,就说需求是缺乏弹性的;如果需求量变化很大,就说需求有很大的弹性。不同产品的市场需求量对价格变动的反应程度不同,也就是弹性大小不同。

定价时需要考虑需求价格弹性的意义就在于不同产品具有不同的需求价格弹性。产品需求价格弹性的强弱直接影响着企业的价格决策。它主要分为以下三种情况:

① 需求价格弹性 $EP=1$,反映需求量与价格等比例变化。对于这类商品,价格的上升(下降)会引起需求量等比例的减少(增加)。因此,价格变化对销售收入影响不大。可依据预期盈利率为产品定价或选择通行的市场价格,同时将其他市场营销措施作为提高盈利率的主要手段。

② 需求价格弹性 $EP\gg1$,反映需求量的相应变化大于价格自身变化。对于这类商品,价格的上升或下降会引起需求量较大幅度的减少或增加,定价策略应侧重于通过降低价格和薄利多销来达到增加盈利的目的。

③ 需求价格弹性 EP≪1，反映需求量的相应变化小于价格自身变化。对于这类商品，价格的上升或下降仅会引起需求量较小程度的减少或增加，定价策略应倾向于较高的价格水平，因为较高水平的价格往往会增加盈利，低价对需求量刺激效果不强，薄利并不能多销反而会降低收入水平。

2. 竞争者的成本、价格和条件

在由市场需求和成本所决定的可能价格的范围内，竞争者的成本、价格和可能的价格反应也在帮助公司制定价格。公司需要对自己的成本和竞争者的成本进行比较，以了解自己有没有竞争优势。公司还要了解竞争者的价格和产品的质量。一旦公司知道了竞争者产品的价格和质量，就能够利用它们作为制定自己价格的一个起点。如果企业提供的东西与一个主要竞争者提供的东西相似，那么企业必须把价格定得接近于竞争者，否则就要失去销售额。倘若企业提供的东西是优越的，企业索价就可比竞争者高。然而，企业必须知道，竞争者可能针对本企业的价格做出反应。

同类产品竞争体现在产品的开发、设计、生产，直至市场销售的全过程，包括产品的功能、质量、品种、成本费用、价格水平、营销渠道、促销措施等各个方面。对于定价来说，竞争的影响主要表现为价格竞争对产品价格水平的约束。

价格竞争不仅是同类产品竞争的一个方面，它同其他形式的竞争也存在着紧密的联系。表面上看，价格竞争仅表现为价格的变动，但其实质却是通过调整价格，改变企业产品的质量价格比或效用价格比，促使消费者对产品的质量和整体效用做出新的评价，从而对消费者的购买行为施加影响。定价过程虽然发生在产品各方面特征既定之后，但却发生在消费者对产品做出整体评价之前。事实上，对消费者而言，产品质量、效用等各方面满足需求的程度是相对的。对应不同的价格水平，他们对同等质量和效用的产品做出的评价往往迥然不同，消费者的购买行为只是在期望得到的满足与愿意支出的货币量相一致时才会发生。由此可见，价格水平与其他各方面相结合而成的综合指标才是消费者完整的、现实的评定标准。同类产品竞争是全面的竞争，企业在定价时不可忽视。

3. 其他外部因素

公司制定价格策略时，还必须考虑其他外部环境因素。

① 经济形势的影响：国内外的宏观和微观经济形势、经济景气程度、通货膨胀或紧缩等都会导致市场对公司价格策略的不同反应。

② 渠道成员的影响：中间商怎样看公司产品的价格，他们对经营公司产品所能获得的盈利空间是否满意等。

③ 政府政策法令的影响：当国家的政策法令对某些产品价格有所限制时，公司必须严格遵守执行。

④ 社会因素的影响：公司的产品价格、市场份额、利润目标等要与许多社会方面的考虑相一致。

9.2 产品定价方法

9.2.1 产品定价程序

一般企业的定价程序可以分为六个步骤,即确定企业定价目标、测定市场需求、估算产品成本、分析竞争状况、选择定价方法、确定最后价格。

(1) 确定定价目标

定价目标主要有投资收益率目标、市场占有率目标、利润最大化目标、渠道关系目标、生存目标、塑造形象目标等。

(2) 测定需求

企业产品的价格会影响需求,需求的变化又会影响企业的产品销售以至企业营销目标的实现。因此,测定市场需求状况是制定价格的重要工作。在对需求的测定中,首要的是了解市场需求对价格变动的反应,即需求的价格弹性。

影响需求弹性大小的因素主要有三个,即产品替代品的数目和相近程度、产品在消费者收入中的重要性以及产品有多少用途。

(3) 估算成本

企业在制定产品价格时,要进行成本估算。企业产品价格的最高限度取决于市场需求及有关限制因素,而最低价格不能低于产品的经营成本费用,这是企业价格的下限。

企业产品的成本包括两种:一种是固定成本;另一种是变动成本,或称可变成本。固定成本与变动成本之和即为某产品的总成本。

在成本估算中,离不开对产量、成本、利润三者之间关系的分析,而其中一个重要的概念是分析产品的“边际成本”。边际成本是指企业每增加(减少)生产一个单位的产品所需增加(减少)的成本。边际成本是差异成本(差异成本是成本在两种可选择行为下的差异,也称为增量成本)的一个特例。这一成本概念的引进,直接导致了企业决策中的最小成本法则和替代法则。边际成本直接影响到企业的边际收益,企业应予以高度的关注。

(4) 分析竞争状况

对竞争状况的分析,包括三个方面的内容:分析企业竞争地位、协调企业的定价方向、估计竞争企业的反应。

(5) 选择定价方法

(6) 选定最后价格

在最后确定价格时,应遵循如下四项原则:

① 与企业预期的定价目标的一致性,有利于企业总的战略目标的实现。

② 符合国家政策法令的有关规定。

③ 符合消费者整体及长远利益。

④ 与企业市场营销组合中的非价格因素协调一致、互相配合，能够为达到企业营销目标服务。

9.2.2　成本导向定价法

成本导向定价法是以产品成本为主要依据，综合考虑其他因素而制定价格。这一类方法有以下几种形式：

1. 成本加成定价法

成本加成定价法是指将产品单位成本加上预期的利润得出产品售价。售价与成本之间的差额就是利润，利润是以成本为基础按一定比例加成计算的，其公式为

$$单位产品价格=单位成本\times(1+加成率)$$

此方法计算简便，在需求及竞争状况相对稳定的市场环境下可保证企业获得适当利润，加成率可随产品、企业财务状况及市场环境不同有所差别。但这种方法只注重产品成本预期利润，而忽视竞争及需求状况，因而在市场环境以及成本变动幅度较大的情况下难以适用。

2. 目标收益定价法

目标收益定价法是指供给者根据企业在预定时期内期望得到的经营目标收益率而制定价格。这种方法首先须确定目标收益率，再预测总成本和销售量，最后确定产品的价格。其公式为

$$产品价格=\frac{总成本+目标利润}{预期销售量}$$

9.2.3　需求导向定价法

需求导向定价法是指经营者依据消费者对产品价值的理解和需求强度来定价，而不是单纯以产品成本来定价。具体的定价方法如下：

1. 理解价值定价法

理解价值定价法是指根据消费者在观念上对产品所理解的价值和认识程度来制定价格的方法。消费者对每一种产品都会有一种认识和理解，当企业制定的价格与消费者所理解的价值相一致时，他们才有可能接受这一价格。因此，采用这一方法的关键在于对消费者所理解的价值做出正确的判断，并以此为依据确定产品的价格。它意味着在价格、质量、特色之间找到一个平衡点，使产品能够给消费者带去他们所要的价值。一个公司使用理解价值定价法，必须找到购买者所认定的竞争者中的产品和服务的价值。

营销案例链接：卡特皮拉公司的拖拉机定价

卡特皮拉公司的一台拖拉机定价为 10 万美元，同类型的产品定价为 9 万美元。

9 万美元——相当于竞争者拖拉机的价格；

7 000 美元——产品优越的耐用性增收的溢价；

6 000 美元——产品优越的可靠性增收的溢价；

5 000 美元——优越的服务增收的溢价；

2 000 美元——零配件较长时间的担保增收的溢价；

11 万美元——包括一揽子价值的价格；

1 万美元——折扣额；

10 万美元——最终价格。

2. 区分需求定价法

区分需求定价法又称差别定价法，是指企业针对不同的消费对象，或根据不同时间、不同地点消费者不同的心理需求欲望，对同种产品分别制定不同价格。这种定价方法常见的有以下几种形式：

① 同一产品对于不同消费者的差别定价。例如，对新客人和老客人实行不同价格。

② 同一产品在不同地点的差别定价。在不同地点销售相同的产品和服务，由于地理位置和销售环境发生变化，消费者的认知和接受程度不同，因而需要采取不同的价格。

③ 同一产品在不同时间的差别定价。例如，淡季、旺季价格的不同等。

9.2.4 竞争导向定价法

竞争导向定价法是指企业根据市场供求状况和竞争者的价格来定价的方法，这种定价方法有以下两种：

1. 随行就市定价法

随行就市定价法是指以市场上同类产品一般通行的价格作为定价依据制定价格的方法，即以本行业的平均价格水平或习惯价格水平来制定产品价格，而不考虑产品的成本和市场需求。公司定的价格可以比竞争者高或低，或者和它一样。

这种方法适用于产品成本难以精确估算，竞争对手价格变动难以预测的企业。这种定价方法既可以应付竞争，减少企业风险，又可以保证企业获得适当的收益。

2. 投标定价法

该法通常采用公开招标的办法，即采购方（买方）在报纸上登广告或发出函件，说明拟采购商品的品种、规格、数量等具体要求，邀请供应方（卖方）在规定的期限内投标。公司在考虑竞争者所有可能的定价的基础上，进行自己的定价，而不是考虑自己的成本和需求。公司希望得到项目，这要求公司投标的价格要低于对手。这是一种典型的竞争导向定价方法。企业的定价以预期竞争者价格为基础，企业一方面必须制定比竞争者更低的价格才可能中标，但价格又不能低于企业的总成本。

9.3 定价策略

定价策略是企业在特定的经营环境中，为实现其定价目标所采取的价格对策。在现在激烈的市场竞争中，定价策略是公司争夺市场的一个重要武器，是公司营销组合策略的重要组成部分。在现代市场营销进程中，尽管非价格因素的作用在增长，但价格仍是营销组合中的一个重要因素。不同的定价目标须选择不同的价格策略。下面，就常见的定价策略作简单介绍。

9.3.1 新产品定价策略

新产品定价策略是指为新产品制定基本价格的定价策略，是产品处于投入期的价格策略。在为新产品制定价格时，企业可以考虑弥补开发成本和限制竞争等因素。新产品定价策略可以分为市场渗透定价策略、市场撇脂定价策略和满意价格策略。

1. 市场渗透定价策略

(1) 市场渗透定价策略的含义

市场渗透定价策略是指将新产品以较低价格投放市场，以求薄利多销吸引消费者，打开销路，达到市场渗透的作用。其目的是用低价迅速占领市场，取得较高的市场份额。同时，较低的价格还能有效地排斥竞争者进入市场，从而能够使企业长久地占领市场。

(2) 采用市场渗透价格策略的条件

① 产品潜在市场较大，低价可以扩大市场占有率，即企业必须能够保证有足够的消费需求，以使平均成本下降，达到规模效益。

② 市场对价格高度敏感，低价有利于市场扩展，可以带来更多的需求从而达到增加销售，薄利多销的效果。

③ 产品销售渠道畅通，即销售的中间环节少。如果中间环节过多，企业所需支付的佣金比例就大，会导致产品在市场上的最终价格难以有效降低，故不适合采用这种价格策略。

④ 随着产品销量增加和经验积累，企业能降低单位成本，阻止竞争者进入市场。

(3) 采用渗透价格策略企业惯用的做法

为了使这种价格策略达到预期的效果，企业采用的惯用做法包括以下几种：

① 不急于给市场报价，具体做法是先对产品进行宣传介绍，再加插页报价格，即先不公开价格。

② 报价同时，加注有关附加条款，如对季节性较强的产品，加注旺季加价的百分比。

③ 解体产品，分项定价。

④ 增加最低订货额度。

⑤ 降低成本，减少辅助服务。例如，国外一些小的航空公司为了与大航空公司竞争，采取渗透价格策略，把价格定得很低，与此同时，减少机上服务，如在机上不再提供免费餐饮等。

(4) 采用渗透定价策略的优点

① 有利于迅速打开新产品的销路，提高产品的市场占有率。

② 能够有效地排斥竞争者进入市场，有利于企业长期占领市场。

③ 有时新产品的价格可能低于当时的生产成本，但随着市场占有率的扩大，销售量不断提高，企业能达到规模效益，从而保证了长远利润的获得。

(5) 采用渗透定价策略的缺点

① 本利回收期较长。

② 价格变动余地较小，难以应付在短期内骤然出现的竞争或需求的较大变化。

2. 市场撇脂定价策略

(1) 市场撇脂定价策略的含义

市场撇脂定价策略是指新产品投放市场时的高价策略。其目的在于力求短期内补偿全部固定成本，并迅速获取很大盈利。新产品投放市场初期，竞争性的替代产品很少，需求的价格弹性也就较小，制定高价格，可在市场上一部分求新欲强又有支付能力的顾客中树立独特、高价值和高质量的产品形象，以达到开发特定市场的目的。

(2) 采用市场撇脂定价策略的条件

① 市场需求较大，但竞争者不多。

② 制定高价，不会刺激太多竞争者进入市场，有助于形成新产品优势，树立品牌。

③ 虽有可能销量不大并且成本较高，但企业仍能获得高额利润。

④ 企业知名度和产品质量较高，并且企业具有较强的宣传促销能力。

⑤ 新产品需求弹性小，具有独特的技术，不易仿制，生产能力难以迅速扩大等特点，同时市场上存在高档消费或时尚性的要求。

(3) 市场撇脂定价策略的优点

① 有利于企业迅速实现预期盈利目标，掌握市场竞争及新产品开发的主动权。

② 新产品最初的高定价为企业未来的市场竞争留有了降价的余地，当较多的竞争者涌入市场时，企业可以以降低产品或服务的价格的方式保持市场。

③ 符合消费者对待价格从高到低的客观心理反应。

可以用高价控制一定需求量，以避免产品新投入市场时由于供给能力不足而带来的困难。

(4) 市场撇脂定价策略的缺点

① 在高价抑制下，销路不易扩大，不利于开拓市场。

② 高价厚利信号极易诱发竞争，企业新产品的高额利润时期较短。

3. 满意定价策略

满意定价策略是一种折中价格策略。它吸取上述两种定价策略的长处，采取比撇脂价格低，但比渗透价格高的适中价格，既能保证企业获取一定的初期利润，又能为消费者接受，因而这种价格策略确定的价格称为满意价格，又称为温和价格、君子价格。该策略较为稳妥，但缺

少进取精神，虽不会招致大的失利，但也可能会损失许多已到手的机会。

9.3.2　心理定价策略

心理定价策略是指利用消费者对价格的心理反应作为企业定价的依据，制定出合乎其心理的价格，以引导消费。常用的心理定价策略有以下几种：

1. 尾数定价策略

尾数定价策略指给产品定一个零头数结尾的非整数价格。许多零售商认为消费者从习惯上乐于接受尾数价格，不喜欢整数价格。很多零售企业在销售活动中发现消费者往往比较喜欢带尾数的商品标价。比如，同一种商品标价 29.99 元，比标价 30.00 元销路要好。因为在大多数消费者看来，带有尾数的价格比较精确地反应了商品的价格，给人以货真价实的感觉，这种购买心理成为尾数定价的主要依据。

2. 整数定价策略

整数定价策略指企业在定价时，采用合零凑整的方法，制定整数价格。如租金 500 美元一天的豪华套房，改为 495 美元，反而难以满足一部分宾客的消费心理。

3. 分等级定价策略

分等级定价策略也称价格线定价策略，是指经营者把产品分为各种档次，分别对每一档产品定一个价格来满足不同消费层次的顾客需求。这样定价，可使消费者感到各种价格反映了产品质量上的差别，对买者来说，简化了选购产品时的斟酌，也满足了不同消费者的心理需求。

4. 声望定价策略

声望定价策略是指针对消费者价高质必优心理，对在消费者心目中有信誉的产品制定较高价格，即企业有意识地把价格定得较高，以便使本企业或本企业的产品给消费者留下优质形象，或使消费者感到购买这种产品可提高自己的声望。这种策略适用于那些经营时间长，在行业中居于领导地位并且名声极好的企业。由于这类企业在本行业中具有极高声望，因此，消费者也会认定某种产品一定会质量突出而且具有独到之处。在这种情况下，企业就可以依据消费者的信任而制定较高价格。

消费者经常把价格看做产品质量的标志。如果某个企业或者某种产品声望高，即使价格较高顾客也愿意购买，因为他们认为高价货表示质量高。

5. 习惯定价策略

习惯定价策略是指根据消费者传统习惯制定价格。有些产品的价格在市场上已为消费者所习惯，价格变化，就会引起顾客不满，因而宁可在内容、包装、数量、档次上进行调整而不宜大幅度调价。例如，中间商的佣金，在很多情况下也有一个习惯的比例。又如，某些基本生活用品，其价值不高，但是消费者必须经常、重复地购买，因此，这类产品的价格也就“习惯成自然”地为消费者所接受。企业为这类产品定价，需要充分考虑消费者的这种习惯性的心理倾向，不可随意变动价格，应比照市场上同类商品价格定价。否则，一旦破坏消费者长期形成的消费习

惯,使消费者产生不满情绪,就会导致购买的转移。若确实需要调整价格,则应预先做好宣传,让顾客充分了解调价的原因,先让新价格被消费者所接受,后行调价。

6. 价格数字偏好定价策略

企业对产品定价时要针对消费者对价格数字的偏好心理,采取适当的销售价格以促使消费者购买的定价策略。如对欧美的消费者来说,商品价格应避免出现“13”;对新加坡和中国香港、中国台湾地区的消费者来说,商品价格应避免出现“4”,而有些价格数字如“8”,“6”则会较普遍地迎合消费者对价格数字的偏好。

9.3.3 产品生命周期定价策略

产品生命周期定价策略是指企业根据产品所处市场寿命周期的不同阶段来制定价格的策略。这一定价策略主要是根据不同阶段的成本、供求关系、竞争情况等变化特点以及市场接受程度等采取不同的定价策略,以增强产品的竞争能力,扩大市场占有率,为企业争取尽可能大的利润。这种策略具体可分为导入期定价策略、成长期定价策略、成熟期定价策略和衰退期定价策略四个阶段。

1. 导入期定价策略

在导入期,由于产品刚刚投入市场,顾客尚不熟悉,因此呈现销售量低、没有竞争者或竞争者很少的特点。为了打开新产品的销售市场,在定价方面,可根据不同情况采用高价定价策略、渗透低价定价策略和中价定价策略。

(1) 高价定价策略

高价定价策略是指通过对投放市场的新产品制定较高价位,以期在短期内获取最大收益的定价方式。这一策略把处于社会较高消费水平的消费者作为目标顾客群,利用高收入阶层愿意比别人支付更高价格,购买对其有很大现实价值的产品这一情况,制定一个比较高的价格,以获得高额利润,待满足了高收入阶层的需求之后,再逐步降低定价。此外,对某些市场寿命周期短,需求弹性小,花色、款式翻新较快的时尚产品,如服装、鞋帽等,在投放市场时,如能通过促销等广告宣传手段吸引消费者,并引起消费者的“求新心理”,使得需求量迅速增大,也可采用高价策略。同时,企业须迅速组织大批量生产,缩短新产品进入市场的时间。

(2) 低价定价策略

低价定价策略是高价定价策略的反面,即有意把新产品价格定得很低,必要时甚至微量亏本出售,以多销产品来渗透市场。其目的在于提高产品知名度,迅速扩大市场占有率。

采取低价定价策略的商品一般具备两个特点:一个是商品的需求价格弹性较大,相关的替代品较多,调低价格能促进销售量的增长;另一个是企业的商品生产能力较大,批量生产后,成本有较大的降低,具有规模效益。

(3) 中价定价策略

中价定价策略是指产品销售以稳定价格和预期销售额的稳定增长为目标,力求将价格定

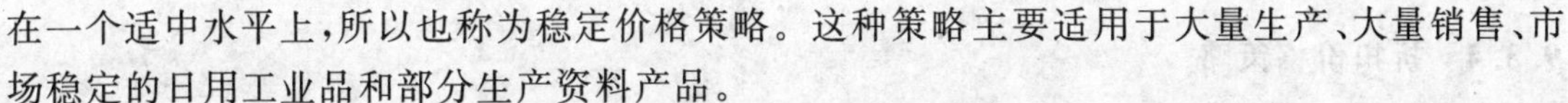

在一个适中水平上，所以也称为稳定价格策略。这种策略主要适用于大量生产、大量销售、市场稳定的日用工业品和部分生产资料产品。

中价定价策略的优点在于能避免高价定价策略带来的风险，又能防止采取低价定价策略给生产经营者带来的麻烦。然而，随着生产技术的不断成熟，生产规模不断扩大，在生产规模达到经济规模效益之前，单位产品成本随时间的推移不断降低，价格也在不断变化。因此，中价水平并不容易保持长期稳定，实行起来困难较多。另一方面，新产品，特别是全新产品，在市场上首次出现时，难以找到有效的参照价格作为比较，致使中价定价策略缺乏可操作性。

2. 成长期定价策略

在产品进入成长期后，企业生产规模逐渐扩大，销售量迅速增长，利润也随之增加，向供求两旺发展。因此，成长期产品定价策略，一般是选择适合竞争条件，以保证企业实现目标利润或目标报酬率。

当产品采用成长期定价策略时，由于消费者逐渐接受产品，销售量增加，不适宜贸然降价，否则会导致企业最大利润减少。但如果产品进入市场时价格较高，市场上又出现了强有力的竞争对手，那么企业为较快地争取市场占有率，也可以适当降价。

3. 成熟期定价策略

成熟期定价策略是指当产品的消费者人数、销售量都达到最高水平并开始保持稳定时，由于竞争对手增多，市场竞争比较激烈而采取的定价策略，因此又称为竞争定价策略。

当产品进入成熟期后，市场需求呈饱和状态，销量已达顶点，并在保持一段时间后开始呈下降趋势，市场竞争日趋尖锐激烈，仿制品和替代品日益增多，企业利润达到顶点。在这个阶段，一般采用竞争定价策略，常用的手段是将产品价格定得低于同类产品，排斥竞争者，维持销售额的稳定或使销售额进一步增大。采取竞争定价策略时，企业应正确掌握降价的依据和降价幅度，一般应视具体情况而定。如果产品具有明显的其他同类产品无法具备的功能或特色，并因此而拥有忠诚的顾客群，则维持原价对于保持企业利润和客户忠诚至关重要；如果产品不具备上述条件，则采用竞争定价策略是比较好的选择，但降价要保持一定幅度，以免引起企业间的价格战或导致企业亏损。

4. 衰退期定价策略

衰退期定价策略是指当消费者兴趣转移或新产品推出导致销售量急剧下降时采取的定价销售策略。衰退期是产品市场生命周期的最后阶段。在衰退期，产品的市场需求和企业销售量开始大幅度下降，市场已发现了新的替代品，利润也日益缩减，此时应果断地采取降价策略。但如果同行业的竞争者都已退出市场，或者是经营的商品有保存价值，也可以维持原价，甚至提高价格。

总之，各类商品在其经济生命周期的某个阶段一般会具有共同的特征，但由于各类商品的性质、特点及其在国计民生中的重要程度、市场供求状况的不同，不同的商品采取的定价策略应当实事求是，灵活调整。

9.3.4 折扣价格策略

折扣价格策略是指在产品的交换过程中，企业的基本标价不变，而通过对实际价格的调整，把一部分价格折扣转让给购买者，鼓励消费者大量购买自己的产品和服务，促使消费者改变购买时间或鼓励消费者及时付款的价格策略。

1. 数量折扣

数量折扣是指企业经营者为了鼓励顾客多购买其产品，在顾客购买数量超过一定数额时，按购买数量对产品价格给予一定的折扣，购买数量越多，折扣越大。数量折扣分为非累进折扣和累进折扣两种。

（1）非累进折扣

非累进折扣又称一次性折扣，是指企业根据顾客一次购买产品数量进行计算的折扣，即当顾客一次性购买数量或金额达到企业经营者规定的要求时才可给予某种折扣优待，一次性购买数量越多，折扣越大，以鼓励和刺激顾客大量购买。

（2）累进折扣

累进折扣是指企业根据一定时间内顾客购买总数计算的折扣，即经营者规定在一定时期内顾客购买产品达到一定数量时，按购买总数可给予的价格折扣，通常折扣随购买数量的增多而增大。这种办法有利于建立企业与顾客之间稳定的业务关系。

2. 季节折扣

季节折扣是指企业在淡季时给予产品购买者的折扣优惠。一般在有明显的淡、旺季的行业中实行。其目的主要是鼓励购买者淡季购买，以减少供应企业的压力和负担，增加销售量，降低经营成本。这种方式常用于农产品、水产品和旅游产品。

3. 现金折扣

现金折扣也称付款期折扣，是指对在约定付款期以现金付款或提前付款的产品购买者，卖主可以给予他们一定的价格折扣。许多西方企业采用赊销方式，卖主通常在交易条款中注明："净价 10"，即顾客必须在成交后 10 天内付清全部货款；"1/10 净价 30"，即顾客在成交后 10 天内付款，就可得到 1% 的现金折扣，但最迟也必须在 30 天内付清全部货款。

在这种形式下，企业为了尽快收回货款或把期票兑换成现金，对能以现金支付货款或提前支付货款的顾客，要根据具体情况，给予一定比例的现金回扣，其目的在于提高资金利用率，并减少坏账风险。

采用这种价格策略的目的是鼓励购买者迅速付款。应用现金折扣时，企业要对以下四个方面做出决策。

① 允许顾客推迟付款的时间有多长。

② 允许哪些顾客赊销。

③ 对超过付清货款期而尚未付款的顾客应采取哪些措施。

④ 折扣的大小。

4. 同业折扣

同业折扣也称功能性折扣，是指产品生产企业根据各类中间商在市场中所担负的不同职责，给予不同的折扣。生产商对批发商和零售商经常采取这种折扣。折扣的大小根据中间商企业在商品流通中的不同功能与作用而确定。

5. 折　让

折让是给予顾客以价格折扣的另一种类型。旧货折价折让(trade in allowances)在汽车行业和一些其他耐用消费品的交易中最为普遍。促销折让(promotional allowances)是卖方为了报答经销商参加广告和支持销售活动而支付的款项或给予的价格折让。

9.3.5　产品组合定价策略

产品组合定价策略是指寻求在整个产品组合方面制定一整套能获得最大利润的共同价格的价格策略。

1. 产品系列定价

产品系列定价是指在产品系列的产品间设立系列价格差别。例如，柯达公司生产的胶卷系列。

2. 备选产品定价

备选产品定价是指为与主体产品一起出售的备选产品和附加产品定价。例如，与汽车一起出售的汽车音响、汽车卫星导航设备等。

3. 附属产品定价

附属产品定价是指为必须与主体产品一起使用的产品定价。例如，照相机与胶卷、剃须刀架与刀片、打印机与墨盒等。

4. 副产品定价

副产品定价是指为在主产品生产过程中产生的副产品定价。例如，在生产加工食用肉类、石油产品和其他化学产品的过程中，常常可以产生具有市场价值的副产品。副产品的收入越多，越有利于公司为其主要产品制定较低的价格，借此提升其市场竞争力。

5. 两段定价法

服务性公司常常收取固定费用，另加一笔可变的使用费，如电话月租费和通话费。

6. 捆绑定价法

捆绑定价法是指把若干个商品组合在一起定价。销售商常常把一组产品组合在一起降价销售。顾客本来可能无意购买全部产品，但由于在这个价格束上节约的金额可观，吸引了顾客购买。

9.3.6　促销定价策略

促销定价策略是指经营者为产品制定价格时考虑到企业促销活动的需要，使价格的确定与促销活动相互协调而采用的定价策略。常用的促销策略有以下几种。

1. 牺牲品定价

店家以少数商品作为牺牲品，以招揽顾客，吸引他们来到商店，并期望他们购买正常标价的其他商品。

2. 专门事件定价策略

在某种季节，卖主也利用特别事件定价来吸引更多的顾客购买。当企业进行专门的促销活动或逢重要的节假日或纪念日时，可借机进行低价促销。进行专门事件定价促销时，应保证有充足的服务设备、设施和服务人员。

3. 现金回扣券

制造厂商有时会在特定时间内向进行购买的顾客提供现金回扣，刺激他们购买产品。回扣可使制造商在不必降低目录价格的情况下达到清仓的目的。

4. 较长的付款条款

销售者，特别是贷款银行和汽车公司，延长购买者的还贷时间，从而减少了每月的付款金额。由于顾客一般对贷款利率不太敏感，他们担心的是自己每月的实际还贷能力，因此这种做法通常可以起到促进销售的作用。

5. 保证和服务合同

公司可以增加免费保证或服务合同来促销。顾客既可选择免费保证或服务，也可选择减少价格的方法。

9.3.7 地区定价策略

地区定价策略是指企业调整价格，以便适应不同地理区域的消费者的价格策略。

1. 原产地定价

原产地定价是指顾客按照厂价购买某种产品，卖方负责将产品装运到产地某种运输工具上交货，交货后的一切风险和费用包括运费由买方承担。

2. 统一交货定价

公司对于卖给不同地区顾客的某种产品，一律按照相同的厂价加相同的运费(按平均运费计算)定价。

3. 分区定价

公司把销售市场分为若干价格区，对于卖给不同价格区顾客的产品，分别制定不同的地区价格。

4. 基点定价

公司选定某些城市作为基点，然后按一定的厂价加从基点城市到顾客所在地的运费来定价，而不管货物实际上是从哪里起运的。

5. 运费免收定价

公司负责全部或部分实际运费。

9.4　价格变动反应和价格调整

9.4.1　企业降价与提价

1. 企业降价

企业产品降价的一般原因

① 企业的生产能力过剩，库存积压严重，而通过增加销售、改进产品或其他方式都不能达到促进销售的目的时，降价就成为最后的选择。

② 在强大的竞争压力下，企业的市场占有率下降，企业寻求通过降价来提高或维持市场占有率。

③ 当企业具有足够的生产能力，通过降价可以有效扩大销量，提高市场占有率时，降价有利于形成规模效益，从而进一步降低成本。

2. 企业提价

(1) 企业产品提价的一般原因

① 产品成本膨胀；

② 产品供不应求；

③ 产品性能提高；

④ 市场竞争减少。

(2) 常用调价方法

① 延缓报价：公司决定到产品制成或者交货时才制定最终价格。生产周期长的产业，如工业建筑和重型设备制造业等普遍采用延缓报价定价法。

② 使用价格自动调整条款：公司要求顾客按当前价格付款，并且支付交货前由于通货膨胀引起增长的全部或部分费用。

③ 分别处理产品与服务的价目：公司为了保持其产品价格，把先前供应的免费送货与安装的产品分解为各个零部件，并分别为单一或多个构件定价。

④ 减少折扣：公司减少常用的现金和数量折扣，指示其销售人员不可为了争取生意不按目录价格报价。

(3) 企业不必提价便可弥补高额成本或满足大量需求的可行方法

① 压缩产品产量，价格不变。

② 使用便宜的材料或配方作为代用品。

③ 减少或者改变产品特点，降低成本。如西尔斯公司简化了许多家用电器的设计，以便

与折扣商店销售的商品进行价格竞争。

④ 改变或者减少服务项目。如取消安装、免费送货或长期保修。

⑤ 使用价格较为低廉的包装材料,促销更大包装产品,以降低包装的相对成本。

⑥ 缩小产品的尺寸、规格和型号。

⑦ 创造新的经济的品牌或使用无品牌产品。

任何价格变化无疑将会影响购买者、竞争者、分销商和供应厂商的利益,也会引起政府的注意。因此,企业在调整价格时必须考虑这些因素的影响。

9.4.2 顾客对企业变价的反应

1. 顾客对企业降价的反应

① 产品物超所值,企业在薄利多销;

② 产品质量低于售价高的竞争者的产品质量;

③ 产品过剩,价格还会进一步下跌;

④ 产品老化,将被新产品替代;

⑤ 企业财务困难,经营出现问题。

2. 顾客对企业提价的反应

① 产品很畅销,不赶快买就买不到了;

② 产品很有价值,价格还会继续上涨;

③ 卖主太"黑",只想着挣钱。

9.4.3 竞争者对企业变价的反应

1. 了解竞争者反应的主要途径

① 内部资料;

② 统计分析方法。

2. 预测竞争者反应的主要假设

① 假设竞争对手有一组适应价格变化的政策来应对本企业的价格变动。在这种情况下,竞争对手的反应是能够预测的。

② 假设竞争者把每一次价格变动都看做新的挑战,并根据当时自身利益做出相应的反应。在这种情况下,必须确定竞争对手想要获得的利益是什么,即对竞争对手目前的财务状况、近来的销售状况、生产能力、企业目标和顾客忠诚度进行调查。如果竞争者的企业目标是提高市场占有率,它就可能随着调价企业的产品价格变动而调整价格;如果竞争者的企业目标是获取最大利润,它就可能采取加强广告促销或提高产品质量的办法来应对。总之,企业在实施价格变动时,要善于利用企业内外部信息判断竞争对手可能做出的反应,以便采取相应对策。

当然，在实际市场上的运作会相当复杂，因为不同竞争对手对企业降价会有不同理解，而且竞争对手的规模、市场占有率大小也不一样，他们的反应也会有所不同。

9.4.4　企业对竞争者变价的反应

1. 不同环境下的企业反应

(1) 同质的产品市场

在同质的产品市场上，如果竞争者降价，企业往往被迫随之降价。这是因为在同质的产品间差异性很小或没有差异，消费者一般都会优先购买价格较低的产品。如果企业在价格上不做出反应，会直接导致其产品市场占有率的快速下降。如果某一个企业提价，并且提价会对整个行业有利，其他企业也会随之提价，但只要有一个重要竞争者不随之提价，最先发动提价的企业和其他企业往往也不得不取消提价。

(2) 异质的产品市场

在异质的产品市场上，由于消费者选择卖主不仅要考虑价格因素，还要考虑产品的质量、性能、外观等，产品的差异性决定了消费者对较小的价格差异并不在意，所以在这种市场上，企业对竞争者价格变化的敏感度较小，反应的自由度较大。

2. 企业在对竞争对手做出反应前必须考虑的问题

① 竞争者变动产品价格的原因，即它是想悄悄地夺取市场、适应成本的变动状况，抑或是利用过剩的生产能力，还是要领导一个行业范围内的价格变动?

② 竞争者计划这个价格变动是临时的还是长期的措施?

③ 如果本公司对此不做出反应，自身产品的市场份额和利润将会发生怎样的变化？其他公司是否将对此做出反应?

④ 对于每一种可能做出的反应，竞争者与其他企业的回答很可能是什么?

3. 市场领先者反应

市场领先者面对那些较小的企业为努力取得市场份额而进行的有进取心的降价有多种反应可供选择。

(1) 维持原价格

当市场领先者认为降价会使其损失过多的利润；或者认为不降价也不会失去过多的市场份额；抑或认为当必要时，他完全能够以较低的成本重新获得市场份额，即领先者感到他能够抓住好的顾客，而只是放弃一些较差的顾客给竞争者时，市场领先者可以采取维持原来价格和利润幅度的策略。

(2) 提高被认知的质量

市场领先者可以采用维持原来价格不变，但却增加其提供产品的价值的方法来应对竞争者的降价。他可以改进他的产品、服务和信息沟通渠道以便使顾客能看到更多的价值，提高其被认知的质量。企业可以发现，维持原价并花钱去改进其所提供的产品，比降低产品价格，以较低毛利来经营要可行得多。

(3) 降　价

当市场领先者认为其产品成本会随着数量的增加而有较大的下降，或者认为市场对产品价格敏感，不降价会使他失去过多的市场份额，抑或认为一旦他失去市场份额，他要重新获得市场份额的成本过大时，他可以选择降低自己产品的价格，以达到竞争者的价格水平。当公司选择降价时应努力去维持其所提供的产品的价值。

(4) 改善质量并提高价格

市场领先者可以选择提价，并引入一些新品牌商品去包围竞争者进行攻击的品牌商品。

(5) 推出廉价产品线

推出廉价产品线是在经营产品中增加廉价品种，或者另外创立一个廉价品牌。如果某个正在丧失的细分市场对价格很敏感，这种做法就有必要。因为这样做不必对要求提高质量的呼声做出反应。在这时，推出廉价产品线就是一种最佳的有效反击。

当竞争对手发动价格进攻时，公司减少价格反应的唯一途径是对竞争对手可能采取的价格变动做出预测，并制定相应的对策。图 9-1 是公司在竞争对手降价时可采用的价格反应过程。

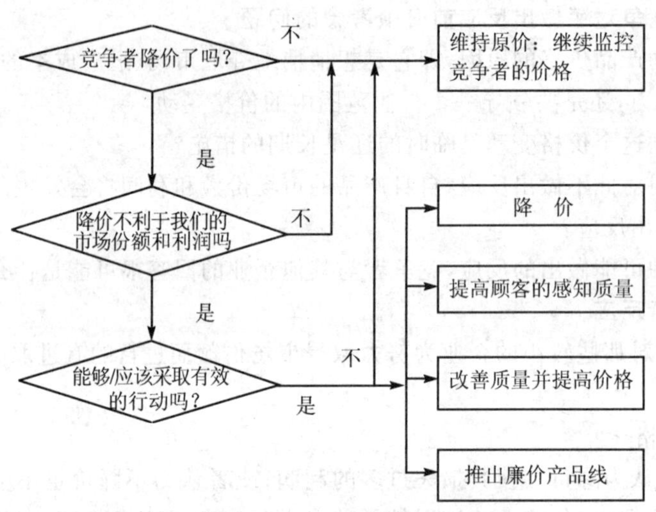

图 9-1　对竞争者降价的反应过程

【本章小结】

企业的定价策略是市场主体制定产品价格与调整价格的过程中，企业为了实现营销目标所采取的某种定价艺术和技巧。价格策略对产品的市场表现起着关键性的作用。影响定价的

内部因素包括公司的定价目标、市场营销组合策略、成本和组织情况等;外部因素包括市场和需求状况、竞争以及环境因素等;其他外部因素包括经济状况、政府政策、渠道成员等。企业定价目标主要有三种:利润目标、营销目标和竞争目标。企业的定价程序可以分为六个步骤:确定企业定价目标、测定市场需求、估算商品成本、分析竞争状况、选择定价方法、确定最后价格。企业定价有三种导向:成本导向、需求导向和竞争导向。企业定价策略包括新产品定价策略、心理定价策略、产品组合定价策略、地区定价策略、促销定价策略等。企业为了适应不断变化的环境,有时需要主动降价或提价,并需要对竞争者的变价做出恰当的反应。

【讨论题】

1. 什么是定价目标?它包括哪些种类?
2. 企业采取的定价方法有哪些?
3. 企业定价策略有哪些?
4. 如何随着时间和空间的推移修订产品的价格?
5. 怎样发起价格变动?怎样对竞争者价格变动做出反应?

第10章 分销策略

【基本知识点】

(1) 分销渠道的作用;
(2) 营销渠道对企业管理的意义;
(3) 分销渠道的宽度;
(4) 分销渠道的类型;
(5) 批发商类型与职能;
(6) 零售商的类型;
(7) 影响分销渠道选择的主要因素;
(8) 分销策略。

分销策略是市场营销组合策略之一。它是关系企业能否成功地将产品打入市场、扩大销售、实现企业经营目标的重要手段。分销渠道策略主要涉及分销渠道及其结构;分销渠道策略的选择与管理;批发商与零售商及物流等内容。

10.1 分销渠道及其结构

10.1.1 分销渠道的概念与职能

1. 分销渠道和市场营销渠道

(1) 分销渠道概念

在现代商品经济条件下,大部分生产企业并不直接把产品销售给最终用户或消费者,而要借助于一系列中间商的转卖活动。在此过程中,产品从一个所有者转移到另一个所有者,直至消费者手中,发生价值形式的运动,这称为商流;同时还有储存、运输等产品实体的空间移动,称之为物流。商流与物流相结合,使产品从生产者到达消费者手中,便是分销渠道或分配途径。

分销渠道也叫销售渠道或通路,是指促使产品或服务顺利地被使用或消费的一整套相互依存的组织,即分销渠道是由参与了商品所有权转移或商品买卖交易活动的中间商组成的流

通渠道。一个企业的分销渠道成员包括产品从生产者向消费者转移过程中,取得这种产品和服务的所有权或帮助所有权转移的所有企业和个人。分销渠道的起点是生产者,终点是消费者或用户,中间环节包括各参与了商品交易活动的批发商、零售商、代理商和经纪人。严格地说,后两类中间商并不对商品拥有所有权,但他们帮助达成了商品的买卖交易活动。因此,他们也可作为分销渠道的一个环节。所以,只要是从生产者到最终用户或消费者之间,任何一组与商品交易活动有关并相互依存、相互关联的营销中介机构均可称为一条分销渠道。与市场营销渠道有所不同的是,分销渠道中不包括供应商及起辅助作用的中间商。

(2) 市场营销渠道概念

市场营销渠道是指配合起来生产、分销和消费某一生产者的产品和服务的所有企业和个人。市场营销渠道包括参与某种产品的供、产、销全过程的所有的企业和个人,即供应商、生产者、商人中间商、代理中间商、辅助中间商及最终消费者和用户等。

2. 分销渠道的构成

分销渠道由五种流程构成,即实体流程、所有权流程、付款流程、信息流程及促销流程。

① 实物流程:实体原料及成品从制造商转移到最终顾客的过程。

② 所有权流程:货物所有权从渠道中的某个主成员到另一个主成员的转移过程。

③ 付款流程:货款在各渠道成员之间的流动过程。

④ 信息流程:在市场营销渠道中,各渠道成员之间相互传递信息的过程。

⑤ 促销流程:某一渠道成员运用其广告、人员推销、宣传、销售促进等活动对另一渠道成员施加影响的过程。

3. 分销渠道的职能

在以上流程中分销渠道发挥着以下几项职能:

① 调研:收集、制订计划和进行交换时所必需的信息。

② 促销:进行关于所供应货物的说服性沟通。

③ 接洽:寻找可能的购买者并与其进行沟通。

④ 匹配:使所供应的货物符合购买者需要,包括制造、装配、包装等活动。

⑤ 物流:从事商品的运输、储存等。

⑥ 谈判:为了转移所供货物的所有权,就其价格及有关条件达成最后协议。

⑦ 融资:为补偿渠道工作的成本费用而取得与使用资金。

⑧ 风险承担:承担与从事渠道工作有关的全部风险。[①]

⑨ 所有权转移:所有权从一个组织或个人转移到其他组织或个人的实际转移。

---

① 吴健安. 市场营销学. 2 版. 北京:高等教育出版社,2004:290.

10.1.2 分销渠道的类型

1. 分销渠道的层次

(1) 分销渠道的长度

在产品从生产者转移到消费者的过程中，任何一个对产品拥有所有权或负有营销责任的机构，均称为一个渠道层次。渠道层次的数目确定分销渠道的长度。

分销渠道的长短一般按通过流通环节的多少来划分，具体包括以下四层：

① 零级渠道：制造商—消费者。

② 一级渠道 ：制造商—零售商—消费者。

③ 二级渠道：制造商—批发商—零售商—消费者，或者是制造商—代理商—零售商—消费者。多见于消费品分销。

④ 三级渠道：制造商—代理商—批发商—零售商—消费者。

从生产者观点看，随着渠道层次的增多，控制渠道所需解决的问题也会增多；从消费者观点看，渠道层次的增多，在提供方便和及时服务的同时，也将增加消费者支出。企业要权衡利弊得失，适当选择分销渠道的长度。

(2) 分销渠道的宽度

分销渠道的宽度是指渠道的每个层次使用同种类型中间商数目的多少，它与企业的分销战略密切相关，通常有三种情况：

① 密集分销，指制造商尽可能地通过许多负责任的、适当的批发商、零售商经销产品。消费品中的食品、日常用品和产业用品中的供应品，通常采取密集分销，使广大消费者和用户能够随时随地买到这些产品。

② 选择分销，指制造商在某一地区仅仅通过少数几个精心挑选的、最合适的中间商经销其产品。相对而言，消费品中的选购品和药品、保健品等特殊品较适宜于采取选择分销。

③ 独家分销，指制造商在某一地区仅选择一家实力较强、客户资源丰富、营销有方的中间商或代理商作为总经销、总代理经销或推销其产品。通常双方需签订独家经营代理合同，规定经销商不得经销、代理竞争者的产品，以便管理和控制经销商的业务经营，调动其经营的积极性，提高制造商产品的市场占有率。

2. 分销渠道类型

按流通环节的多少，可将分销渠道划分为直接分销渠道与间接分销渠道，二者的区别在于有无中间商。

(1) 直接分销渠道

直接分销渠道是指生产企业不通过中间商，直接把产品销售给消费者的营销渠道。直接分销渠道是工业品分销的主要类型。例如，大型设备、专用工具及技术复杂需要提供专门服务的产品，都采用直接分销渠道；消费品中有部分也采用直接分销渠道，诸如鲜活商品等。直接

分销渠道的形式主要有：接受用户订货；设店零售；上门推销；利用通信、电子手段销售等。

① 直接式分销渠道的优点

- 直接交易。产品生产者与产品的最终购买者直接交易，没有中间商介入，可当场作出决策。
- 便于控制价格。直接销售可使定价权完全控制在生产者手中。
- 及时了解市场。产品生产者直接与顾客接触，能及时收集到顾客的意见、反馈和有关信息，因而能有效地改进自己的产品与工作。
- 可获得更多利润。产品生产者若通过中间商销售，就要付出一定的佣金，这样供给者的纯利就会减少，而直接销售就可减少这笔开支，从而便能获得更多的单位利润。

② 直接式分销渠道的缺点

- 产品供给者承担了营销的全部职能及有关费用；
- 在产品的销售面广，顾客分散时，供给者很难把产品全部直接出售给顾客；
- 在销售量小和不稳定的情况下，直接销售会使销售成本增加，生产者风险也大。

(2) 间接分销渠道

间接分销渠道是指生产企业通过中间商环节把产品传送到消费者手中。间接分销渠道是消费品分销的主要类型，工业品中有许多产品，诸如化妆品等采用间接分销类型。

① 间接式分销渠道的优点

- 有助于消费者对产品的选择和购买。采用间接分销，消费者便可从中间商那里获得各种可供选择的信息并得到中间商的指导和帮助，从而有助于消费者对产品的选择和购买。
- 可获得无需支付管理费的销售队伍。
- 简化交易过程，便于交换。

②间接式分销渠道的缺点

由于中间商介入，采用间接式分销渠道使产品的生产者难于控制产品的最终售价。

10.2 批发与零售

10.2.1 批发与批发商

批发是指将产品和服务出售给把它们再次出售或用于商业用途的对象的全部活动。那些主要从事批发活动的企业就是批发商。

批发商通常直接从厂商进货并将产品转售给零售商、产业消费者以及其他批发商。

1. 批发商

批发商是指供转售、进一步加工或变化商业用途而销售商品的各种公司。批发商处于商

品流通起点或中间阶段，交易对象是生产企业和零售商。一方面批发商向生产企业收购商品，另一方面它又向零售商批销商品，并且是按批发价格经营大宗商品。批发商的业务活动结束后，商品仍处于流通领域中，并不直接服务于最终消费者。批发商是商品流通的关键性的环节，是连接生产企业和商业零售企业的枢纽，是调节商品供求的蓄水池，是沟通产需的重要桥梁，对企业改善经营管理及提高经济效益、满足市场需求、稳定市场具有重要作用。

2. 批发商分类

(1) 商人批发商

商人批发商(或商业批发商)是指对经营的商品拥有所有权的独立存在的企业，即它是独立企业，对其所经营的商品拥有所有权，也被称为中盘商(批发商)、分销商，或者配售商，他们还可以进一步细分为完全服务批发商和有限服务批发商。

① 完全服务批发商：这类批发商执行批发业务的全部职能，提供的服务包括保持存货、雇用固定的销售人员，提供信贷、送货和协调管理等工作。

② 有限服务批发商：这类批发商为了减少成本，降低批发价格，只执行一部分服务。

(2) 经纪人和代理商

经纪人和代理商不拥有商品所有权，他们的主要职责是促进买卖，获得销售佣金。经纪人的主要作用是为买卖双方牵线搭桥，由委托方付给他们佣金。他们不存货，不卷入财务，不承担风险。经纪人和代理商多见于食品、不动产、保险和证券业。代理商有以下几种类型：

- 制造代理商。他们比其他代理批发商人数多，代表两个或若干个互补的产品线制造商，分别和每个制造商签订有关定价政策、销售区域、订单、送货服务和各种佣金比例等方面的正式合同。他们了解制造商的各个产品线，并利用广泛的关系销售制造商的产品。
- 销售代理商。他们是在签订合同的基础上，为委托人销售某些特定产品或全部产品的代理商，对价格、条款及其他交易条件可全权处理。
- 采购代理商。他们一般与顾客有长期关系，代顾客采购，负责为其收货、验货、储运，并将货物品运交买主。
- 佣金商(或称商行)。他们是取得商品实体所有权，并处理商品销售的代理商，一般与委托人没有长期关系。

(3) 制造商和零售商的分部或营业所

制造商和零售商的分部或营业所不拥有商品的所有权，他们仅承担一部分职能。这种批发业务有两种形式：一种是销售分部或营业所，即制造商开设自己的销售分部或营业所。销售分部备有存货，常见于木材、汽车设备和配件等行业。营业所不存货，主要用于织物和小商品行业。另一种是采购办事处，作用与采购经纪人和代理商的作用相似，但前者是买方组织的组成部分。

(4) 其他批发商

其他批发商如农产品集货商、散装石油厂和油站、拍卖公司等。

10.2.2　零售与零售商

零售是指直接向最终消费者销售产品或服务以满足其个人及非商业目的的相关的所有活动。

1. 零售商

零售商是指将商品直接销售给最终消费者的中间商，处于商品流通的最终阶段。零售商的基本任务是直接为最终消费者服务，它的职能包括购、销、调、存、加工、拆零、分包、传递信息、提供销售服务等；在地点、时间与服务方面，方便消费者购买。同时，零销商又是联系生产企业、批发商与消费者的桥梁，在分销途径中具有重要作用。

2. 零售商类型

零售商可按不同标准进行分类。

(1) 按经营商品范围划分

① 专业商店：专门经营一类商品或某一类商品中的某种商品，如盛锡福、亨得利。经营特点是品种、规格齐全。

② 百货商店：是指经营的商品类别多样，每一类别的商品品种齐全，经营部门按商品的大类进行设立，是多个专业店集中在一个屋檐下。其经营特点是类别多、品种规格全，服务好。

③ 超级市场：是规模巨大、成本低廉、薄利多销的经营机构。它主要经营各种食品和家庭日常用品等。

(2) 按商品售价来划分

① 廉价商店：价格低廉的商店。

② 仓储商店：是一种以大批量、低成本、低售价和薄利多销方式经营的连锁或零售企业。

③ 样品图册展览室：这类商店出售经过精心挑选的商品，这些商品加成高、周转快、有品牌，以折扣价销售，包括珠宝首饰、照相机、玩具和体育用品等。样品图册展览室通过削减成本和利润以实现低价销售，从而能大量销售。

④ 折扣商店：这类商店一般以低价销售产品，主要销售一些名牌产品，商店以自助方式销售，且设备极少。

(3) 按有无店铺来划分

可根据是不是购置店铺进行商品交易，可将零售商分为有店铺零售商和无店铺零售商两种类型。无店铺零售主要有以下几种形式：

① 直复营销：指为了在任何地方产生可衡量的反应和达成交易，而使用一种或多种广告媒体的互相作用的营销系统。直复营销者利用广告介绍产品，顾客可采取写信和电话订购。订购的物品一般通过邮寄交货，用信用卡付款。

② 直接销售：挨门挨户访问推销。

③ 购买服务公司：一种专门为特定顾客，如学校、医院、工会、政府机关等大型机构的雇员提供服务的无店铺零售业。

④ 自动售货：使用硬币控制的机器自动售货。

⑤ 电子销售：主要指计算机网络销售、电视销售。

(4) 按是否连锁划分

连锁商店是指由一家大型商店控制的，许多家经营相同或相似业务的分店共同形成的商业销售网。其主要特征是：总店集中采购，分店联购分销。连锁商店出现在19世纪末到20世纪初的美国，到1930年，连锁商店的销售额已占全美销售总额的30%。自20世纪50年代末60年代初以来，连锁商店在欧洲、日本也逐渐出现，并迅速发展，到20世纪70年代后全面普及，逐步演化为一种主要的商业零售企业的组织形式。连锁形式主要有以下三种：

① 正规连锁店

正规连锁店同属于某一个总部或总公司，统一经营，所有权、经营权、监督权三权集中，也称联号商店、公司连锁、直营连锁。正规连锁店的分店数目各国规定不一，美国定为12个或更多，日本定义为2个以上，英国是10个以上分店。其共同特点有：所有成员企业必须是单一所有者，归一个公司、一个联合组织或单一个人所有；由总公司或总部集中统一领导，包括集中统一人事、采购、计划、广告、会计等；成员店铺不具企业资格，其经理是总部或总店委派的雇员而非所有者；成员店标准经营，商店规模、商店外貌、经营品种、商品档次、陈列位置基本一致。

② 自愿连锁

各店铺保留单个资本所有权的联合经营，多见于中小企业，也称自由连锁，任意连锁。正规连锁是大企业扩张的结果，目的是形成垄断；自愿连锁是小企业的联合，抵制大企业的垄断。自由连锁的最大特点：成员店铺是独立的，成员店经理是该店所有者。自由连锁总部的职能一般为：确定组织大规模销售计划；共同进货；联合开展广告等促销活动；指导业务；统一店堂装修及商品陈列；组织物流；教育培训；利用信息；融通资金；开发店铺；管理财务；帮助劳务管理等。

③ 特许连锁

特许连锁也称合同连锁，契约连锁。它是主导企业把自己开发的商品、服务和营业系统，以营业合同的形式给规定区域的加盟店授予统销权和营业权。加盟店则须交纳一定的营业权使用费、承担规定的义务。其特点是：经营商品必须购买特许经营权；经营管理高度统一化、标准化。麦当劳连锁店一般要求特许经营店在开业后，每月按销售总额的3%支付特许经营使用费。肯德基连锁店的这一比例一般是5%左右。

10.2.3 分销渠道系统的发展

分销渠道不是一成不变的，新型的批发机构和零售机构不断涌现，全新的渠道系统正在逐渐形成。20世纪80年代以来，分销渠道系统突破了由生产者、批发商、零售商和消费者组成的传统模式和类型，有了新的发展，如垂直营销系统、水平营销系统和多渠道营销系统等。

1. 垂直营销系统

垂直营销系统是作为传统营销渠道的挑战而出现的。传统营销渠道由独立的生产者、批发商和零售商组成。每个成员都是作为一个独立的企业实体追求自己利润的最大化，即使它是以损害系统整体利益为代价也在所不惜。没有一个渠道成员对于其他成员拥有全部的或者足够的控制权。垂直营销系统是由生产企业、批发商和零售商组成的统一系统。垂直营销渠道的特点是专业化管理、集中计划，销售系统中的各成员为共同的利益目标，都采用不同程度的一体化经营或联合经营。联合体的形式有：或者拥有其他成员的产权，或者是一种特约代营关系，或者某个渠道成员拥有相当实力使得其他成员与之合作。垂直营销系统可以由生产商支配，也可以由批发商或者零售商支配。它主要有三种形式。

(1) 公司式垂直系统

公司式垂直系统是由同一个所有者名下的相关的生产部门和分销部门构成的，即一家公司拥有和统一管理若干工厂、批发机构和零售机构，控制分销渠道的若干层次，甚至整个分销渠道，综合经营生产、批发、零售业务。这种渠道系统又分为两类：工商一体化经营和商工一体化经营。工商一体化是指大工业公司拥有并统一管理若干生产单位及商业机构，如美国火石轮胎橡胶公司拥有橡胶种植园、轮胎制造厂以及轮胎系列的批发机构和零售机构，其销售门市部(网点)遍布全美国。商工一体化是指由大零售公司拥有和管理若干生产单位。

(2) 管理式垂直营销系统

管理式垂直营销系统是由某一家规模大、实力强的企业出面组织的。制造商和零售商共同协商销售管理业务，其业务涉及销售促进、库存管理、定价、商品陈列和购销活动等，如宝洁公司与其零售商共定商品陈列、货架位置、促销和定价等。

(3) 契约式垂直营销系统

契约式垂直营销系统是由各自独立的公司在不同的生产和分销水平上组成的，它们以契约为基础来统一它们的行为，以求获得比其独立行动时所能得到的更大的经济和销售效果。契约式垂直营销系统主要分为三种形式：

① 特许经营组织

特许经营组织有以下三种形式：

- 制造商倡办的零售特许经营或代理商特许经营。零售特许多见于消费品行业，代理商特许多见于生产资料行业。丰田公司对经销自己产品的代理商、经销商给以买断权和卖断权，即丰田公司与某个经销商签订销售合同后，赋予经销商销售本公司产品的权利而不再与其他经销商签约，同时也规定该经销商只能销售丰田牌的汽车，实行专卖，避免了经营相同牌子汽车的经销商为抢客户而竞相压价，以致损害公司名誉。
- 制造商倡办的批发商特许经营系统。批发商特许经营系统大多出现在饮食业，如可口可乐、百事可乐与某些瓶装厂商签订合同,授予在某一地区分装的特许权与向零售商发运其产品的特许权。

- 服务企业倡办的零售商特许经营系统。该系统多出现于快餐业(如肯德基快餐)、汽车出租业。

② 批发商倡办的自愿连锁组织

批发商组织独立的零售商成立自愿连锁组织,帮助他们和大型连锁组织抗衡。

③ 零售商合作组织

零售商可以带头组织一个新的企业实体来开展批发业务和可能的生产活动。它既从事零售,也从事批发,甚至从事生产业务。

2. 水平式营销系统

水平式营销系统是由两个或两个以上非关联的公司把它们的资源或计划整合起来开发一个营销机会,即由两家以上的公司联合起来的渠道系统。这种系统可发挥群体作用,共担风险,获取最佳效益。这些公司缺乏资本、技能、生产或营销资源独自进行商业冒险,或都不想单独承担风险,或者它发现与其他公司联合可以产生巨大的协同作用。公司间的联合行动可以是暂时性的,也可以是永久性的,也可以创立一个专门公司。阿德勒(Adler)将它称为共生营销。

3. 多渠道营销系统

多渠道营销系统是指对同一或不同的分市场采用多条渠道营销系统,即企业建立两个或更多的营销渠道以到达一个或多个目标市场的做法。这种系统一般分为两种形式:一种是生产企业通过多种渠道销售同一商标的产品,这种形式易引起不同渠道间激烈的竞争;另一种是生产企业通过多渠道销售不同商标的产品。

通过增加多渠道营销,公司可以获得三个重要的好处:增加了市场覆盖面——公司不断增加渠道是为了获得顾客细分市场;降低渠道成本——公司可以增加能降低销售成本的新渠道(如采用电话销售而不是销售人员访问客户);顾客定制化销售——公司可以增加其销售特征更适合顾客要求的渠道(如利用技术型推销员销售较复杂的设备)。

10.3 分销渠道的设计及管理

分销渠道设计是分销渠道决策的重要内容,包括选择最佳的渠道模式、确定每一层次所需中间商的数目、中间商的类型以及确定渠道成员的权利与责任。

分销渠道设计大体分为四大步骤:

① 分析消费者的服务需求,即消费者的购买批量、等候时间、出行距离、选择范围和售后服务。

② 分析各种影响因素并确立分销渠道目标,这要考虑八大因素,即产品因素、企业因素、

中间商因素、竞争者因素、营销环境因素、经济收益因素、国家政策因素；明确分销渠道目标的选择，即购买的便利性、较大的利润性、成员支持度、售后服务。

③ 设计可选择的渠道方案，即在确定分销渠道目标之后，就要考虑设计、选择哪些渠道有可能实现这一目标。

④ 对方案进行评估与选择，包括经济性标准、控制性标准、适应性标准的评估与选择。

10.3.1　影响分销渠道选择的因素

影响分销渠道选择的因素很多。生产企业在选择分销渠道时，必须对下列几方面的因素进行系统的分析和判断，才能做出合理的选择。

1. 产品因素

(1) 产品价格

一般来说，产品单价越高，越应注意减少流通环节，否则会造成销售价格的提高，从而影响销路，这对生产企业和消费者都不利。而单价较低、市场较广的产品，则通常采用多环节的间接分销渠道。

(2) 产品的体积和重量

产品的体积大小和轻重直接影响运输和储存等销售费用。过重的或体积大的产品应尽可能选择最短的分销渠道。对于那些超过运输部门规定的运输限制（超高、超宽、超长、集重）的产品，尤应组织直达供应。小而轻且数量大的产品，则可考虑采取间接分销渠道。

(3) 产品的易毁性或易腐性

有效期短、储存条件要求高或不易多次搬运的产品应采取较短的分销途径，尽快送到消费者手中，如鲜活产品、危险品等。

(4) 产品的技术性

具有很高的技术性、或需要经常的技术服务与维修的产品，生产企业应直接销售给用户。这样，可以保证向用户提供及时良好的销售技术服务。

(5) 定制品和标准品

定制品一般由产需双方直接商讨规格、质量、式样等技术条件，不宜经由中间商销售。标准品具有明确的质量标准、规格和式样，分销渠道可长可短。有的产品的用户分散，宜由中间商间接销售；有的则可按样本或产品目录直接销售。

(6) 新产品

为尽快地把新产品投入市场，扩大销路，生产企业一般重视组织自己的推销队伍，直接与消费者见面，推介新产品和收集用户意见。如能取得中间商的良好合作，也可考虑采用间接销售形式。

2. 市场因素

(1) 购买批量大小

购买批量大,多采用直接销售;购买批量小,除通过自设门市部出售外,多采用间接销售。

(2) 消费者的分布

某些商品消费地区分布比较集中,适合直接销售;反之,适合间接销售。工业品销售中,本地用户产需联系方便,因而适合直接销售。外地用户较为分散,通过间接销售较为合适。

(3) 潜在顾客的数量

当消费者的潜在需求多、市场范围大、需要中间商提供服务来满足消费者的需求时,生产企业宜选择间接分销渠道。若潜在需求少、市场范围小,生产企业可直接销售。

(4) 消费者的购买习惯

有的消费者喜欢到企业购买商品,有的消费者喜欢到商店购买商品。所以,生产企业应既直接销售,也间接销售,满足不同消费者的需求,同时也增加了产品的销售量。

(5) 消费者的购买数量

如果消费者购买数量小、次数多,生产企业可采用长渠道;反之,若消费者购买数量大,次数少,则可采用短渠道。

3. 生产企业本身的因素

(1) 资金能力

若企业本身资金雄厚,则可自由选择分销渠道,可建立自己的销售网点,采用产销合一的经营方式;也可以选择间接分销渠道。若企业资金薄弱,则必须依赖中间商进行销售和提供服务,因此只能选择间接分销渠道。

(2) 销售能力

若生产企业在销售力量、储存能力和销售经验等方面具备较好的条件,则应选择直接分销渠道;反之,则必须借助中间商,选择间接分销渠道。另外,企业如能和中间商进行良好的合作,或能有效地控制中间商,则可选择间接分销渠道。企业与中间商的合作不愉快或中间商不可靠将影响产品的市场开拓和经济效益,那么企业不如进行直接销售。

(3) 可能提供的服务水平

中间商通常希望生产企业尽可能多地提供广告、展览、修理、培训等服务项目,为其销售产品创造条件。若生产企业无意或无力满足这方面的要求,中间商与生产企业就难以达成协议,这就迫使生产企业自行销售;反之,若生产企业提供的服务水平高,中间商则乐于销售该产品,生产企业则选择间接分销渠道。

(4) 发货限额

生产企业会对某些产品规定发货限额以合理安排生产。当发货限额高时,生产企业宜直接销售;反之,则间接销售。

(5) 产品供给者的营销管理能力与经验

若生产企业具有市场营销管理方面的经验和拥有一支精干的销售队伍，则可少用或不用中间商；反之，则需要依靠中间商来推销产品。

(6) 生产者对批发商的支援

产品生产者能承担产品更多的广告宣传工作，并为批发商提供一定的培训费用，这样就能增强批发商推销其产品的积极性；反之，则无法取得他们的积极合作。

(7) 生产者控制渠道的愿望

产品生产者有较强的控制渠道的愿望，又有较强的销售能力，可采用直接销售渠道或选择较短的营销渠道。如果产品生产者采取间接销售渠道，则要与中间商协调配合，要适当兼顾中间商的经济利益，如果处理不当，也会影响产品生产者对市场情况的了解与控制。

4. 政策规定

企业选择分销渠道必须符合国家有关政策和法令的规定。某些按国家政策应严格管理的商品或计划分配的商品，企业无权自销和自行委托销售；某些商品在完成国家指令性计划任务后，企业可按规定比例自销，如专控商品(控制社会集团购买力的少数商品)。另外，如税收政策、价格政策、出口法、商品检验规定等也都影响分销途径的选择。

5. 经济收益

不同分销途径经济收益的大小也是影响选择分销渠道的一个重要因素。经济收益主要考虑的是成本、利润和销售量三个方面的因素。具体分析如下：

(1) 销售费用

销售费用是指产品在销售过程中发生的费用。它包括包装费、运输费、广告宣传费、陈列展览费、销售机构经费、代销网点和代销人员手续费、产品销售后的服务支出等。一般情况，减少流通环节可降低销售费用，但要综合考虑减少流通环节的程度，做到既节约销售费用，又要有利于生产发展和体现经济合理的要求。

(2) 价格分析

① 在价格相同条件下，进行经济效益的比较

目前，许多生产企业都以同一价格将产品销售给中间商或最终消费者，若直接销售量等于或小于间接销售量时，由于生产企业直接销售时要多占用资金，增加销售费用，所以间接销售的经济收益高，对企业有利；若直接销售量大于间接销售量，而且所增加的销售利润大于所增加的销售费用，则宜选择直接销售。

② 当价格不同时，进行经济效益的比较

主要考虑销售量的影响，若销售量相等，直接销售多采用零售价格，价格高，但支付的销售费用也多。间接销售采用出厂价，价格低，但支付的销售费用也少。究竟选择什么样的分销渠道，可以通过计算两种分销渠道的盈亏临界点作为选择的依据。当销售量大于盈亏临界点的数量时，宜选择直接分销渠道；反之，宜选择间接分销渠道。在销售量不同时，则要分别计算直

接分销渠道和间接分销渠道的利润，并进行比较，一般选择获利大的分销渠道。

6. 中间商特性

各类中间商不同的实力与特点，诸如广告、运输、储存、信用、训练人员、送货频率等方面不同的特点，会影响生产企业对分销渠道的选择。例如，汽车收音机厂家考虑分销渠道时，其选择的方案有：与汽车厂家签订独家合同，要求汽车厂家只安装该品牌的收音机；借助通常使用的渠道，要求批发商将收音机转卖给零售商；寻找一些愿意经销其品牌的汽车经销商；在加油站设立汽车收音机装配站，直接销售给汽车使用者，并与当地电台协商，为其推销产品并付给电台相应的佣金。

根据中间商数目多少，企业可选择密集分销、选择分销、独家分销。一般情况下，日用品多采用密集式分销形式，工业品中的一般原材料、小工具、标准件等也可用此分销形式。消费品中的选购品和特殊品，工业品中的零配件宜采用选择分销形式。独家分销形式适用于消费品中的家用电器和工业品中的专用机械设备，因为这种形式有利于企业与中间商之间的协作，以便企业更好地控制市场。

7. 竞争者状况

当市场竞争不激烈时，企业可采用同竞争者类似的分销渠道；反之，则采用与竞争者不同的分销渠道。某些行业的生产者希望在与竞争者相同或相近的经销处与竞争者的产品相抗衡。

8. 环境因素

当经济萧条时，生产者一般会选择短渠道策略，并减少会提高产品最终售价的不必要服务。

10.3.2 选择分销渠道模式的原则

分销渠道管理人员在选择具体的分销渠道模式时，无论出于何种考虑，从何处着手，一般都要遵循以下原则：

1. 畅通高效的原则

畅通高效的原则是渠道选择的首要原则。任何正确的渠道决策都应符合物畅其流、经济高效的要求。商品的流通时间、流通速度、流通费用是衡量分销效率的重要标志。畅通的分销渠道应以消费者需求为导向，将产品尽快、尽好、尽早地通过最短的路线，以尽可能优惠的价格送达消费者方便购买的地点。畅通高效的分销渠道模式，不仅要让消费者在适当的地点、时间以合理的价格买到满意的商品，而且应努力提高企业的分销效率，争取降低分销费用，以尽可能低的分销成本，获得最大的经济效益，赢得竞争的时间和价格优势。

2. 覆盖适度的原则

企业在选择分销渠道模式时，仅仅考虑加快速度、降低费用是不够的，还应考虑送达的商品能不能销售出去，是否有较高的市场占有率并足以覆盖目标市场。因此，企业不能一味强调

降低分销成本，这样可能导致销售量下降、市场覆盖率不足等后果。成本的降低应是规模效应和速度效应的结果。在分销渠道模式的选择中，企业也应避免扩张过度、分布范围过宽过广，以免造成沟通和服务的困难，导致无法控制和管理目标市场。

3. 稳定可控的原则

分销渠道模式一经确定，企业便须花费相当大的人力、物力、财力去建立和巩固，其整个过程往往是复杂而缓慢的。所以，企业一般不会轻易更换渠道成员，更不会随意转换渠道模式。只有保持渠道的相对稳定，才能进一步提高渠道的效益。畅通有序、覆盖适度是稳固分销渠道的基础。

由于影响分销渠道的各个因素总是不断变化的，一些原来固有的分销渠道难免会出现某些不合理的问题，这时就需要分销渠道具有一定的调整功能，以适应市场的新情况、新变化，保持渠道的适应力和生命力。调整分销渠道时应综合考虑各因素之间的协调，使渠道始终都在可控制的范围内保持基本的稳定状态。

4. 协调平衡的原则

企业在选择、管理分销渠道时，不能只追求自身的效益最大化而忽略其他渠道成员的局部利益，而应合理分配各个成员间的利益。渠道成员之间的合作、冲突、竞争的关系，要求渠道的领导者对此有一定的控制能力——统一、协调、有效地引导渠道成员充分合作，鼓励渠道成员之间有益的竞争，减少冲突发生的可能性，解决矛盾，确保总体目标的实现。

5. 发挥优势的原则

企业在选择分销渠道模式时为了争取在竞争中处于优势地位，要注意发挥自己各个方面的优势，将分销渠道模式的设计与企业的产品策略、价格策略、促销策略结合起来，增强营销组合的整体优势。

营销案例链接：娃哈哈的“非常”之处——营销渠道争夺的白热化

俯瞰娃哈哈17年发展历程，其营销模式经历了三个不同的阶段。

第一个阶段，与国有的糖酒批发公司及其下属的二、三级批发站紧密合作，借用其现有的渠道进行推广。由于娃哈哈捷足先登，迅速地抢得了先机，在暮气沉沉的流通旧体制中，一股新鲜的血液喷涌而出。

第二个阶段，20世纪90年代中期，随着沿海省份各种专业及农贸市场的兴起，个体私营的批发商以其灵活多变的机制优势把国营糖酒公司原有的渠道网络冲得七零八落，中国农村城镇市场出现了大重组。娃哈哈及时顺应这一变化，与各地市场中的大户联手，很快编织起一个新的、无比灵活的市场网络。正是通过成千上万个大小经销商，娃哈哈的产品才渗透到了大江南北的每一个角落。

到了1996年前后，随着中国保健品、饮料市场的繁荣，越来越多的民营企业加入战团。它们纷纷仿效娃哈哈，向农贸和专业市场大力进军，连可口可乐这样的跨国品牌也开始把营销重

心下移，在县级市场与娃哈哈一争高下，厂商与经销商的关系变得复杂微妙起来，其中存在的弊端便一一浮出水面：一是多头经销，公司无法控制市场；二是冲货现象严重；三是一旦市场出现暂时的滞销现象，就会造成恐慌性的降价。

这就进入到了第三阶段，即近几年发生的变化：娃哈哈开始淡出农贸市场，摒弃原有的粗放式的营销路线，进而开始编织自己的"联销体"网络。娃哈哈的营销组织结构是这样的：总部—各省区分公司—特约一级批发商—特约二级批发商—二级批发商—三级批发商—零售终端。其运作模式是：每年开始，特约一级批发商根据各自经销额的大小打一笔预付款给娃哈哈，娃哈哈支付与银行相当的利息。然后，特约一级批发商每次提货前，结清上一次的货款。特约一级批发商在自己的势力区域内发展特约二级批发商与二级批发商。特约二级批发商与二级批发商的差别是，特约二级批发商将打一笔预付款给特约一级批发商，以争取到更优惠的政策。

娃哈哈保证在一定区域内只发展一家特约一级批发商。同时，公司还常年派出一到若干位销售经理和理货员帮助经销商开展各种促销工作。在某些县区甚至出现这样的情况：当地的特约一级批发商仅仅提供了资金、仓库和一些搬运工，其余的所有营销工作都由娃哈哈派出的人员具体完成。

这是一种十分独特的协作框架。从表面上看，批发商帮娃哈哈卖产品，却还要先付一笔不菲的预付款给娃哈哈——某些大户，这笔资金达数百万元。而在娃哈哈方面，则"无偿"地出人、出力、出广告费，帮助批发商赚钱。

但对经销商而言，他们无疑是十分喜欢娃哈哈这样的厂家的：一则，企业大，品牌响，有强有力的广告造势配合；二则，系列产品多，综合经营的空间大，可以把经营成本摊薄；三则，有销售公司委派理货人员"无偿"地全力配合，总部的各项优惠政策可以不打折扣地到位。

相对于生产商自己招聘人马、全资编织市场网络，娃哈哈的联销体模式似乎更为经济和高效。各级大大小小的经销商一方面可以使娃哈哈迅速地进入一个陌生的市场，大大降低市场的导入成本，更重要的似乎还在于，这些与娃哈哈既为一体又非同根的经销商团队是保证市场创新、增长和降低因营销队伍庞大而产生的费用及管理风险的重要力量。

跟所有的营销家一样，宗庆后谋划市场最头痛的问题之一是各区域市场之间的冲货。为此，娃哈哈成立了一个专门的机构，巡回全国，专门查处冲货的经销商，其处罚之严为业界少有。宗庆后及其各地的营销经理到市场行走时，第一要看的便是商品上的编号。一旦发现编号与地区不符，便严令要彻查到底。

从2001年开始，娃哈哈悄然开始了一场雄心勃勃的营销网络建设工程：宗庆后要在未来三年内构筑起一个全封闭式的全国营销网络，在企业内部，这个计划被命名为"蜘蛛战役"。

宗庆后判断，中国市场的终端之争，首先将在批零渠道展开。娃哈哈的野心是在三年之内把目前国内最具实力的县城级饮料销售商都聚集到自己的旗下，宗庆后理想中的娃哈哈网络是这样的：娃哈哈在一个区域内只选择一个批发商，该特约一级批发商只卖货给自己的二批

商，二批商只向划定区域内的三批商和零售店铺销售。整个销售网络是在一个近乎全封闭的、规范化的系统内进行的。这可能是当今中国市场上最具雄心和创造力的一个营销试验。娃哈哈试图把数十年如一的自然性流向一变而为控制性流向。一旦这一营销网络大功告成，价格的规范和产品的推广自然可以收发自如，用宗庆后自己的话说就是“想怎么打，就怎么打”。

目前，在沿海一些经营得较好的地区，娃哈哈的网络建设已经到了可以“量化管理”的地步，平均 5 万人口便发展一个二批商，平均 30 平方公里便有一个一级批发商。“强势的产品，透明的政策，封闭的网络”，这是“蜘蛛战役”所拟定的战略目标。在宗庆后的计划中，今后一段时间，娃哈哈主要的营销工作便是“撒网—收网—修网—固网，收中带修，修中变大，大而持固”。这也可能是未来中国最为庞大的一个城乡批零网络。其成败结局，引人注目。

应该指出的是，这一网络体系要得以支撑下去，将取决于以下三个决定性的因素：首先，娃哈哈必须保证向经销商推出的产品是一种畅销的大众商品；其次，娃哈哈必须提供给经销商一个合理的利润空间，让他们只需要做好娃哈哈一家的产品，便可以获得相当的利润，至少比同时经营其他产品能够产生更高的可比效益；最后，娃哈哈必须有强有力的市场维护能力，不把市场管理和广告推广的压力转嫁到经销商头上。这三点，是宗庆后和娃哈哈未来必须直面和解决的“永远的任务”。

资料来源：市场营销学案例集：策略组合，兰州商学院

10.3.3　分销渠道设计决策

设计一个渠道系统要求建立渠道目标和限制因素，识别主要的渠道选择方案，并对它们做出评价。

1. 分析顾客需要的服务产出水平

设计营销渠道的第一步是了解在其所选择的目标市场中消费者购买什么商品、在什么地方购买、为何购买、何时购买和如何购买，营销人员必须了解目标顾客需要的服务产出水平，即人们在购买一个产品时想要和所期望的服务类型和水平。

渠道可提供五种服务产出：

- 批量大小(lot size)：批量是营销渠道在购买过程中提供给顾客的单位数量。
- 等候时间(waiting time)：渠道的顾客等待收取货物的平均时间，顾客一般喜欢快速交货渠道，快速服务要求一个高的服务产出水平。
- 空间便利(spatial convenience)：营销渠道为顾客购买产品所提供的方便程度。
- 产品品种(product variety)：营销渠道提供的商品花色品种的宽度。一般来说，顾客喜欢较宽的花色品种，因为这使实际上满足顾客需要的机会更多。
- 服务支持(service backup)：服务支持是渠道提供的附加的服务(信贷、交货、安装、修理)，服务支持越强，渠道提供的服务工作越多。

2. 建立设计渠道的目标

有效的渠道计划工作首先要决定达到什么目标，进入哪个市场，目标包括预期要达到的顾客服务水平以及中间机构应该发挥的功能，等等。

渠道目标因产品特性不同而不同。易腐商品要求较直接的营销，因为拖延和重复搬运会造成损失。体积庞大的产品要求采用运输距离最短、在产品从生产者向消费者移动的过程中搬运次数最少的渠道布局。非标准化产品则由公司销售代表直接销售，因为中间商缺乏必要的知识。需要安装或长期服务的产品通常也由公司或者独家代理商经销。单位价值高的产品一般由公司推销员销售，很少通过中间机构。

3. 识别渠道选择方案

渠道方案的选择由三个方面的要素确定，即商业中间机构的类型、商业中间机构的数目、每个渠道成员的条件及其相互责任。使用中间机构的何种类型取决于目标市场的服务产出要求和渠道交易成本。公司必须挑选出能促进其长期利润的渠道类型。

4. 对渠道方案进行评估

企业必须对各个可能的渠道方案进行评估，其评估标准有三个：

(1) 经济准则

经济准则(economic criteria)主要是比较每个方案可能达到的销售额及费用水平。在三项标准中，经济标准最重要，因为企业所追求的是获得最大利润。这里需要比较下面两方面内容。

① 比较由本企业推销人员直接推销与使用销售代理商，看哪种方式销售额水平更高。

② 比较由本企业设立销售网点直接销售所花费用与使用销售代理商所花费用，看哪种方式支出的费用大。

企业对上述情况进行权衡，从中选择最佳分销方式。

(2) 控制准则

控制准则(control criteria)即评价必须要考虑渠道的控制问题。如使用销售代理商意味着会产生更多有关控制的问题。一般说，采用中间商可控性小，企业直接销售可控性大，分销渠道长，可控性难度大；渠道短可控性较大。企业必须进行全面比较、权衡，选择最优方案。

(3) 适应性准则

虽然渠道成员互相之间在一个特定的时期内有某种程度的承诺，但这种承诺往往会影响制造商的应变能力。因此，在迅速变化的市场上，生产商需要寻求能获得最大控制的渠道结构和政策，以适应不断变化的营销战略，此即适应性准则(adaptive criteria)。如果生产企业同所选择的中间商的合约时间长，而在此期间，其他销售方法(如直接邮购)更有效，但生产企业不能随便解除合同，这样企业选择分销渠道便失去了灵活性。因此，生产企业必须考虑选择策略的灵活性，不与中间商签订时间过长的合约，除非生产企业在经济或控制方面具有十分优越的条件。

10.3.4 渠道管理决策

企业在进行渠道设计之后就需要对中间商进行选择，在分销渠道投入运行后还涉及对中间商的激励、评估以及对渠道系统进行调整等问题。

1. 选择渠道成员

生产者在招募中间商时经常出现两种情况：一种是毫不费力地找到愿意加入渠道系统的中间商；另一种是必须费尽心思才能找到期望数量的中间商。不论遇到哪一种情况，生产者都必须在明确有关中间商的优劣特性的基础上，根据分销渠道的设计要求对中间商做出选择。一般来讲，生产者在选择渠道成员的过程中，要了解以下情况：

① 中间商经营历史的长短。

② 中间商的财力、信誉和管理能力。产品生产者愿意选择资金比较雄厚、财务状况良好、信誉较高、管理能力和水平较强及公共关系较好的中间商。

③ 中间商的经营范围及销售和获利能力、清偿能力。

④ 中间商的营销愿望和协作精神。产品生产者愿意选择专营自己产品的中间商或愿意承担一部分广告费和其他销售促进活动费用的中间商。

⑤ 业务人员的素质。

⑥ 中间商营销场所的地理位置。中间商营销场所的地理位置对产品销售有重要的影响。中间商最理想的营销场所应位于顾客比较集中、交通方便、人们容易经常到达的地方。产品生产者经常选择处于有利地理位置的中间商。

⑦ 中间商未来的销售增长潜力。

⑧ 中间商所联系的顾客。不同的中间商联系着不同的顾客。产品生产者要选择与自己的目标顾客有较密切联系的中间商。

如果中间商是销售代理商，生产者还要考虑其所经销的其他产品的数量和特征及其推销力量的规模和素质。如果中间商是要独家经销的百货商店，生产者就要考虑该商店的店址、未来成长的潜力和顾客类型。

2. 激励渠道成员

尽管促使中间商加入渠道的因素和条件已构成部分激励因素，但在分销渠道的运行过程中，生产者仍需通过不断地监督、指导与鼓励以使中间商尽职尽责。由于进入分销渠道的中间商类型多种多样、运营方式各异、与生产者之间的经销关系不完全相同，因而监督、指导与激励中间商的工作非常复杂。

在生产企业激励渠道成员以及试图与经销商建立长期、稳定、协调的合作关系时，应注意以下问题：

(1) 中间商的心理状态与行为特征是激励的基础

中间商时常会发生如下问题：

① 不重视某些特定品牌的销售；

② 缺乏有关产品的知识；

③ 不认真使用供应商的广告资料；

④ 忽略了生产者认为重要的顾客；

⑤ 不能准确地保存销售记录。

然而，从中间商的角度看，这些问题可能很容易理解：

① 中间商并不属于某一个制造商，而是一个独立的市场营销机构，并且逐渐形成了以实现自己的目标为最高职能的一套行之有效的方法，能自己制定政策而不受他人干涉。

② 中间商主要执行顾客购买代理商的职能，其次才是执行供应商销售代理的职能，他卖得起劲的产品都是顾客愿意购买的产品，而不一定是生产者委托他卖的产品。

③ 中间商总是努力将他所经营的所有产品进行货色搭配，然后卖给顾客，其销售努力主要用于取得一整套货色搭配的订单，而不是单一货色的订单。

④ 生产者若不给中间商特别奖励，中间商绝不会保存所销售的各种品牌的记录。中间商对有关产品开发、定价、包装和激励规划等的有用信息的记录常常很不系统、很不标准、很不准确，有时甚至故意隐瞒供应商。

所以，生产企业激励渠道成员的首要问题就是站在他人立场上了解现状，设身处地地为他人着想，而不应仅从自己的观点出发看待问题，这样无助于问题的解决。

(2) 激励过分与激励不足

当生产者给予中间商的优惠条件超过取得合作与努力水平所需条件时，就会出现激励过分的情况，其结果是销售量提高而利润下降。当生产者给予中间商的条件过于苛刻以致不能激励中间商努力工作时，则会出现激励不足的情况，其结果是销售量降低、利润减少。所以，生产者必须确定采用何种方式以及花费多少力量来鼓励中间商。

一般来讲，生产者对中间商的基本激励水平应以现有交易关系组合为基础。如果对中间商仍激励不足则可以考虑采取以下措施：

① 提高中间商可得的毛利率，放宽条件或改变交易关系组合使之更有利于中间商。

② 采取人为的方法来刺激中间商使之付出更大努力，如挑剔中间商，迫使他们创造更有效的销售机制，举办中间商销售竞赛以提高其销售积极性，单独或与经销商联手开展广告与宣传活动，调动中间商的积极性等。

不论上述做法与交易关系组合存在着怎样的关系，生产者都必须小心观察中间商如何从自身利益出发来看待、理解这些措施。因为在渠道关系中，拥有控制权的制造商很容易无意识地伤害到中间商的利益。[①]

---

① 吴健安. 市场营销学. 2版. 北京：高等教育出版社，2004：295－297.

(3) 生产者可以依靠某些权力来赢得中间商的合作

这里所说的权力涉及以下几个方面：

① 胁迫权

胁迫权是指生产者在中间商没有很好合作时威胁撤回某种资源或中止关系的权力。如果中间商对生产者依赖程度较高，这种权力的影响是相当大的。但使用这种权力将导致中间商的不满并要求赔偿。从短期来看，胁迫权可能十分有用，但从长期来看，胁迫权的影响力量是最弱的。

② 付酬权

付酬权是指生产者在中间商遵照其要求执行特殊任务时给以额外报酬的权力。虽然使用付酬权比使用胁迫权的效果好，但其本身也存在着潜在的副作用。由于中间商遵照生产者的希望做事，并不是出于固有的信念，而是能够得到额外的报酬。因而，每当生产者再次要求中间商执行某项任务时，中间商往往提出更高的报酬要求，如果报酬被撤销或报酬不能满足中间商的要求时便会产生消极后果。

③ 法定权

法定权是指生产者凭借上下级关系或合同条款要求中间商执行某项任务的权力。只有中间商把生产者看做法定的领导者或者当中间商认为生产者有权要求自己承担某项义务时法定权才会产生。

④ 专家权

当中间商认为生产者具有自己不具备的某种专业知识时专家权才会产生。专家权是一种有效的权力，因为中间商如果不从生产者那里得到这方面的帮助，他的经营就很难成功。

⑤ 声誉权

如果中间商对生产者有很高的敬意，并希望成为其中的一员，声誉权就产生了。

一般情况下，生产者应注意使用声誉权、专家权、法定权以及付酬权，避免使用胁迫权，这样会收到较好的效果。

(4) 通过分销规划与经销商建立长期、稳定、协调的使用关系

分销规划是指建立一个有计划的、实行专业化管理的垂直渠道系统，以使生产者的需要与经销商的需要更为紧密地结合起来。在建立管理型垂直渠道系统的过程中，制造商应在市场营销部门下专设一个分销关系规划处，负责确认经销商的需要，制订交易计划以及有关方案，帮助经销商以最佳方式经营。该部门应与经销商合作，确定交易目标、存货水平、商品陈列计划、销售人员训练要求、广告与销售促进计划等。建立管理型垂直渠道系统，将大大提高分销系统的运行效率，生产者、经销商以及消费者都可以从中受益。

3. 评估渠道成员

生产者除了选择和激励渠道成员外，还必须定期评估他们的绩效。如果某一渠道成员的绩效低于既定标准，那么生产者就要找出原因并考虑可能的补救方法，即生产商必须定期按一

定标准衡量中间商的表现，如销售配额完成情况、平均存货水平、向顾客交货时间、对损坏和遗失商品的处理、与公司促销和培训计划的合作情况。

测量中间商绩效的方法主要有以下两种：

① 将每一个中间商的销售绩效与上期销售绩效进行比较，同时将每一个中间商的本期销售绩效与整个群体的平均销售绩效进行比较。

② 将各中间商的绩效与根据对该地区销售潜量分析而设立的销售定额相比较，然后将各中间商按先后名次进行排列。

中间商的销售绩效低于群体平均水平或未达既定比率而排名偏后，可能是主观原因所致，也可能是一些客观原因造成的。例如，当地经济衰退、某些顾客不可避免地流失、主力推销员的丧失或退休等。因此，制造商应根据具体情况采取有针对性的措施来加以扭转。

4. 调整渠道系统

生产者在设计了一个良好的分销渠道系统后，不能放任其自由运行而不采取任何纠正措施。事实上，为了适应市场需要的变化，整个渠道系统或部分渠道成员必须随时加以调整，以适应市场新的动态。当消费者的购买方式发生变化、市场扩大、新的竞争者兴起和创新的分销战略出现以及产品进入产品生命周期的后一阶段时，生产者便有必要对渠道进行改进。

分销渠道的调整可以从三个层次上来考虑：从经营的具体层次看，可能涉及增减某些渠道成员；从特定市场规划的层次看，可能涉及增减某些特定分销渠道；在企业系统计划阶段，可能涉及整个分销系统构建的新思路。

(1) 增减某些渠道成员

在分销渠道的管理与改进活动中，最常见的就是增减某些中间商的问题。企业在进行这方面决策时，应注意渠道上成员之间业务上的相互关系与交互影响，要着重弄清增减某些渠道成员后企业的销售量、成本与利润将如何变化。只有这样，当一些方面都朝着有利的方向变化时，调整才是可行的。

(2) 增减某些分销渠道

随着市场需求、环境条件以及自身生产经营活动的不断变化，企业的某些分销渠道可能会失去作用，同时又需要新的分销渠道进入新的市场部分。因而，企业在分销渠道的管理活动中应注意分销渠道的增减调整。

(3) 调整整个分销渠道系统

对生产企业来说，最困难的渠道变化决策就是调整整个分销渠道系统，因为这种决策不仅涉及渠道系统本身，而且涉及营销组合等一系列市场营销政策的相应调整，因此必须慎重对待。

10.4 物流策略

10.4.1 物流的范围与目标

物流是指对原料和最终产品从原点向使用点转移，以满足顾客需要，并从中获利的实物流通的计划、实施和控制，也称为实体流或实体分配，即产品通过从生产者手中运到消费者手中的空间移动，在需要的地点、需要的时间内，到达消费者手中。

物流范围很广，涉及多方面的工作。第一项工作是销售预测，以便公司在预测的基础上制订生产计划和存货水平。生产计划应明确采购部门必须订购的原料。这些原料通过内部运输运到工厂，进入接受部门，并被作为原材料存入仓库。原材料被转变为制成品，制成品存货是顾客订购和公司制造活动之间的桥梁。顾客的订货减少了制成品的库存，而制造活动则充实了库存商品。制成品离开装配线，经过包装、厂内储存、运输事务所的处理、厂外运输、地区储存、最后送达顾客并提供服务。

物流总成本的主要构成部分是运输(46%)、仓储(26%)、存货管理(10%)、接受和运送(6%)、包装(5%)、管理费(4%)以及订单处理(3%)。

物流的目标就是妥善处理以下四个问题：如何处理订货单，商品储存地点应该设在何处，手头应该有多少储备商品，如何运送商品。

① 订单处理

物流开始于顾客的订货。订货部门备有各种多联单，并分发给各部门。仓库中缺货的商品应向生产部门下订单，发运的商品要附上发运和开单凭证，并将单据副本送往各部门。

② 仓 储

仓库数目多，就意味着企业能够较快地将货送达顾客处，但是仓储成本也将增加。因此，仓库数目必须在顾客服务水平和分销成本之间取得平衡。可选择的仓库包括私人仓库、公共仓库、储备仓库、中转仓库、旧式的多层建筑仓库和新式的单层的自动化仓库。

③ 存 货

存货水平代表了另一个影响顾客满意程度的物流决策。存货决策的制定包括何时进货和进多少货，其主要指标是最佳订货量。

最佳订货量可以通过观察在不同的可能订货水平上订货处理成本与存货维持成本之和的情况来决定。单位订货处理成本随着订货量的增加而下降，这是由于订货成本被分摊到更多的单位上去。单位存货维持成本则随订货量的增加而上升，这是因为每单位的储存时间相对地长了。

④ 运 输

公司可以选择的运输方式包括铁路、公路、水路、管道、航空运输和集装箱联运。在为某一

项特定产品选择运输方式时，托运人应该考虑这样一些标准，如速度、次数、安全、容量、有效性和费用。如果托运人追求速度，空运和卡车就成为最主要的选择对象；如果以费用低为目标，那么水路运输和管道运输就成为最重要的选择对象。

运输决策还必须考虑运输方式和其他分销要素的权衡和选择，如仓库、存货等要素。当不同的运输方式所伴随的成本随时间的推移而发生变化时，公司应该重新分析其选择，以便找到最佳实体分配安排。

10.4.2 物流的战略方案

在设计物流分配系统时，常常要在几种不同的战略中进行选择，一般来讲，可供选择的战略主要有以下几种：

1. 单一工厂，单一市场

这些单一工厂通常设在所服务的市场的中央，这样可以节省运费。但是，设在离市场较远的地方，也可能获得低廉的工地、劳动力、能源和原料成本。企业在两个设厂地点进行选择时，不仅应审慎地估计目前各战略的成本，更须考虑到未来各战略的成本。

2. 单一工厂，多个市场

当一个工厂在几个市场进行销售时，企业有几种物流战略可供选择。

(1) 直接运送产品至顾客

采用这种战略时必须考虑该产品的特性(如单价、易腐性和季节性)，所需运费与成本，顾客订货多少与重量，地理位置与方向。

(2) 大批整车运送到靠近市场的仓库

企业发现，与直运相比，将成品大批运送到靠近市场的仓库，再从那里根据每一订单运送给顾客，要比直接运送给顾客的费用少。因为整车运送与零担运送的费用率不同，前者小于后者。除了节省运费，在市场地点设立仓库还可以及时向顾客提供送货服务，提高顾客的惠顾率。但建立地区仓库，企业必须承担从仓库送达顾客的费用及仓储本身费用。一般来说，如果增加新地区仓储所节约的运费与所能增加的顾客惠顾利益大于建立仓储所增加的成本，那么就应在这一地区增设仓储。[①] 如果考虑用仓库，就应对租赁仓库还是自建仓库进行比较。租赁的弹性较大，风险较小，在多数情况下比较有利。只有在市场规模很大而且市场需求稳定时，自建仓库才有意义。

(3) 将零件运到靠近市场的装配厂

建立装配分厂有利于降低运费，并增加销售额；不利之处是要增加资金成本和固定的维持费用。建厂必须考虑该地区未来销售量是否稳定，以及销售数量是否会多到足以保证投下这些固定成本后仍有利可图。

---

① 吴建安.市场营销学.2版.北京：高等教育出版社.2004：310.

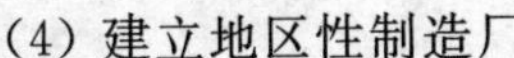

(4) 建立地区性制造厂

建立一个制造厂，需要大量的当地资料以供分析。这时需要考虑的因素很多，在诸多因素中，最重要的是该行业必须具有大规模生产的经济性，在需要大量投资的行业中，工厂规模必须较大才能得到经济的生产成本。如果行业的单位生产成本能随工厂规模的扩大而降低，则应设立一个能供应整个地区销售的制造厂，其单位生产成本应最低。

3. 多个工厂，多个市场

企业还可通过由多个工厂及仓库组成的分销系统，而不是大规模的工厂来节省生产成本。企业有两种选择目标：一种是短期最佳化，即在既定的工厂和仓库位置上制定一系列由工厂到仓库的运输方案，使运输成本最低；另一种是长期最佳化，即决定设备的数量与区位，使总分配成本最低。短期最佳化的有效工具是线性规划技术；而长期最佳化的有效工具是系统模拟技术。

【本章小结】

分销渠道也叫销售渠道或通路，是指促使产品或服务顺利地被使用或消费的一整套相互依存的组织。分销渠道所涉及的是商品实体和商品所有权从生产向消费转移的整个过程。在这个过程中，起点为生产者出售商品，终点为消费者或用户购进商品，位于起点和终点之间的为中间环节。中间环节包括参与从起点到终点之间商品流通活动的个人和机构，如生产者、各种类型的中间商、运输公司、仓储公司、银行和广告代理商等。影响渠道选择的因素包括产品因素、市场因素、生产企业因素、中间商特征、竞争特征、环境特征、政策规定和经济收益。企业要对渠道进行设计，在进行渠道设计之后就需要对中间商进行选择，在分销渠道投入运行后还涉及对中间商的激励、评估以及对渠道系统进行调整等问题。分销渠道不是一成不变的，新型的批发机构和零售机构不断涌现，全新的渠道系统(如垂直营销系统、水平营销系统和多渠道营销系统等)正在逐渐形成。

批发是指将产品和服务出售给把它们再次出售或用于商业用途的对象的全部活动。那些主要从事批发活动的企业就是批发商。批发商主要有商人批发商、经纪人和代理商、制造商和零售商的分部或营业所及其他批发商。零售是指直接向最终消费者销售产品或服务以满足其个人及非商业目的的相关的所有活动。零售商指将商品直接销售给最终消费者的中间商，处于商品流通的最终阶段。零售商可按不同标准进行分类，即可按经营商品范围、按商品售价、按有无店铺、按是否连锁划分。

物流是指对原料和最终产品从原点向使用点转移，以满足顾客需要，并从中获利的实物流通的计划、实施和控制，也称为实体流或实体分配，即产品通过从生产者手中在需要的地点、需要的时间内运到消费者手中的空间移动。

【讨论题】

1. 什么是市场营销渠道与分销渠道？二者有何区别？
2. 影响分销渠道选择的因素有哪些？
3. 宽度不同的渠道策略有哪几种？
4. 渠道方案评估的标准有哪些？
5. 什么是直接式分销渠道和间接式分销渠道？它们各有哪些优缺点？
6. 中国企业的渠道管理存在哪些问题？
7. 物流的战略方案有哪几种？

第11章 促销策略

【基本知识点】

(1) 促销及促销组合的定义;

(2) 推式策略和拉式策略的应用;

(3) 促销的作用;

(4) 人员推销、非人员推销、促销策略;

(5) 广告设计的原则;

(6) 选择广告媒体应考虑的因素;

(7) 广告促销效果的测定方法;

(8) 公共关系的作用;

(9) 公共关系的方式;

(10) 销售促进的方式;

(11) 销售促进的特点。

促进销售策略是产品销售活动中重要的一环,是市场营销组合的重要组成部分。市场营销只有通过促销活动,才能顺利进行信息沟通。也就是说,有了具有竞争力的产品、价格以及合理的销售渠道,企业还需要采取恰当的促销方式进行促销。促销策略就像在化学实验中为了加快反应进程而使用的催化剂。因此,企业应熟练掌握人员推销、广告、营业推广等多种工具的特点和优势,并在应用中进行合理配合和协调。

11.1 促销与促销策略

11.1.1 促销作用

1. 促销概念

促销是指企业通过人员和非人员的方式,沟通企业与消费者之间的信息,把产品或服务向目标消费者及其对目标消费者的消费行为具有影响的群体进行宣传,说服、诱导并唤起需求,最终促使其采取购买行为的活动。

促销的实质是一种沟通活动,是信息提供者发出作为刺激的信息,并把信息传递到一个或

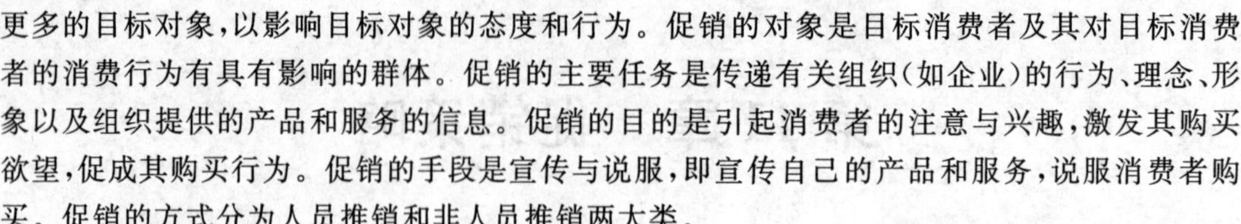

更多的目标对象，以影响目标对象的态度和行为。促销的对象是目标消费者及其对目标消费者的消费行为有具有影响的群体。促销的主要任务是传递有关组织（如企业）的行为、理念、形象以及组织提供的产品和服务的信息。促销的目的是引起消费者的注意与兴趣，激发其购买欲望，促成其购买行为。促销的手段是宣传与说服，即宣传自己的产品和服务，说服消费者购买。促销的方式分为人员推销和非人员推销两大类。

2. 促销的作用

现代市场营销的实质在于买卖双方之间的信息沟通，而不是单纯的等客上门，所以促销具有重要作用。

(1) 传递信息，沟通供需联系

信息传递是产品顺利销售的重要保证。在促销过程中，一方面，卖方为消费者或用户提供产品和服务信息，吸引其对产品和服务的购买欲望并促使其最终采取购买行为；另一方面，消费者向卖方反馈对产品价格、质量和服务是否满意的信息，促使生产者和经营者改进产品质量，更好地满足消费者的需求。可见，通过促销活动，可以更好地提供商业信息，沟通产销，使市场供求矛盾得以解决。

(2) 突出产品特点，诱导需求

促销可以将产品的特色功能与属性介绍给潜在消费者。科学的促销活动，不但能引导消费，而且能增加消费，创造消费。如宣传能使一个默默无闻的地方为世人所了解、所喜爱、所向往。美国得克萨斯州有一个 8000 人的小镇，本来是默默无闻的，但由于通过特有的促销方式，在电台、电视、报刊上大做广告，“此地没有发生过重大事件，此地没有任何奇特景致，但这是一个美国末端的小城镇，谁要想到一个毫无特色，微不足道的小城市，那就请你光临。”结果，旅游者络绎不绝，该镇成为旅游胜地。可见，只要促销得法，特别是突出产品的特色，就能激发消费者的欲望，促进销售，创造需求。

(3) 提高企业声誉，提高竞争能力

竞争是伴随商品经济而客观存在的，在市场营销活动中竞争表现得尤为激烈。商品质量好坏、价格高低、服务优劣都会在市场竞争中表现出来，促销活动将有利于企业宣传自己的产品和服务，提高企业的竞争力。

(4) 影响消费，刺激需求，开拓市场

企业运用适当的促销方式可使较多的消费者对其产品产生偏爱，进而稳定市场，达到扩大销售的目的。

11.1.2 促销组合

1. 促销组合的含义

促销组合就是企业根据产品的特点和营销目标，综合各种影响因素，对各种促销方式的选择、编配和运用，即有计划、有目的地对促销要素——人员销售、广告、公共关系、营业推广、直

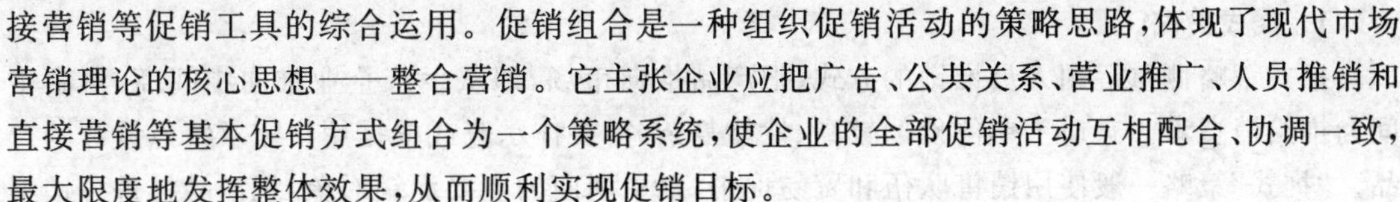

接营销等促销工具的综合运用。促销组合是一种组织促销活动的策略思路,体现了现代市场营销理论的核心思想——整合营销。它主张企业应把广告、公共关系、营业推广、人员推销和直接营销等基本促销方式组合为一个策略系统,使企业的全部促销活动互相配合、协调一致,最大限度地发挥整体效果,从而顺利实现促销目标。

2. 促销组合的内容

(1) 人员推销

人员推销是指销售人员与一个或多个可能的购买者面对面接触,介绍产品,回答问题,以鼓励其购买,促成交易的活动。其具体形式有销售发布会、销售员会议、现场演示和上门推销等。

(2) 广　告

广告是指企业以付款方式进行的创意、商品和服务的非人员展示和促销活动,即由特定厂商以付费方式将他们的观念、产品和服务经由各种传播媒介传给社会大众。其采用的主要形式有平面广告、广播、产品外部包装、产品内部附笺、邮寄信函、产品目录、电影、家庭杂志、小册子、海报与传单、布告牌、展示招牌、店头广告、企业商标,象征、电视、网页等。

(3) 销售促进

销售促进是指企业提供各种短期诱因以鼓励消费者购买本企业的产品或服务的促销活动,即各种鼓励购买或销售商品和劳务的短期刺激。其形式有竞赛、大额奖金、彩券、奖品、赠送样品、展示、操作示范、优待券、折扣、销售点作秀、低利贷款、博览会、商展、旧品低价、赠券、公共宣传(publicity)、向报社发稿、演讲、研究会和年度报告等。

(4) 公共关系

公共关系是指企业设计各种计划以促进和保护企业形象或其个别产品形象。其形式有向报社发稿、演讲、研究会、年度报告、资助慈善事业、捐献、参加公益活动等。

(5) 直接营销

直接营销是指企业使用邮寄、电话、传真、电子信箱和其他以非人员接触工具进行沟通或征求特定顾客和潜在客户的回复。

11.1.3　促销策略

促销策略可分为推式策略和拉式策略,如图 11－1 所示。企业采取“推”或“拉”的方法在很大程度上决定和影响着促销组合。

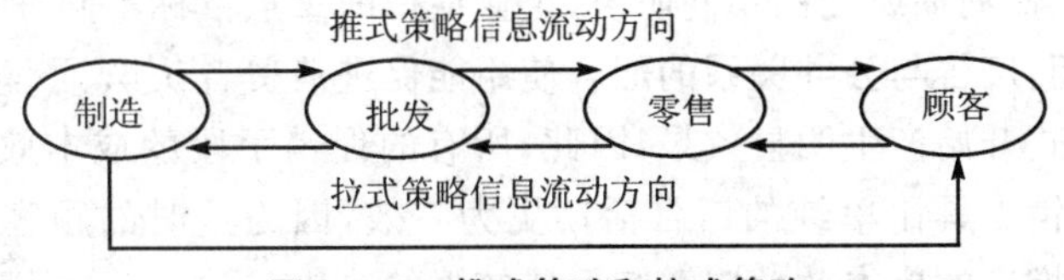

图 11－1　推式策略和拉式策略

1. 推式策略

推式策略侧重运用人员推销的方式，把产品推向市场，即从生产企业推向中间商，再由中间商推给消费者。它适于单位价值较高、性能复杂、需要作示范或根据用户需求特点设计的产品。"推式"策略一般使用销售队伍和贸易促销，以中间商为主要促销对象，把产品推进分销渠道，进而推向最终市场。推式策略的主要方法有：举办产品技术应用讲座与实物展销，通过售前、售中、售后服务来促进销售，带样品或产品目录走访顾主。

2. 拉式策略

拉式策略即企业主要运用非人员推销方式把顾客拉过来，使消费者对本企业的产品产生需求，以扩大销售。对单位价值较低的日常用品、市场范围大和市场需求较大的产品经常采用拉式策略。"拉式"策略主要使用广告和消费者促销，以最终消费者为主要促销对象，刺激消费者的需求欲望。各公司对推拉策略有着不同的偏好，有些偏重于推的策略，有些偏重于拉的策略。拉式策略的主要方法有：通过广告进行宣传，同时配合向目标市场的中间商发函联系，介绍产品的性能、特点、价格和征订办法，为产品打开销路；组织产品展销会、订货会，邀请目标市场客户前来订货；通过代销、试销促进销售。

3. 企业进行促销组合决策时应考虑的因素

促销组合决策就是对上述几种促销方式的选择、运用和搭配组合的决策，即企业总的促销预算在各种促销方式之间如何分配使用的问题。企业在决定促销组合时受许多因素的影响和制约，一般包括以下几个方面。

(1) 产品类型与特点

各类促销工具对工业品(生产资料)与消费品(生活资料)的促销效果有着明显的差别。

(2) 现实和潜在顾客的状况

购买者的准备阶段包括认识、理解、信任、订货、再次订货等几个阶段。在认识阶段，广告、公共关系比起销售人员的突然拜访、营业推广所起的作用要大得多；而顾客的理解主要受广告和公共关系的影响；顾客的信任大都受人员推销的影响，广告和营业推广对他们的影响则相对较少；销售成交主要受人员推销和强大的促销的影响，并且在某种程度上，广告的提醒也起了一定的作用。很明显，广告和公共关系在购买者决策过程的最初阶段是最具成本效应的，而人员推销和营业推广在最后的阶段则最具效力。企业常按照购买商品的时间把顾客分为最早采用者、早期采用者、中期采用者、晚期采用者和最晚采用者，并对不同类型的顾客应采用不同的促销方式。

(3) 产品的市场生命周期"阶段"

根据产品在其生命周期所处的不同阶段，企业促销的重点目标不同，所采用的促销方式也有所区别。在导入期，广告与公共关系的配合使用能促进消费者认识、了解企业产品。在成长期，社交渠道沟通方式开始产生明显效果，因此，所有的促销手段的成本效应都降低了。在成熟期，运用赠品等促销工具比单纯的广告活动更为有效，因为这时的顾客只须提示式广告即可。在衰退期，营业推广的成本效益应继续保持较强的势头。

总之，只有将各种促销方式适当搭配，形成一定的促销组合，才能取得最佳的促销效果。

11.1.4　沟通过程

促销活动的任何一种方式都必须通过有效的信息传递才能实现。促销活动实际上是企业对信息传递的一种反应。信息传递是指人们通过一定的文字、图像或声音等手段互相沟通信息的过程。

信息传递的一般程序是：传达人—信息通路—接收人—效果。也就是首先由传达人赋予信息某种表达方式或方法，如不同的声音、文字或图像等。这一转换在信息传递理论上称为制码；而后通过一定的信息通路传达到信息接收者；再经过解码，即把信息变换为接收人自己理解的印象或概念，并输入记忆，进行分析和应用。信息传递的要素及过程如图 11-2 所示。

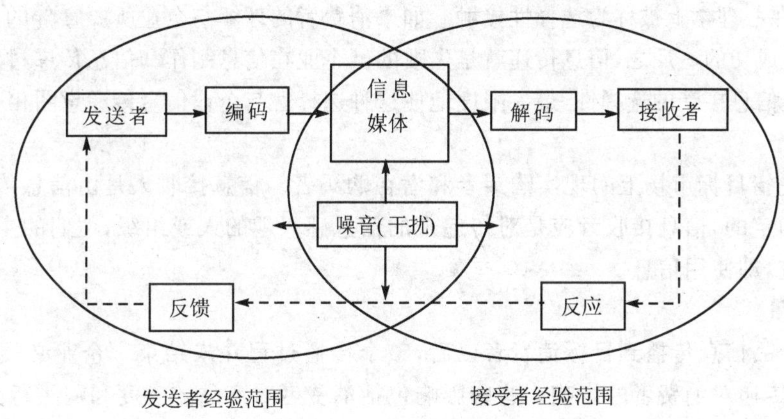

图 11-2　沟通过程要素

那么，信息传递的基本程序在促销中是如何实现的呢？

1. 发送者

发送者（传达者）是指在产品信息传递过程中传送信息的代表，由他来决策需要传递的信息和具体的传播媒体。传达人的首要任务是选择和确定准确的信息，信息的效果首先取决于信息的可信性，即信息必须真实可靠。

2. 编　码

编码（制码）是指把需要传递的信息转换成为信息符号的过程。这些符号可以是语言、文字、也可以是图片、音像，可因不同的传递途径而异。制码的基本原则是，主题明确、表达准确、容易理解、不致产生误解。传达人应研究如何将所要传递的信息以生动的能吸引人的方式表现出来，即将信息变成符号。

3. 信息通路

信息通路是指信息传递的途径。产品信息传播的途径通常分为人际传播媒体和大众传播媒体。

人际传播媒体指两个个体之间信息沟通的传播过程，是双向互动传播方式，特点是信息发出者可得到信息反馈。例如：推销员直接和买主面对面洽谈；推销小组对某一购买组织系统地介绍推销产品；企业代表在推销会议上与有关买主进行业务洽谈等。

大众传播媒体指一种有多个个体参加的，多阶段的沟通模式。如报刊、电视、广播、电影、招贴画、信函等。如果一个企业同时使用多种传递途径，就成为促销媒体组合。有效地运用促销媒体组合，使不同通路互为补充，可提高促销效率。

4. 解　码

解码是指消费者对企业传递来的符号进行解释的过程，即理解的过程。通常，消费者在接受信息时只是有选择性地注意或记住信息的某一部分，并按照自己的思维逻辑对其进行解释和理解，这种现象在心理学上被称为选择性接触。如果消费者的理解与企业所要宣传的意图相符，说明信息传递是成功的。反之，信息传递就是失败的。企业在信息制作和信息传递过程中，要充分注意到消费者信息接受的选择性，最大限度地使这种选择性与企业信息传递意图相一致。

5. 接收者

接收者是指目标市场上的现实购买者和潜在购买者。信息接收人是由信息传达人运用市场细分原理确定的，信息接收者应是对传递来的信息感兴趣的人或组织，他们的主要任务是解码和做出反应，即使用信息。

6. 反　馈

企业把产品信息传播到目标消费者以后，整个传播过程并未结束。企业必须通过市场调研，了解信息传递对消费者的影响。这些影响包括消费者对产品的态度和购买行为的变化等，并根据反馈回来的信息决定是否调整整体营销策略或某个方面的营销策略。

7. 干　扰

干扰是指在传递过程中出现的各种可能发生的干扰或失误，如竞争者同类信息的干扰，媒体不当评价形成的干扰等。这些干扰或失误可能导致目标顾客的怀疑、困惑甚至反感。

从以上分析可以看出，有效沟通的关键要素一是发送者必须知道自己所要到达的是哪些受众以及可能引起的反应；二是发送者必须善于编码；三是必须通过恰当的媒体送达消费者；四是必须建立反馈渠道评估受众对信息的反应。

11.2 广告策略

11.2.1 广告的含义与作用

1. 广告的含义

广告一词源于拉丁文，是吸引人心或注意与诱导的意思。广告是由明确的发起者、以付费

的方式、通过各种媒体向现有和潜在的消费者传播观念、产品或服务的信息，是促进销售的非人员形式的促销。可以从以下方面对广告的含义加以理解。

(1) 有明确的广告主

广告不同于一般的文字宣传，广告必须要给出一个重要而清晰的信息，使人们了解介绍人和推广人，即做广告的人是谁，是什么类型的企业。

(2) 广告宣传是一种公开付费的促销方式

做广告必须支付一定费用，做广告的目的是宣传与促销。

(3)广告必须通过一定传递媒体

广告可以用任何想象得到的形式来传递信息，一般常见的广告宣传媒体有报纸、杂志、电视、广播和街头广告牌等。

2. 广告的作用

从企业市场营销的角度看，广告具有下述重要作用。

(1) 介绍产品，指导消费

企业通过实事求是的广告宣传，能增进消费者对有关产品的存在、优点、用途及使用方法等多种信息的了解，协助消费者通过所接受的信息，去选择适合自己需要的产品并产生购买欲望，采取购买行为。

(2) 扩大销售，促进生产

广告能激起人们的购买欲望，使现实消费者和潜在的消费者对广告宣传的产品产生兴趣，促使他们购买。

(3) 树立形象，有利竞争

精心设计的广告可宣传企业的产品、价值观与文化，使企业形象深入到消费者心中，并有利于提高企业及企业产品的社会知名度，保持企业在市场竞争中的优势地位。

3. 广告设计的原则

(1) 真实性

广告内容必须实事求是，不夸大其词。不诚实的广告是不能取得公众信任的。只有以对消费者负责的态度如实地传递产品信息，才能指导消费，促进销售。言过其实、弄虚作假的广告不仅会严重损害企业的声誉，也是国家有关法规不允许的行为。

(2) 针对性

广告宣传必须目标明确，有的放矢，在设计广告作品和它的风格时应针对消费者的心理、爱好和习惯分别采取不同的宣传内容和方式，不可千篇一律地开展对外宣传。只有经过对消费者的深入调查研究，针对不同对象进行不同内容的广告宣传，企业才会收到预期的效果。

(3) 思想性

广告是一种信息传递，它是通过各种媒体以不同形式将产品有关知识与思想内容融合为一体。因此，广告必然会潜移默化地影响社会文化和社会风气。所以，广告必须符合社会文化

和思想道德的客观要求，其主题、思想、语言文字、音乐、图像应达到良好的社会效果，杜绝暴力、色情、颓废和诽谤等不良内容。

(4) 简练性

广告宣传不同于产品说明，语言、文字、标题要精炼，使消费者容易接受并能产生明确的印象。消费者接触广告信息具有很大的随意性，并且短时间内能够有效接受的信息又是有限的，因此，广告设计要注意简明性。

(5) 艺术性

广告既是一门科学又是一门艺术，广告要把真实性、针对性、思想性、简练性寓于艺术性之中，使人们得到美的享受。艺术性可以大大提高广告对受众的吸引力，放大广告效果，这就要求广告设计要构思新颖、语言生动、色彩协调、形式不断创新。

11.2.2　广告决策

广告决策的实施步骤如图 11-3 所示。

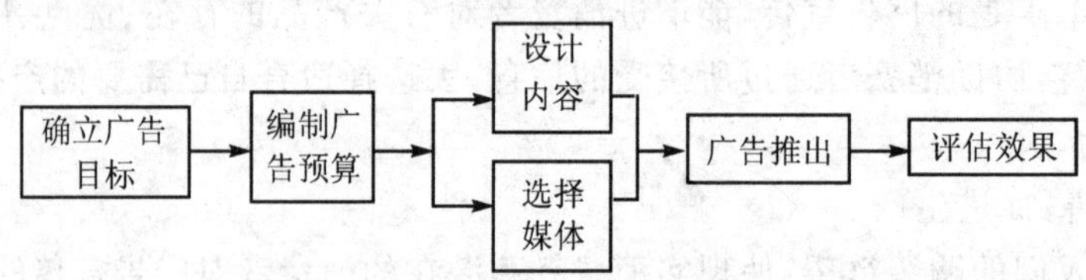

图 11-3　广告决策步骤

1. 确立广告目标

广告目标是在特定时期内对特定的广告对象所要完成的特定的沟通任务和所要达到的沟通程度。广告目标必须服从有关目标市场、市场定位和营销组合等各项既定决策，广告目标的设定应该非常明确、具体。

如果把广告要解决的问题作为广告的目标，广告目标可以分为提供信息、说服购买和提醒使用三种。

① 通知性广告主要用于产品的市场开拓阶段，目标是建立初步的市场需求。

② 说服性广告常用于产品竞争趋于激烈的阶段，目标是影响消费者心理，为品牌培植选择需求。

③ 提醒性广告主要在产品的市场成熟期使用，目标是保持顾客对其产品的注意和忠诚，使消费者一直记住该产品，如可口可乐所做的反复性广告宣传。

2. 广告预算

确定广告目标之后，接下来就要确定广告预算及广告支出。为了达到广告预算的合理化，首先要分析影响广告预算的各种因素。这些因素至少包括：产品生命周期、市场竞争状况、采

取的竞争战略、产品的差异性。在实践中，广告预算通常采用以下方法：

(1) 量力而行法

企业根据自己的财力决定广告预算的方法称为量力而行法。

(2) 销售百分比法

企业以特定的销售额(销售实绩或者预计的销售额)或销售单价的百分比来安排广告开支的方法，称为销售百分比法。按照过去和本年度计划的销售额以一定的百分比进行预算，其公式为

$$广告预算=\frac{计划年度销售额+上年度销售额}{2}\times 广告占销售额百分比$$

例如，某企业预测年度广告预算，据资料记载及预测，计划 2008 年销售额为 6 000 万元，2007 年实际完成销售额 5 000 万元，广告预算占销售额 3%，试计算 2008 年该企业的广告费用。

$$2008\text{ 年度广告预算}=\frac{(6000\text{ 万}+5000\text{ 万})}{2}\times 3\%=165\text{ 万}$$

这种方法计算简便，把广告宣传与销售结合在一起，有助于公司决策者考虑单位的销售价格利润和广告费用的关系。但从逻辑上讲，这样做有它的不合理性。因为如果企业销售额下降，应该加强广告宣传，促进销售，而按销售额百分比预算法，则销售额下降广告宣传预算也随着下降。两者的关系应是广告宣传促进销售额，而不是销售额限定广告宣传的预算，即营销活动应刺激需求，然后引起消费，营销活动不应是销售的结果。另外，这种方法忽视了在不同地区和产品间分配预算的实际需要。

(3) 竞争对等法

企业采取比照竞争者的广告开支来决定广告预算，以保持在广告宣传中处于平等或优势地位。应用这种方法进行预算，要考虑企业的实力、信誉、产品数量与质量的差别，不宜盲目攀比。运用该方法的前提是：调查主要竞争对手的广告费数额，掌握其某种商品的市场占有率，计算竞争对手单位市场占有率支出的广告费数额。

(4) 目标任务法

目标任务法是企业在明确广告的特定目标、确定达到该目标必须完成的任务的基础上，估算完成各项任务所需费用并由各项费用的总和得出计划的广告预算的一种广告预算方法。这种方法的优点在于：它能使营销管理者较好地处理市场份额、广告展露水平、试用率等与广告预算总额的关系，克服预算费用确定的盲目性。其缺点是对各位经理的职业经验要求很高，也就是，他们应能够比较准确判断目标、任务和费用的关系。另外，对经理人员的职业操守要求也很高。

(5) 销售单位法(分摊率法)

按每箱、每盒、每件、每桶等计量单位分摊一定数量的广告费用。假如某企业计划推销新

款提包10万个，若计划每个提包分摊广告费5元，按销售单位法，广告费预算应为10万×5元＝50万元。

3. 广告信息决策

广告信息包括广告主题、文案和画面。广告主题，即广告的中心思想，企业应在众多可以反映企业和产品特点以及可以激发消费者购买欲望的众多因素中，选择出某些足以实现广告目的的因素来予以表现。

(1) 信息设计模式

信息设计要能博取消费者注意，引起其兴趣，激发欲望，诱发购买行动。

(2) 信息内容

传达给消费者的信息要在诉求、主题、观念、独特销售主题上下工夫。

(3) 信息的决策

信息的产生在于创意。要多与消费者沟通，与市场接触，以便收集到好的创意。信息的衡量和选定有三类尺度，即可欲度、独特度和可信度。

广告文案是在确定的广告目的和主题下，对如何表达广告主题的形式、语气、用词及版式等具体方面所进行的文字描述，是对广告信息的具体表现方式。广告文案一般至少包括以下内容：

① 广告标题：出现在广告开头，用以对广告的内容加以提示并吸引消费者注目的醒目语句。

② 广告正文：具体表现广告内容的各种文字材料。

③ 广告口号：即对企业或产品特征进行高度概括的标志性短语，也称广告语。

④ 画面设计：用图画、影像、色彩以及版面布局等形象化的视觉语言来对广告的主题和内容进行形象化的表现。

将好的创意转换成赢得目标市场注意和兴趣的广告制作需要考虑四种因素，即方式、语调、用字、形态。典型的创意类型包括生活片断、生活方式、梦幻的遐想、意境或形象、音乐、人格象征、专业技术、科学证据、名流的证言等。

4. 广告媒体的选择

(1) 广告媒体的类型和特点

媒体是把信息传输给社会大众的工具。广告媒体是运载广告信息、达到广告目标的一种物质手段，是传播广告信息的载体。广告媒体可分为大众传播媒体和企业自办媒体两大类。大众传播媒体包括报纸、杂志、广播、电视四种，是广告信息传递的主要工具，被称为“四大广告媒体”。企业自办媒体，是企业自己制作的广告媒体，主要有户外广告、交通流动广告、招贴广告、邮递广告、灯光广告、包装广告等。

① 报　纸

报纸的优点是：传播及时；传播范围广，覆盖率高；读者面宽而且稳定；版面伸缩余地大。

缺点是：时效短；注目率低（庞杂的内容易分散读者注意力）；表现能力有限。

② 杂　志

杂志媒体的优点是：读者群稳定，针对性较强，一般有相当固定的读者群；时效较长，有辗转传播的作用；制作精美，具有欣赏性。缺点是：注目率较低；传播范围较小；适时性差；灵活性较差。

③ 电　视

电视的优点是：覆盖面广；收视率高；能综合利用各种艺术形式，表现力丰富；形象生动，感染力强。缺点是：费用昂贵，时效较短。

④ 广　播

广播的优点是：迅速及时；听众广泛，收听率高；制作简便，费用较低廉。缺点是：时效短；传递的信息量有限；遗忘率高。

⑤ 因特网

网络广告比传统广告具有明显的优势：

- 地域的无限性：实现了信息在全球范围内的无障碍流动。
- 传播的即时性：由于互联网信息传播的简单、方便和低限制，它已超越电视广播成为最迅速地信息传播媒体。
- 互动性：提供了即时的大范围的互动平台。
- 效果的可衡量性：网页点击率和因特网强大的开放性、互动性、即时性为衡量广告效果提供了有效途径。
- 经济性：制作成本最低，性价比最高。

网络广告的局限性在于：

- 上网需要一定的设备和操作技能，这一前提限制了因特网受众的范围。
- 网络广告虽然不受地域限制，但其受众分散，在特定时间、特定地区内受众接触广告的密度和强度都还远不及电视、广播等传统媒体。

随着互联网技术的快速发展和网络多媒体技术的普遍应用，因特网已成为当今非常重要的广告媒体。

（2）广告媒体的选择

由于不同的广告媒体有不同的特点，因此企业在选择广告媒体时需考虑以下因素：

① 产品特点

不同性质的产品应选择不同的广告媒体做宣传。广告媒体只有适合产品的性质才能取得较好的广告效果。例如，对高科技产品进行广告宣传，面向专业人士，多选用专业性杂志。

② 消费者选择媒体的习惯

要考虑广告信息传播的目标受众的媒体消费习惯。例如，为儿童用品做广告，宜选用电视。

③ 媒体费用

不同媒体的广告成本不同，企业应根据产品特点、目标受众的特点计算达到一定效果的广告在不同媒体上的成本。

5. 广告效果的测定

评价广告效果的标准有两个：一个是产品销售效果；另一个是信息沟通传递效果。产品销售效果是指广告发出后一定时期内销售额与广告费的比例；信息沟通传递效果是指广告的收听、收看者对商品信息的注意、兴趣、理解程度及目标顾客对广告的印象。

(1) 销售效果的测试

一般来说，广告的销售效果由于受其他因素的影响(如价格)很难测定。这里介绍两种不同的评价观点。

① 即效性效果

即效性效果是指广告效果的好坏，是以销售额、市场占有率和消费者对企业及其产品的了解程度的增加来确定。

② 迟效性效果

迟效性效果衡量广告效果不以销售情况好坏作为直接评价的依据，而是以广告的收听率，产品及企业的知名度及记忆度来衡量广告的效果。

广告效果的好坏，最终要反映在产品的销售上，看其能否促进销售和开拓新市场。因此，对广告效果的评价应由对销售额的影响程度和对消费者的沟通程度两方面来评价。

(2) 沟通效果测定

① 事前测定

事前测定也称预测。其主要方法有直接评分和组合测试法。直接评分由消费者小组或广告专家小组观看广告后一起对广告的吸引力、感受、记忆性和接受性进行评价，此法有助于筛选不良广告。组合测试方法是请消费者看一组广告，然后加以自由回忆，主要测试广告的突出点和易懂易记处。

② 事后测试

事后测试，即回忆测试，要求接触过某新媒体广告的人，回忆最近一次广告中所展现的广告产品，以表明广告被人注意和容易记忆的程度。

③ 实验测定法

实验测定法，即请自愿接受实验测定的人员观看广告或收听广告，然后对比观看或收听广告前后测定的血压、心跳、瞳孔变化等，借以评价广告对消费者的影响程度。

6. 广告计划制定

广告计划制定涉及的因素及制定过程如图 11－4 所示。

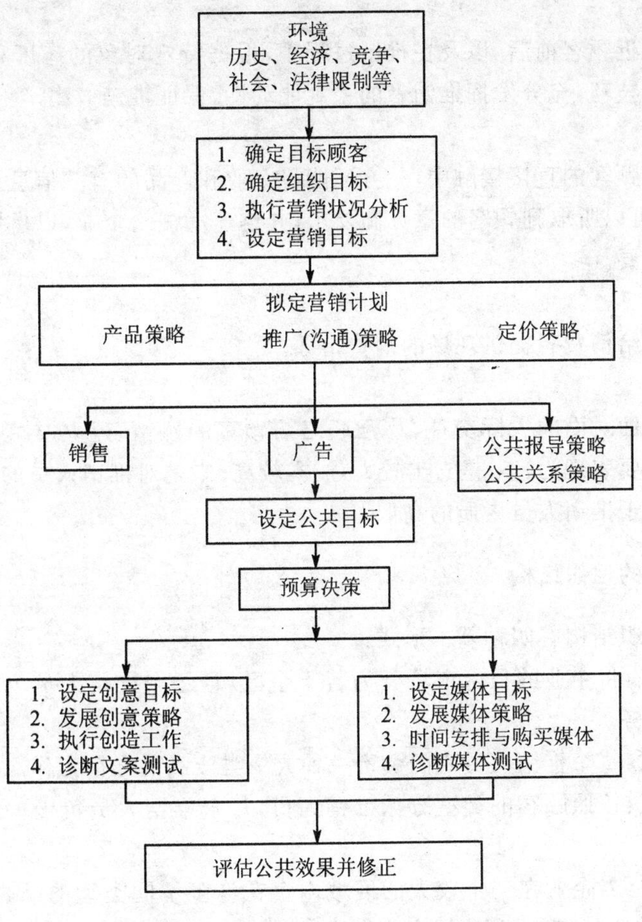

图 11-4　总体广告计划示意图

11.3　人员推销

11.3.1　人员推销的特点

人员推销是指企业运用推销人员直接向顾客推销商品和劳务的一种促销活动。人员推销的任务主要有寻找客户、传递信息、销售产品、提供服务。人员推销具有以下特点：

1. 针对性强

通过推销人员与消费者的直接接触，将目标顾客从消费者中分离出来，能可靠地发掘推销对象，把推销努力集中于目标顾客身上，避免了许多无效劳动。

2. 灵活性强

推销人员在接近顾客前后，以及在推销过程中，根据特定对象的态度和特点，可随时调整自己的推销策略与技巧，充分发挥推销者的主观能动性，保证推销效率。

3. 双向沟通

销售人员在与顾客的直接接触中，一方面能将企业和产品的有关信息及时、准确地传递给顾客，另一方面又可以听取到顾客的意见和要求，并迅速反馈给企业，以指导企业经营，使产品更符合消费者的需要。

4. 消费指导

人员推销可以给消费者提供现场的消费指导。

5. 亲和力强

人员推销通过面对面的人际交往，易于联络与顾客的感情、建立友谊，并争取长期买主。人员推销的缺点主要表现为：一是支出较大，成本较高；二是对推销人员的要求较高。人员推销的效果直接取决于推销人员素质的高低。

11.3.2 人员推销的组织结构

人员推销的组织结构有四种基本形式：

① 区域结构式：将企业的目标市场分为若干个区域，每个推销人员负责一个特定区域内各种商品的推销业务。

② 产品结构式：每个推销人员专门负责一种或一类产品的推销工作。

③ 顾客结构式：按照顾客的类型分派推销人员，每个推销人员负责一个或几个顾客群体的推销工作。

④ 综合式结构：当企业在一个较大的区域内存在许多不同类型的顾客，并推销多种产品时，要将上述方法结合起来使用，称综合式结构。

11.3.3 人员推销的基本形式

人员推销的基本形式有如下几种：

① 上门推销：是最常见的人员推销形式。它是由推销人员携带产品的样品、说明书和订单等走访顾客，推销产品。这种推销形式是一种“正宗”的推销形式。

② 柜台推销：又称门市推销，是指企业在适当地点设置固定的门市，或派出人员进驻经销商的网点以接待进入门市的顾客，介绍和推销产品。这是一种等客上门的推销方式。

③ 会议推销：利用各种会议向与会人员介绍产品，开展推销。

11.3.4 人员推销策略

在人员推销活动中，一般采用以下三种基本策略：

① 试探性策略：也称为“刺激-反应”策略，即在不了解顾客的情况下，推销人员运用刺激性手段引发顾客产生购买行为的策略。

② 针对性策略：指推销人员在基本了解顾客某些情况的前提下，有针对性地对顾客进行宣传、介绍，以引起顾客的兴趣和好感，从而达到成交的目的。因推销人员常常事先已根据顾客的有关情况设计好推销语言，故针对性策略也称为“配方-成交”策略。

③ 诱导性策略：也可称为“诱发-满足”策略，是指推销人员运用能激起顾客某种需求的说服方法，诱发、引导顾客产生购买行为。

营销案例链接：闪电促销——大密度主动出击

背景资料：市场调研是市场战略的第一步，在对市场形势初步了解后，接下来该做的便是怎样运用合适的促销战术去开拓巩固市场。打个比方，当喜来登集团每接受一家新饭店后，总是立即发动一场闪电式销售大战，以高密度的出击来迅速改变市场格局，其效果相当可观。

喜来登饭店公司是著名的跨国企业。多年来，它一直紧跟假日公司，保持在世界大饭店中排行第二的位置。到 1989 年，其麾下旅馆总数已达 540 家，遍布全球 72 个国家。短短几十年间，从 3 家小旅馆起步，亨德森先生是怎样建立起如此庞大的饭店王国的呢？其经营与管理有什么独到之处呢？下面将介绍的一次成功的销售行动也许能为我们揭示谜底。

1962 年深秋的一天，位于波士顿 60 大街的喜来登饭店公司总部里格外忙碌。雄心勃勃的董事长亨德森先生不顾 65 岁的高龄亲自主持管理高层的办公会议。引人注目的是除了公司主要骨干外，还有 60 多名来自各地的专职销售员也出席了会议。他们大多数刚刚走出机场，风尘仆仆，然而显得非常的平静，毕竟对于这样的场面他们已经非常熟悉了，而且不用多问，就已经知道被招来总部的真正的原因是亨德森先生收购了一家饭店，喜来登大家族里增添了新成员。亨德森先生是北美商界出了名的经营高手，被誉为“最佳意义上的资本家”。他最擅长看准机会，收购一些经营不善而富有潜力的饭店。买到手后，他再重新设计，更新设备，改善经营，使旅馆本身增值，然后再高价出手。当然，这种看似简单的方法并不是每一个竞争者都可以仿效的，除了收购改造所需要的大量资金外，还要求高超的经营技巧，确保能使饭店增值。

喜来登饭店促销工作的成功是全球首屈一指的，有很多可圈可点之处。首先是长期一贯的高投入，每年光是美国境内本土的广告宣传费就超过 4000 万美元，并特聘固定的广告公司长年为其服务。其次是举办多种有创意的促销活动，如优惠常客的喜来登国际俱乐部活动、针对商务旅游者的喜来登公务旅行者计划(SET)、“喜来登家庭旅行计划”等，至于创立全球性的“预订网络”和率先设置“无烟客房”等举措则早已为酒店业界纷纷仿效。当然最卓有成效的还是著名的“闪电促销战术”。

这一次收购的新饭店是一家有 200 间客房、经营 5 年的汽车旅馆，旅馆内设有可容纳 60 人的餐厅、100 个座位的咖啡厅、能为 120 人提供服务的酒吧、容纳 500 人的餐厅(餐厅可以分割为3个容纳150人的会议厅)。以及一个由4个能容纳50人的小厅组成的大会议厅。新饭店还设有能提供许多娱乐设施的室内游泳池、4个室外网球场、4套豪华套房、10间行政办公室,以及可以停放250辆轿车的停车场。在喜来登集团接手以前,这座有一流设施的饭店已连续几年亏损,客房出租率连年滑坡,一度低于20%,餐厅、娱乐收入则更是每况愈下、举步维艰。回天无力的店主只好忍痛低价将它出售了。亨德森先生已经以低于建造成本的理想价格购得了这座富有潜质的饭店,在紧锣密鼓交接工作之后,由60多位销售员组成的销售小分队出发了,"销售闪电战"也拉开了帷幕。

首先是全面细致的市场调查。60多名经验丰富的销售员深入到了新饭店所在的城市。他们马不停蹄、不知疲倦地走访、咨询,灵敏的触角伸进了城市的每一个角落,每天都有大量的市场信息源源不断地传送给设在饭店五楼的"销售攻坚部",总部里干练的统计分析人员将这些信息汇总,最后整理出详尽完整的饭店市场分析报告。分析报告中认为:

A. 主要客源

a. 本地150家生意兴隆的轻工生产厂家,主要是改装修配厂和代理机构。

b. 3所主要的大学,即阿成工学院、医科大学和文法学院。

c. 经过饭店的全国州际公路出口处。

B. 客源消费规律

a. 星期一、二、三、四晚上生意不好,来客稀少,除非大学举行足球赛、毕业典礼或发生一些特殊事情。

b. 旺季集中在九月到来后,五月及圣诞节期间生意不多,夏季是明显的淡季。

c. 主要住店客人是出差的商务客人和当地的工人、大学办事人员;其次是学生的父母,到大学的一般来访者以及参加特殊活动的人;再次是少量过路人。

d. 在市场上占有率较高时期,食品和酒吧的生意主要来自住店的客人,商务会议及宴会的生意也不错,大多是当地各工厂参加的会议。

e. 本地散客市场潜力大,但顾客普遍认为饭店客房价格过高,尤其是停车场每天5美元的收费让人难以接受。

f. 饭店的食品、娱乐项目根本没有打开本地市场,本地人在饭店举行婚宴或一日庆典的非常少。

明确了市场形势以后,名下销售部被分成了6个小分队,受命在一个月的时间内迅速打开当地市场,获得尽可能多的会议、宴会、庆典等活动的订单,并建立起覆盖全城的客源网络,确保饭店能获得占优势地位的市场份额,使饭店迅速上升为全城最好的饭店。6个小分队各由1名资深的区域销售经理带队,负责某个方面的攻关。

第一分队由科夫曼博士率领,专攻3所大学的市场。他们向各校的系主任寄出调查表,咨询他们对饭店的看法,以优厚的条件聘请他们成为饭店的销售代理人,并免费提供场地,邀请大学师生于周末在酒店组织一些专题研讨会。例如,如何在证券市场上投资、学习如何打网

球、政府的福利政策计划研讨等；同时鼓励学校前来举行各种校友集会、毕业庆典活动。

第二分队由德塞利女士主持，她召集全城各工厂的女秘书、女经理聚会，建立秘书俱乐部和女经理俱乐部，为会员发放优惠金卡，并对她们揽来的业务进行积分奖励。全年度招揽业务最多者将获得最新款的福特跑车一辆。

第三、四分队由约翰逊先生统领，主攻本地的散客市场。他们将全城居民分为 20 个小片，每个销售员负责一个小片，并根据各片实际情况的不同，确立相应的业务指标。销售员们八仙过海，各显神通，使出各自的看家本领。短短一个月时间，他们走访了全城 20 万居民中的 80%，并对其中约 3000 户居民进行跟踪推销，发放了至少一万张一次性优惠卡，并成功地接到了 300 多份预订单，足够餐饮部忙大半年了。

第五分队由斯特恩先生领衔，主要是协调与当地所有公司、公共机构的关系，并从中获取订单，发展建立起庞大的代理人网络。

第六分队由琼斯小姐负责，主要是处理与当地传媒和过境客户的关系，她们在支付了一笔可观的广告费用之后，获得了本地几大电视网黄金时段的广告权，并且因此招致了全国几十家机构的垂询。

一个月以后，喜来登的阿城饭店重新开张，顿时生意爆满，令所有竞争对手羡慕不已。然而笑得最开心的还是亨德森先生，这是他"闪电促销战术"的又一次胜利——"我们又救活一家新饭店，哦，应该说是，我们又收获了一片市场！"

资料来源：《中外饭店》，2005 - 2 - 23

11.3.5　推销人员的管理

1. 推销人员的甄选

推销人员可以从企业内部选择，也可以从外部聘请，并经过一定的考核，择优录用。选择推销人员的标准是：热爱推销工作，有成功的推销经验；在语言方面善于表达企业和自己的思想，口齿清楚，善于应变，有社交组织能力；有进取心，不怕困难；仪表、态度、修养大方得体，有广泛的社会联系；善于收集、分析情报，具备一定的业务知识和能力；人品忠厚，公正、廉洁，遵纪守法。

2. 推销人员的培训

推销人员素质的高低、胜任与否直接关系到企业是否能完成预定的销售额。因此应对推销人员进行有计划的培训。其培训内容如下：

(1) 企业知识

了解本企业并熟悉企业各方面的详细情况，如企业的历史、经营方针、组织结构、财务结构、设施设备、商品销售方向和各项规章制度等。

(2) 商品知识

了解企业经营和所要推销的商品知识。

(3) 市场知识

了解企业主要客源市场的分布与划分,各市场的重点推销区域和既定目标层;分析为什么现有的顾客购买本企业产品,为什么一些过去的主顾现在购买竞争对手的产品,为什么大量有潜力的顾客仍然仅仅是有潜力的顾客而未转变成现实的顾客。

(4) 推销技巧

学习推销原理,推销过程,推销员职责,如何支出推销费,怎样发现、接近和接待顾客,如何克服心理和技术障碍,如何针对顾客的购买动机和习惯进行推销等。

(5) 业务技能

掌握洽谈、签订和结算等业务技能是推销人员开展业务活动的基本技能。

培训推销人员的方式有课堂训练、模拟训练和现场实践训练等。例如,请有经验的推销员传授推销的基本知识和技巧,并且还可进行录音、录像等有关销售和公司产品等视听方面的训练。每隔一段时间,推销员都应轮流接受培训,更新知识,提高业务水平。

3. 对推销人员的激励

用于激励推销人员的方法可分为物质激励和精神激励两类。企业应当将物质激励和精神激励有机结合,在重视物质激励的同时切不可忽视精神激励的作用。

企业对推销人员的激励,通常是通过推销系列指标和竞赛等激励工具来进行的。推销系列指标主要包括:产品推销量(额)、一年内访问顾客的次数、每月访问新顾客的次数、订货单平均比重的增加额、旅途时间减少的百分比等。

4. 对推销人员的考核

对推销人员的考核,一方面是对上述定额指标进行量的考核,另一方面是从质的方面进行考核。具体方法如下:

① 横向比较:比较企业所有推销人员之间的考核结果。

② 纵向比较:比较同一推销人员现在和过去的销售业绩。

③ 推销人员品质评价法:考评推销人员的品质素质。

5. 推销人员的报酬

(1) 固定薪金制

固定薪金制是指在一定时间内给予推销人员固定收入报酬的制度。

① 固定薪金制的优点:销售管理者可以在财政上控制推销人员的活动;推销员收入有保障,从而有安全感;正在受训的推销员以及那些专门从事指导购买者使用产品和开辟新销售区域的推销人员愿意接受固定薪金制。

② 固定薪金制的缺点:不利于最大限度地调动推销人员增加销售的积极性,比较难刺激他们开展创造性推销活动,容易形成大锅饭的局面;企业难以吸引和留住较有进取心的推销员,推销员外流现象严重,企业还需要花钱招聘和培训新的推销员。

(2) 佣金制

佣金制是指按照推销人员在一定时间内完成销售数量和利润的大小支付一定比例佣金的制度。

① 佣金制的优点：可以最大限度地调动推销人员的积极性，使他们主动地争取一切可能的机会去推销产品，体现多劳多得的原则；把推销开支与目前的收入更加密切地联系在一起；企业可对不同的产品规定不同的佣金率，以鼓励推销人员既推销利润大的产品，也推销已滞销的产品；可为企业创造更多的利润。

② 佣金制缺点：对推销员来说，报酬的稳定感较低，基础推销队伍流动性很强；企业不能有效地控制推销员的活动。

(3) 混合制

混合制是兼顾固定薪金制和佣金制两种报酬制度的安全性和激励性的特点而形成的一种混合报酬制度。它包括如下几种形式：薪金＋佣金、薪金＋分红奖励、薪金＋佣金＋分红奖励、薪金＋佣金＋分红奖励＋期权等。混合制的关键在于合理确定薪金、佣金和分红的比例。

① 混合制的优点：推销人员有了固定收入的保证，使推销队伍整体上处于相对稳定的状态；也使纯佣金制下对推销员难以控制的局面得到改善。佣金制等其他报酬制度的混合则有效地保护了推销人员的工作积极性和主动创新精神。

② 混合制的缺点：实行起来较为复杂，增加了管理部门的难度。

11.3.6　人员推销的基本技术

1. 推销技巧

推销技巧是推销员用以解决实际推销过程中各种具体问题的一些比较实用的方法。推销活动过程包括许多具体工作环节，如寻找潜在顾客、评估潜在顾客的推销价值、为访问顾客做准备面谈、讲解与示范、处理顾客的异议、成交、后续工作等。

2. 谈判艺术

谈判艺术是推销员处理推销过程中某些特定问题所使用的方法。在实际工作中，谈判艺术往往是推动谈判并最终达成交易的重要因素。因此，它是一个优秀推销人员必须具备的条件。推销人员必须努力学习、掌握与提高谈判艺术，不断提高自身素质，并善于积累和总结销售经验。

3. 关系管理

当推销员最终说服顾客采取购买行动后，即面临如何使其继续购买的问题。关系管理就是用来指导推销员与顾客建立长期、稳固的业务联系和人际关系，以便获得更多销售机会的一门艺术。

11.4 公共关系

11.4.1 公共关系的概念

公共关系指企业运用各种传播沟通手段协调组织内外关系，增进内部及社会公众的信任与支持，营造良好的组织生存与发展环境的管理活动。公共关系活动的主要内容有：争取对企业有利的宣传报道，帮助企业与有关各界公众及组织内部成员建立和保持良好的关系，树立和保持良好的企业形象，消除和处理对企业不利的谣言、传说和事件。

11.4.2 公共关系的作用

公共关系策略的作用主要包括以下几点。

1. 为企业进行环境监测

企业面临的环境是一个复杂的系统，它由政治、经济、文化、科技等因素构成，由于这些因素在不断变化，因而使得组织环境动荡不定。为了能够适应这种变化，以便进行正确决策，组织必须广泛、及时、准确地搜集和分析信息。这样，既可以在环境发生变化时迅速应对，更可以在环境变化之前根据已掌握的变化规律与趋势，提前制定应变方案，领先竞争对手而抓住市场机会。企业除了要了解国内外政治、经济形势，文化、科技动态之外，还必须掌握以下对组织构成直接影响的信息，即政府决策信息，法律法规信息，客户对产品的需求信息，公众对组织的评价信息，竞争对手的动态信息等。

2. 站在公众立场上参与决策

公共关系在决策中所发挥的作用不仅只是搜集信息，还包括在组织内外公众的立场上，从全局的角度参与决策过程。由于组织与社会存在着千丝万缕、错综复杂的关系，若只把目光盯在经济的角度，企业可能会因单纯追求经济效益而忽视其他，从而导致组织与公众利益和社会的矛盾，因而得不到公众和社会认可，很难在市场上立足。因此，当企业进行决策时，公共关系部门应帮助组织反映公众的意愿，拟订和寻找既体现经济效益又体现社会效益的方案。方案确定之后，还要向内外公众传达目标精神与解释方案要点，以获得公众对决策方案的认可、理解和支持，收集各方面对方案的反映，观察实施效果，并将意见反馈给决策部门，以便对方案进行追踪决策，保证目标的实现。

3. 协调企业与各类公众的关系

任何一个社会组织的生存与发展都离不开天时、地利、人和，公共关系就是在为组织创造人和环境。组织内外关系的协调是人和环境的基础，它依赖于双向的信息沟通，既包括组织内部信息的上下互相传递，又包括组织与外部公众之间信息的内外相互交流。

协调组织内部关系可以增加经营管理的透明度，形成员工的主人翁责任感，提高忠诚度，

进而达到“内求团结”的良好的公关状态。搞好组织外部的协调，可以通过了解公众的意愿和要求，投公众所好，获得公众的好感与支持，还可以得到公众的监督，扩大自身的影响力，从而达到“外求发展”的目的。

4. 开展宣传教育，为社会服务

良好的公关状态是企业发展的适宜土壤，但是这种状态不是自然形成的，它需要组织相关部门长期的、共同的努力。

在企业内部要不断宣传组织使命和目标，向员工渗透企业文化，开展全员公关教育，使员工意识到他们的言谈举止都代表着组织，都在接受着公众的评判，从而增强公关意识，珍惜组织的良好声誉，用实际行动感染和教育周围公众。

在企业的外部要充分运用各种形式的传播沟通工具，对外部公众进行宣传、教育、引导工作。比如，利用免费的消费培训和售前服务等机会，超前地向公众灌输某种消费意识和消费方式；通过提供准确的投资分析和投资服务，引导投资；通过坦陈事实、权衡利弊，说服政府主管部门实施某项有利的政策或者修改某项不利的政策；通过主动赞助社会的文化、体育、教育、科研事业形成良好的组织形象等。

5. 化解危机

企业发展不会一帆风顺，难免会有失误或遇到意料之外的事件使组织从高峰跌入低谷。此时，如果处理不当很可能导致组织从此一蹶不振，甚至彻底崩溃。

企业首先要树立居安思危的意识。为了避免危机的出现，组织应加强信息观和预测观，建立预警系统，搜集信息，积累数据，随时观察，一旦危机苗头出现，应迅速将其解决在萌芽状态。

当危机来临时，企业相关部门要迅速调查事件真相，并向公众做出解释和答复，同时还要将解决问题的措施及避免类似问题重复出现的办法告知公众。在处理危机的过程中，组织要始终自觉地站在公众的立场上，客观地看待和分析组织所面临的局面，争取公众的理解和谅解，使危机得以圆满、迅速地解决。

11.4.3　公共关系策略

要提高企业公共关系工作的有效性，必须讲求恰当运用公共关系策略。公共关系策略的选择，要以组织一定时期的公共关系目标和任务为核心，并针对特定公众的不同特点。公共关系策略可以分为两大类，一类突出的是公共关系功能；另一类则是依据组织发展的不同阶段。

1. 突出公关功能的公关策略

(1) 宣传型公共关系策略

这种策略就是运用各种传播沟通媒介，将需要公众知道和熟悉的信息广泛、迅速地传达到组织内外公众中去，以形成对企业有利的公众舆论和社会环境。这种策略具有较强的主导性、时效性、传播面广、容易操作等特点。选择这种策略时，必须强调应坚持双向沟通和真实客观的原则。应用这种策略的常见做法是：做公关广告，开展新闻宣传和专题公关活动。

(2) 交际型公共关系策略

这种策略就是运用人际交往，通过人与人的直接接触，深化交往层次，巩固传播效果，实际上就是运用感情投资的方式，与公众互利互惠，为组织建立广泛的社会关系网络。这种策略的特点是直接、灵活、富于人情味。常见的做法有招待会、座谈会、茶话会、宴会、交谈、拜访、信函、馈赠礼物等。应用这一策略时一定要注意不能把一切私人交际活动都作为公共关系活动。

(3) 服务型公共关系策略

这种策略就是以向公众提供优质服务为传播途径，通过实际行动获得公众的了解和好评。它的突出特点是用实际行动说话，因而极具说服力。常见的做法有：增加服务种类、扩大服务范围、完善服务态度、扩展服务深度、提高服务效率等。应用这一策略时要注意：言必信，行必果，承诺一定要兑现。

(4) 社会型公共关系策略

这是一种以各种社会性、文化性、公益性、赞助性活动为主要内容的公共关系策略，其目的是塑造组织良好的社会形象、模范公民形象，提高组织知名度和美誉度。这一策略的特点是：文化性强、影响力大，但活动成本较高。因此，运用这一策略时要注意量力而行。常见做法有：为灾区捐款；赞助文化、体育活动；利用重要机会组织一些大型活动，邀请嘉宾，渲染气氛等。

(5) 征询型公共关系策略

该策略就是围绕搜集信息、征求意见来开展公共关系活动的。目的是通过掌握公众信息和舆论，为组织的经营决策提供依据。其特点是长期、复杂，且需要耐力、诚意和持之以恒。常见做法有热线电话、有奖征询、问卷调查、民意测验等。

2. 以组织发展阶段为依据的公关策略

(1) 建设型公共关系策略

这一策略适用于企业初创阶段和开创企业新局面的阶段，如有新产品或新服务面世时，这种策略也适用。其主要做法是高姿态、高频率地宣传和交际，向公众作自我介绍，其目的在于在公众中形成良好且深刻的第一印象，提高知名度，扩大影响力，为日后发展奠定基础。

(2) 维系型公共关系策略

该策略适用于企业的稳定发展阶段。具体做法是通过各种传播媒介，以较低的姿态持续不断地向公众传达各种信息，使组织的有关形象潜移默化在公众的长期记忆当中。其主要目的在于对已经形成的良好的公关状态进行加固。

(3) 防御型公共关系策略

该策略适用于企业与外部环境发生整合上的困难，与公众的关系发生一些摩擦时。其主要功能是防患于未然，防止公共关系失调。具体做法是，发挥内部职能，及时向决策层和各业务部门提供外部信息，特别是反映批评的信息，并提出改进的参考意见，进行全员公关教育，使全体员工从思想到行动自觉维护组织形象，避免出现漏洞。

(4) 矫正型公共关系策略

这一策略适用于公共关系严重失调，企业形象受损时。具体做法是迅速与相关公众取得联系，如上级机关、媒体机构等，采取一系列有效措施做好传播沟通与善后工作，其目的是尽快平息风波，恢复公众对组织的信任，挽回组织声誉，改善被损坏的形象。

(5) 进攻型公共关系策略

该策略适用于企业与周围环境发生不协调甚至形成某种冲突时。具体做法是，采取以攻为守的方式，抓住有利时机和条件，主动调整组织政策和相应措施，以改变对原有环境的过分依赖。其主要功能在于摆脱被动局面，开创新局面。

在选择运用以上公共关系策略时，企业一定要准确分析自身发展和所处环境的特点，分析自身的公关状况、公众的基本情况及相关因素，避免因选择不当而劳民伤财，甚至出现适得其反的结果。

11.4.4　公共关系活动的主要手段

1. 新闻宣传

企业可通过新闻报道、人物专访、报告文学、记事、特写等形式，利用各种新闻媒介对企业进行宣传。新闻宣传无须付费，而且具有客观性，能取得比广告更好的宣传效果。公共关系的新闻宣传活动还包括对不良舆论的处理。

2. 公共关系广告

企业的公共关系活动也包括利用广告进行宣传，这就是公共关系广告。公共关系广告与商业性广告的区别在于，它是以宣传介绍企业的整体形象为内容，而不仅仅是宣传介绍企业的产品或劳务；它是以提高企业的知名度和美誉度为目的，而不仅仅是为了扩大销售；它是追求一种久远的、战略性的宣传效果，而不是像一般商业广告那样要求取得直接的、可度量的传播效果。

3. 企业自我宣传

这是企业运用所有自己能够控制的传播媒介进行宣传的形式。例如，企业通过实物、图片、录像等向公众介绍企业的发展历程，展示企业的经营成果，以此扩大企业的影响，精心设计或选择一些有象征意义、有收藏价值的公关纪念品，加深公众对企业的记忆。

4. 人际交往

人际交往是指企业不借助传播媒介，在人与人之间直接进行交流和沟通的公共关系传播形式。在公共关系活动中，它是一种应用最广泛、最常见的传播手段。通过人际交往，企业可以同社会各界广泛接触，加强合作，改善企业的营销环境。人际交往的形式有定期走访、经常性的情况通报、演讲、咨询、调查、游说、各种联谊会，甚至可以组建或参与一些社团组织。

5. 制造新闻事件

对于企业而言，制造新闻事件就是在实事求是的基础上，按照新闻报道工作的规律，发掘公众关注热点，开展组织活动，并使二者有机结合。企业所开展的活动一定要具有很强的吸引力，一方面要能够吸引公众的参与和关注；另一方面要吸引媒体的目光和兴趣，使之认为企业的活动是很好的新闻素材，并予以报道，从而使企业活动形成较为轰动和具有影响力的事件。随着人们对事件的关注、参与、议论、评价，活动的主体——企业的知名度、美誉度也将得到大大提升。

6. 庆典活动

庆典活动是指为庆祝或纪念重大节日、纪念日或组织自身的重大事件而举行的一种公共关系专题活动。它也是组织向公众亮相的绝好机会。企业常见的庆典活动有四种类型：

① 开业庆典，即在开业之际针对不同对象并结合当时形势举行的隆重、热烈且有一定声势并能形成一定影响力的庆祝活动。

② 周年庆典，即在企业诞辰日举办的庆祝生日的活动。

③ 庆功典礼，即在企业取得生产经营上的重大突破、取得重大成绩、获得国家或上级主管单位颁发的重大奖励时举办的庆祝活动。

④ 节日庆典，即在传统或重要节日，如春节、五一、中秋节、国庆以及西方的圣诞节时举办的庆祝活动。

7. 赞助活动

赞助作为一种公关活动是指组织通过对社会有目的、有选择地进行物资的赠予和捐助，获得良好的社会效益和经济效益的形式与过程。任何一个组织在其成长与发展中都离不开社会的支持与帮助，因此当自己壮大起来之后应回报社会。这不仅能够显示爱心与责任感，塑造良好的社会形象，同时能够得到更广泛的公众理解与好感，与他们建立更紧密的关系。

赞助作为一种新兴的营销沟通工具，有其独特作用。赞助是通过被赞助者或被赞助的活动来获得社会的积极反应，有利于激发人们对企业和产品形成积极态度。

11.5 销售促进

11.5.1 销售促进的概念

销售促进又称营业推广，是指企业运用各种短期诱因鼓励消费者和中间商购买、经销或代理企业产品或服务的促销活动，即销售促进是除广告、人员推销和公共关系与宣传之外，企业在特定目标市场上，为迅速起到刺激需求作用而采取的促销措施的总称。销售促进对在短时间内争取顾客扩大购买具有特殊的作用。

销售促进有以下特征：

① 传播信息(communication)：能引起顾客注意并经常向顾客提供信息，把顾客引向产品。

② 刺激(incentive)：采取某些让步、诱导或赠送的办法给顾客以某些好处。

③ 邀请(invitation)：邀请顾客来进行目前的交易。

11.5.2　销售促进的方式

销售促进方式可分为三类:以消费者或用户为对象的推广方式,以中间商为对象的推广方式,以本企业推销人员为对象的推广方式。

1. 以消费者或用户为对象的推广方式

该种方式的目的是增加需求,促使现有使用者大量、重复购买,争取潜在消费者,吸引竞争者的顾客等。其主要促销方式有:

(1) 赠品促销:赠送样品、纪念品、试销品及各种小物品等。

(2) 有奖销售:企业销售某种产品时设立若干奖励,并印有奖券,规定购买数量,顾客达到购买数量后可获奖券,然后由销售者按期宣布中奖号码,中奖者持券兑奖。

(3) 展览和展销:通过举办展览会、展销会及其他形式的展览,进行现场表演、示范操作以招徕顾客。

(4) 商品陈列:在橱窗内或货柜前集中陈列商品,突出特色,吸引顾客的注意力。

(5) 廉价包装:在商品包装或招贴上注明廉价包装比一般包装减价若干。

(6) 折价购货券:由销售者向购买者赠送或散发折价购货券,持券者可凭券享受价格优惠待遇。

(7) 包装兑现:采用商品包装来兑换现金或实物。例如,收集到可口可乐瓶盖,可按瓶盖上的标示换取不同种的实物或奖品,以鼓励消费者购买该饮料。

2. 以中间商为对象的推广方式

该种方式主要包括下列促销方式:

(1) 开展销售竞赛:企业确定推销奖励的办法,刺激、鼓励中间商努力推销商品,并展开竞赛,成绩优异者给予奖励。

(2) 提供广告和陈列津贴以及合作广告:生产者为中间商提供陈列商品,支付部分广告费,并补贴中间商的部分运费。

(3) 实行购买折扣或价格优惠

为刺激中间商购买大批量本企业产品,对购买数量较多的中间商给予一定比例的折扣优惠,购买数量越大,折扣比例越大。

3. 以本企业推销人员为对象的推广方式

该种方式主要包括下列促销方式:发奖金;分红利;发放必要的办公用品;开展销售竞赛,组织成绩突出者外出旅行,即奖励旅游。

11.5.3　销售促进方案的制订

销售促进方案应包括:确定营业推广的对象与目标,制定营业推广的措施,选择营业推广的时机、规模与时间,确定营业推广的范围和途径、参加者的条件、费用预算以及其他有关问题等主要内容。在方案的实施过程中，销售促进必须和其他营销沟通工具结合在一起才能创造强有力的协同作用。

【本章小结】

促销是企业通过人员和非人员的方式，沟通企业与消费者之间的信息，把产品或服务向目标消费者及其对目标消费者的消费行为具有影响的群体进行宣传，说服、诱导并唤起需求，最终促使其采取购买行为的活动。促销组合是企业有计划、有目的地对促销要素——销售人员、广告、公共关系、营业推广、直接营销等促销工具的综合运用。促销策略可分为推式策略和拉式策略。企业采取“推”或“拉”的方法去促进销售在很大程度上决定和影响着促销组合。推式策略侧重运用人员推销的方式，把产品推向市场，即从生产企业推向中间商，再由中间商推给消费者。拉式策略企业主要运用非人员推销方式把顾客拉过来，使消费者对本企业的产品产生需求，以扩大销售。广告是由明确的发起者、以付费的方式、通过各种媒体向现有和潜在的消费者传播观念、产品或服务的信息，促进销售的非人员形式的促销。人员推销是指企业运用推销人员直接向顾客推销商品和劳务的一种促销活动。人员推销的任务主要有寻找客户、传递信息、销售产品、提供服务。公共关系是指企业运用双向的传播沟通手段以公共关系活动的内容影响消费者等公众，协调组织内外的各种关系，营造良好的组织生存与发展环境的管理活动。销售促进又称营业推广，是指企业运用各种短期诱因鼓励消费者和中间商购买、经销或代理企业产品或服务的促销活动。

【讨论题】

1. 什么是促销？促销组合包括哪些方式？
2. 什么是广告？广告设计应遵循哪些原则？
3. 广告目标有哪几种？从报纸上找到三种类型的广告。
4. 如何选择广告媒体？
5. 什么是公共关系？它有哪些作用？
6. 公共关系方式有哪几种？
7. 什么是销售促进？它包括哪些方式？

第 12 章　市场营销计划、组织与控制

【基本知识点】

(1) 市场营销计划的类型和内容;

(2) 市场营销计划的实施;

(3) 计划实施中的问题与原因;

(4) 市场营销组织的演变;

(5) 市场营销组织设计原则;

(6) 市场营销控制内容;

(7) 市场营销审计内容。

市场营销计划需要借助一定的组织系统来实施,需要执行部门将企业资源投入到市场营销活动中去,需要控制系统考察计划执行情况,诊断产生问题的原因,进而采取改正措施或改善执行过程,或调整计划本身使之更切合实际。因此,在现代市场经济条件下,企业必须高度重视市场营销的计划、组织、执行与控制。

12.1　市场营销计划

12.1.1　市场营销计划的定义

市场营销计划是指在研究目前市场营销状况(包括市场状况、产品状况、竞争状况、分销状况和宏观环境状况等),分析企业所面临的主要机会与威胁、优势与劣势以及存在问题的基础上,对财务目标与市场营销目标、市场营销战略、市场营销行动方案以及预计损益表的确定和控制。

市场营销计划是一个统称,与市场营销有关的营销计划一般分为以下几种:

① 品牌计划,即单个品牌的营销计划。品牌现在已成为企业营销的重心,尤其在品牌经理制度下,单个品牌、尤其是类别产品品牌的营销计划已成为各种产品营销计划的核心。

② 产品类别营销计划,该计划还可分别制定产品和产品线营销计划。

③ 新产品计划,即在现有产品线上增加新产品项目、进行开发和推广活动的营销计划。

④ 细分市场计划,即面向特定细分市场、顾客群的营销计划。

⑤ 区域市场计划,即面向不同国家、地区、城市等的营销计划。

⑥ 客户计划,即针对特定的主要顾客的营销计划。

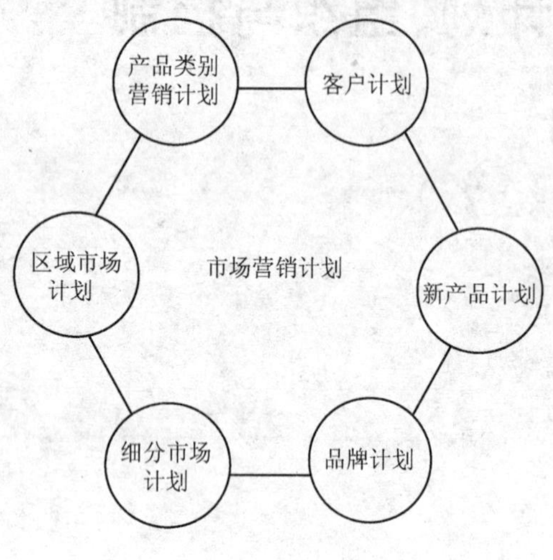

图 12-1 与市场营销计划有关的营销计划

与市场营销计划有关的营销计划如图 12-1所示。

从时间跨度来看,市场营销计划可分为长期的战略性计划和年度计划。战略性计划需要考虑,哪些因素会成为今后推动市场的力量,可能发生的不同情境,企业希望在未来市场占有的地位及应当采取的措施。它是一个基本框架,要由年度计划使之具体化。许多企业往往在战略计划的指导下,以年度计划为重心,重视对年度计划的控制,并根据年度计划执行的效果,隔两年,甚至每年对战略性计划进行审计和修订。

营销计划的编制应遵循以下原则:

① 年度营销计划由公司财务部门与营销部门联合制订。

② 营销部门按年度计划自行制订月营销计划。

③ 市场营销计划以年度为单位,由企划部门、财务部门、营销部门联合制订。

④ 营销部门负责按月落实公司的营销计划。

⑤ 在计划控制阶段,营销部门必须按要求出具书面报告。

12.1.2 市场营销计划的主要内容

为了达成企业的总体战略目标,确保各项市场营销战略的有效实施,就必须科学合理地制订一整套市场营销计划。市场营销计划的内容如图 12-2 所示。

图 12-2 市场营销计划的内容

1. 计划实施概要

市场营销计划书开头应对本计划的主要目标和建议进行简短的概述，以便使企业管理层能快速阅览整个计划内容。

2. 目前营销状况

这一部分提供有关市场、产品、竞争、分销及宏观环境等方面的有关背景资料。

① 宏观环境：描述与该产品(品牌)营销有关的宏观环境因素，包括人口统计、经济、技术、政治、法律和社会文化等。

② 市场的基本情况：包括市场规模与增长，过去几年的销售总量、总额，不同地区或细分市场的销售情况，消费者或用户在需求、观念及购买行为方面的动态和趋势等。

③ 产品形势：列出产品近几年来的销售、价格、利润及差额的情况。

④ 分销渠道：分析各分销渠道的销售情况，各渠道的相对重要性及其变化，主要经销商及经营能力的变化，对他们进行激励所需的投入、费用和交易条件。

⑤ 竞争者：指出主要竞争者，对它们的市场状况(销售区域分布、广告、销售人员素质及客户服务质量等)和采取的市场策略(包括目标市场、价格、产品、渠道和促销等)进行分析。

⑥ 企业：对企业前期业绩及策略进行检查，以发现存在的问题。

3. 机会和威胁分析

要尽可能列出所有企业面临的机会和威胁，并要有时间顺序，分出轻重缓急，使更重要、更紧迫的能受到应有的关注。对企业资源中的优势和劣势分析，主要是为了把上述的主要市场机会中符合企业优势的确认为企业机会，同时也要明确威胁所在。

4. 营销目标

在决定营销目标之前首先要明确企业在计划期间愿意实现的目的。例如，企业希望的目的可能是增加利润，扩大市场占有率，或增加顾客满意度。目的必须可行，而且彼此相容。目的的意义在于对整个企业的行动提供指导和控制，必须转化为可以衡量的目标。

目标中包含了对任务的数量和完成时间的要求。比如，企业希望扩大市场占有率，就要明确写出要求今年市场占有率比上一年提高的百分比。总之，目的和目标不能只概念化，必须转化为便于衡量的指标。

5. 营销战略

目标可以通过多种途径实现。必须选择利于实现目标的战略，以文字或列表加以说明。

(1) 目标市场战略

目标市场即企业准备进入的细分市场。不同细分市场在顾客偏好、对营销行为的反应、盈利潜力，以及企业能够或愿意满足其需求的程度方面各有差别。企业必须识别它的首要目标市场、次要目标市场乃至更为次要的目标市场。首要目标市场指已经具备了充分的购买条件和欲望的顾客，是企业营销活动的主打市场；次要目标市场是指可能有购买能力，但是尚未准备就绪、且欲望不足的潜在顾客；更为次要的目标市场包含了目前缺乏购买能力，但是购买的可能性或许会增加的一些群体。企业要在精心选择的目标市场上,慎重分配资源和力量。

(2) 定位战略

市场定位主要说明企业提供给消费者的利益和价值与竞争者有什么区别和不同,借以向目标市场显示其更值得信任和购买。定位的实质是差异化,它是吸引现有的或潜在顾客购买的基础,需要市场营销组合策略来实现。

(3) 营销组合策略

对选定的细分市场,根据定位的要求,分别制定产品、价格、分销和促销等营销策略并加以整合。通常在针对目标市场发展营销组合时,会有多种方案可供选择,因此要分清主次,从中择优选择。

6. 行动方案

战略必须具体化,形成整套的活动安排,成为日程表上的内容。企业要全盘考虑营销战略实施中涉及的各个因素、每个环节及所有内容。必须把具体的战术或活动用图表等形式反映出来,标明日期、费用和责任人,使整个战术行动方案一目了然、便于执行和控制。

7. 预　算

预算指执行营销战略所需的费用、用途和理由。营销预算和营销目的具有一定的相关性,因此,营销预算应服从于企业市场营销的整体战略目标。俗话说"好钢用在刀刃上",营销预算应有所侧重,以确保重点战略目标的实现。少花钱多办事,用较少的支出产生最大的效果,获取最大的利益是营销预算追求的目标。在这个意义上,营销预算不仅是企业营销活动的前提和保障,也是对企业营销活动的指导。

营销预算的编制方法主要有经验推断法、量力而行法、行业比率法、竞争对手预算法、销售百分法、目标任务法、零基预算法、最优利润法。这些编制方法各有其特点和优缺点,企业可根据实际情况选择。

8. 控　制

市场营销计划必须包括检查行动是否达到目标的机制,主要说明如何对计划的执行、进度进行管理。常把目标、预算按月或季度分开,便于上级主管部门及时了解各个阶段的实绩,掌握未完成任务的部门、环节,分析原因,并要求限期解释和提出改进措施。

有些营销计划的控制部分包括应急方案。应急方案中会扼要列举可能发生的各种不利情况,发生的概率和危害程度,应当采取的预防措施和必须准备的善后措施。制定和列出应急方案,目的是事先考虑可能出现的重大危机和可能产生的各种困难。

12.1.3 市场营销计划的实施问题与原因

1. 市场营销计划的实施

市场营销计划实施是指将营销计划转变为具体营销行动的过程,即把企业的经济资源有效地投入到企业营销活动中,完成计划规定的任务,实现既定目标的过程。执行市场营销计划

包括以下四方面内容。

(1) 制定行动方案

为了更加有效地实施市场营销计划，市场营销部门及相关部门必须制订详细的行动方案和具体的行动时间表。

(2) 调整组织结构

在计划执行过程中，组织要把任务下达给具体的部门和人员，协调企业内部各部门之间的关系。组织结构应该与企业战略、市场营销计划相适应，并随之作相应调整。

(3) 形成规章制度

为了保证计划的有效落实，必须制定各种相应的规章制度，明确每个人的责权利及奖惩条件。

(4) 协调各种关系

为了有效实施市场营销计划，企业内部各部门要相互配合，协调一致；各项行动实施方案、组织结构和各种规章制度也要相互配合，协调一致。

2. 市场营销计划执行中的问题及其产生原因

(1) 计划脱离实际

市场营销计划通常由上层专业计划人员制订，而主要靠基层管理人员和销售人员实施。专业计划人员更多的考虑是总体方案和原则性要求，容易忽视过程和实施的细节，使计划过于笼统和流于形式。专业计划人员不了解实施中的具体问题，制定的计划难免脱离实际；专业计划人员与基层人员之间缺乏交流和沟通，操作人员不能完全理解需要他们贯彻的计划内容，实施中经常遇到困难，从而导致专业计划人员和基层人员的对立。因此，制订计划不能仅靠专业计划人员，应该让专业计划人员协助有关营销人员共同制订计划。基层人员可能比专业计划人员更了解实际运作过程，将他们纳入计划管理过程，会更有利于营销计划的实施。

(2) 长期目标和短期目标矛盾

计划一般涉及企业的长期目标；而企业评估和奖励营销人员时，通常又根据他们的短期绩效，因此他们中有些人在执行计划过程中不得不选择短期行为。例如，有些新产品开发之所以半途夭折，就是因为营销人员较多地追求眼前效益和个人奖金，将资源主要投放到了现有的成熟产品中，导致新产品开发的力度不足。克服这种长期目标和短期目标之间的矛盾是十分重要的而且是十分艰难的任务。①

(3) 因循守旧的惰性

一般说，新战略、新计划如果不符合传统习惯，就容易遭受抵制。新旧战略、计划的差异越大，实施中可能遇到的阻力也越大。要实施与旧战略截然不同的新计划，常常需要打破传统的组织结构和流程。

---

① 吴健安．市场营销学．2 版．北京：高等教育出版社，2004：350.

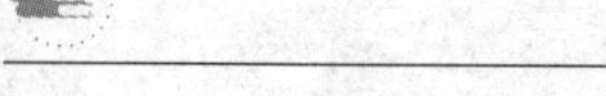

(4) 缺乏具体明确的执行方案

有些计划失败的原因主要是缺乏一个具体的行动方案，没有一个使内部各有关部门、环节协调一致、共同努力的依据。

12.2 市场营销组织

企业的市场营销组织是执行市场营销计划，服务市场购买者的职能部门。市场营销部门的组织形式，主要受宏观市场营销环境、企业市场营销管理哲学以及企业自身所处的发展阶段、经营范围、业务特点等因素的影响。

12.2.1 市场营销部门的演变

企业的市场营销部门是随着市场营销管理哲学的不断发展演变而来的，大致经历了单纯的销售部门、兼有附属职能的销售部门、独立的市场营销部门、现代市场营销部门、现代市场营销企业五个阶段。

1. 单纯的销售部门

20 世纪 30 年代以前，西方企业以生产观念作为指导思想，大都采用这种形式。一般说来，几乎每个企业都是从财务、生产、销售和会计这四个基本职能部门开展的。财务部门负责资金的筹措，生产部门负责产品制造，会计部门管理往来账目、计算成本。销售部门通常由一位副总经理负责，管理销售人员，并兼管若干市场营销研究和广告宣传工作。在这个阶段，销售部门的职能仅仅是推销生产部门生产出来的产品，生产什么，销售什么；生产多少，销售多少。产品生产、库存管理等完全由生产部门决定，销售部门对产品的种类、规格、数量等问题，几乎没有任何发言权。

2. 兼有附属职能的销售部门

20 世纪 30 年代大萧条以后，市场竞争日趋激烈，企业大多数以推销观念作为指导思想，需要进行经常性的市场营销研究、广告宣传以及其他促销活动。这些工作逐渐变成为推销部门的专门职能，当这些工作量达到一定程度时，许多企业便开始设立一名市场营销主任负责这方面的工作。

3. 独立的市场营销部门

随着企业规模和业务范围的进一步扩大，原来作为附属性工作的市场营销研究、新产品开发、广告促销和为顾客服务等市场营销职能的重要性日益增强。于是，市场营销部门成为一个相对独立的职能部门。作为市场营销部门负责人的市场营销副总经理同销售副总经理一样直接受总经理的领导。销售和市场营销成为平行的职能部门，但在具体工作上，这两个部门是需要密切配合的。这种安排常常使用在许多工业企业中，它向企业总经理提供了一个从各角度分析企业面临的机遇与挑战的机会。

4. 现代市场营销部门

尽管销售副总经理和市场营销副总经理需要配合默契和互相协调，但是他们之间实际形成的关系往往是一种彼此敌对、互相猜疑的关系。销售副总经理趋向于短期行为，侧重于取得眼前的销售量；而市场营销副总经理则多着眼于长期效果，侧重于制定适当的产品计划和市场营销战略，以满足市场的长期需要。销售部门和市场营销部门之间矛盾冲突的解决过程，形成了现代市场营销部门的基础，即由市场营销副总经理全面负责，下辖所有市场营销职能部门和销售部门。

需要注意的是，市场营销人员的销售人员是两种截然不同的群体，尽管市场营销人员很多来自销售人员，但还是不应将他们搞混，并不是所有销售人员都能成为市场营销人员。事实上，在这两种职业之间有着根本的不同。从专业性而言，市场营销经理的任务是确定市场机会，准备市场营销策略，并计划组织新产品进入，使销售活动达到预订目标；而销售人员则是负责实施新产品进入和销售活动。在这一过程中常出现两种问题：如果市场营销人员没有征求销售人员对于市场机会和整个计划的看法和见解，那么在实施过程中可能会导致事与愿违；如果在计划实施后，市场营销人员没有收集销售人员对于此次行动计划实施的反馈信息，那么他很难对整个计划进行有效控制。

5. 现代市场营销企业

一个企业仅仅有了上述现代市场营销部门，还不等于是现代市场营销企业。现代市场营销企业取决于企业内部各种管理人员对待市场营销职能的态度，只有当所有的管理人员都认识到企业一切部门的工作都是“为顾客服务”，“市场营销”不仅是一个部门的名称而且是一个企业的经营管理哲学时，这个企业才能算是一个“以顾客为中心”的现代市场营销企业。

12.2.2　市场营销部门的组织形式

为了实现企业目标，市场营销经理必须选择合适的市场营销组织。大体上，市场营销组织有以下五种类型：

1. 职能型组织

职能型组织是最古老，也是最常见的市场营销组织形式。它强调市场营销各种职能(如销售、广告和研究等)的重要性。该组织把销售职能当成市场营销的重点，而广告、产品管理和研究职能则处于次要地位。当企业只有一种或很少几种产品，或者企业产品的市场营销方式大体相同时，按照市场营销职能设置组织结构比较有效。但是，随着产品品种的增多和市场的扩大，这种组织形式就暴露出发展不平衡和难以协调的问题。如果没有一个部门能对某产品的整个市场营销活动负全部责任，那么各部门就强调各自的重要性，以便争取到更多的预算和决策权，这就会致使市场营销总经理无法进行协调。

2. 产品型组织

产品型组织是指在企业内部建立产品经理组织制度，以协调职能型组织中的部门冲突。

在企业所生产的各产品差异很大，产品品种太多，以致按职能设置的市场营销组织无法处理的情况下，建立产品经理组织制度是适宜的。其基本做法是，由一名产品市场营销经理负责，下设几个产品线经理，产品线经理之下再设几个具体产品经理去负责各具体产品。

产品市场营销经理的职责是制订产品开发计划，并付诸执行，监测其结果和采取改进措施。这个职责具体地可分为六个方面：

① 发展产品的长期经营和竞争战略。

② 编制年度市场营销计划和进行销售预测。

③ 与广告代理商和经销代理商一起研究广告的文稿设计、节目方案和宣传活动。

④ 激励推销人员和经销商经营该产品的兴趣。

⑤ 搜集产品、市场情报，进行统计分析。

⑥ 倡导新产品开发。

产品型组织形式的优点在于产品市场营销经理能够有效地协调各种市场营销职能，并对市场变化做出积极反应。同时，由于有专门的产品经理，那些较小品牌产品可能不会受到忽视。不过，该组织形式也存在不少缺陷：

① 缺乏整体观念。在产品型组织中，各个产品经理相互独立，他们会为保持各自产品的利益而发生摩擦。事实上，有些产品可能面临着被收缩和被淘汰的境地。

② 部门冲突。产品经理们未必能获得足够的权威，以保证他们有效地履行职责。这就要求他们得靠劝说的方法取得广告部门、销售部门、生产部门和其他部门的配合与支持。

③ 多头领导。由于权责划分不清楚，下级可能会得到多方面的指令。例如，产品广告经理在制定广告战略时接受产品市场营销经理的指导，而在预算和媒体选择上则受制于广告协调者。

3. 市场型组织

当企业面临如下情况时，建立市场型组织是可行的：拥有单一的产品线；市场上有各种各样不同偏好和消费群体；不同的分销渠道。许多企业都在按照市场系统安排其市场营销机构，使市场成为企业各部门为之服务的中心。一名市场主管经理管理几名市场经理。市场经理开展工作所需要的职能性服务由其他职能性组织提供并保证。其职责是负责制订所辖市场的长期计划和年度计划，分析市场动向及企业应该为市场提供什么新产品等。他们的工作成绩常用市场占有率的增加情况来判断，而不是看其市场现有盈利情况。市场型组织的优点在于，企业的市场营销活动是按照满足各类不同顾客的需求来组织和安排的，这有利于企业加强销售和市场开拓。其缺点是，存在权责不清和多头领导的矛盾，这和产品型组织类似。

4. 地理型组织

如果一个企业的市场营销活动面向全国，那么它会按照地理区域设置其市场营销机构。该机构设置包括，一名负责全国销售业务的销售经理，若干名区域销售经理、地区销售经理和地方销售经理。为了使整个市场营销活动更为有效，地理型组织通常都与其他类型的组织结

合起来使用。

5. 矩阵型组织

矩阵型组织是职能型组织与产品型组织相结合的产物，它是在原有的按直线指挥系统为职能部门组成的垂直领导系统的基础上，又建立一种横向的领导系统，两者结合起来就组成一个矩阵。在市场营销管理实践中，矩阵型组织的产生大体分两种情况：第一种情况是：企业为完成某个跨部门的一次性任务(如产品开发)，就从各部门抽调人员组成由经理领导的工作组来执行该项任务，参加小组的有关人员一般受本部门和小组负责人的共同领导。任务完成后，小组撤销，其成员回到各自的岗位。这种临时性的矩阵型组织又叫小组制。第二种情况是：企业要求个人对维持某个产品或商标的利润负责，把产品经理的位置从职能部门中分离出来并固定化；同时，由于经济和技术因素的影响，产品经理还要借助于各职能部门执行管理，这就构成了矩阵。矩阵型组织能加强企业内部门间的协作，能集中各种专业人员的知识技能又不增加编制，组建方便，适应性强，有利于提高工作效率。但是，双重领导、稳定性差和管理成本较高的缺陷又多少抵消了一部分效率。

进入 20 世纪 90 年代以来，市场营销环境发生了巨大的变化。电子计算机和无线电通信的不断进步，全球性竞争的日趋激烈，消费者和企业购买经验的日益丰富，服务性企业的迅速发展等，都要求企业重新考虑怎样组织自己的业务。为适应这些变化，许多企业将自己的业务重心放在主要业务或有竞争力的业务上，也有不少企业将其业务拓展到其他不熟悉的领域以求新的发展。其中有的成功了，但失败的却属多数。究其失败的原因，大多是由于企业所投身的行业是一个新兴行业或极具发展潜力的行业，企业缺乏在该领域的激烈竞争中所应具有的技能和知识。

营销案例链接：欧莱雅在中国市场的组织策略

欧莱雅是全球排名第一的化妆品公司，拥有 500 多个不同品牌，在 100 多个国家内成立品牌分部。在竞争激烈的市场中，欧莱雅不但要充分利用整体竞争优势，还要兼顾不同品牌的相对独立性。为了解决这个矛盾，欧莱雅首先在中国试用矩阵式的组织结构，如果成功还将向全世界推行。在新的矩阵式组织结构中，我们可以看到，根据不同的产品种类，欧莱雅规定了不同部门的相应的责权。因为当地的组织者直接与消费者建立联系，因此，这种组织结构可以更迅速有效地迎接竞争者或潜在竞争者的挑战。

作为一个新兴市场，中国吸引了欧莱雅高层管理人员的注意。1997 年，欧莱雅在被视为中国商业中心和亚太地区供应中心的上海成立了欧莱雅中国公司。最初，欧莱雅总部向中国派驻了 3 位管理人员，分别负责制造、财务和全面管理。为了加强与当地员工的沟通，欧莱雅任命了 1 名中国人为人力资源主管，任命 3 名在大众化妆品市场有资深经验的法国人分别出任欧莱雅、薇姿、美宝莲和兰蔻的品牌经理。中层管理人员大多是具有诸如化妆品、日用消费品等类似跨国企业工作经验的当地人。近些年来，在完成组织结构设置后，欧莱雅不断发掘校园人才，并向他们提供各种各样的职业发展锻炼。事实证明，这群新生力量得到了迅速的成长。

鉴于不同层次管理的需要，欧莱雅是这样分配权力的：

- 基层管理者：是欧莱雅中国公司业务与竞争力的基础，在他们的业务范围内对产品销售情况的短期与长期的表现负责。
- 中层管理者：负责资金、人力和信息资源的调配。
- 高层管理者：更注重建立一个良好的组织整体。

在欧莱雅中国公司，每个品牌都有自己的市场部和销售部，而没有研发部。但在日本、法国等地都有不同的实验室进行全面的研发工作。针对不同的品牌和具体的市场情况，欧莱雅中国公司在营销领域适当地调整其广告策略。

中国的高层管理者组成了欧莱雅中国执行委员会，他们定时开会商讨决策。与此同时，欧莱雅中国也举行诸如 Orientation、部门会议等相对较低层次的会议。在每次会上，高层管理者都会强调组织结构变革的重要性，并收集对执行的建议。这些会议使欧莱雅中国作为一个整体和谐地运转。

作为一个法国公司，欧莱雅注重组织的灵活和适应性。鼓励每个员工参与决策，并向他们提供机会表达自己对职业发展的需求。相应的，公司在任命时也充分考虑员工的个人意见。此外，公司鼓励员工提出不同意见。公司认为，由分歧引起的交锋能保持创新的能力，并将激发新的创意。再者，各个层面的管理者通过多种渠道与下属频繁沟通，当雇员与他的直接领导者产生摩擦时，他可直接向更高层汇报。公司鼓励那些有才干，长期受中国传统观念熏陶的员工放弃绝对服从而学会大胆勇敢。在化妆品行业，创造力和想象力是成功的催化剂。

过去 10 年里，欧莱雅用于研究和发展的费用达 32 亿美元，高于它所有的竞争对手。这些研究花费使欧莱雅每 3 年更新近 50%的生产线，平均每年申请 300 项专利。在不断需要新产品的化妆品行业，这是欧莱雅的一项优势。欧莱雅将在上海设立研发中心以加强产品的竞争力，并使之更加适合中国的顾客。

促使欧莱雅这一大企业进行创新的途径之一是促使不同品牌在不同地区相互竞争。欧莱雅赞成旗下不同品牌之间的相互竞争。它建立一个研究中心与另一个较劲，它建立一支营销队伍与另一支抗衡。他们彼此“争斗”，同时在这一过程中也打倒了其竞争对手。欧莱雅通过不断向中国市场引进新的品牌以加强自我竞争。

资料来源：市场营销案例分析. 中国市场营销网，2006－9－26.

12.2.3 市场营销部门和其他部门的关系

为确保企业整体目标的实现，企业内部各职能部门应密切配合。但实际上，各部门间的关系常常表现为激烈的竞争和明显的不信任，其中有些冲突是由于对企业最高利益的不同看法引起的，有些是由于部门之间的偏见造成的，而有些则由于部门利益与企业利益相冲突所造

成的。

在典型的组织结构中，所有职能部门应该说都对顾客的满意程度有或多或少的影响。在市场营销观念下，所有部门都应以“满足消费者”这一原则为中心，致力于消费者需求的满足，而市场营销部门则更应在日常活动中向其他职能部门灌输这一原则。市场营销经理有两大任务：一是协调企业内部市场营销活动；二是在顾客利益方面，协调市场营销与企业其他职能部门的关系。然而，很难确定应给予市场营销部门多少权限来与其他部门进行协调合作。但一般而言，市场营销部经理应主要依靠说服而不是权力来进行工作。

市场营销部门与其他部门之间的主要分歧表现在以下几方面。

1. 市场营销部门与研究开发部的关系

企业希望开发新产品，但常因研究开发部门和市场营销部门意见不一致而告失败。这两个部门在企业中代表着两种不同的文化观念。研究开发部门由科学技术人员构成，他们为生产技术的超前性而骄傲，擅长解决技术问题，而不太关心眼前的销售利润，喜欢在较少人监督或较少顾虑研究成本的情况下工作。而市场营销与销售部门则由具有商业头脑的人员组成，他们精于对市场领域的了解，喜欢那些对顾客有促销作用的新产品，有一种注重成本的紧迫感。市场营销人员把研究开发人员看做是不切实际的、知识分子味十足的、甚至不懂业务的科学狂人；相反，研究开发人员认为市场营销人员对产品的销售特色比对技术性能更感兴趣。结果，企业不是技术导向型的，就是市场导向型的，或二者并重的。在技术导向型的企业中，研发人员常研究基本原理问题，寻求重大突破，力求产品尽善尽美，虽然他们确实会发现一种重要的新产品，但其研究与开发费用很高，新产品成功率较低。在市场导向型的企业里，研发人员为专业市场的需要而设计新产品，绝大多数是对产品的改进和现有技术的应用，新产品的成功率较高，但主要是改进生命周期较短的产品。在技术、市场二者并重的企业中，市场营销部与研究开发部已形成有效的组织关系，它们共同负责进行卓有成效的市场创新，研发人员不仅负责发明，也负责有希望成功的创新，销售人员不只是注意新的销售特色，也协调研究人员寻找能满足要求的新途径。

研究表明：创新成功需要研究开发与市场营销一体化。研究开发与市场营销部门的合作；可采用下列几种简便易行的方式：

① 联合主办研讨会，以便加强对对方工作目标、作风和问题的理解和尊重。

② 每个新项目要同时派给研究开发人员和市场营销人员，他们将在整个项目执行过程中合作；同时，研究开发部与市场营销部应共同确定市场营销计划与目标。

③ 研究开发部门的合作，要一直持续到销售阶段，包括编写技术手册，合办贸易展览，售后调查，甚至参与一些销售工作。

④ 产生的矛盾应由高层管理部门解决，在同一个企业中，研究开发部门与市场营销部门应同时向一个副总经理报告。

2. 市场营销部门与工程部门的关系

工程部门负责运用切实可行的方法，来设计新产品和新的生产程序。工程师们更关心产品的技术质量，成本费用的节约，以及制造工艺的简化。如果市场营销人员希望产品多样化，而不是以标准配件突出产品特色，工程师们便会与之发生冲突。他们认为市场营销人员只要求外形美观，而不注重产品内在性能，不值得加以信任。但在市场营销人员具有工程基础知识并能有效地与工程师沟通的企业里，一般不会出现上述问题。

3. 市场营销部门与采购部门的关系

采购主管人员负责以最低的成本买进质量和数量都合适的原材料与零配件。通常，他们的购买量大且种类较少，但市场营销经理通常会争取在一条生产线上推出几种型号的产品，这就需要采购数量小而品种多的原材料及配件，而不需要数量大而种类少的配件，他们认为市场营销部门对原料及其零配件的质量要求过高，尤其是当市场营销部门的预测发生错误时这种矛盾更为突出，这迫使他们不得不以较高的价格条件购进原材料，有时还会造成库存过多而积压的现象。

4. 市场营销部门与制造部门的关系

制造部门与市场营销部门之间存在几种潜在矛盾。生产人员负责工厂的正常运转，以实现用适当的成本，在适当的时间内，生产适当数量的产品的目的。他们成天忙于处理机器故障、原料缺乏等问题。他们认为，市场营销人员在不了解工厂的经济情况及战略的前提下，一味地埋怨工厂生产能力不足，生产拖延，质量控制不严，售后服务不佳……而且，还经常做出不正确的销售预测，推荐难于制造的产品，答应给顾客过多不合理的服务项目。市场营销人员确实看不到工厂的困难，而只注意顾客提出的问题。

企业可采用不同的方法来解决这些问题。在生产导向型的企业里，人们所做的任何一件事情都是为了保证生产的顺利进行和降低成本。这种企业倾向于生产简单的产品，希望生产线窄一些，而生产批量大一些。需要加速生产来配合促销活动的情况几乎没有，顾客在遇延期交货时不得不耐心等待。

另一些企业是市场导向型的。这种企业想尽一切办法来满足顾客需要。例如，在一家大型的化妆品企业里，只要市场营销人员一声令下要求生产什么东西，生产人员就立即行动，而不考虑加班费用、短期生产效应等。结果，造成生产成本高昂而且成本不固定，产品质量也欠稳定等问题。

企业应逐渐向生产导向与市场导向并重的方向发展。在这种并重的企业里，制造部门与市场营销部门可以共同确定企业追求的最佳利益。解决办法包括召开联合研讨会以了解双方的观点，设置联合委员会和联络人员，制订人员交流计划，以及采用分析办法，以确定最有利的行动方案等。

企业的盈利能力很大程度上取决于市场营销部门与制造部门之间的良好协调关系。市场营销人员必须具备较好地了解制造部门的能力，如果企业想通过降低生产成本来取胜，那就需

要一种新的生产策略；如果企业想依靠质量优良、品种多样或优质服务取胜，就需要多种不同的生产策略。所以，生产设计和生产能力是由已规划好的产量、成本、质量、品种和服务组成的市场营销战略目标来决定的。在产品尚未确定卖主之前，当购买者去工厂了解生产管理质量状况时，生产人员和工厂部门无疑成了重要的市场营销工具。

5. 市场营销部门与财务部门的关系

财务主管人员擅长评估不同业务活动的盈利能力，但每当涉及市场营销经费时就不得不喊“头痛”。市场营销主管人员在要求将大量预算用于宣传、促销活动和推销人员的开支的同时，却不能具体说明这些费用能带来多少销售利润。财务主管人员怀疑市场营销人员所作的预测是自己随意编制的，并没有真正考虑经费与销售的关系，他们认为，市场营销人员急于大幅度削价是为了获得订单而不是真正为了盈利。同时，市场营销主管人员则认为，财务人员控制资金太紧，拒绝把资金投入长期的潜在市场开发中去，他们把所有的市场营销经费看做是一种浪费，而不是投资。财务人员过于保守，不愿冒风险，从而使许多好的机遇失之交臂。解决这个问题的办法是加强对市场营销人员的财务知识培训，同时加强对财务人员的市场营销训练。财务主管人员要运用财务工具和理论，支持对全局有影响的市场营销工作。

6. 市场营销部门与会计部门的关系

会计人员认为市场营销人员不能准时制作销售报表，尤其不喜欢销售人员与顾客达成的特殊交易，因为这些交易需要特殊的会计手续；反之，市场营销人员则不喜欢会计人员把固定成本分摊到不同品牌上去。品牌经理认为，他们主管的品牌比预期的更能盈利；但问题在于分摊给产品的间接费用太多，而使得品牌利润率降低。他们还希望会计部门能按渠道、区域、订货规模等编制各不相同的利润和销售额报表。

7. 市场营销部门与信用部门的关系

信用部门的主管人员要评估潜在顾客的信用等级，拒绝或限制向信用不佳的顾客提供信贷。他们认为，市场营销人员把商品出售给任何人，即使是那些连付款都有问题的人。相反，市场营销人员则常常感到信用标准订得太高。他们认为，要求“无坏账”，实际意味着企业将失去一大笔买卖和利润；并且认为他们好容易找到了客户，听到的却是因这些顾客的信用不佳而不能与之成交的消息。

总之，市场营销部门要和其他部门协调好关系，共同搞好企业的营销工作。

12.2.4　市场营销组织的设置原则

1. 整体沟通和协调的原则

企业设置的营销机构应能够对企业与外部环境，尤其是与市场、顾客之间的关系进行协调。因为企业失去了顾客，就意味着失去了市场，失去了生存的条件。企业设置的营销机构应能够与企业内部的其他机构相互协调，并能协调各个部门之间的关系。同时营销部门内部的人员机构以及层级设置，也要相互协调，以充分发挥营销机构自身的整体效应。

2. 精简以及适当的管理跨度与层级原则

精简要求企业因事设职、因职设人，且内部层级不宜太多。另外，企业应选择合适的管理跨度和管理层级。管理跨度又称管理宽度或管理幅度，是指领导者能够有效并直接指挥的部门和员工的数量。管理层级又称管理梯度，指一个组织属于不同层级的数目。在管理职能和范围不变的情况下，管理跨度和层级的关系是：管理跨度越大，层级越少，组织结构越扁平；反之，跨度越小，则管理层级越多。企业必须选择合适的管理跨度与层级。需要注意的是，管理跨度与层级的设置不是一成不变的，机构本身应当有一定弹性。企业要根据变化着的内外部情况，及时调整市场营销部门的组织形式，以适应发展变化的需要。

3. 有效性原则

效率是一个组织在一定时间内完成的工作量。一个组织要达到工作的高效率必须具备三个条件：

① 市场营销部门要有与完成自身任务相一致的权力，包括人权、物权、财权和发言权、处理事务权。

② 市场营销组织要有畅通的内部沟通和外部信息渠道。

③ 市场营销部门要善于用人，各司其职。因为市场营销管理工作任务牵涉面广，且涉及不同的专业人员，因此，各级领导要善于发现下属优点，发挥其所长。

12.3 市场营销控制

市场营销控制是指市场营销经理应经常检查市场营销计划的执行情况，看计划与实绩是否一致，如果不一致或没有完成计划，就要找出原因所在，并采取适当措施和正确行动，以保证市场营销计划的完成。市场营销控制有四种主要类型，即年度计划控制、盈利能力控制、效率控制和战略控制。

12.3.1 年度计划控制

任何企业都要制定年度计划。然而，年度市场营销计划的执行能否取得理想的成效，还需要看控制工作进展如何。年度计划控制是指企业在本年度内采取控制步骤，检查实际绩效与计划之间是否有偏差，并采取改进措施，以确保市场营销计划的实现与完成。许多企业每年都制订相当周密的计划，但执行的结果却往往与之有一定的差距。事实上，计划的结果不仅取决于计划制订得是否正确，还有赖于计划执行与控制的效率如何。可见，年度计划制订并付诸执行之后，搞好控制工作也是一项极其重要的任务。年度计划控制的主要目的在于：

① 促使年度计划产生连续不断的推动力。

② 控制的结果可以作为年终绩效评估的依据。

③ 发现企业潜在问题并及时予以妥善解决。

④ 高层管理人员可借此有效地监督各部门的工作。

年度计划控制系统包括四个主要步骤：制定标准，即确定本年度各个季度（或月）的目标，如销售目标、利润目标等；绩效测量，即将实际成果与预期成果相比较；因果分析，即研究发生偏差的原因；改正行动，即采取最佳的改正措施，努力使成果与计划相一致。企业经理人员可运用五种绩效工具以核对年度计划目标的实现程度，即销售分析、市场占有率分析、市场营销费用与销售额比率分析、财务分析、顾客态度追踪。

1. 销售分析

销售分析主要用于衡量和评估经理人员所制定的计划销售目标与实际销售之间的差距。这种关系的衡量和评估有两种主要方法。

(1) 销售差异分析

销售差异分析用于决定各个不同的因素对销售额的不同作用。例如，假设年度计划要求第一季度销售 4000 件产品，每件 1 元，即销售额为 4000 元。在该季结束时，只销售了 3000 件，每件 0.80 元，即实际销售额 2400 元。那么，这个销售绩效差异为－1600 元，或预期销售额的－40％。问题是，绩效的降低有多少归因于价格下降？有多少归因于销售数量的下降？可用如下计算来回答：

因价格下降的差异＝(1－0.80)元×3000＝600 元

因价格下降的影响＝600÷1600×100％＝37.5％

因销量下降的差异＝1×(4000－3000)元＝1000 元

因销量减少的影响＝1000÷1600×100％＝62.5％

可见，约有 2/3 的销售差异归因于未能实现预期的销售数量。较价格而言，销售数量通常比较容易控制，企业应该仔细检查为什么不能达到预期的销售量。

(2) 地区销售量分析

分析地区销售量可以通过衡量导致未能达到预期销售额的特定产品和地区来进行。假设企业在 3 个地区销售，其预期销售额分别为 1500 元、500 元和 2000 元，总额 4000 元。实际销售额分别是 1400 元、525 元、1075 元。就预期销售额而言，第一个地区有 7％的未完成额；第二个地区有 5％的超出额；第三个地区有 46％的未完成额。主要问题显然在第三个地区。造成第三个地区不良绩效的原因有如下可能：

① 该地区的销售代表工作不努力；

② 有主要竞争者进入该地区；

③ 该地区居民收入下降。

2. 市场占有率分析

相对于企业的竞争者来说，其销售绩效并不能反映出企业的经营状况。如果企业销售额增加了，可能是由于企业所处的整个经济环境的发展，也可能是因为其市场营销工作较之其竞争者有所改善。市场占有率正是剔除了一般的环境影响来考察企业本身的经营工作状况的。

如果企业的市场占有率升高，表明它较其竞争者的情况更好；如果下降，则说明相对于竞争者其绩效较差。衡量市场占有率的第一个步骤是清楚地定义使用何种度量方法。一般说，有四种不同的度量方法衡量市场占有率。

(1) 全部市场占有率

全部市场占有率以企业的销售额占全行业销售额的百分比来表示。使用这种衡量方法必须作两项决策：一项是要以单位销售量或以销售额来表示市场占有率；另一项是正确认定行业范围，即明确本行业所应包括的产品、市场等。

(2) 可达市场占有率

可达市场占有率是以其销售额占企业所服务市场的百分比来表示。可达市场：一是企业产品最适合的市场；二是企业市场营销努力所及的市场。企业可能有近100%的可达市场占有率，却只有相对较小的全部市场占有率。

(3) 相对市场占有率(相对于最大的三个竞争者)

相对市场占有率(相对于最大的三个竞争者)以企业销售额对最大的三个竞争者的销售额总和的百分比来表示。如某企业有30%的市场占有率，其最大的三个竞争者的市场占有率分别为20%、10%、10%，则该企业的相对市场占有率是30%/40%×100%=75%。一般情况下，相对市场占有率高于33%即被认为是强势的。

(4) 相对市场占有率(相对于市场领导竞争者)

相对市场占有率(相对于市场领导竞争者)以企业销售额相对市场领先竞争者的销售额的百分比来表示。相对市场占有率超过100%，表明该企业是市场领先者；相对市场占有率等于100%，表明企业与市场领先竞争者同为市场领导者；相对市场占有率的增加表明企业正接近市场领先竞争者。

了解企业市场占有率之后，尚需正确解释市场占有率变动的原因。企业可从产品大类、顾客类型、地区以及其他方面来考察市场占有率的变动情况。一种有效的分析方法是从顾客渗透率CP、顾客忠诚度CL、顾客选择性Cs以及价格选择性Ps四因素分析。顾客渗透率是指从本企业购买某产品的顾客占该产品所有顾客的百分比。顾客忠诚度是指顾客从本企业所购产品与其所购同种产品总量的百分比。顾客选择性是指本企业一般顾客的购买量相对于其他企业一般顾客的购买量的百分比。价格选择性是指本企业平均价格同所有其他企业平均价格的百分比。这样，全部市场占有率Tms就可表述为

$$Tms = CP \cdot CL \cdot Cs \cdot Ps$$

3. 市场营销费用与销售额比率分析

在做年度计划控制时，需要检查与销售有关的市场营销费用，以确定企业在达到销售目标时的费用支出。市场营销费用对销售额比率是一种主要的检查方法。市场营销管理人员的工作就是密切注意这些比率，以发现是否有任何比例失去控制。当一项费用对销售额比率失去控制时，必须认真查找问题的原因。

4. 财务分析

市场营销管理人员应就不同的费用对销售额的比率和其他的比率进行全面的财务分析，以决定企业如何以及在何处展开活动，获得盈利。市场营销管理人员还应利用财务分析来判别影响企业资本净值收益率的各种因素。

5. 顾客态度追踪

如上所述的年度计划控制所采用的衡量标准大多是以财务分析和数量分析为特征的，即它们基本上是定量分析。定量分析虽然重要但并不充分，因为它们没有对市场营销的发展变化进行定性分析和描述。因此，企业需要建立一套系统来追踪其顾客、经销商以及其他市场营销系统参与者的态度。如果发现顾客对本企业和产品的态度发生了变化，企业管理者就能较早地采取行动，争取主动。企业一般利用以下系统来追踪顾客的态度。

(1) 抱怨和建议系统

企业对顾客的书面的或口头抱怨应该进行记录、分析，并做出适当的反应。对不同的抱怨应该分析归类做成卡片。较严重的和经常发生的抱怨应及早予以注意，企业应该鼓励顾客提出批评和建议，使顾客经常有机会发表意见，这样才有可能收集到顾客对其产品和服务反映的完整资料。

(2) 固定顾客样本系统

有些企业建立了由一定代表性的顾客组成的固定顾客样本，定期通过电话访问或邮寄问卷的方式了解其态度。这种做法有时比抱怨和建议系统更能有效地反应顾客态度的变化，顾客样本分布范围更加科学化。

(3) 顾客调查系统

企业定期让一组随机顾客回答一组标准化的调查问卷，问题包括职员态度、服务质量等。通过对这些问卷的分析，企业可及时发现问题，并及时予以纠正。

通过上述分析，企业在发现实际绩效与年度计划发生较大偏差时，可考虑采取如下措施：削减产量、降低价格、对销售队伍施加更大的压力、削减杂项支出、裁减员工、削减投资、出售企业财产、出售整个企业。

12.3.2　盈利能力控制

除了年度计划控制之外，企业还需要运用盈利能力控制来测定不同产品、不同销售区域、不同顾客群体、不同渠道以及不同订货规模的盈利能力。由盈利能力控制所获取的信息有助于管理人员、决定扩展、减少还是取消各种产品或市场营销活动。下面就市场营销成本以及盈利能力的考察指标等进行阐述。

1. 市场营销成本

市场营销成本直接影响企业利润，它由如下项目构成：

① 直接推销费用：包括直销人员的工资、奖金、差旅费、培训费、交际费等。

② 促销费用:包括广告媒体成本、产品说明书印刷费用、赠奖费用、展览会费用、促销人员工资等。

③ 仓储费用:包括租金、维护费、折旧、保险、包装费、存货成本等。

④ 运输费用:包括托运费用等,如果是自有运输工具,则要计算折旧、维护费、燃料费、牌照税、保险费、司机工资等。

⑤ 其他市场营销费用:包括市场营销管理人员工资、办公费用等。

上述成本连同企业的生产成本构成了企业总成本,直接影响到企业的经济效益。

2. 盈利能力的考察指标

任何企业最重要的目标之一是取得利润。市场营销管理人员历来都高度重视企业的盈利能力,因而盈利能力控制在市场营销管理中占有十分重要的地位。通过对市场营销成本的分析,考察盈利能力的指标主要有以下几个:

(1) 销售利润率

一般来说,企业将销售利润率作为评估企业获利能力的主要指标之一。销售利润率是指利润与销售额之间的比率,表示每销售 100 元企业获得的利润,其公式为:

销售利润率=(本期利润/销售额)×100%

但是,同一行业的各个企业间的负债比率往往大不相同,而对销售利润率的评价又常需通过与同行业平均水平来进行对比。所以,在评估企业获利能力时最好能将利息支出加上税后利润,这样将能大体消除由于举债经营而支付的利息对利润水平产生的不同影响。因此,销售利润率的计算公式应该是

销售利润率=(税后息前利润/产品销售收入净额)×100%

在同行业间衡量经营水平时,通过这样的计算所得的值,才有可比性,才能比较正确地评价市场营销效率。

(2) 资产收益率

资产收益率指企业所创造的总利润与企业全部资产的比率。其公式为

资产收益率=(本期利润/资产平均总额)×100%

与销售利润率的理由一样,为了在同行业间有可比性,资产收益率可以用如下公式计算

资产收益率=(税后息前利润/资产平均总额)×100%

其分母之所以用资产平均总额,是因为年初和年末余额相差很大,如果仅用年末余额作为总额显然不合理。

(3) 净资产收益率

净资产收益率指税后利润与净资产所得的比率。净资产是指总资产减去负债总额后的净值。这是衡量企业偿债后的剩余资产的收益率。其计算公式为

净资产收益率=(税后利润/净资产平均余额)×100%

(4) 资产管理效率

资产管理效率可通过以下比率来分析：

① 资产周转率

该指标是指一个企业以资产平均总额去除产品销售收入净额而得出的全部资产周转率。其计算公式为

$$资产周转率=(产品销售收入净额/资产平均占用额)\times 100\%$$

该指标可以衡量企业全部投资的利用效率，资产周转率高说明投资的利用效率高。

② 存货周转率

该指标是指产品销售成本与存货(指产品)平均余额之比。其计算公式为

$$存货周转率=(产品销售成本/存货平均余额)\times 100\%$$

这项指标说明某一时期内存货周转的次数，从而考核存货的流动性。存货平均余额一般取年初和年末余额的平均数。一般说来，存货周转率次数越高越好，说明存货水准较低，周转快，资金使用效率较高。

资产管理效率与获利能力密切相关。资产管理效率高，获利能力相应也较高。这可以从资产收益率与资产周转率及销售利润率的关系表现出来。资产收益率实际上是资产周转率和销售利润率的乘积：

$$资产收益率=(产品销售收入净额/资产平均占用额)\times(税后息利润/产品销售收入净额)\times 100\%=资产周转率\times 销售利润率\times 100\%$$

12.3.3　效率控制

假如盈利能力分析显示出企业关于某一产品、地区或市场所得的利润很差，那么紧接着下一个问题便是有没有高效率的方式来管理销售人员、广告、销售促进及分销。

1. 销售人员效率

企业的各地区的销售经理要记录本地区内销售人员效率的几项主要指标，这些指标包括：每个销售人员每天平均的销售访问次数，每次会晤的平均访问时间，每次销售访问的平均收益，每次销售访问的平均成本，每次访问的招待成本，每百次销售访问而订购的百分比，每期发展的新顾客数，每期丧失的顾客数，销售成本对总销售额的百分比等。

2. 广告效率

企业应该至少做好如下统计：每一媒体类型、每一媒体工具接触每千名购买者所花费的广告成本；顾客对每一媒体工具注意、联想和阅读的百分比；顾客对广告内容和效果的意见；广告前后对产品态度的衡量；受广告刺激而引起的询问次数。企业高层管理可以采取若干步骤来改进广告效率，包括进行更加有效的产品定位；确定广告目标；利用电脑来指导广告媒体的选择；寻找较佳的媒体；以及进行广告后效果测定等。

3. 促销效率

为了改善销售促进的效率，企业管理阶层应该对每一销售促进的成本和对销售影响作记录，注意做好如下统计：由于优惠而销售的百分比；每一销售额的陈列成本；赠券收回的百分比；因示范而引起询问的次数。企业还应观察不同销售促进手段的效果，并使用最有效果的促销手段。

4. 分销效率

分销效率主要包括分销网点的市场覆盖面、销售渠道层级、各类渠道成员的作用、分销系统的结构、企业存货水准、仓库位置及运输方式等。

效率控制的目的在于提高人员推销、广告、销售促进和分销等市场营销活动的效率，市场营销经理必须关注若干关键比率，这些比率表明上述市场营销组合因素的有效性以及应该如何引进某些资料以改进执行情况。

12.3.4 战略控制

企业的市场营销战略是指企业根据自己的市场营销目标，在特定的环境中，按照总体的策划过程所拟定的可能采用的一连串行动方案。但是市场营销环境变化很快，往往会使企业制定的目标、策略、方案失去作用。因此，在企业市场营销战略实施过程中必然会出现战略控制问题。战略控制是指市场营销经理采取一系列行动，使实际市场营销工作与原规划尽可能一致，在控制中通过不断评审和信息反馈，对战略不断修正。市场营销战略的控制既重要又难以把握。因为企业战略的成功是总体的和全局性的，战略控制注意的是控制未来，是还没有发生的事件。战略控制必须根据最新的情况重新估价计划和进展，因而难度也就比较大。

企业在进行战略控制时，可以运用市场营销审计这一重要工具。各个企业都有财务会计审核，在一定期间客观地对审核的财务资料或事项进行考察、询问、检查、分析，最后根据所获得的数据按照专业标准进行判断，得出结论，并提出报告。这种财务会计的控制制度有一套标准的理论与做法。但是市场营销审计尚未建立一套规范的控制系统，有些企业往往只是在遇到危急情况时才进行，其目的是为了解决一些临时性的问题。目前，越来越多的国外企业运用市场营销审计进行战略控制。

12.3.5 市场营销审计

市场营销审计是对一个企业的市场营销环境、目标、战略、组织、方法、程序和业务等进行综合的、系统的、独立的和定期性的核查，其目的在于决定问题的范围和各项机会，提出行动计划建议，以提高公司的营销业绩。市场营销审计实际上是在一定时期对企业全部市场营销业务进行总的效果评价，其主要特点是，不限于评价某一些问题，而是对全部活动进行评价。第二次世界大战以后，发达国家经济缓慢增长，产品翻新加快，需求趋向个性化、多样化，市场竞争日益激烈，企业市场营销呈现危机。工业企业为提高经济效益，对市场营销活动加强核查、

分析和控制，逐渐展开市场营销审计。进入 20 世纪 70 年代，美国许多工商企业，尤其是一些跨国公司，日益从单纯关注利润和效率发展到全面核查经营战略、年度计划和市场营销组织，高瞻远瞩地改善企业经营管理和更有效地扩大经济效果。他们对市场营销活动的核查范围逐步扩大，包括用户导向、市场营销组织、市场营销信息、战略控制以及作业效率等的核查，同时制定了核查的具体要求，确立了核查标准并采用计分办法加以评估。从那时起，市场营销审计开始成熟，并逐步发展。工商企业把它当做加强市场营销管理的一个有效工具，从而为市场营销理论增添了新的篇章。

市场营销审计的基本内容包括市场营销环境审计、市场营销战略审计、市场营销组织审计、市场营销系统审计、市场营销盈利能力审计和市场营销功能审计。

1. 市场营销环境审计

市场营销必须审时度势，必须对市场营销环境进行分析，并在分析人口、经济、生态、技术、政治、文化等环境因素的基础上，制定企业的市场营销战略。这种分析是否正确，需要经过市场营销审计的检验。由于市场营销环境的不断变化，原来制定的市场营销战略也必须相应地改变，也需要经过市场营销审计来进行修订。目前，我国许多企业重复投资、重复建设、盲目上马，不能适应市场需要，不利于形成适度的市场规模，因而难以取得理想的经济效益，原因就在于缺乏充分的市场营销环境的调查与分析。即使有些企业在这方面做了一些工作，但是，绝大多数企业还远没有进行市场营销环境审计。审计内容包括市场规模，市场增长率，顾客与潜在顾客对企业的评价，竞争者的目标、战略、优势、劣势、规模、市场占有率，供应商的推销方式，经销商的贸易渠道等。

2. 市场营销战略审计

企业是否能按照市场导向确定自己的任务、目标并设计企业形象，是否能选择与企业任务、目标相一致的竞争地位，是否能制定与产品生命周期、竞争者战略相适应的市场营销战略，是否能进行科学的市场细分并选择最佳的目标市场，是否能合理地配置市场营销资源并确定合适的市场营销组合，企业在市场定位、企业形象、公共关系等方面的战略是否卓有成效，所有这些都需要经过市场营销战略审计的检验。

3. 市场营销组织审计

市场营销组织审计，主要是评价企业的市场营销组织在执行市场营销战略方面的组织保证程度和对市场营销环境的应变能力，包括企业是否有坚强有力的市场营销主管人员及其明确的职责与权利，是否能按产品、用户、地区等有效地组织各项市场营销活动，是否有一支训练有素的销售队伍，对销售人员是否有健全的激励、监督机制和评价体系，市场营销部门与采购部门、生产部门、研究开发部门、财务部门以及其他部门的沟通情况以及是否有密切的合作关系等。

4. 市场营销管理系统审计

企业市场营销系统包括市场营销信息系统、市场营销计划系统、市场营销控制系统和新产品开发系统。对市场营销信息系统的审计，主要是审计企业是否有足够的有关市场发展变化的信息来源，是否有畅通的信息渠道，是否进行了充分的市场营销研究，是否恰当地运用市场营销信息进行科学的市场预测等。对市场营销计划系统的审计，主要是审计企业是否有周密的市场营销计划，计划的可行性、有效性以及执行情况如何，是否进行了销售潜量和市场潜量的科学预测，是否有长期的市场占有率增长计划，是否有适当的销售定额及其完成情况如何等。对市场营销控制系统的审计，主要是审计企业对年度计划目标、盈利能力、市场营销成本等是否有准确的考核和有效的控制。对新产品开发系统的审计，主要是审计企业开发新产品的系统是否健全，是否组织了新产品创意的收集与筛选，新产品开发的成功率如何，新产品开发的程序是否健全，包括开发前的充分的调查研究、开发过程中的测试以及投放市场的准备及效果等。

5. 市场营销盈利能力审计

市场营销盈利能力审计，是在企业盈利能力分析和成本效益分析的基础上，审核企业的不同产品、不同市场、不同地区以及不同分销渠道的盈利能力，审核进入或退出、扩大或缩小某一具体业务对盈利能力的影响，审核市场营销费用支出情况及其效益，进行市场营销费用——销售分析，包括销售队伍与销售额之比、广告费用与销售额之比、促销费用与销售额之比、市场营销费用与研究费用额之比、销售管理费用与销售额之比，以及进行资本净值报酬率分析和资产报酬率分析等。

6. 市场营销职能审计

市场营销职能审计是对企业的市场营销组合因素效率的审计。主要是审计企业的产品质量、特色、式样、品牌的顾客欢迎程度，企业定价目标和战略的有效性，市场覆盖率，企业分销商、经销商、代理商、供应商等渠道成员的效率，广告预算、媒体选择及广告效果，销售队伍的规模、素质以及能动性等。

【本章小结】

市场营销计划是指在研究目前市场营销状况（包括市场状况、产品状况、竞争状况、分销状况和宏观环境状况等），分析企业所面临的主要机会与威胁、优势与劣势以及存在问题的基础上，对财务目标与市场营销目标、市场营销战略、市场营销行动方案以及预计损益表的确定和控制。企业的市场营销组织是执行市场营销计划、服务市场购买者的职能部门。市场营销部门的组织形式，主要受宏观市场营销环境，企业市场营销管理哲学，以及企业自身所处的发展阶段、经营范围、业务特点等因素的影响。为了实现企业目标，市场营销经理必须选择合适的市场营销组织。大体上，市场营销组织有职能型、产品型、市场型、地理型、矩阵型五种类型。市场营销控制是指市场营销经理经常检查市场营销计划的执行情况，看计划与实绩是否一致，如果不一致或没有完成计划，就要找出原因所在，并采取适当措施和正确行动，以保证市场营

销计划的完成。市场营销控制有四种主要类型,即年度计划控制、盈利能力控制、效率控制和战略控制。市场营销审计是对一个企业市场营销环境、目标、战略、组织、方法、程序和业务等进行综合的、系统的、独立的和定期性的核查,其目的在于决定问题的范围和各项机会,提出行动计划建议,以提高公司的营销业绩。市场营销审计的基本内容包括市场营销环境审计、市场营销战略审计、市场营销组织审计、市场营销系统审计、市场营销盈利能力审计和市场营销功能审计。

【讨论题】

1. 如何制定切实可行的市场营销计划?
2. 实施市场营销计划中应注意哪些问题?
3. 市场营销组织的形式有哪几种?
4. 市场营销控制包括哪些内容?
5. 市场营销审计包括哪些内容?

附　录

Portobello(伦敦)营销策划案例

1. 现　状

这是一个旅游目的地和旅游吸引物“产品”的营销规划。Portobello 位于伦敦的诺丁山附近,因其每个星期六开放的古玩市场而闻名。这个古玩市场是世界上最大的古玩市场之一,它每年吸引了七八千位当地及外地旅游者前往。Portobello 古玩市场作为一个购买古玩的场所有很好的声望,它吸引了遍布全世界的富裕的旅游者。

许多人不了解整个市场的真正的地域范围,它不仅仅销售古玩,也不只在星期六开放。实际上 Portobello 市场向北延伸到了 Go borne 路。除了销售古玩的货摊外,还有其他的货摊。许多货摊在工作日销售水果和蔬菜,而且越来越多的货摊在周五销售小玩意和艺术工艺品。它周围的街道由于拥有广泛的专业商店和高质量的酒吧、餐馆而吸引旅游者。

北肯星顿城市挑战公司被聘请来帮助实现 Portobello 地区的经济复苏。它的一个主要目标是吸引更多的高消费游客到 Portobello 地区来,刺激产生更多的货摊主、商店和餐馆业主,以确立地区的新商业。

Portobello 向旅游者提供的产品比他们所熟悉的要广泛有趣得多。目前最主要的挑战是提高 Portobello 作为一个地区、而不只是一个古玩市场的区域认知程度,鼓励人们除了在周六访问主要市场外,在其他时间访问整个市场和周围的街道。在此过程中,有机会吸引更多的货摊主和商店主提高整体质量,反过来又吸引更多的旅游者。

2. 营销目标

主要的营销目标是提高整个一周内全 Portobello 地区的游客量。营销工作通过“提高人们对区域内更广泛的设施的认知,并提供帮助潜在旅游者决定来访的正确信息”来达到营销目标。

由于缺乏能说明游客量现状的信息,因此难以确定初级阶段的成功,至今市场研究非常有限。

然而,市场贸易者、商店和餐馆业主将会意识到商业上的增长。而且如果预期初步成功的话,就会有更多的货摊涌现。——这些是 Portobello 市场办公室可以监测到的。

初步阶段的工作是不断发展的。这个营销规划将在半年到一年之间实现,大约在六个月后出现正面的结果。

3. SWOT 分析

以下是 Portobello 地区的主要优势、劣势、机会和威胁:

(1) 优 势

① 著名的市场,有关古玩的很好的知名度和声望;

② 可以从全世界吸引来访者;

③ 良好的中心位置;

④ 良好的交通网络,拥有大量的公交线路,紧邻诺丁山口,Ladbroke Grove 和 Westboume Grove 的地下火车站;

⑤ 令人惊讶的范围和多样性;

⑥ 诺丁山狂欢节也纳入旅游地图中;

⑦ 良好的地区形象标志——目前正在改进。

(2) 劣 势

① 市场的地域和销售商品类型还设有真正被旅游者所了解;

② 对 Portobello 将作为一个购物和餐饮的地区的认知仍然很低。而邻近的诺丁山正成为一个很流行的餐饮及购物地区;

③ 停车场过少;

④ 可能变得过于拥挤,在周六更是如此;

⑤ 诺丁山和 Portobello 在伦敦人心中有毒品中心的印象(虽然这个印象正在迅速改变),关于诺丁山狂欢节的负面宣传已经巩固了对该地区暴力的恐惧情绪。

(3) 机 会

① 随着衰退的结束,对购物和餐饮的需求增长了;

② 伦敦正在迅速建立一个购物和餐饮城市的国际形象,许多为此到达英国的旅游者可以在 Portobello 地区得到满足;

③ 消费者已厌倦了单调的购物和餐饮,越来越多的人向往令人感兴趣的专业商店地区,这正是 Portobello 可以提供的。

(4) 威 胁

① 伦敦还有很多其他市场,为了进行有效竞争,它们都在争夺相同的市场,Portobello 需要发掘自己的独特之处;

② 与其他一些著名的购物和餐饮地区相比,Portobello 没有很高的知名度。

(5) 由 SWOT 分析提出的行动点

有必要采取以下行动使优势和机会最大化,而使劣势和威胁最小化。主要的促销活动在于为 Portobello 地区确立一个形象:

① 树立古玩市场正面的知名度,同时向旅游者证明 Portobello 地区的较大的范围和设施;

② 强调出色的交通联结——容易到达,容易找到;

③ 强调主体市场及周围专门商店中销售货品的广泛性和多样性,将 Portobello 作为拥有出色的酒吧和餐馆的“热点”进行促销;

④ 鼓励旅游者使用公共交通，并在不太拥挤的时候来访；

⑤ 强调 Portobello 是与众不同的——边界是本地区的一部分，它具有多样性，它比其他地区单调的大街有趣得多。

4. 竞争者分析

Portobello 的竞争者包括了其他的市场(集市)和购物娱乐区域。

(1) 其他市场(集市)

Portobello 的竞争市场包括：Camden 市场(集市)、Covent 集市、Spitalfields 集市、其他更小的和专业市场(集市)。

这些市场(集市)都建得较好，且因销售不同的货品而有较高的知名度，但其中没有因古玩而出名的。坎顿洛克(CamdenLock)吸引了大量的青年旅游者，并在海外市场中被认为是一个很流行的目的地。每个市场(集市)的价格随着销售货品的不同而不同。但这个价格对 Portobello 而言是有竞争力的。

其中的一些市场已经增加了娱乐项目，利用街头表演来扩展自己的旅游活动领域。它们都尽力促销，利用印刷品、宣传册、公共关系活动等工具。Portobello 也应该采取相似的工作和活动进行竞争。

(2) 其他的购物和娱乐地区

与 Portobello 形成竞争的购物和娱乐地区有：牛津街、肯星顿(Kensington)、考文特(Covent)花园、搜狐(Soho)。

以上每个地区都修建得很好，且在购物娱乐方面的知名度高于 Portobello，但它们的商品范围较窄，在大街上都能买到。但 Portobello 拥有大量的“特色”商店和餐馆，提供广泛而多样的商品。

根据销售的商品可以看出，这些地区所服务的旅游市场显然是不同的。但客源主要是伦敦人和一些海外游客。大部分的海外游客访问坎顿洛克(CamdenLock)和伦敦市中心(牛津街和考文特花园)。Portobello 分享了大量的海外游客，并在古玩市场上占了绝对优势。

Portobello 的主要机会在于开发“到令人感兴趣的地方去进餐和购物”的需求。海外游客乐于寻找陌生的“英国的”地方。而伦敦人则要寻找令人兴奋的新地方，以及比标准商店中的商品有意思的商品。而且对他们来说，去一个“新”的地方而非传统的旅游地正成为一种时尚。

5. 竞争优势

Portobello 需要使用差别化的方法，强调与其他地区相比，它提供真正不同的产品。它需要树立品牌，强调到访的旅游者将会找到不同寻常的风格、产品和居民的组合。

需要强调“多样性”是它唯一的销售主题，强调组合，承认是边界地区，不像别的地区那样正在失去它们的特色。

同时需要注意旅游产品的开发，如鼓励货摊主和商店销售不寻常的商品，通过开发街头娱乐项目来增加集市的气氛，但应避免过重的人工痕迹。

6. 市场研究

应进行更多的市场研究，从而深入了解现有游客的特征，特别是他们是如何评说 Portobello 的。当开展促销活动时，有必要调查活动的效果(虽然这种效果要经过几个月才能看出其影响)。

利用面对面访谈进行基础研究是必要的，还应在一天和一周的不同时间对相同的问题进行评价。户外调查的费用是很昂贵的。在设计了最初的问卷之后，可以请学生来工作以降低成本，同时也为营销专业学生提供了有用的工作经历。

应制定一个时间表来检验市场研究的结果，或决定研究工作如何进行。需要研究的主要方面有：

(1) 测量每年不同时间的游客量，并且在开展了促销活动的情况下，用游客量作为评价活动效果的指标。

(2) 确认人们怎样听说 Portobello 并决定来访的——以确认哪种促销信息和方法是有效的。

(3) 到访本地区的原因，他们希望开发什么产品——指导产品开发，以增加地区对潜在的新游客和重游游客的吸引力。

(4) 到访 Portobello 的游客的信息——年龄、客源地或客源国、受教育程度、兴趣爱好等，以确定目标市场。

7. 目标市场

应选择两个主要的目标市场——伦敦市民和到伦敦访问的旅游者(特别是海外旅游者)。对伦敦市民较容易进行促销，但他们的旅游消费大大低于海外游客。

(1) 伦敦市民

被选择为目标的伦敦市民比较年轻(18～40 岁)，他们喜欢购物、娱乐及发现新的地区。他们有较高的可任意支配的收入。他们通常是“革新者”而非“追随者”，也就是他们喜欢多样化的东西，且喜欢寻找新奇的经历。

他们可能对 Portobello 有一定的认识，但不了解该地区可以提供的所有东西(有必要消除本地区作为毒品中心的评价)。向伦敦市民促销时应强调风格、文化及设施的“热组合”，Portobello 的旅游产品和服务的多样性，以及消费时物有所值。

(2) 访问伦敦的游客

Portobello 的主要游客市场来自海外，特别是美国人、欧洲人和年轻的日本人。与伦敦市民一样，他们都喜欢多样化，相对年轻，有较高的可自由支配的收入。他们更可能是伦敦的回头客，而非首次到伦敦。

许多的海外游客都听说过 Portobello 的古玩市场，但很少有人知道它什么时候开放且具体销售什么。促销时应强调整个地区的多样性，通知他们最佳的到访时间，强调地区的“特异性”，这类海外游客中的绝大部分都在寻找“陌生的”英国。对伦敦市民及海外游客促销都应选择相应的媒体。

① 对伦敦市民可进行较直接的促销，但仍需要生活类出版物及伦敦地方出版物，同时还可通过特定的利益人群进行促销。

② 向海外游客促销必须利用导游手册、旅游信息系统、旅游经营商、伦敦旅游局、英国旅游局以及各种媒体。一旦海外游客到达伦敦，就可以进行较直接的促销。

促销中最重要的是使目标市场了解 Portobello 可以向他们提供的东西。

8. 营销工具

营销工具应由以下因素为基础决定：目标市场对 Portobello 地区的了解程度、竞争者采取的行动以及所提供的产品的多样性和复杂性。主要的先决条件是提供关于 Portobello 的有说服力的信息，提高设施的被认知程度，这样可以鼓励更多的人来访。

附图 1　形象标志

Portobello 地区设计了一个新的形象标志，利用了一个词标和一个环绕形的图标，它可以在促销文本、信头、广告及路标上使用。这个设计是为了吸引各种目标市场，它的环绕形图标和词标隐含了运动、多样化、稍微的怪异等意义，如附图 1 所示。

需要使用的营销工具主要包括以下八种：

(1) 促销传单

促销传单应选择有说服力的设计，从而向潜在旅游者通报 Portobello 的各个方面的特色，并鼓励他们来访。它为没来过本地的游客设计，希望能作为人们出游的驱动力。

促销传单将设计成 6 个两面的版面(由两张 A4 纸平放拼成)，按 1/3 的 A4 纸折叠，以适应标准的展示架。传单正面应包括如下内容：

① Portobello 的过去——简史；

② Portobello 的现在——几个访问 Portobello 的主要原因：音乐般的风光、时尚、食物和饮料、古玩。

③ 最佳的到访时间——古玩市场只在周六开放，因此传单还应描述其他的货摊以及一星期内不同的日子里本地区不同的旅游氛围。

背面的 6 个小版面包括如何到达 Portobello 的信息，还有相应的地图。地图周围附有一定的说明信息，出现在地图中的内容有：可以在本地区找到的货摊，商店、酒吧等。大约有 12 个红点分布在地图的不同地方，指示有特殊风格的建筑景观、酒吧、咖啡屋、餐馆和商店。传单上并不解释每个点的意思，而让游客利用地图，自己去发现这些点。

传单的分发渠道应仔细选择，它应通过如下渠道分发：Portobello 营销办公室及古玩部的临时信息架；伦敦旅游信息中心；在进行海外游客调查时分发；通过饭店等与旅游有关的部门分发。利用这些途径可以实现向到访伦敦的游客促销的目的，同时也在向伦敦市民促销。

(2) 公共关系活动

公共关系活动是 Portobello 重要的促销方法之一。选择最大范围的媒体来报到，通过区

域性或专业性的出版物向伦敦市民和国内游客促销。媒体的专业范围选择包括：

① 艺术与设计类出版物；

② 古玩类出版物；

③ 房屋设计类出版物或内部装修类出版物；

④ 地方/伦敦出版物；

⑤ 食品类出版物、生活类出版物、妇女杂志、旅游读物；

⑥ 风格——男性读物、女性读物；

⑦ 青少年读物、青年文化读物；

⑧ 国家周报及副刊——按兴趣分类编辑。

公共关系活动的创意可选择圣诞购物、情人节礼品购物、爱的晚餐等主题。公共关系活动的一个重要部分是与伦敦旅游局和英国旅游局的出版社密切联系，以确保媒体活动有结果。

(3) 广　告

因为促销预算很低或感知地区有限，则只需做少量广告指导核心的旅游者。

(4) 直接信件

个人化的直接信件可以寄给 Portobello 的"影响者"，确保它们在影响潜在游客时掌握了本地区相关的正确信息。这些"影响者"包括导游手册的编辑人员、在全球的英国旅游局代表处、旅游经营商及其他的旅游代理商。

(5) 网　络

目前已有若干网络介绍 Portobello 地区及市场，应在现有网络的基础上，不断充实相关信息；不需要增加新的网络。

(6) 伦敦旅游局

应与伦敦旅游局联合促销，并利用其特定的促销活动。

(7) 联合促销

联合促销可以用于新市场的开发。例如，可以联合伦敦其他商店、集市，提高伦敦作为购物地的知名度，以吸引海外游客。这种促销方式成本低且影响力大。

(8) 利用外部代理

利用营销公司的人力物力进行营销。

9. 监　控

设立市场研究组，利用户外研究人员在不同的时间、地点进行面对面的调查。这样的访问应三个月进行一次，以评价促销活动的效果。通过轶事调查从当地市场经营者、餐馆、市场等方面获得证据，以提供补充信息。在促销活动进行的第一年年底，应分析这些信息和材料，检视营销活动，规划下一年的活动方案。

资料来源：冯若梅，黄文波. 旅游业营销. 北京：企业管理出版社. 1999.

参考文献

[1] PHILIP KOTLER. Marketing management[M]. 9th ed. New York: Prentice - Hall International, Inc,1997.

[2] PETER DOYLE. Marketing management and strategy [M]. Beijing: Posts & Telecom Press,2006.

[3] LOUIS E BOONE, DAVID L KURTZ. Contemporary marketing [M]. 北京:北京大学出版社,2004.

[4] RUSSELL S WINER. Marketing management[M]. 北京: 清华大学出版社,2001.

[5] WILLIAM M PRIDE, FERRELL O C. 营销观念与战略[M]. 北京:中国人民大学出版社,2000.

[6] 菲利普· 科特勒. 营销管理——分析、计划、执行和控制[M]. 上海:上海人民出版社, 1999.

[7] 菲利浦·科特勒,加里·阿姆斯特朗. 市场营销原理[M]. 北京: 清华大学出版社,2006.

[8] 菲利浦·科特勒. 营销管理:新千年版[M]. 梅汝和,译. 北京:中国人民大学出版社,2001.

[9] 菲利普·科特勒. 科特勒说[M]. 北京: 当代中国出版社,2005.

[10] 约瑟夫 莱普勒 F,林恩 M 帕克. 品牌整合战略[M]. 苏德华,译. 成都:西南财经大学出版社,2003.

[11] 吴健安. 市场营销学[M]. 北京:高等教育出版社,2004.

[12] 万后芬. 市场营销教程[M]. 北京:高等教育出版社,2006.

[13] 万后芬. 市场营销教学案例[M]. 北京:高等教育出版社,2003.

[14] 庄贵军,周筱莲,王桂林. 营销渠道管理[M]. 北京: 北京大学出版社 2004.

[15] 芮明杰. 市场营销管理[M]. 上海:复旦大学出版社,2003.

[16] 吕一林. 现代市场营销学[M]. 北京:清华大学出版社,2006.

[17] 杨勇. 市场营销:理论、案例与实训[M]. 北京:中国人民大学出版社,2006.

[18] 吴涛. 市场营销管理[M]. 北京: 中国发展出版社, 2005.

[19] 韩大勇. 营销中的定价策略[M]. 北京: 企业管理出版社, 2006.

[20] 任天飞. 市场营销案例分析[M]. 北京: 国防科技大学出版社, 2004.

[21] 屈云波,郑宏,张平淡. 营销方法[M]. 北京: 企业管理出版社, 2005.